文 化 名 家 暨
"四个一批"人才作品文库

理 论 界

转折与追求（2003—2015）

杜飞进　著

中華書局

图书在版编目（CIP）数据

转折与追求:2003-2015/杜飞进著. —北京:中华书局，
2017.9
（文化名家暨"四个一批"人才作品文库）
ISBN 978-7-101-12718-8

Ⅰ.转…　Ⅱ.杜…　Ⅲ.中国特色社会主义-理论体系-文集
Ⅳ.D610-53

中国版本图书馆 CIP 数据核字（2017）第 182095 号

书　　名	转折与追求(2003—2015)
著　　者	杜飞进
丛 书 名	文化名家暨"四个一批"人才作品文库
责任编辑	齐浣心
装帧设计	毛　淳
出版发行	中华书局 （北京市丰台区太平桥西里 38 号　100073） http://www.zhbc.com.cn E-mail:zhbc@ zhbc.com.cn
印　　刷	北京瑞古冠中印刷厂
版　　次	2017 年 9 月北京第 1 版 2017 年 9 月北京第 1 次印刷
规　　格	开本/710×1000 毫米　1/16 印张 24½　插页 8　字数 373 千字
国际书号	ISBN 978-7-101-12718-8
定　　价	98.00 元

出 版 说 明

　　实施文化名家暨"四个一批"人才工程，是宣传思想文化领域贯彻落实人才强国战略、提高建设社会主义先进文化能力的一项重大举措。这一工程着眼于对宣传思想文化领域的优秀高层次人才的培养和扶持，积极为他们创新创业和健康成长提供良好条件、营造良好环境，着力培养造就一批造诣高深、成就突出、影响广泛的宣传思想文化领军人才和名家大师。为集中展示文化名家暨"四个一批"人才的优秀成果，发挥其示范引导作用，文化名家暨"四个一批"人才工程领导小组决定编辑出版《文化名家暨"四个一批"人才作品文库》。《文库》主要收集出版文化名家暨"四个一批"人才的代表性作品和有关重要成果。《文库》出版将分期分批进行，采用统一标识、统一版式、统一封面设计陆续出版。

　　　　　　　　　　　　　　　文化名家暨"四个一批"人才

　　　　　　　　　　　　　　　工程领导小组办公室

　　　　　　　　　　　　　　　2012年12月

杜飞进

　　浙江东阳人。法学博士，高级编辑、高级记者，现任北京市委常委、宣传部长。1987年7月至2016年5月，在人民日报社工作，曾为人民日报重点评论文章"任仲平"写作组的主要成员，先后任理论部副主任、发行出版部主任、教科文部主任、政治文化部主任、新闻协调部主任、人民日报社副总编辑。2016年5月至2017年5月，任光明日报社总编辑。2007年，入选全国新闻出版行业领军人才和国家新闻出版总署直接联系的中青年专家；2013年，入选国家"万人计划"哲学社会科学领军人才。是马克思主义理论研究和建设工程专家，中央直接联系的专家，享受国务院颁发的政府特殊津贴。

目　录

一、基本理论篇

二、改革发展篇

三、现代法治篇

一、基本理论篇

论"四个全面"与"三大规律"

　　党的十八大以来,我国发展又一次站在新的历史起点上,中国特色社会主义道路壮阔而宽广。2012年11月29日,在《复兴之路》展览现场,习近平同志的宣示振聋发聩:实现中华民族伟大复兴,就是中华民族近代以来最伟大的梦想。到中国共产党成立100年时全面建成小康社会的目标一定能实现,到新中国成立100年时建成富强民主文明和谐的社会主义现代化国家的目标一定能实现,中华民族伟大复兴的梦想一定能实现①。当前,全党全国各族人民紧密团结在以习近平同志为总书记的党中央周围,正在为全面建成小康社会、实现中华民族伟大复兴的中国梦而团结奋斗。我们具备实现理想的有利条件和现实基础,同时也面临着前所未有的矛盾风险和挑战。协调推进"四个全面"战略布局,正是从坚持和发展中国特色社会主义全局出发,为解决现实中的突出矛盾和问题,实现中华民族伟大复兴的中国梦而提出来的,它深化了对共产党执政规律、社会主义建设规律、人类社会发展规律的认识,开创了马克思主义与中国实践相结合的新境界。

一、认识把握共产党执政规律的新飞跃

　　"四个全面"对共产党执政规律认识的深化,集中体现在科学、系统地回答了执政党建设的三个根本性问题,这就是:我是谁,为了谁,依靠谁。
　　(一)围绕"我是谁",明确了锻造坚强领导核心的执政党定位
　　"打铁还需自身硬""使我们党始终成为中国特色社会主义事业的坚强领

---

　　①　习近平在参观《复兴之路》展览时强调:承前启后,继往开来,继续朝着中华民族伟大复兴目标奋勇前进[N].人民日报,2012-11-30.

导核心"①。2012年11月，在十八届中央政治局常委与中外记者见面时，习近平同志对党的自身建设提出了这样的要求。中国共产党成为"自身硬"的坚强领导核心，是人民的期盼，也是我们党对"我是谁"问题的明确回答。

中国共产党是中国工人阶级的先锋队，同时是中国人民和中华民族的先锋队，是中国特色社会主义事业的领导核心。中国共产党的领导地位不是自封的，而是在长期的革命与建设实践中形成的，是历史的选择、人民的选择。但是，作为先锋队表征的党的先进性不是与生俱来的，党的领导核心地位也不是一劳永逸的。在国际共运史上，一些大党老党之所以一夜之间失去执政地位，就是因为迷失了自我，忘记了"我是谁"，忘记了共产党除了工人阶级和最广大人民群众的利益之外没有自己特殊的利益，忘记了共产党全心全意为人民服务这一根本宗旨，最终被人民所抛弃。殷鉴不远，那些大党老党的深刻教训值得我们认真汲取。在新中国成立66年后的今天，保持党的先进性，使党始终走在时代前列，无疑要结合新的时代特征，对"我是谁"的问题作出深入解答。

在全面建成小康社会、实现中华民族伟大复兴的关键阶段，协调推进"四个全面"战略布局，对"我是谁"作出了科学回答。这就是习近平同志所指出的："坚持中国共产党这一坚强领导核心，是中华民族的命运所系。"②"中国共产党在中国执政，就是要带领人民把国家建设得更好，让人民生活得更好。"③"全体共产党员特别是党的领导干部，要坚定理想信念，始终把人民放在心中最高的位置。"④"使党始终成为中国特色社会主义事业的坚强领导核心。"⑤

在"四个全面"战略布局中，全面建成小康社会和实现中国梦目标的提出，正是当代中国共产党人深谙自身的性质宗旨和职责使命，面对日益激烈的国际竞争，围绕国家富强、民族振兴、人民幸福的奋斗目标，对我国发展现实需要作出的正确判断，对人民群众的热切期待作出的积极回应。"四个全

①　习近平在十八届中共中央政治局常委同中外记者见面时强调：人民对美好生活的向往就是我们的奋斗目标[N]. 人民日报，2012-11-16.

②　在庆祝全国人民代表大会成立60周年大会上的讲话[N]. 人民日报，2014-09-06.

③　习近平接受金砖国家媒体联合采访[N]. 人民日报，2013-03-20.

④　在第十二届全国人民代表大会第一次会议上的讲话[N]. 人民日报，2013-03-18.

⑤　在纪念毛泽东同志诞辰120周年座谈会上的讲话[N]. 人民日报，2013-12-27.

面"也表明,改革开放"是当代中国最鲜明的特色,也是我们党最鲜明的旗帜"①。世界上没有哪一个政党如中国共产党这样有彻底的革命精神和锐意变革的勇气。今天,全党全国为建设法治中国而奋斗,党领导立法、保证执法、带头守法,党自身也必须在宪法和法律范围内活动,任何组织或个人都没有超越宪法和法律的特权。世界上没有哪一个政党如中国共产党这样铁腕反腐,对各种不正之风和腐败现象采取如此坚决的"零容忍"态度。党的先进性和纯洁性由千千万万党员的先进性和纯洁性来体现,党的执政使命由千千万万党员卓有成效的工作来完成。全面从严治党要求党要管党、从严治党,通过严格的日常教育和管理,补足精神之"钙",努力根除"四风"顽瘴痼疾,以踏石留印、抓铁有痕的劲头开展党的群众路线教育活动,以"三严三实"要求党员干部,使广大党员平常时候看得出来、关键时刻站得出来、危急关头豁得出来,充分发挥先锋模范作用。世界上没有哪一个政党如中国共产党这样有纯粹的全心全意为人民服务的精神。"四个全面"中的每一个"全面",无疑均亮明了"我是谁"的身份。

今天,我们党成立90多年,执政60多年,有8700多万党员,是一个名副其实的大党。在新的时代条件下执政,也正面对着一系列挑战。比如:改革面临突出矛盾,发展要化解诸多风险,信息时代互联网飞速发展,对如何执政提出严峻挑战,资源环境问题引起公众高度关注,甚至会演化为政治事件。同时,我们党自身也存在部分党员干部理想信念动摇,一些基层组织软弱涣散,潜规则盛行,不正之风蔓延,甚至出现一些严重贪污腐败现象。执政考验、改革开放考验、市场经济考验、外部环境考验这"四大考验"和精神懈怠危险、能力不足危险、脱离群众危险、消极腐败危险这"四大危险"尖锐地摆在我们党面前。"四个全面"不仅亮明了"我是谁",还为如何应对考验、消除危险提出了解决方案。这就是,以"四个全面"统领中国特色社会主义建设,使发展进入新境界;抓好党的建设,切实解决存在的突出问题,坚持依法执政,加强党内法规制度建设,提高党员干部法治思维和依法办事能力;加强反腐倡廉建设,把权力关进制度的笼子,使党始终成为中国特色社会主义事业的坚强领导核心。自身硬了,就能筑牢根基、凝聚力量,任凭风浪起,稳坐

---

　　① 征求对中共中央关于全面深化改革若干重大问题的决定的意见,中共中央召开党外人士座谈会,习近平主持并发表重要讲话,俞正声刘云山张高丽出席[N]. 人民日报,2013-11-14.

钓鱼船。

(二)围绕"为了谁",深化了对执政为了人民的认识

"中国共产党在中国执政,就是要带领人民把国家建设得更好,让人民生活得更好。"①2013年3月,在接受金砖国家媒体联合采访时,习近平同志这样说。"中国共产党坚持执政为民,人民对美好生活的向往就是我们的奋斗目标。我的执政理念,概括起来说就是:为人民服务,担当起该担当的责任。"②2014年2月,习近平同志在接受俄罗斯电视台专访时再次向世界阐明中国共产党执政"为了谁"的问题。"为了谁"与"我是谁"相互贯通、相辅相成,都反映了执政党的性质和宗旨。"为了谁",从理念和实践两方面检验着执政党的先进性、彻底性,体现着执政党的价值取向。

"四个全面"战略布局深刻阐明共产党执政为了人民,是具体的而非抽象的,其具体内容总是随着党的事业发展而不断发展,从而深化了对"为了谁"这一根本问题的认识。党的十八大后,我国发展站在了新的历史起点上,习近平同志一再强调要回应人民群众的新期待。2013年12月,在纪念毛泽东同志诞辰120周年座谈会上,他说:"面对人民过上更好生活的新期待,我们不能有丝毫自满和懈怠,必须再接再厉。"③协调推进"四个全面"战略布局,就是对人民新期待的新回应,就是对如何再接再厉作出的新布局,每一个"全面",其核心价值取向都是为了人民。

当21世纪初我国初步实现小康后,人民对更美好的生活提出了新期待新要求。全面建成小康社会,旨在让全体人民有更好的教育、更稳定的工作、更满意的收入、更可靠的社会保障、更高水平的医疗卫生服务、更舒适的居住条件、更优美的环境等,把人民的希望变成生活的现实,让人民生活一年比一年好。"让农村贫困人口、城市困难群众等所有需要帮助的人们都能生活得到保障、心灵充满温暖。"④"一个民族都不能少"⑤,"不能丢了农村这一

①　国家主席习近平发表二〇一五年新年贺词[N]. 人民日报,2015-01-01.
②　习近平接受金砖国家媒体联合采访[N]. 人民日报,2013-03-20.
③　在纪念毛泽东同志诞辰120周年座谈会上的讲话[N]. 人民日报,2013-12-27.
④　国家主席习近平发表二〇一五年新年贺词[N]. 人民日报,2015-01-01.
⑤　"全面实现小康,一个民族都不能少"——习近平总书记会见贡山独龙族怒族自治县干部群众代表侧记[N]. 人民日报,2015-01-23.

头"①。在论及全面建成小康社会时，习近平同志心中装着的始终是人民，始终是如何让全体人民都过上更高水平的生活。

当前，改革进入深水区，面对着利益固化的藩篱和既得利益群体的阻碍。全面深化改革，"以促进社会公平正义、增进人民福祉为出发点和落脚点"②，就是要打破利益固化的藩篱，创造更加公平正义的社会环境，使改革发展成果更多更公平惠及全体人民。"人民有所呼、改革有所应"③，"如果不能给老百姓带来实实在在的利益，如果不能创造更加公平的社会环境，甚至导致更多不公平，改革就失去意义，也不可能持续"④。可见，全面深化改革的目的既是为了解放和发展生产力，也是为了促进人的全面发展。

一段时间以来，有法不依、执法不公、司法腐败引起群众不满。全面依法治国的重要原则是："必须坚持法治建设为了人民、依靠人民、造福人民、保护人民，以保障人民根本利益为出发点和落脚点。"⑤全面依法治国，就是要直面法治建设领域的突出问题，回应人民群众的期待，为子孙万代计，为长远发展谋。全面依法治国"关系人民幸福安康"⑥，要"努力让人民群众在每一个司法案件中感受到公平正义"⑦，让人民生活在和谐稳定、有序公正的社会环境中。

一些党员干部自诩高明、脱离人民，甚至凌驾于人民之上，引起群众极大反感。全面从严治党，就是要切实纠正党员干部中存在的损害人民群众利益的不正之风和腐败行为，让领导干部从内心到行动都找准"人民公仆"的定位，增强党员干部服务群众的自觉性。"四个全面"战略布局要求将以人为本、执政为民作为检验党一切执政活动的最高标准，坚持紧紧依靠人民、始终为了人民，始终保持党同人民群众的血肉联系，通过全面加强党的思想建设、

　①　习近平在福建调研时强调：全面深化改革全面推进依法治国，为全面建成小康社会提供动力和保障[N]．人民日报，2014-11-03.
　②　中共十八届三中全会在京举行[N]．人民日报，2013-11-13.
　③　习近平主持召开中央全面深化改革领导小组第十一次会议强调：深刻把握全面深化改革关键地位，自觉运用改革精神谋划推动工作[N]．人民日报，2015-04-02.
　④　习近平．切实把思想统一到党的十八届三中全会精神上来[N]．人民日报，2014-01-01.
　⑤　中共中央关于全面推进依法治国若干重大问题的决定[N]．人民日报，2014-10-29.
　⑥　习近平．关于《中共中央关于全面推进依法治国若干重大问题的决定》的说明[N]．人民日报，2014-10-29.
　⑦　中共中央关于全面推进依法治国若干重大问题的决定[N]．人民日报，2014-10-29.

组织建设、作风建设、反腐倡廉建设、制度建设，保持党的先进性和纯洁性。

　　"四个全面"战略布局作为我们党在执政新征途上对人民新期待的新回应，每一个"全面"的逻辑起点都是为了人民，每一个"全面"的实践归宿都是为了人民，每一个"全面"都是围绕满足人民新意愿、新需求来谋划新举措、新路径。以人民为聚焦点和圆心，"四个全面"统一为一个整体，以人民为核心价值取向，深刻回答了共产党执政"为了谁"这一执政目的的重大问题。

　　（三）围绕"依靠谁"，明确人民拥护和支持是党执政最牢固的根基

　　在 2015 年新年贺词中，习近平同志在总结 2014 年我国取得的成就时深情地说："没有人民支持，这些工作是难以做好的，我要为我们伟大的人民点赞。"[1]为伟大的人民点赞，传递着我们党对人民由衷的敬意。人民群众是历史的创造者，是推动社会发展的根本力量，这是马克思主义的基本观点，也是 90 多年来党一贯秉持的群众观点。90 多年来，我们党紧紧依靠人民群众，完成了新民主主义革命，实现了民族独立、人民解放；完成了社会主义革命，确立了社会主义基本制度；进行了改革开放新的伟大革命，开创、坚持、发展了中国特色社会主义。今天，全面建成小康社会，实现中国梦，不会是一番坦途，必然要经历困难曲折，要克服前进道路上的各种艰难险阻。在新的历史条件下，共产党执政依靠谁？协调推进"四个全面"战略布局作出了明确回答："我们要紧紧依靠人民，从人民中吸取智慧，从人民中凝聚力量"[2]，"人民拥护和支持是党执政最牢固的根基"[3]。

　　从人民中来，到人民中去，根深深扎在人民这片沃土中，"四个全面"深刻揭示出共产党执政之基在人民。人民是执政者的最大靠山，失去人民这座最大靠山，执政就岌岌可危。习近平同志的"我要为我们伟大的人民点赞"获得广泛传播，正是因为它强调我们党执政无论现在还是将来都要紧紧依靠人民。"四个全面"揭示出，"中国共产党的领导是中国特色社会主义最本质的特征"[4]，党执政的实质就是领导和支持人民当家作主，使人民群众真正成为先进生产力大发展的推动主体、中国特色社会主义的实践主体、改革发展成

---

① 国家主席习近平发表二〇一五年新年贺词[N].人民日报，2015-01-01.
② 习近平.在 2015 年春节团拜会上的讲话[N].人民日报，2015-02-18.
③ 习近平.在党的群众路线教育实践活动总结大会上的讲话[N].人民日报，2014-10-09.
④ 在庆祝全国人民代表大会成立 60 周年大会上的讲话[N].人民日报，2014-09-06.

果的享有主体。全面建成小康社会,凝聚起推进事业的强大力量,必须"紧紧依靠全国各族人民"①。全面深化改革,必须"坚持以人为本,尊重人民主体地位,发挥群众首创精神,紧紧依靠人民推动改革,促进人的全面发展"②。全面依法治国,必须"坚持人民主体地位"③,"人民是依法治国的主体和力量源泉"④。全面从严治党,必须依靠人民,因为"人民群众中蕴藏着治国理政、管党治党的智慧和力量"⑤。

如何做到紧紧依靠人民?协调推进"四个全面"战略布局也给出了明确的答案。对于一些领导干部高高在上,用"玻璃门"和"无形的墙"把自己与人民群众隔开,一人说了就算、一拍胸脯就办,导致党群干群之间隔阂越来越深;针对有的不愿做、不会做群众工作,工作总是做不到群众心坎上等问题,协调推进"四个全面"战略布局给出了这样的"药方":"健全领导干部带头改进作风、深入基层调查研究机制,完善直接联系和服务群众制度"⑥;"在党的领导下,以经济社会发展重大问题和涉及群众切身利益的实际问题为内容,在全社会开展广泛协商,坚持协商于决策之前和决策实施之中"⑦;"拓宽公民有序参与立法途径,健全法律法规规章草案公开征求意见和公众意见采纳情况反馈机制"⑧;"在司法调解、司法听证、涉诉信访等司法活动中保障人民群众参与"⑨,等等,从而构建起依靠人民推进事业发展的制度机制,防止民主成为装饰品,使"执政依靠人民"能够不打任何折扣地得到落实。

协调推进"四个全面"战略布局从"我是谁""为了谁""依靠谁"这三个方面对共产党执政规律认识的深化,深刻回答了在新的时代条件下,中国共产党如何长期执政、如何执好政的问题,从而为进一步巩固党的中国特色社会主义事业坚强领导核心地位提供了根本遵循。

---

①　习近平. 顺应时代前进潮流,促进世界和平发展——在莫斯科国际关系学院的演讲[N]. 人民日报,2013-03-24.

②　中共十八届三中全会在京举行[N]. 人民日报,2013-11-13.

③　中共中央关于全面推进依法治国若干重大问题的决定[N]. 人民日报,2014-10-29.

④　中共中央关于全面推进依法治国若干重大问题的决定[N]. 人民日报,2014-10-29.

⑤　习近平. 在党的群众路线教育实践活动总结大会上的讲话[N]. 人民日报,2014-10-09.

⑥　中共中央关于全面深化改革若干重大问题的决定[N]. 人民日报,2013-11-16.

⑦　中共中央关于全面深化改革若干重大问题的决定[N]. 人民日报,2013-11-16.

⑧　中共中央关于全面推进依法治国若干重大问题的决定[N]. 人民日报,2014-10-29.

⑨　中共中央关于全面推进依法治国若干重大问题的决定[N]. 人民日报,2014-10-29.

二、认识把握社会主义建设规律的新飞跃

社会主义建设规律，是指社会主义国家如何实现国家富强、民族振兴、社会和谐、人民幸福的规律。正是在正确总结经验教训、正确把握时代特征、正确解答现实问题的基础上，协调推进"四个全面"战略布局，以一系列崭新的思想、观点和论断，从社会主义的本质、社会主义的阶段、中国特色社会主义的发展布局等方面深化了对社会主义建设规律的认识。

（一）将社会主义的本质要求进一步具体化，深化了对社会主义本质的认识

解放生产力、发展生产力，消灭剥削，消除两极分化，最终实现共同富裕，这是邓小平同志对社会主义本质的精辟概括。2015 年 6 月在赴贵州调研时，习近平同志强调："消除贫困、改善民生、实现共同富裕，是社会主义的本质要求，是我们党的重要使命。"①协调推进"四个全面"战略布局提出的战略目标是全面建成小康社会，未来指向是实现中国梦。这一战略目标，是在对社会主义本质深化认识的基础上提出来的，并进一步揭示了社会主义的本质。全面小康社会是使发展成果更公平惠及十几亿人口的小康社会，是逐步消除城乡差别、区域差别、行业差别的小康社会，努力实现学有所教、劳有所得、病有所医、老有所养、住有所居，充分体现发展的全面性协调性包容性。一句话，全面小康社会是走共同富裕道路的小康社会。作为社会主义现代化承上启下的重要一环，作为实现中国梦的关键，全面小康社会将社会主义的本质要求具体化，与中国梦一道，形成中国特色社会主义发展中的两个重要的阶段性目标，从而使社会主义本质有了更为具体的表现形式，具有了与中国实际更加契合的科学内涵。全面深化改革、全面依法治国、全面从严治党，因为围绕全面小康和中国梦的目标而具有了鲜明的价值指向，同样深化了对社会主义本质的认识。改革是动力，全面深化改革要求进一步解放思想、解放和发展社会生产力、解放和增强社会活力，是社会主义发展动力的升级版。依法治理是最可靠、最稳定的治理，全面依法治国使中国特色社会主义法治国家建设步入了新境界。改革与法治相互作用，全方位保障人民权益，全面提升国家治理水平。党的领导是中国特色社会主义的本质特征，全面从严治党将

<hr>

① 习近平在部分省区市党委主要负责同志座谈会上强调：谋划好"十三五"时期扶贫开发工作，确保农村贫困人口到 2020 年如期脱贫[N]. 人民日报，2015-06-20.

使中国特色社会主义焕发出更加蓬勃的生命力。全面小康社会和中国梦所确立的生产力目标,将通过全面深化改革、全面依法治国、全面从严治党三大战略举措来完成,从而使解放生产力、发展生产力,消灭剥削,消除两极分化,最终实现共同富裕这一社会主义的本质,通过"四个全面"而得以进一步彰显,通过"四个全面"战略布局的协调推进而得以逐步实现。

还要看到,社会主义本质中内含着实现社会公平正义的要求。协调推进"四个全面"战略布局,是在中国成为中等收入国家的时候提出来的,顺应了人民对实现社会公平正义的新期待,在实现社会公平正义方面提出了一系列新理念、新举措。比如,通过逐步建立以权利公平、机会公平、规则公平为主要内容的社会公平保障体系,营造公平的社会环境,保证人民平等参与、平等发展权利;紧紧围绕更好保障和改善民生、促进社会公平正义深化社会体制改革,改革收入分配制度以缩小收入差距,加快建设基本公共服务体系以促进基本公共服务均等化,改进社会治理方式以激发社会活力,确保社会既充满活力又和谐有序;推动社会主义民主政治制度化、规范化、程序化,建设社会主义法治国家,发展更加广泛、更加充分、更加健全的人民民主;坚持法治建设为了人民、依靠人民、造福人民、保护人民,以保障人民根本权益为出发点和落脚点,保证人民依法享有广泛的权利和自由,承担应尽的义务,等等。这一系列新理念新举措,让人们正在切身感受到社会主义的温暖、公平正义的光辉。

(二)在认清我国当前经济社会发展阶段新特点的基础上,进一步深化了对社会主义初级阶段的认识

党的十一届三中全会以来,我们党正确分析国情,作出我国还处于社会主义初级阶段的科学论断,并以之作为推进改革、谋划发展的根本依据。习近平同志在十八届中央政治局第一次集体学习时发表讲话指出:"社会主义初级阶段是当代中国的最大国情、最大实际,我们在任何情况下都要牢牢把握这个最大国情。"①社会主义初级阶段,不是泛指任何国家进入社会主义社会都会经历的起始阶段,而是特指我国在生产力落后、商品经济不发达条件下建设社会主义必然要经历的特定阶段,从20世纪50年代中期算起,至少需

①　习近平在中共中央政治局第一次集体学习时强调:紧紧围绕坚持和发展中国特色社会主义,深入学习宣传贯彻党的十八大精神[N].人民日报,2012-11-19.

要一百年时间。社会主义的根本任务是解放和发展社会生产力；社会主义初级阶段的社会主要矛盾是人民日益增长的物质文化需要同落后的社会生产力之间的矛盾；在社会主义初级阶段完成基本实现现代化任务，需要分步骤、长时期的努力……随着实践发展，我们党对社会主义初级阶段规律和特征的认识越来越深入。

经过 30 多年的改革开放，我国社会生产力、综合国力、人民生活水平实现了历史性跨越。2015 年 1 月 23 日，习近平同志在主持中共中央政治局第二十次集体学习时深刻指出：当代中国最大的客观实际，就是我国仍处于并将长期处于社会主义初级阶段；我国基本国情的内涵不断发生变化，我们面临的国际国内风险、面临的难题也发生了重要变化①。那么，我们面临哪些重要的变化呢？ 一方面，我国已经成为世界第二大经济体、第一大贸易国，无论经济实力还是在国际上的地位，都今非昔比。另一方面，经济发展进入新常态，经济下行压力加大；经济总量虽高，但人均收入仍处在中等收入国家行列，而且还面临一部分人、一部分地区先富起来之后如何实现共同富裕的挑战；经济治理中政府与市场、社会治理中政府与社会关系的调整，社会利益关系复杂条件下的协调利益关系，一定程度存在的有法不依、执法不严、违法不究现象，国内外各种安全风险叠加交织，等等。正是这一切，构成了我国经济社会发展新阶段的新特点，并考验着执政者的治国理政智慧。

上述变化表明，在社会主义初级阶段，完善和发展中国特色社会主义，以经济建设为中心始终是兴国之要、富民之要；发展始终是解决所有问题的关键。但同时也必须看到，社会主义初级阶段也是一个不断发展的阶段，在初级阶段的不同发展时期经济社会发展会呈现出不同的具体特点，不能把初级阶段抽象化，而必须依据当前发展的具体特点来谋划发展，否则采取的政策措施就会因为针对性不强而难以产生预期效果。

习近平同志清醒认识和准确把握我国社会主义初级阶段的基本国情与基本特点，既看到社会主义初级阶段基本国情没有变，也看到我国经济社会发展新阶段呈现出来的新特点，针对现阶段的发展需要和现实中的突出矛盾问题提出了协调推进"四个全面"战略布局。协调推进"四个全面"战略布

---

① 习近平在中共中央政治局第二十次集体学习时强调：坚持运用辩证唯物主义世界观方法论，提高解决我国改革发展基本问题本领［N］. 人民日报，2015-01-25.

局,有力回答了在当前发展阶段我国需要协调推进全面建成小康社会、全面深化改革、全面依法治国、全面从严治党的重大时代课题,并作出具体部署,为我们在新的时代条件下深化认识社会主义初级阶段的规律特征,深化认识初级阶段中不同发展阶段呈现出的新特点,以及科学运用社会主义初级阶段发展规律提供了思想武器。

(三)与"五位一体"相统一,进一步深化了对社会主义总布局的认识

中共十八大报告提出中国特色社会主义"五位一体"总布局,标志着我国社会主义现代化建设进入新的历史阶段,代表了人民群众的根本利益和共同愿望。"五位一体"涵盖经济建设、政治建设、文化建设、社会建设和生态文明建设,着眼于实现社会主义现代化和中华民族伟大复兴的总任务,而"五大建设"之间是一个密切联系的有机整体,其中经济建设是根本,政治建设是保证,文化建设是灵魂,社会建设是条件,生态文明建设是基础。"五位一体"总布局是把我国建设成为富强民主文明和谐的社会主义现代化国家的总布局。

"四个全面"作为在新的历史起点上发展中国特色社会主义的顶层设计和战略布局,与"五位一体"是紧密联系、辩证统一的。全面建成小康社会,是包括经济、政治、文化、社会和生态文明"五位一体"的小康社会,五个方面的小康缺一不可,既要在经济上达到全面小康标准,又要加强社会主义民主,"让人民活得更有尊严";提升文化软实力,建设社会主义文化强国;全面提高人民生活水平,实现社会和谐稳定;生态文明建设取得进展,建设资源节约型、环境友好型社会。全面深化改革,是包括经济、政治、文化、社会和生态文明五个方面的整体改革,通过五方面改革的协调推进,实现各方面制度的完善和治理能力的提高。全面依法治国,是包括经济、政治、文化、社会和生态文明五个方面的法治化,既要完善经济、政治、文化、社会和生态文明各个领域的立法,又要各个领域的运行都于法有据、依法而行,不能脱离法治轨道。全面从严治党,提高党总揽全局协调各方的能力,就包括统领经济、政治、文化、社会和生态文明"五位一体"总布局的能力。同样,"五位一体"总布局中,无论是经济、政治、文化、社会还是生态文明建设,都需要全面建成小康社会目标的统领,都需要全面深化改革、全面依法治国、全面从严治党战略举措的保障。因此,"四个全面"与"五位一体"辩证统一于中国特色社会主义建

设，"五位一体"规定了中国特色社会主义建设的内容，"四个全面"则揭示了推进中国特色社会主义建设的目标和路径。没有"四个全面"，"五位一体"总布局就难以真正形成；没有"五位一体"，"四个全面"也将失去其内容依托。

综上，"四个全面"通过对社会主义本质、社会主义初级阶段和中国特色社会主义总布局认识的深化，进一步深化了对社会主义建设规律的认识，为开辟中国特色社会主义的新境界提供了根本保障。

三、认识把握人类社会发展规律的新飞跃

马克思主义深刻揭示了人类社会形态的发展趋势和社会发展诸要素之间内在的本质联系，指明了人类社会发展的方向，为中国共产党人提供了行动指南。但是，社会在发展，人类在进步，新情况、新问题在不断涌现。如果我们仅仅满足于已经认识的人类社会发展规律，把对人类社会发展规律的认识停留在前人所得出的结论上，那是远远不够的，也是根本行不通的。

进入 21 世纪以来，世界发生了深刻变化，和平与发展仍是时代的主题，但局部性摩擦不断。经济全球化进程加快受到国际金融危机的阻滞，世界多极化趋势在曲折中发展。科技进步日新月异，世界正处于新一轮科技革命的前夜，发达国家实行再工业化战略，各国争夺科技制高点的竞争更加激烈。人类社会的发展包括当代资本主义和社会主义的发展都出现了许多新的特点。诸如环境污染、能源匮乏、气候变暖、南北差距等各种各样的全球性问题也凸现在人类面前，使整个人类社会的发展既面临着前所未有的机遇，也面临着严峻的挑战。所有这些，都要求我们运用马克思主义的立场、观点和方法，对人类社会的发展进行新观察、作出新判断、揭示新规律，进而不断开创建设中国特色社会主义事业的新局面。

协调推进"四个全面"战略布局，坚持马克思主义基本原理，准确把握人类社会发展趋势，丰富和发展了对人类社会发展规律的认识。

（一）一个重大判断：时和势总体于我有利

在革命、建设、改革各个历史时期，我们党总是运用历史唯物主义，通过系统、具体、历史地分析世界发展趋势及中国在其中的地位，来深化对人类社会发展规律的认识，并作为我们认识世界、改造世界、推进社会主义建设的依据。习近平同志深刻洞悉国际国内大势，准确把握经济发展大局，作出了重

要战略机遇期仍在、我国经济发展进入新常态、时和势于我总体有利的重大判断。这一重大判断,既是提出"四个全面"战略布局的客观依据,也是对中国特色社会主义发展所处的外部环境和内部需要解决的主要矛盾问题的深刻揭示,抓住了当前人类社会发展的重要特征和基本趋势。

在主持中共中央政治局第三次集体学习时,习近平同志在谈到"更好统筹国内国际两个大局,夯实走和平发展道路的基础"问题时强调:"世界潮流,浩浩荡荡,顺之则昌,逆之则亡。"①那么,当今世界的潮流是什么呢? 2013年3月,习近平同志在莫斯科国际关系学院发表演讲时对这个问题进行了回答,概括起来包括四个方面:一是这个世界,和平、发展、合作、共赢成为时代潮流,任何国家或国家集团都再也无法单独主宰世界事务;二是一大批新兴市场国家和发展中国家走上发展的快车道,国际力量对比继续朝着有利于世界和平与发展的方向发展;三是各国相互联系、相互依存的程度空前加深,越来越成为你中有我、我中有你的命运共同体;四是人类依然面临诸多难题和挑战,维护世界和平、促进共同发展依然任重道远②。一言以蔽之,就是当今世界是一个变革的世界、一个新机遇新挑战层出不穷的世界、一个国际体系和国际秩序深度调整的世界、一个国际力量对比深刻变化并朝着有利于和平与发展方向变化的世界。这一世界环境对我国来说,意味着当前和今后一个时期,世界经济环境仍然比较复杂,机遇和挑战相互交织,时和势总体于我有利,我国发展的重要战略机遇期仍然存在。当前,作为世界第二大经济体,作为开放并努力承担更多国际责任的发展中大国,中国与世界的关系在发生深刻变化,我国同国际社会的互联互动也已变得空前紧密,我国对世界的依赖、对国际事务的参与在不断加深,世界对我国的依赖、对我国的影响也在不断加深。综合判断,我国发展仍处于可以大有作为的重要战略机遇期,最大的机遇就是自身不断发展壮大,同时也要重视应对各种风险和挑战,善于化危为机、转危为安。

从国内看,我国经济发展进入新常态,其主要特征是:经济增长速度从高

① 习近平在中共中央政治局第三次集体学习时强调:更好统筹国内国际两个大局,夯实走和平发展道路的基础[N]. 人民日报,2013-01-30.
② 习近平. 顺应时代前进潮流,促进世界和平发展——在莫斯科国际关系学院的演讲[N]. 人民日报,2013-03-24.

速转向中高速,经济发展方式从规模扩张转向结构优化,经济发展动力从要素驱动转向创新驱动。在新常态下,我国经济社会发展基本面长期趋好,但也面临一些挑战,主要是:正处在"三期叠加"即从高速到中高速的增长速度换挡期、结构调整阵痛期、前期刺激政策消化期的阶段,经济减速如果处置不当就有可能成为经济失速;发展中不平衡、不协调、不可持续问题依然突出,转方式、调结构、促创新任务仍然艰巨。经济新常态,虽有挑战,但更多的是提供了提高经济发展质量和效益的压力、动力和机遇。在2014年底召开的中央经济工作会议上,习近平同志指出,我国经济发展进入新常态,没有改变我国发展仍处于可以大有作为的重要战略机遇期的判断,改变的是重要战略机遇期的内涵和条件;没有改变我国经济发展总体向好的基本面,改变的是经济发展方式和经济结构①。

总之,重要战略机遇期仍在、经济发展进入新常态、时和势于我总体有利,这一重大判断深刻揭示了当今世界潮流和我国发展所处的内外部环境,要求我们必须把握和平发展主线,为和平发展营造更加有利的国际环境,努力延长并用好重要战略机遇期。而"四个全面"战略布局,正是当前实现又好又快发展的顶层设计和行动指南。

(二)一个全新视角:把社会基本矛盾作为整体来观察

过去我们看问题,往往或者是从生产力和生产关系的角度出发,或者是从经济基础和上层建筑的角度出发。与过去不同,习近平同志把社会基本矛盾作为一个整体,亦即把生产力和生产关系的矛盾运动同经济基础和上层建筑的矛盾运动结合起来观察社会现象和社会问题,使我们观察和分析社会现实的方法论发生了重大变革。运用这一科学的观察视角和分析方法来观察资本主义世界,不难发现,虽经过几百年的发展,资本主义经济运行依然有着自身无法逾越的障碍,其深层次矛盾正在于生产关系与生产力、上层建筑与经济基础的不相适应,国际金融危机就是这种不适应的总爆发。运用这一科学的观察视角和分析方法来观察社会主义社会,不难发现,社会主义社会虽然远未完善,但它的未来充满生命力,其生命力的根源正在于生产关系与生产力、上层建筑与经济基础的既相适应又不相适应。可见,在世界愈益复杂、

① 中央经济工作会议在北京举行,习近平李克强作重要讲话,张德江俞正声刘云山王岐山张高丽出席会议[N]. 人民日报,2014-12-12.

社会矛盾愈益多样的今天，只有把社会基本矛盾作为一个整体来观察世界观察社会，我们才能全面把握整个人类社会和中国特色社会主义的基本面貌与发展方向。

把生产力和生产关系的矛盾运动同经济基础和上层建筑的矛盾运动结合起来，这一科学的观察视角和分析方法，深入地反映在协调推进"四个全面"战略布局和战略思想之中。

协调推进"四个全面"战略布局，既着眼于世界发展大势、又坚持中国特色社会主义追求，既有战略目标、又有战略部署，既涉及生产力和生产关系、又涉及经济基础和上层建筑，既涉及中国特色社会主义伟大事业、又涉及党的建设新的伟大工程，同时还涉及统筹国内国际两个大局，是一个有机联系、相互贯通、相辅相成、相互促进、相得益彰的整体。全面建成小康社会，明确了现阶段发展生产力的目标任务，并指出为实现生产力目标和人民生活幸福，生产关系和上层建筑需要作出必要调整。全面深化改革，就是要适应我国社会基本矛盾运动的变化来推进社会发展。社会基本矛盾总是不断发展的，所以调整生产关系、完善上层建筑需要相应地不断进行下去。改革开放只有进行时、没有完成时。全面深化改革和全面依法治国一起，既解决好生产关系中不适应的问题，又解决好上层建筑中不适应的问题，以解放和发展社会生产力为强大牵引完善制度体系，用法治体系建设的新进展、新成果、新成效，体现中国特色社会主义制度的总体要求，推动全面建成小康社会乃至实现中华民族伟大复兴中国梦的如期实现。全面从严治党，抓住中国共产党的领导是中国特色社会主义最本质的特征，坚持人民群众是历史创造者的历史唯物主义观点，以从严治党的成效，打造团结带领人民全面建成小康社会、推进社会主义现代化、实现中华民族伟大复兴的坚强领导核心。协调推进"四个全面"战略布局深刻地揭示出：物质生产是社会历史发展的决定性因素，解放和发展社会生产力，必须不断适应社会生产力发展调整生产关系，不断适应经济基础发展完善上层建筑。同时，对生产力标准要有全面认识，不能撇开生产关系、上层建筑而简单化绝对化地理解生产力标准。生产力和生产关系、经济基础和上层建筑之间有着作用和反作用的现实过程，并不是单线式的简单决定与被决定的逻辑。把生产力和生产关系的矛盾运动同经济基础和上层建筑的矛盾运动结合起来，并从实际出发统筹布局、整体谋划，使

"四个全面"战略布局对人类社会发展规律的认识和把握站上了一个新高度，具有了无可比拟的科学性。

正是站在整体把握社会基本矛盾运动的高度，在透彻把握人类社会发展规律的基础上，协调推进"四个全面"战略布局更加清晰地勾画出了中国特色社会主义社会的未来图景，明确地揭示出中国特色社会主义道路是中华民族创造辉煌的必由之路，是中华民族实现伟大复兴的必由之路，是中华民族为人类作出新的更大贡献的必由之路。协调推进"四个全面"战略布局以坚持和发展中国特色社会主义为主线，以实现好、维护好、发展好最广大人民根本利益为核心，与中国特色社会主义"五位一体"总布局相符合，把共产主义远大理想和全面建成小康社会、实现中华民族伟大复兴中国梦的共同理想统一起来，从而进一步增强了人们对中国特色社会主义的道路自信、理论自信、制度自信。

（三）一个新的拓展：创造性地掌握和运用现代化规律

现代化，是当今人类社会最鲜明的特征。现代化规律，是当今人类社会发展规律的重要内容之一，人类对这一规律的认识还有待深入。综观世界，各国在对现代化的追求中有成功的经验，也有失败的教训；既创造了丰富的物质财富，也出现了贫富分化加剧、生态环境恶化等一系列问题。如今，十几亿、几十亿人口正在加速走向现代化，人类社会发展已经进入整体现代化的新阶段。我国也正在加速推进现代化。改革开放以来，我国确立了现代化"三步走"战略，如今已经成功实现了前两步，即将在本世纪中叶建成富强民主文明和谐的社会主义现代化国家。在一个拥有 13 亿多人口的发展中大国实现现代化，特别还是社会主义的现代化，这在人类历史上是前无古人的伟大事业。协调推进"四个全面"战略布局，创造性地掌握和运用现代化规律，在对人类社会现代化规律的认识上达到了新高度，既是指导我国现代化建设的顶层设计，也将为世界各国现代化发展提供有益启示和宝贵借鉴。

把握现代化发展规律的普遍性和特殊性，创新现代化发展模式。"四个全面"战略布局，是在深入把握现代化发展规律的普遍性和特殊性，吸取世界现代化发展过程中正反两方面经验教训的基础上提出来的。20 世纪中叶，很多发展中国家误以为现代化就是西方化，结果在现代化过程中遭遇重大挫折。这一深刻教训启示我们,现代化应有不同模式,各国在现代化的目标设计、路径选择上应表现出各自特色。作为后发国家,虽然可以借鉴发达国家经验,但绝不能亦步亦趋,而是应根据国情选择适合自己的现代化道路。以习近平同志为总书记的党中央提出的协调推进"四个全面"战略布局,顺应现代化的世界大潮流、大趋势,坚持走中国特色社会主义道路,创新现代化发展模式。强调:我们要追求的现代化不是一部分地区、一部分人的现代化,而是全国一盘棋和全体人民的现代化;不是建立在贫富分化、人与人社会地位不平等基础上的现代化,而是建立在人人平等并努力实现共同富裕基础上的现代化;不是忽略人民权益、只有经济繁荣的现代化,而是人民各方面权益更加广泛而充实,经济、政治、文化、社会、生态协调发展的现代化;不是先污染后治理、放任生态恶化的现代化,而是既要金山银山、也要绿水青山的现代化。总而言之,中国的现代化,在科学发展上有新高度:要求协同推进新型工业化、信息化、城镇化、农业现代化和绿色化;在现代化维度上有新创造:在传统现代化维度基础上,增加了国家治理体系和治理能力现代化这一现代化发展的新维度;在人的全面发展上有新要求:高度重视现代化进程中的人的现代化。

　　把握在最大发展中国家实现社会主义现代化的系统性、协调性和前瞻性,创新现代化发展路径。发达国家在现代化过程中,由于认识的片面性,忽视发展的全面性和协调性,付出了生态环境恶化、人的精神空虚、社会秩序失范、社会两极分化等沉重代价。这启示我们,在中国这样一个世界上最大的发展中国家整体推进现代化,尤其需要注意避免发达国家现代化过程中的沉重代价,提高发展战略布局的系统性、协调性和前瞻性,优化现代化发展路径。协调推进"四个全面"战略布局,着眼于实现遵循经济规律的科学发展、遵循自然规律的可持续发展、遵循社会规律的包容性发展,具有高度的系统性、协调性和前瞻性,创新了现代化发展的具体路径。它前瞻发展大势,坚持以科学发展为主题,以加快转变经济发展方式为主线,以改革开放为根本动力,把推动发展的立足点转到提高质量和效益上来;进一步强化创新驱动,优化升级产业体系,抢占未来发展制高点,推进绿色发展、循环发展、低碳发展,打造中国经济升级版;大力发展人民民主,坚持党的领导、人民当家作主、依法治国有机统一,不断充实人民政治权益;促进文化繁荣发展,通过人们喜闻乐见的形式丰富人民精神文化生活,提高思想道德素质;坚持保障和改善民生,创新社会治理方式,着力提高人民生活水平,促进人的全面发展;加强生态文明建设,保障人民生态权益,努力建设美丽中国。同时,进一步完善发展的体制机制,处理好政府和市场的关系,发挥市场配置资源的决定性作用和更好发挥政府作用,促进市场和政府"两只手"同时发力,促进有效市场与有为政府有机统一,促进市场现代化和政府现代化相得益彰。这一系列发展路径通过"协调推进"整合起来,将会发挥出推动现代化快速、协调发展的巨大的系统合力。

把握和平发展、合作共赢的现代化新理念,提升现代化发展新境界。西方发达国家的现代化往往伴随着和依赖于海外殖民掠夺,是以牺牲他国利益为代价实现的。近些年来,随着我国现代化的发展和国际地位的提升,世界各国都在关注中国这个世界上最大发展中国家实现现代化的理念、路径和方式。作为现代化的后来者,中国一贯倡导和平发展、合作共赢的现代化新理念。习近平同志反复强调,"中国梦既是中国人民追求幸福的梦,也同各国人民追求幸福的梦想相通"①,"不仅造福中国人民,而且造福世界人民"②。"一带一路"建设,是在世界上最广阔的大陆、海洋上,由沿线60多个国家和地区、44亿人口奏出梦想的交响曲。亚洲基础设施投资银行、金砖国家新开发银行、丝路基金等中国主导的国际金融机构,以解发展中国家缺少基础设施建设资金的燃眉之急为出发点和落脚点。协调推进"四个全面"战略布局,立足于促进中国与世界的共同发展,致力于建立一个合作共赢、共同发展的新格局,开创现代化发展的新境界。

综上所述,"四个全面"战略布局作出的一个重大判断,树立的一个全新视角,拓展的一个新的规律(现代化规律),深入把握人类社会发展趋势,深刻揭示当今社会发展特征,正确判断中国未来发展方向,深化了对人类社会发展规律的认识。

---

① 习近平在会见第七届世界华侨华人社团联谊大会代表时强调:共同的根共同的魂共同的梦,共同书写中华民族发展新篇章[N]. 人民日报,2014-06-07.

② 胡锦涛. 坚定不移沿着中国特色社会主义道路前进,为全面建成小康社会而奋斗——在中国共产党第十八次全国代表大会上的报告[N]. 人民日报,2012-11-18.

四、基于对"三大规律"认识的丰富和深化,协调推进"四个全面"战略布局在中国特色社会主义的理论和实践上都取得了新突破,开创了马克思主义与中国实践相结合的新境界,成为坚持和发展中国特色社会主义的思想武器和行动指南

协调推进"四个全面"战略布局,实现了我们党对"三大规律"即共产党执政规律、社会主义建设规律、人类社会发展规律认识的新飞跃,因而具有了高度的科学性和自觉性,具备了科学指导实践的真理力量。正是基于对"三大规律"认识的丰富和深化,"四个全面"战略布局在中国特色社会主义的理论和实践上都取得了新突破,实现了坚持和拓展中国特色社会主义道路、坚持和丰富中国特色社会主义理论体系、坚持和完善中国特色社会主义制度的目的,开创了马克思主义与中国实践相结合的新境界,成为坚持和发展中国特色社会主义的思想武器和行动指南。

(一)紧紧围绕国家富强民族振兴人民幸福,坚持和拓展中国特色社会主义道路

1. 把中国梦与中国道路连通起来,提升了中国特色社会主义道路的目标

党的十八大报告对中国特色社会主义道路的描绘是:"中国特色社会主义道路,就是在中国共产党领导下,立足基本国情,以经济建设为中心,坚持四项基本原则,坚持改革开放,解放和发展社会生产力,建设社会主义市场经济、社会主义民主政治、社会主义先进文化、社会主义和谐社会、社会主义生态文明,促进人的全面发展,逐步实现全体人民共同富裕,建设富强民主文明和谐的社会主义现代化国家。"①可见,"逐步实现全体人民共同富裕,建设富强民主文明和谐的社会主义现代化国家",是中国道路的目标。社会发展到今天,每个人都切身感受到了社会思想文化多元多样多变的态势,都认识到了在多元中立主导、在多样中谋共识需要更加具有凝聚力和感召力的目标,因而道路目标也应当进一步细化和具体化。现阶段,这样一个更有凝聚力和感召力的目标是什么呢?"四个全面"战略布局对这一问题给出了清晰的回答。

全面建成小康社会,是协调推进"四个全面"战略布局的战略目标。这一

---

① 胡锦涛. 坚定不移沿着中国特色社会主义道路前进,为全面建成小康社会而奋斗——在中国共产党第十八次全国代表大会上的报告[N]. 人民日报,2012-11-18.

战略目标,承载的是"建设富强民主文明和谐的社会主义现代化国家"的目标在当前发展阶段的具体要求。全面建成小康社会不是一个孤立的目标。正如习近平同志所指出的:"中国已经进入全面建成小康社会的决定性阶段。实现这个目标是实现中华民族伟大复兴中国梦的关键一步。"①全面建成小康社会,既是现代化"三步走"战略中承前启后的关键一步,也是实现中国梦的关键一步。"四个全面"战略布局通过全面建成小康社会,把中国梦与中国道路紧紧连通起来,并凝聚成为全体社会成员的"最大公约数"。

把中国梦与中国道路连通起来,提升了中国特色社会主义道路的目标。表现在:中国梦把国家、民族、人民的利益和福祉高度统一起来,体现出集体利益与个人利益在根本上一致的社会主义先进性,体现出中国共产党全心全意为人民服务的根本宗旨和以人为本的核心立场,是对中国特色社会主义发展目标的高度概括。中国梦反映了中华民族自古以来追求"天下大同"的社会理想和民为邦本的民本思想,体现了中华民族最深沉的精神追求。中国梦反映了我国仍处于社会主义初级阶段的基本国情,突出了解放和发展生产力的重要作用,强调只有大力解放和发展生产力,才能实现国家富强,才能有民族振兴和人民幸福。

把中国梦作为中国道路的目标,决定了我们不能走计划经济的回头路,也不能走改旗易帜的西方道路。因为走计划经济的回头路,会遏制生产力的活力,造成经济停滞和共同贫穷;奉行个人主义的西方道路,会导致个人利益和集体利益、不同群体之间利益的根本冲突,制度性地造成总有部分人会陷入贫困与落后,这不仅与我国崇尚"仁、义、礼、智、信"的传统文化相悖,更与共同富裕的社会主义目标相悖。"四个全面"战略布局把中国梦与中国道路连通,把中华民族伟大复兴放在建设中国特色社会主义的特定历史方位上,进一步明确了中国道路的发展方向,提升了中国道路的目标。

2."四个全面"战略布局作为一个整体,丰富了中国特色社会主义道路的内涵,明确了坚持和拓展中国特色社会主义道路的具体要求

"四个全面"战略布局中的每一个"全面",都不是新提法,但把四个"全面"放在一起,就形成了战略思想的升华,既丰富了中国特色社会主义道路的

---

① 习近平.弘扬丝路精神,深化中阿合作——在中阿合作论坛第六届部长级会议开幕式上的讲话[N].人民日报,2014-06-06.

内涵,也明确了坚持和拓展中国特色社会主义道路的具体要求。

协调推进"四个全面"战略布局对于全面建成小康社会和对"国家富强、民族振兴、人民幸福"中国梦的追求,要求中国道路在目标、模式和方略上都更注重以人民幸福为指向。"坚持中国道路、弘扬中国精神、凝聚中国力量"的重要遵循,要求必须不断增强中国特色社会主义的感召力和凝聚力,让中国道路在党和人民的创造性实践中不断拓展。协调推进"四个全面"战略布局所贯穿的"人民群众是真正英雄"的历史唯物主义立场,要求必须坚持人民主体地位,以人民群众为依靠力量,中国道路的拓展应以"更好保障人民权益,更好保证人民当家作主"为原则。协调推进"四个全面"战略布局所蕴含的"维护社会公平正义、努力实现共同富裕"的内在要求,要求必须坚持社会主义基本经济制度和分配制度,初次分配和再分配都要兼顾公平,再分配更加注重公平,使发展成果更多更公平惠及全体人民,让人人共享人生出彩和梦想成真的机会。协调推进"四个全面"战略布局所揭示的"推动建设持久和平、共同繁荣的和谐世界"的世界梦想,要求必须坚持走和平发展道路。协调推进"四个全面"战略布局所强调的"确保党始终成为中国特色社会主义事业的坚强领导核心",要求与时俱进地加强和改善党的领导,始终保持党同人民群众的血肉联系,保持党的肌体健康,不断提高领导水平和执政水平、提高拒腐防变和抵御风险的能力。

协调推进"四个全面"战略布局所具有的全局性谋划、系统性布局、整体性引导、针对性突破的特性,确保了中国道路不是零散路径的组合,而是着眼于促进生产关系与生产力、上层建筑与经济基础相协调的路径集合;不是偏重于某一个方面的发展,而是既坚持以经济建设为中心,不断解放和发展社会生产力,又注重促进现代化建设各方面协调发展,注重保障人民的经济、政治、文化、社会、生态等各项权益,逐步实现全体人民共同富裕、促进人的全面发展。

(二)紧紧抓住经济社会发展重大问题,坚持和丰富中国特色社会主义理论体系

中国特色社会主义理论体系是一个开放的体系、不断创新的体系。总结党领导人民创造的新鲜经验,重点抓住经济社会发展的重大问题,作出既有中国特色,又反映时代潮流、社会主义本质和人民新期待的新的理论概括,这

正是中国特色社会主义理论体系的生长点,也是其保持旺盛生命力的根本所在。当前,我们正在进行具有许多新的历史特点的伟大实践,正在面对和奋力破解经济社会发展中的一系列重大问题,正在创造史无前例的业绩和经验。如此丰富而深刻的创新实践,正是孕育和催生党的理论创新的强大动力与源头活水。

中国特色社会主义理论体系作为中国特色社会主义道路探索的理论升华,科学回答了什么是社会主义、怎样建设社会主义,建设什么样的党、怎样建设党,实现什么样的发展、怎样发展这三个带有根本性的问题。在此基础上,协调推进"四个全面"战略布局进一步科学回答了什么是中华民族伟大梦想、怎样实现中华民族伟大梦想这一同样带有根本性的问题,从而坚持和丰富了中国特色社会主义理论体系。

围绕什么是中华民族伟大梦想、怎样实现中华民族伟大梦想,协调推进"四个全面"战略布局提出了中国特色社会主义理论体系的一系列创新观点。例如,明确提出实现中华民族伟大复兴,就是中华民族近代以来最伟大的梦想,从而为进一步凝聚全国各族人民的意志和力量矗立起了最鲜明的旗帜。明确提出中国已经进入全面建成小康社会的决定性阶段,全面建成小康社会是实现中华民族伟大复兴中国梦的关键一步,中国梦归根结底是人民的梦,从而高度概括了"两个一百年"奋斗目标的价值本质。明确提出全面深化改革的总目标是完善和发展中国特色社会主义制度、推进国家治理体系和治理能力现代化,并对改革开放作出新的理论概括:改革开放是决定当代中国命运的关键一招,也是决定实现"两个一百年"奋斗目标、实现中华民族伟大复兴的关键一招;改革开放只有进行时没有完成时;全面深化改革,关系党的执政基础和执政地位;必须更加注重改革的系统性、整体性、协同性,处理好解放思想与实事求是、整体推进与重点突破、全面与局部、顶层设计与摸着石头过河、胆子要大与步子要稳等全面深化改革的重大关系等等,这一系列论述丰富和完善了中国特色社会主义改革理论。明确提出中国特色社会主义法治道路,强调:全面推进依法治国是关系我们党执政兴国、关系人民幸福安康、关系党和国家长治久安的重大战略问题;全面推进依法治国的总目标是建设中国特色社会主义法治体系,建设社会主义法治国家;党的领导是中国特色社会主义最本质的特征,是社会主义法治最根本的保证,党的领导和社会主义法治是一致的,社会主义法治必须坚持党的领导,党的领导必须依靠社会主义法治;全面推进科学立法、严格执法、公正司法、全民守法,坚持依法治国、依法执政、依法行政共同推进,坚持法治国家、法治政府、法治社会一体建设,不断开创依法治国新局面;坚持依法治国和以德治国相结合,国家和社会治理需要法律和道德共同发挥作用,必须坚持一手抓法治、一手抓德治;全面依法治国必须抓住领导干部这个"关键少数"等等,从而发展创新了中国特色社会主义法治理论。明确提出不管党、不抓党就有可能出问题甚至出大问题,结果不只是党的事业不能成功,还有亡党亡国的危险;要把党要管党、从严治党落到实处,坚持以改革创新精神推进党的建设,使我们党更好担负起团结带领全国各族人民全面建成小康社会、实现中华民族伟大复兴的重任;要增强从严治党的系统性、预见性、创造性、实效性,锻造我们事业更加坚强的领导核心;从严治党必须具体地而不是抽象地、认真地而不是敷衍地落实到位等等,从而深化了对从严治党规律的认识。

与此同时,理论上的新突破也带来了方法论上的与时俱进。协调推进"四个全面"战略布局不仅闪耀着马克思主义的真理光芒,而且也是对辩证唯物主义和历史唯物主义方法论的创造性运用。

一是坚持科学社会主义基本原则,坚持中国特色社会主义道路的正确方向,是协调推进"四个全面"战略布局的最根本的方法论,也是我们必须时刻坚守的底线。

二是创造性地运用世界统一于物质、物质决定意识的原理,从我国社会主义初级阶段这个当代中国的最大国情出发,准确把握我国不同发展阶段的新变化新特点,坚持从客观实际出发认识当下、规划未来、制定政策、推进事业。

三是创造性地运用事物矛盾运动的基本原理,抓住当前党和国家事业发展中必须解决好的主要矛盾,强调提高战略思维、历史思维、辩证思维、创新思维、底线思维能力,强调增强问题意识、坚持问题导向,既注重总体谋划,又注重牵住"牛鼻子",既讲两点论,又讲重点论,优先解决主要矛盾和矛盾的主要方面,以此带动其他矛盾的解决。

四是坚持"世界是普遍联系的"这一辩证唯物主义基本观点,加强顶层设计、整体谋划。唯物辩证法认为,世界是普遍联系的整体,事物普遍地以系统的形态存在;系统的整体功能,不仅取决于构成系统的各个要素的性质,更取决于这些要素的组成方式即结构。协调推进"四个全面"战略布局正是围绕全面建成小康社会这一总目标,使全面建成小康社会、全面深化改革、全面依法治国、全面从严治党之间以及每一项目标、举措内部的各项具体内容之间形成有序关联、有机衔接,进而使各项举措在政策取向上相互配合、在实施过程中相互促进、在实际成效上相得益彰。

五是坚持人民群众是历史的创造者,既坚持把实现好、维护好、发展好最广大人民根本利益作为各项工作的出发点和落脚点,又坚持处理好尊重客观规律和发挥主观能动性的关系,紧紧依靠人民推进各项事业。

(三)紧紧围绕国家治理现代化,坚持和完善中国特色社会主义制度,彰显制度优越性

中国特色社会主义制度之所以是当代中国发展进步的根本制度保障,是因为这一制度是符合中国国情、适应中国生产力发展要求并且被实践证明为行之有效的科学制度,是符合人类文明进步方向、既汲取了人类制度文明成果又能对人类制度文明进步作出重大贡献的科学制度。中国特色社会主义制度在国际比较与竞争中所彰显出来的巨大优势主要表现在以下四个方面:一是中国特色社会主义制度有利于真正实现人民当家作主。中国特色社会主义制度,就是人民代表大会制度的根本政治制度,中国共产党领导的多党合作和政治协商制度、民族区域自治制度以及基层群众自治制度等基本政治制度,中国特色社会主义法律体系,公有制为主体、多种所有制经济共同发展的基本经济制度,以及建立在这些制度基础上的经济体制、政治体制、文化体制、社会体制等各项具体制度。这一制度体系,能够不断扩大人民有序政治参与,在本质上有利于保障人民群众的根本利益和根本权利,为发展人民民主、保障人民当家作主奠定了坚实基础,确立了正确方向,开辟了广阔空间。二是中国特色社会主义制度适应了中国生产力的发展要求。与时俱进是中国特色社会主义理论体系的理论品格,同时也是中国特色社会主义制度的制度品格。我们随着经济社会的发展不断深化经济体制改革、政治体制改革、文化体制改革、社会体制改革、生态文明体制改革等,有效破除了束缚生产力发展的体制机制障碍,极大地解放和发展了社会生产力,从而使中国制度始终保持着蓬勃的活力。三是中国特色社会主义制度有利于实现发展成果由

人民共享。通过不断完善公共财政制度,逐步实现基本公共服务均等化;通过不断完善收入分配制度,并建立农民增收减负长效机制、健全最低工资制度、完善工资正常增长机制等,提高低收入者收入水平;通过完善社会保障制度等以改善民生为重点的社会制度,努力使全体人民学有所教、劳有所得、病有所医、老有所养、住有所居,让人民过上更好的生活。四是中国特色社会主义制度坚持党的领导、人民当家作主和依法治国有机统一的制度设计,有利于民主与集中相结合,有利于提高行政效率,克服西方民主成本高昂、效率低下的弊端,更好地发挥集中力量办大事的优势。

中国特色社会主义制度集中体现了中国特色社会主义的特点和优势,但这一制度的形成和发展并不是一蹴而就、一劳永逸的。2012年11月19日,习近平同志在人民日报发表署名文章《紧紧围绕坚持和发展中国特色社会主义,学习宣传贯彻党的十八大精神》。在文章中,习近平同志指出:"中国特色社会主义制度是特色鲜明、富有效率的,但还不是尽善尽美、成熟定型的。中国特色社会主义事业不断发展,中国特色社会主义制度也需要不断完善。"①协调推进"四个全面"战略布局紧紧围绕国家治理现代化,为中国制度的进一步发展和完善提供了根本遵循。

协调推进"四个全面"战略布局,在坚持根本政治制度、基本政治制度、法律体系、基本经济制度的基础上,以"构建系统完备、科学规范、运行有效的制度体系,使各方面制度更加成熟更加定型"为目标,紧紧抓住制度现代化这一关系党和国家长治久安的全局性、根本性、长远性问题,对坚持和完善中国特色社会主义制度作出了新部署:全面建成小康社会是包括经济、政治、文化、社会、生态的全方位、系统目标,需要从充分保障人民依法享有的经济、政治、文化和社会、生态权益出发,构建充满活力、富有效率、更加开放、有利于科学发展的体制机制。全面建成小康社会不仅在时间上与建立更加成熟、更加定型的中国特色社会主义制度同步,而且以加强中国特色社会主义制度建设为一项主要内容。全面深化改革,就是要为党和国家事业发展、为人民幸福安康、为社会和谐稳定、为国家长治久安提供一整套更完备、更稳定、更管用的制度体系。全面依法治国,是从法治上为推动我国经济社会持续健康发展,

①　习近平.紧紧围绕坚持和发展中国特色社会主义,学习宣传贯彻党的十八大精神[N].人民日报,2012-11-19.

为解决党和国家事业发展面临的一系列重大问题,为开拓中国特色社会主义事业更加广阔的发展前景提供制度化路径。全面从严治党,要求加强制度治党,把权力关进制度的笼子,用制度管权管事管人。

协调推进"四个全面"战略布局,将完善和发展中国特色社会主义制度同推进国家治理体系和治理能力现代化统一起来,抓住了完善中国制度的关键。将完善和发展中国特色社会主义制度、推进国家治理体系和治理能力现代化作为全面深化改革的总目标,并在总目标下明确了经济体制、政治体制、文化体制、社会体制、生态文明体制和党的建设制度深化改革的分目标,体现了我们党对改革和制度建设认识的进一步深化与系统化。在党的十八大以后不到两年的时间内,300余项改革举措、180余项法治建设工程全面铺开,包括坚持和完善基本经济制度、深化财税体制改革、健全城乡发展一体化体制机制、推进协商民主广泛多层制度化发展、改革司法体制和运行机制、健全反腐败领导体制和工作机制、加快完善互联网管理领导体制、健全国家自然资源资产管理体制和完善自然资源监管机制、健全宪法实施和监督制度、完善确保依法独立公正行使审判权和检察权的制度、健全依法维权和化解纠纷机制、创新法治人才培养机制、加强党内法规制度建设……中国特色社会主义制度的优势、韧性、活力、潜能进一步增强。

协调推进"四个全面"战略布局,着眼于促进人的全面发展,把各方面制度和体制机制的优势转化为管理经济社会文化事务的实际效能,当前应特别注重以营造公平的社会环境,特别是创造个人公平发展机会为着眼点来完善制度体系;应以解决人民群众最关心最直接最现实的利益问题为重点,着力完善收入分配制度,着力建设保障和改善民生的各项制度,把发展的目的真正落实到满足人民需要、提高人民生活水平上;应坚持问政于民、问计于民、问需于民,切实尊重人民的主体地位,发挥人民的主体作用,扩大人民有序政治参与,不断完善公共决策社会公示制度、公众听证制度、专家咨询论证制度、民主恳谈制度等,最大限度地集中全社会全民族的智慧和力量;应坚持发展成果由人民共享,通过加紧建设对保障社会公平正义具有重大作用的制度,把改革发展取得的各方面成果,体现在不断提高人民的思想道德素质和科学文化素质上,体现在充分保障人民依法享有的经济、政治、文化和社会权益上,从而自主自觉地构建充满活力、富有效率、更加开放、有利于科学发展的体制机制。

协调推进"四个全面"战略布局,进一步彰显和坚定了人们的制度自信。作为一个社会共同遵守的行动准则,制度蕴含着社会的价值理念,规范着社会的运行秩序。协调推进"四个全面"战略布局明确,不能实行前苏联封闭僵化的计划经济体制,那样会阻碍生产力发展,自然难以实现国家富强、民族振兴、人民幸福的目标;也不能实行西方的社会制度,那样不仅会导致社会矛盾难以调和、民主成本高昂等难以解决的弊端,而且不符合我国实际,照搬西方的那一套制度必然造成一盘散沙、纷乱四起、社会不稳,因而必须矢志不移地坚持和完善中国特色社会主义制度。

综上所述,我要用习近平同志的一段重要论述作为本文的结语。一个国家实行什么样的主义,关键要看这个主义能否解决这个国家面临的历史性课题。历史和现实都告诉我们,只有社会主义才能救中国,只有中国特色社会主义才能发展中国,这是历史的结论、人民的选择。随着中国特色社会主义不断发展,我们的制度必将越来越成熟,我国社会主义制度的优越性必将进一步显现,我们的道路必将越走越宽广。我们就是要有这样的道路自信、理论自信、制度自信,真正做到"千磨万击还坚劲,任尔东西南北风"①。

(原载《哈尔滨工业大学学报(社会科学版)》2015 年第 6 期)

---

① 习近平在新进中央委员会的委员、候补委员学习贯彻党的十八大精神研讨班开班式上发表重要讲话强调:毫不动摇坚持和发展中国特色社会主义,在实践中不断有所发现有所创造有所前进[N]. 人民日报,2013-01-06.

深刻把握全面深化改革的辩证法

——习近平关于全面深化改革的方法论思想

改革开放是决定当代中国命运的关键一招,也是一个极其复杂的系统工程。推进改革开放,不仅要求有正确的立场、正确的方向,而且要有正确的方法。如果方法错误或者不当,改革开放就会出现曲折甚至引发灾难性的后果。只有掌握正确的改革方法论,才能以更大的政治勇气和智慧、更有力的措施和办法推进改革。党的十八大以来,习近平同志站在新的历史起点上,围绕全面深化改革发表了一系列重要论述,不仅在对中国特色社会主义规律和全面深化改革内在规律的认识上达到了新高度,而且丰富和发展了辩证唯物的马克思主义方法论,为全面深化改革提供了方法论的指导。

坚持科学社会主义基本原则、坚持紧紧依靠人民推动改革,是全面深化改革最根本的方法论

正是基于对历史和现实的清醒认识,习近平同志反复强调,改革开放是一场深刻革命,必须坚持正确方向,沿着正确道路推进。在方向问题上,我们头脑必须十分清醒,不断推动社会主义制度自我完善和发展,坚定不移走中国特色社会主义道路。

坚持科学社会主义基本原则,坚持中国特色社会主义道路的正确方向,这是全面深化改革最根本的方法论。习近平同志指出,中国特色社会主义是社会主义而不是其他什么主义,科学社会主义基本原则不能丢,丢了就不是社会主义。一个国家实行什么样的主义,关键要看这个主义能否解决这个国家面临的历史性课题。历史和现实都告诉我们,只有社会主义才能救中国,只有中国特色社会主义才能发展中国,这是历史的结论、人民的选择。随着中国特色社会主义不断发展,我们的制度必将越来越成熟,我国社会主义制度的优越性必将进一步显现,我们的道路必将越走越宽广。我们就是要有这样的道路自信、理论自信、制度自信,真正做到"千磨万击还坚劲,任尔东西南北风"。我们在改革中注重借鉴人类一切文明成果,但不会照抄照搬任何国家的发展模式。如果改革偏离或者背叛了科学社会主义原则,背离了中国特色社会主义道路,那么所有的改革都将失去意义。

坚持紧紧依靠人民推动改革,既是我们党领导改革开放的一条成功经验,也是全面深化改革最根本的方法论。人民是历史的主人,也是改革的主人。只有为了人民,改革才能得到人民的拥护和支持;只有依靠人民,改革才能克服各种阻力与障碍。如果不紧紧依靠人民,不让人民成为改革的主体、改革的受益者,那么,所有的改革措施都将难以推行,一切改革都将付诸东流。习近平同志担任总书记伊始就提出:"人民对美好生活的向往,就是我们的奋斗目标。"这既是对"始终把人民放在心中最高的位置"这一改革立场的明确宣示,又是对我国改革开放规律的深刻总结,因而也是全面深化改革最根本的方法论。

第一,坚持紧紧依靠人民推动改革,必须坚持改革为了人民。35年来,改革开放的历程,就是人民生活水平大幅度提高、人民各项权益得到不断充实和保障的过程。以习近平同志为总书记的党中央,始终把人民放在心中最高的位置,坚持以人为本,明确提出,全面深化改革必须以促进公平正义、增进人民福祉为出发点和落脚点。明确全面改革的出发点和落脚点,把促进公平正义、增进人民福祉作为全面深化改革、开展各项工作的重要依据和评价标准,实现发展成果更多更公平惠及全体人民,是对人民群众公平意识、民主意识、权利意识增强的回应,是对人民过上更好生活新期待的回答。

第二,坚持紧紧依靠人民推动改革,必须把坚持尊重人民首创精神和坚持在党的领导下推进改革统一起来。习近平同志指出,改革开放是亿万人民自己的事业,必须坚持尊重人民首创精神,坚持在党的领导下推进。这一重要论述,进一步深化了我们党对共产党执政规律、社会主义建设规律、人类社会发展规律的认识。人民群众的创造和实践,是改革智慧和社会活力的不竭源泉。只有紧紧依靠人民推动改革,改革才能成功。回顾改革开放历史,每一次重大改革决策,都是党中央在集中全党智慧、反映全国各族人民愿望基础上作出的。每当改革开放处于重要关头,都是党中央旗帜鲜明、高瞻远瞩,排除各种干扰,坚定不移向前推进的。没有党的坚强领导,改革开放不可能取得今天的辉煌成就,改革开放的步伐不可能如此坚定而扎实。所以,改革发展稳定任务越繁重,我们越要加强和改善党的领导,越要发挥党的主心骨作用,越要把坚持尊重人民首创精神和坚持在党的领导下推进改革统一起来。

第三,坚持紧紧依靠人民推动改革,必须把群众路线与实事求是的思想路线紧密结合和统一起来,最大限度凝聚改革共识。习近平同志指出,群众路线是我们党的根本工作路线,它同党的实事求是思想路线是相辅相成、在本质要求上完全统一的。多年来的改革实践证明,只有把最大公约数找出来,最大限度凝聚改革共识,形成改革合力,才能在改革开放上形成聚焦,做事方能事半而功倍。而要最大限度凝聚改革共识,形成改革合力,就必须掌握好改革节奏,对条件已经成熟、各方面要求强烈的改革,要下定决心加快推进;对各方面认识还不一致、但又必须突破的改革,要处理好各方面利益关系,尽可能寻求最大公约数、凝聚改革共识;对实践发展有要求、但操作上一时还不那么有把握的改革,可以先行试点,取得经验后再推开。只有能够寻求最大公约数,凝聚改革共识,才能形成推进改革的强大合力。

加强顶层设计和整体谋划,坚持在各项改革协同配合中推进,是全面深化改革最基本的方法论

基于对经济、政治、文化、社会、生态文明和党的建设各个领域改革关系的科学把握,习近平同志指出,改革开放是一个系统工程,必须坚持全面改革,加强顶层设计和整体谋划,更加注重改革的系统性、整体性、协同性,在各项改革协同配合中推进。也就是说,只有以经济体制改革为重点,协同推进经济体制、政治体制、文化体制、社会体制、生态文明体制和党的建设制度改革,才能形成与中国特色社会主义五位一体总体布局相适应的更加成熟、更加定型的制度体系,才能实现中国特色社会主义制度的完善和发展。

坚持从全局出发看问题。全面深化改革是关系党和国家事业发展全局的重大战略部署,不是某个领域某个方面的单项改革,必须坚持从全局出发看问题。"不谋全局者,不足谋一域。"坚持从全局出发看问题,是共产党人应有的党性修养和博大胸怀,也是共产党员先进性的具体体现。从全局出发看问题,首先要看提出的重大改革举措是否符合全局需要,是否有利于党和国家事业长远发展,切不能只看到本地区、本单位的局部利益,更不能受到这些利益的羁绊和束缚。其次要坚持以人民利益为重,胸怀大局、把握大势、着眼大事,使作出的改革决策符合最广大人民的根本利益及党和人民事业发展要求。再次要牢记人民重托,牢记责任重于泰山,坚持立党为公、执政为民,向前展望、超前思维、提前谋局。

坚持以重大问题为导向。问题是时代的口号。习近平同志强调“要有强烈的问题意识,以重大问题为导向”,是对马克思主义的实践、认识、再实践、再认识的认识论和注重抓主要矛盾和矛盾的主要方面的矛盾分析方法的深入把握。习近平同志指出,中国共产党人干革命、搞建设、抓改革,从来都是为了解决中国的现实问题。可以说,改革由问题倒逼而产生,又在不断解决问题中而深化。35 年前,如果没有长期实行计划经济体制所带来的生产效率低下、人民生活水平不足温饱,就不会有改革开放。35 年来,改革正是在回应时代声音、冲破妨碍生产力发展的体制机制桎梏中不断深化的,中国特色社会主义正是在解决发展面临的一系列突出矛盾和问题、促进实现人的全面发展中不断完善和发展的。所以,抓住重大问题是全面深化改革的关键,解决重大问题是把全面深化改革向前扎实推进的切入点。

坚持底线思维。所谓底线思维,就是凡事从坏处准备,努力争取最好的结果,做到有备无患、遇事不慌,牢牢把握主动权。习近平同志提出的“坚持底线思维”,是对矛盾双方在一定条件下相互转化的对立统一规律的深刻把握,是一种蕴含了辩证法、实践论的系统思维。坚持底线思维,对于准确判断前进道路上的各种风险挑战,及时采取应对之策,化挑战为机遇,创造性地开展工作,具有重要意义。在中国特色社会主义道路上推进改革开放和现代化建设,是一项前无古人的事业,充满风险和挑战。我们的事业越向前发展,面临的风险和挑战就越多,面对的不可预料的事情也就越多。坚持底线思维,就是要用两点论看待问题,既看到面临的机遇和有利因素,又看到面临的挑战和不利因素,既充分肯定取得的成绩,又清醒认识存在的问题,未雨绸缪、科学研判,守住底线、不破红线,及时防范化解各种风险,并促进形势向好的方向转化,牢牢把握全面深化改革的正确方向和各项工作的主动权。

　　从纷繁复杂的事物表象中把准改革脉搏，把握改革规律，处理好解放思想与实事求是、整体推进与重点突破、顶层设计与摸着石头过河、胆子要大与步子要稳以及改革发展稳定的关系，是全面深化改革的重要方法论

　　处理好解放思想与实事求是的关系。解放思想是最根本的解放，是解放和发展生产力、解放和增强社会活力的总开关。在全面深化改革的过程中，如果思想不解放，我们就很难看清各种利益固化的症结所在，很难找准突破的方向和着力点，很难拿出创造性的改革举措。习近平同志指出，全面深化改革要有新突破，就必须进一步解放思想。无论冲破思想观念的障碍，还是突破利益固化的藩篱，解放思想都是首要的。但解放思想不是思想的随意发散，而必须以实事求是为目的和准则。解放思想与实事求是是辩证统一的，解放思想就是找出症结、寻找答案、探索规律、追求真理的过程；而要做到实事求是，就必须坚持解放思想，勇于突破思想观念的障碍和利益固化的藩篱，勇于打破思想的僵化和利益的羁绊。

　　处理好整体推进与重点突破的关系。我国的改革是涉及经济、政治、文化、社会、生态和党的建设各领域的全面改革。如果不注重各项改革措施的协调配合，造成改革的"短板"，就会使改革效果大打折扣，甚至成为继续深化改革的阻碍。因此，全面深化改革必须更加注重各项改革的相互配合、相互促进、良性互动。但整体推进并不意味着没有重点。如果不能看到这一点，不分重点地推进改革，不分眉毛胡子一把抓，就会使投入和产出严重不匹配，既浪费资源，又贻误时机，同样会阻碍社会生产力的解放和发展，会阻碍社会活力的解放和增强。

　　处理好顶层设计与摸着石头过河的关系。坚持顶层设计与摸着石头过河辩证统一，是我们党在改革方法论上的重大创新。一些人认为，改革开放发展到今天，摸着石头过河的方法已经过时了。但实际上，尽管我们已经积累了一些改革经验，也从中认识和把握了一些规律，但是实践在不断发展变化，而且我国各地情况差异较大，新情况、新问题层出不穷，制定统一政策的难度增加。在这种情况下，直接从基层一线的探索中得到改革经验的方法不仅没有过时，反而更加重要。同时，在对改革系统性、整体性、协同性的要求日益提高的今天，如果不及时把经实践检验行之有效、适宜推广的做法上升到制度层面，转化为普遍遵循的政策和法律，如果不及时明确提出改革总体

方案、路线图、时间表，就可能造成改革的盲目和混乱，使改革的目标无从实现。把顶层设计与摸着石头过河有机统一起来，将"自上而下"和"自下而上"的改革相统一，形成顶层决策和基层探索之间的良性互动，是全面深化改革必须坚持的重要方法。

处理好胆子要大与步子要稳的关系。胆子要大，就是要坚定改革的决心和勇气；步子要稳，就是要统筹考虑、全面论证、科学决策。胆子要大与步子要稳相结合，才能既有闯的劲头，又不会犯根本性、方向性的错误。习近平同志指出，提出改革举措当然要慎重，要反复研究、反复论证，但也不能因此就谨小慎微、裹足不前，什么也不敢干、不敢试。搞改革，现有的工作格局和体制运行不可能一点都不打破，不可能都是四平八稳、没有任何风险。只要经过了充分论证和评估，只要是符合实际、必须做的，该干的还是要大胆干。那么，怎么判断哪些该干哪些不该干呢？判断标准就是"四个有利于"，即只要有利于解放和发展社会生产力，只要有利于推动经济社会持续健康发展，只要有利于实现好、维护好、发展好最广大人民根本利益和切身利益，只要有利于巩固党的执政基础和执政地位，就要大胆试、大胆闯，就要坚决破、坚决改。

处理好改革发展稳定的关系。改革开放是发展中国特色社会主义的强大动力，发展是解决中国一切问题的"总钥匙"，稳定是改革发展的前提。作为中国特色社会主义的三个重要支点，改革发展稳定的关系贯穿改革开放全过程。习近平同志指出，稳定是改革发展的前提，必须坚持改革发展稳定的统一。只有社会稳定，改革发展才能不断推进；只有改革发展不断推进，社会稳定才能具有坚实基础。当前，改革发展稳定相互交融的态势更加明显，改革面临着更深层次的利益调整，发展面临着错综复杂的矛盾和问题，稳定也面临着诸多风险和挑战。这样的复杂环境，对于我们处理好改革发展稳定的关系，把改革的力度、发展的速度和社会可承受的程度统一起来，提出了更高要求。习近平同志深刻指出，把改善人民生活作为正确处理改革发展稳定关系的结合点。这不仅明确指出了改革发展稳定的价值指向，而且为处理好改革发展稳定的关系提供了一把金钥匙。

（原载《人民论坛》2013 年 12 月下［总第 427 期］）

积极构建中国特色话语体系

改革开放以来,中国在经济、政治、文化、社会建设等方面取得了举世瞩目的巨大成就,成为拉动世界经济增长、维护世界和平的重要力量。中国的发展实践和成功经验,蕴含着先进思想理论的伟大创造,蕴含着对人类文明进步的积极贡献。构建中国特色话语体系,以之解读中国实践、中国道路、中国经验,不仅是马克思主义中国化、时代化、大众化的本质要求,而且是增强马克思主义的创造力、说服力、感召力,对内统一思想、凝聚力量,对外讲好讲活讲深"中国故事",提高国际话语权、影响力,增强文化软实力的重大举措。

中国特色话语体系是融中国特色社会主义实践创新、理论创新、制度创新于一体的、多层次的话语系统,具有鲜明的时代性、科学性、民族性、开放性、大众性

中国特色话语体系,是指马克思主义中国化的话语方式和话语体系,是融中国特色社会主义实践创新、理论创新、制度创新于一体的、多层次的话语系统。

就其具体内容而言,中国特色话语体系包括四个方面:一是中国特色社会主义理论体系作为包括邓小平理论、"三个代表"重要思想以及科学发展观等重大战略思想在内的科学理论体系,作为马克思主义中国化的最新成果,是中国特色话语体系的内核与灵魂;二是以高度的理论自觉和理论自信,在总结我国革命、建设和改革实践经验、学习借鉴人类文明成果的基础上,不断推动马克思主义的中国化、时代化、大众化,是中国特色话语体系的形成基础;三是准确、深入、生动地反映中国实践、中国道路,立足中国实践、解答中国问题,树立良好国家形象,增强国家软实力,向世界贡献新理念新智慧,是中国特色话语体系的功能定位;四是理论联系实际的、科学的、开放融通的,具有中国特色、中国风格、中国气派的话语语汇、知识概念和话语规则,是中国特色话语体系的表现形式。

　　就其逻辑结构而言,中国特色话语体系包括核心层、中间层、外围层等多个层次。其核心层的范畴、表述和话语逻辑反映的是马克思主义基本原理和中国特色社会主义理论体系的思想内容,其中间层的范畴、表述和话语逻辑反映的是以中国特色社会主义理论体系为指导的中国人文社会科学的理论内容,其外围层是来自中国特色社会主义建设实践的生产、生活语言。核心层的范畴、表述和话语逻辑,对中间层和外围层起着统摄和引领的作用;而外围层的生产、生活语言,则为中国特色社会主义理论体系的丰富和发展,为中国人文社会科学的创新和发展,提供了丰富的思想和话语源泉。这样多层次的话语体系结构,反映了中国特色社会主义理论体系在中国特色社会主义建设中的指导地位,符合实践为第一性的马克思主义实践观点和"实践,认识,再实践,再认识"的马克思主义认识路线。

　　概括来看,中国特色话语体系具有以下五个特征:一是时代性。中国特色话语体系的时代性,表现在它具有鲜明的时代特色,顺应时代潮流、体现时代特征、反映时代精神、回答时代课题。反映中国特色社会主义实践和理论成果的话语体系,具有雄浑壮丽、自强奋进的时代特色,成为实践经验的概括提炼和实践课题的科学解答。二是科学性。中国特色话语体系的科学性,既表现在其概念准确、话语逻辑严密,亦即话语本身具有科学性,又表现在它所反映的内容亦即中国特色社会主义的理论和实践具有科学性,还表现为它的构建方式具有科学性。三是民族性。中国特色话语体系的民族性,表现在它是具有中国特色、中国风格、中国气派的话语体系。它从中国传统文化中汲取智慧和元素,与中华民族的文化特质、思维模式、价值取向、行为方式相结合,与中国文化融为一体,既体现时代要求,又具有民族特色。四是开放性。中国特色社会主义理论体系是与时俱进的科学理论,中国特色话语体系是开放包容的话语体系,具有海纳百川、兼收并蓄的胸襟和气度。五是大众性。马克思主义从来就不是书斋里的学问,而是人民群众实践经验的科学总结,是人们认识世界、改造世界的强大思想武器。

构建中国特色话语体系，必须坚持以中国特色社会主义理论体系为指导，坚持以实践为源泉，以解答实践课题为指向，以实现好、维护好、发展好最广大人民根本利益为价值追求，不断概括出理论联系实际的、科学的、开放融通的新概念、新范畴、新表述，不断升华中国特色社会主义的实践成果、理论成果、制度成果

构建中国特色话语体系，应当坚持以下路径：

一是立足实践。中国特色社会主义理论体系是马克思主义中国化的最新成果，同时也是对中国特色社会主义伟大实践的最新认识成果，具有与时俱进的理论品质。作为中国特色社会主义实践成果、理论成果、制度成果等语言成果的中国特色话语体系，同样属于认识的范畴，必须以立足实践、表达实践、推动实践为构建话语体系的主要路径。立足实践，就是要面向火热的中国特色社会主义建设事业，面向群众的生产生活实际；表达实践，就是要对中国特色社会主义发展中出现的新情况、新问题、新经验给出有力的解释和描述；推动实践，就是要对推动社会发展进步的思想和话语作进一步的概括提炼，提升思想，创新表达，助力发展。实践发展永无止境，认识真理永无止境，理论创新永无止境，与之相对应的话语体系的构建也同样永无止境。应当在准确把握世界发展大势，深入研究中国实际情况和实际问题，深化对经济社会发展的规律性认识和不断赋予中国特色社会主义鲜明的实践特色、民族特色和时代特色的过程中，丰富和完善中国特色话语体系。应当尊重人民主体地位，尊重人民首创精神，在话语体系构建中自觉坚持群众立场，充分满足群众的话语需求，充分反映群众在实践中创造的好经验、好做法、好语言。

二是注重文本。马克思主义的创立和发展，马克思主义中国化两大理论成果的创立和发展，形成了丰富的文本宝库。作为中国特色话语体系内核和灵魂的中国特色社会主义理论体系，其所包含的概念、提法、判断、表述以及由此构成的理论表达，是构成中国特色话语体系的核心元素，把它们完整地纳入话语体系是中国特色话语体系科学性、系统性、完整性的根本保证。注重文本，不能离开本国实际和时代发展来谈马克思主义，必须既坚持马克思主义基本原理，又坚持解放思想、实事求是、与时俱进，努力推动实践基础上的理论创新。注重文本，必须既防止漠视马克思主义的科学性，丢掉老祖宗，又防止教条式地对待马克思主义文本，坚持严格地以客观事实为依据，以实际问题为中心,在理论上不断扩展新视野,作出新概括。注重文本,要求我们以科学的态度进一步整理、研究中华传统文化典籍,去其糟粕、取其精华,并赋予传统文化以更多的时代元素。

三是面向世界。中国的发展离不开世界,世界的繁荣稳定也离不开中国。中国特色话语体系,应当遵循开放的原则,用恰当的话语和形式表达中国观点、中国立场,在国际重大事件上发出响亮的中国声音,充分展现我和平发展、民主进步、文明友善的国家形象。应当大胆学习借鉴人类优秀文明成果,在与不同国家、不同民族、不同文明的交流中加深理解,扩大共识,增进友谊,推进合作,为推动建设持久和平、共同繁荣的和谐世界作出新贡献。需要指出的是,我们绝不能盲目照搬所谓流行的概念、分析框架、理论体系,而必须坚持马克思主义的立场、观点、方法,从实际出发,批判地吸收借鉴。对于那些可以借鉴的提法,比如民主、人权等,也要根据我国国情和人类文明发展规律,赋予其更加科学的含义,并在此基础上纳入中国特色话语体系,增强话语体系的科学性和感染力;而对于那些不符合我国国情的提法,则应从维护国家文化安全的角度加以坚决的舍弃甚至抵制。

构建中国特色话语体系,必须着眼于增强中国特色社会主义意识形态的吸引力,及时总结中国共产党领导人民创造的新鲜经验,解答中国经济社会发展的重大问题,不断提高中国的国际话语权

中国特色社会主义道路在党和人民的创造性实践中不断拓展,中国特色社会主义制度在深化改革、扩大开放中不断完善,这一过程必将为理论创新开辟广阔空间,这一过程也必将对中国特色话语体系的构建与完善提出更高要求。在构建中国特色话语体系过程中,我们必须着眼于增强中国特色社会主义意识形态的吸引力,及时总结中国共产党领导人民创造的新鲜经验,解答中国经济社会发展的重大问题,不断提高中国的国际话语权,切实把构建中国特色话语体系作为对内统一思想、凝聚力量,对外提高国际话语权、国际影响力的一项战略举措。

第一,着眼于增强中国特色社会主义意识形态的吸引力。话语体系的说服力、影响力固然与话语表达有关,但更重要的决定原因是话语体系所反映的意识形态特别是价值观是否具有吸引力,其根本上取决于思想体系的科学性和以之为指导的实践的成功性。因此，在中国特色社会主义伟大实践中，始终坚持和发展中国特色社会主义道路，彰显中国特色社会主义道路的生机和活力；坚持和丰富中国特色社会主义理论体系，展现中国特色社会主义理论体系的科学性和独特价值；坚持和完善中国特色社会主义制度，发挥中国特色社会主义制度的内在优势，是不断增强中国特色社会主义意识形态的吸引力的根本所在，也是成功构建中国特色话语体系的前提和基础。以增强中国特色社会主义意识形态的吸引力为着眼点来构建话语体系，就应当高举中国特色社会主义伟大旗帜，增强走中国特色社会主义道路的自觉性和坚定性；以高度的理论自觉和理论自信，不断深化对共产党执政规律、社会主义建设规律和人类社会发展规律的认识，继续推进中国特色社会主义实践创新、理论创新和制度创新。在这一过程中，中国特色话语体系要对中国特色社会主义理论体系进行深入透彻的研究和阐述，对中国特色社会主义伟大实践进行科学的概括和提炼，对我们党提出的科学发展、和谐社会、和谐世界、包容性发展等重要理念进行深入阐释，注重对中国道路、中国实践、中国经验的提炼和总结。

第二，着眼于及时总结党领导人民创造的新鲜经验。党领导人民创造的新鲜经验，是中国特色社会主义理论体系作用于实践后取得的认识上的升华，是中国特色社会主义实践创新、理论创新和制度创新的重要依据，是推动中国特色社会主义伟大事业向前发展的巨大动力。这些新鲜经验，如果不能以准确的话语及时总结出来，势必阻滞中国特色社会主义事业的发展进程。因此，构建中国特色话语体系，应当特别注重吸收来自基层的思想和语言，注重对基层经验的总结和提炼。理论工作者不能闭门造车，从理论到理论，而应当深入实际、深入基层、深入群众，了解最鲜活的实践经验，并善于归纳和分析，总结出具有普遍意义的思路和做法。实际工作者也应当注重对本地实践经验的总结和归纳，不能只做不说，而应当有了成功经验就及时总结、及时归纳。总结、提炼的过程，实际也是锤炼和丰富中国特色话语体系，进而提高其时代性、民族性、大众性的过程。

第三，着眼于解答中国经济社会发展的重大问题。应当加强人文社会科学研究，及时解答诸如实现科学发展、转变经济发展方式、保持经济平稳较快增长、走新型工业化道路、缩小收入差距、缩小地区差距、建设生态文明等人们普遍关心的重大理论和现实问题。结合我国实际和时代特点,建设具有中国特色、中国风格、中国气派的人文社会科学。应当坚持以重大现实问题为主攻方向,加强对全局性、战略性、前瞻性问题的研究,提出总揽全局、协调各方的发展战略。应当以我国改革开放和现代化建设的实际问题、以我们正在做的事情为中心,着眼于马克思主义理论的运用,着眼于对实际问题的理论思考,着眼于新的实践和新的发展,不断提出切合实际、针对性强、满足群众需求的科学答案。还要看到,对现实问题提出正确解答只是认识世界的第一步,要让理论在实践中发挥巨大威力,除了需要做好理论研究工作,增强理论研究的深度和广度,还应做好理论的大众化工作,增强理论成果表达和对现实问题解释的通俗性,使之更贴近群众的生产生活语言。只有把这两个方面有机结合起来,才能进一步完善中国特色话语体系的内容、层次和结构。

第四,着眼于提高中国的国际话语权。国际话语权是软实力的重要组成部分,既取决于一国的综合国力,也取决于一国话语体系对外的吸引力、感染力、传播力、影响力。掌握了国际话语权,在国际竞争中就能更多地占据主动地位,获得较大竞争优势。当今世界,谁能拥有国际话语权,最终要看谁的意识形态特别是价值观能够正确回答世界性时代课题、有力推动人类文明发展进步。中国特色社会主义反映了以人为本、追求公平正义、实现人与自然和谐发展的人类社会进步方向,其提出的对中国的发展问题的解决办法,对各个国家特别是发展中国家都有借鉴意义,并且因而具有取得国际话语权的内在优势。然而不同的话语表达对于思想理论体系和知识体系增强吸引力、感染力、传播力、影响力的效果大不相同,在国际传播中尤其如此。要提高国际话语权,仅有科学的思想理论体系和知识体系还不充分,还必须在构建话语体系上主动作为,在对外传播方式方法上与时俱进。在内容上,要讲清楚中国基本国情、发展道路、发展理念、内外政策,同时对稳定经济增长,转变经济发展方式,推进全球经济治理机制改革,推进国际金融体系改革,加强环境治理以及应对国际金融危机、粮食危机、气候变化以及重大自然灾害挑战等人类发展共同面对的重大问题作出具有说服力的理论回答,增强设置国际议题和制定国际规则的话语能力。在方式上,要研究对外传播艺术,运用国外受众易于理解和接受的话语、形式和手段,努力做到"中国立场、国际表达",讲好、讲活、讲深"中国故事"，不断增强中国特色话语体系的吸引力、感染力、解释力、影响力。

（原载《光明日报》2012 年 10 月 30 日）

论社会主义核心价值观

2006年10月,党的十六届六中全会首次提出社会主义核心价值体系概念,并系统阐释了这一概念的四项基本内容。随即学术理论界多角度、多层面地研究社会主义核心价值体系问题,提炼社会主义核心价值观遂成为研究热点之一①。党的十七届六中全会通过《中共中央关于深化文化体制改革推动社会主义文化大发展大繁荣若干重大问题的决定》后,学者们更是将提炼社会主义核心价值观上升到增强文化自觉和文化自信、提升国家文化软实力、更好地以社会主义核心价值体系引领社会思潮和文化观念的战略高度,提出了多种提炼思路,研究成果不断涌现,但同时也带来了似乎更难以达成共识的问题。本文拟在对各项研究成果予以梳理和论证的基础上提出自己的观点,以期在促进达成共识方面有所裨益。

一、提炼社会主义核心价值观的必要性和可能性

价值是揭示外部客观世界对于满足人的需要的意义关系的范畴,是指具有特定属性的客体对于主体需要的意义。价值观是关于价值的一定信念、倾向、主张和态度的系统观点(《辞海》)。核心价值观,则是居于主导地位并起统摄和决定作用的价值观。社会主义核心价值观是人们对社会主义的最根本、最核心的观点和看法,反映社会主义社会本质、特征和意识形态本质,具有相对稳定的特点。"社会主义核心价值观和社会主义核心价值体系都是对

---

① 有学者在2009年底统计,学界共提出了60种有关社会主义核心价值观的看法与表述,涉及90多个具体范畴(或判断)。参见杨兴林. 关于社会主义核心价值观的研究现状与思考[J]. 理论探索,2010,(1):22.

社会主义本质、特性及其价值目标的体现"①，是"一个问题的两种不同概括"②。

笔者认为，从社会主义核心价值体系中提炼社会主义核心价值观，在当前有极大的必要性和紧迫性。具体表现在：

首先，这是开创中国特色社会主义事业新局面的迫切需要。21世纪头20年是我国发展的重要战略机遇期。这是一个既面临难得的历史机遇，也面对诸多可以预见和难以预见的风险挑战的关键时期，是关系到中国特色社会主义事业蓬勃发展的关键时期。从国际看，世界正处在大发展大变革大调整时期，和平、发展、合作仍是时代潮流，世界多极化、经济全球化深入发展，世界经济政治格局出现新变化，同时国际金融危机影响深远，国际竞争更加激烈，我国发展的外部环境更加复杂；从国内看，我国正处于全面建设小康社会的关键时期和深化改革开放、加快转变经济发展方式的攻坚时期，工业化、信息化、城镇化、市场化、国际化深入发展，经济保持持续平稳较快发展，同时发展中不平衡、不协调、不可持续问题仍然突出，制约科学发展的体制机制障碍依然较多。面对风云变幻的国际形势和艰巨繁重的国内改革发展稳定任务，牢牢抓住和用好我国发展的重要战略机遇期，是我们赢得主动、赢得优势、赢得未来的关键所在，也是开创中国特色社会主义事业新局面的关键所在。这就要求全社会在社会总体价值目标上达到更加自觉的认识，形成广泛的共识。只有从社会主义核心价值体系中提炼出反映社会主义实质和中国特色社会主义社会现实、指引社会主义奋斗目标和前进方向、好记易懂的社会主义核心价值观，才能更好地凝心聚力，形成全党全国各族人民建设中国特色社会主义的巨大合力，把全社会的发展积极性引导到科学发展上来，把全社会的思想行动统一到努力推动科学发展、和谐发展、和平发展上来，抓住和用好重要战略机遇期，开创中国特色社会主义事业新局面。

其次，这是建设社会主义文化强国的迫切需要。经过30多年的改革开放，我国经济快速发展，在2010年经济总量已经达到世界第二位，进出口贸易总额位居世界第二，外汇储备稳居世界第一，200多种工业品和大多数农业产品产量位居世界第一，成为具有全球影响力的制造业大国。同时，人民生

---

① 钟明华，黄蓉．社会主义核心价值观内涵解析[J]．山东社会科学，2009，(12)：14-15.
② 陈静，周丽．社会主义核心价值观基本内涵探要[J]．马克思主义研究，2007，(6)：139.

活水平实现了从贫困到温饱再到总体小康的历史性跨越,2011 年,人均国内生产总值约 5500 美元,达到世界中上等收入国家水平。然而,与我国经济大国地位不相适应的是,我国的文化软实力还不够强,在国际关系中还缺乏足够的话语权和影响力,一些国家对我国的和平发展还心存疑虑,甚至有的国家不愿意看到社会主义中国发展壮大,把中国的发展视为对西方价值理念、制度模式的挑战。在当今文化越来越成为综合国力竞争重要因素的新形势下,在当前各种思想文化交流交融交锋更加频繁的新环境下,提高文化软实力,建设社会主义文化强国,为我国和平发展营造良好的外部环境,已经成为全面建设小康社会、实现中华民族伟大复兴的重要基础。从社会主义核心价值体系中准确提炼社会主义核心价值观,宣示我们的社会理想、价值追求和行为方式,不仅是对内凝聚共识、统一思想的需要,而且是对外赢得理解和支持,展示开放、包容、负责任的大国形象,为中国发展营造良好外部环境的需要。只有提炼出社会主义核心价值观,才能进一步巩固马克思主义在意识形态领域的指导地位,增强我国在国际社会的话语权,扩大中国发展道路在国际上的影响力,提高我国文化软实力。

最后,这是巩固全党全国人民团结奋斗共同思想道德基础的迫切需要。经过改革开放特别是党的十六大以来的不懈努力,我国思想道德领域的主流是积极健康的,全国各族人民的共同理想信念更加牢固,全社会的精神风貌更加昂扬向上,全民族的思想道德水平不断提升,践行社会主义核心价值体系的自觉性坚定性不断增强。但在经济体制变革、社会结构变动、利益格局调整、思想观念变化的历史条件下,人们对于加强社会主义核心价值体系建设、巩固全党全国各族人民团结奋斗共同思想道德基础提出更高要求。社会主义核心价值体系是我国国家文化软实力的核心内容,对于增强中华民族的凝聚力,促进民族团结、维护社会稳定、保障国家统一具有重大意义。提炼社会主义核心价值观,是当前加强社会主义核心价值体系建设中的一项重要任务,也是用社会主义核心价值体系引领社会思潮的有效途径和载体,对于凝聚力量、团结奋斗实现中华民族伟大复兴,对于建设中华民族共有精神家园、繁荣发展中国特色社会主义文化、提高文化软实力,对于在全党全社会形成统一指导思想、共同理想信念、强大精神力量和基本道德规范,巩固党的执政基础,都具有重大意义。

从社会主义核心价值体系中提炼社会主义核心价值观,不仅是必要的,而且是完全可能的。这是因为:

首先,从二者逻辑关系看,社会主义核心价值观是社会主义核心价值体系的内核,而社会主义核心价值体系是社会主义核心价值观的展开。社会价值体系是在一定社会历史条件下形成的各种价值观念的总和,具有层次性,涵盖了低层次的社会心理和高层次的社会意识形式。"它受一定社会基本制度制约,是由一定社会崇尚和倡导的思想理论、理想信念、道德准则、精神风尚等因素构成的社会价值认同体系……呈现出多元价值体系并存的态势。"①一个社会的核心价值体系,是在价值体系中居于统领、主导和支配地位,对经济、政治、文化、社会生活的各个方面和人们的世界观、人生观、价值观产生深刻影响的价值观念的总和,是一个社会的社会意识的本质体现,引领着人们的思想行为、社会的精神风尚和发展方向,通过社会心理和社会意识形式反映并反作用于社会的经济政治生活。属于社会意识范畴的社会核心价值体系,由经济基础决定,归根到底取决于生产力状况。它既深刻地反映着社会形态的性质,也受到一个社会的历史文化传统影响而有着自己的特色。但是,不论各民族、国家的具体历史条件和状况怎样千差万别、各具特色,同一种社会形态的核心价值体系,应当有着质的相似性,亦即集中体现出社会形态的属性。据此,社会主义核心价值体系,就应当是立足于社会主义经济基础之上的,在社会价值体系中居于统领、主导和支配地位的价值观念的总和,是对社会主义意识形态属性的本质体现,是社会主义社会形态的属性在思想领域的集中体现,并对整个社会生活和人们的世界观、人生观、价值观以及思想道德起着思想统摄和支配作用。社会主义核心价值体系是一个多层次的内涵丰富、有机统一的整体,涉及经济、政治、文化、思想等社会生活的方方面面。其中,居于核心、统摄地位的自然是能反映出社会主义社会形态的质的属性和鲜明特征的价值观——社会主义核心价值观。社会主义核心价值观是社会主义核心价值体系的价值内核,从社会主义核心价值体系中提炼出社会主义核心价值观,具有逻辑上的合理性。

其次,社会主义核心价值体系是全面反映社会主义社会形态本质和特征以及社会意识本质的科学的价值体系,因此能够从中提炼出社会主义核心价

---

① 吴潜涛. 准确理解社会主义核心价值体系的科学内涵[N]. 人民日报,2007-02-12.

值观。党的十六届六中全会指出：马克思主义指导思想，中国特色社会主义共同理想，以爱国主义为核心的民族精神和以改革创新为核心的时代精神，社会主义荣辱观，构成社会主义核心价值体系的基本内容。马克思主义是我们党立党立国的根本指导思想，在社会主义核心价值体系中居于灵魂地位，为人们正确认识世界和改造世界提供了正确的世界观和方法论。中国特色社会主义共同理想昭示我们在中国特色社会主义道路上、在21世纪头20年全面建设小康社会，到21世纪中叶基本实现现代化，把我国建成富强民主文明和谐的社会主义国家。这体现了现阶段党和人民的共同奋斗目标，又体现了党的最终奋斗目标。以爱国主义为核心的民族精神和以改革创新为核心的时代精神，传承了中华民族五千多年历史形成的优良传统，弘扬了党领导人民在革命、建设、改革过程中形成的优良传统，是中国人民在未来岁月里薪火相传、继往开来的强大精神动力。荣辱观是世界观、人生观、价值观的重要内容，正确荣辱观的树立是良好社会风气形成的重要基础。以"八荣八耻"为主要内容的社会主义荣辱观，明确了当代社会最基本的价值取向和行为准则，涵盖了人生态度、社会风尚的方方面面，体现了社会主义基本道德规范，体现了中华民族传统美德、优秀革命道德与时代精神的完美结合①。社会主义核心价值体系是全面反映当代中国生产力要求和社会形态特征以及社会意识形态本质的科学、系统、完整的价值体系。它是马克思主义的，又具有鲜明的实践特色、民族特色、时代特色，适应了社会主义市场经济发展的要求、社会主义先进文化建设的要求和现阶段社会主义思想道德建设的要求，具有很强的创造力、感召力和包容性、整合性。从社会主义核心价值体系中提炼出社会主义核心价值观具有现实性和可行性。

二、当前关于社会主义核心价值观的研究现状

自社会主义核心价值体系提出以来，学者们就对社会主义核心价值观进行了全方位的研究，内容涉及社会主义核心价值体系与社会主义核心价值观的关系，社会主义核心价值观的内涵、意义、作用、提炼原则、具体表述，以及如何对待资本主义核心价值观等。应当说，在社会主义核心价值观的意义、

---

① 雒树刚．建设社会主义核心价值体系[G]//《中共中央关于构建社会主义和谐社会若干重大问题的决定》辅导读本．北京：人民出版社，2006：252-256.

作用方面,以及如何对待资本主义核心价值观上,并不存在大的分歧。学者们普遍认可社会主义核心价值观是人们对社会主义的最根本、最核心的观点和看法,认为提炼社会主义核心价值观并使之深入人心,对社会主义意识形态的巩固和社会主义先进文化的建设乃至中国特色社会主义事业的发展都有很重要的意义和作用。对待资本主义核心价值观,既要肯定其进步性、现实性的一面,进行科学分析、辩证对待、大胆借鉴,同时又要进行彻底批判、坚决斗争、实践超越。社会主义核心价值体系建设的一个十分重要的目标,就是要形成一套既大胆借鉴又科学超越资本主义核心价值观的、站在人类文明和价值观形态制高点的、具有自己相对独立形态的社会主义核心价值观①。但在社会主义核心价值体系与社会主义核心价值观的关系、特别是社会主义核心价值观的提炼原则和具体表述方面,学者们存在较大的分歧。

(一)社会主义核心价值体系与社会主义核心价值观的关系

学界对社会主义核心价值体系与社会主义核心价值观的关系的看法,大致有以下几种观点:

一是"内核抽象"论。戴木才、田海舰认为,社会主义核心价值观是社会主义核心价值体系的内核和最高抽象②。核心价值体系是一个社会的价值体系中最重要的组成部分,处于价值体系的统摄和支配地位。核心价值观是一个社会中居统领地位、起支配作用的价值理念,是一种社会制度、社会形态长期普遍遵循、相对稳定的根本价值准则,是一个社会的价值观、价值体系和核心价值体系的灵魂。价值观、价值体系和核心价值体系,都必须围绕核心价值观,体现核心价值观,以核心价值观为引领和主导③。包心鉴认为,核心价值观是根本,具有内在的规定性;核心价值体系则是表现,从属于一定的核心价值观,具有外在的表象性。社会主义核心价值观是社会主义核心价值体系的本质和主导,离开核心价值观的最本质方面,社会主义核心价值体系的相关内容则会流于空谈,甚至会走偏方向④。

二是"形式内容"论。韩震认为,核心价值体系与核心价值观是框架与实

① 黄士安,戴木才. 如何科学对待资本主义核心价值观[N]. 光明日报,2012-02-18.
② 戴木才,田海舰. 论社会主义核心价值体系与核心价值观[J]. 中国党政干部论坛,2007,(2):37-39.
③ 戴木才. 社会主义核心价值观与核心价值体系的辩证关系[J]. 南昌航空大学学报:社会科学版,2011,(2):1-8.
④ 包心鉴. 社会主义核心价值观的凝练与建构[N]. 光明日报,2012-01-14.

质、结构与要素、形式与内容的关系。社会主义核心价值体系，决定了社会主义核心价值观的意识形态性质和民族形态；社会主义核心价值观，则反映着社会主义核心价值体系的价值追求、价值理想、价值取向和价值规范。在社会主义核心价值体系中，既然四个方面的内容构成相互联系、相互贯通、相互促进的有机统一整体，那么，就应该存在把四个方面的内容都可以联系、贯通起来的核心价值观，即作为现代中国的价值追求和战略目标以及中国人民社会行为取向和范式的价值观念①。

三是"内核层次"论。张利华认为，核心价值体系具有内核、层次和边沿。社会主义核心价值体系的内核是核心价值观，再由里到外分为伦理、政治、经济、社会生活的价值观。作为价值体系的内核，核心价值观由里向外扩散和渗透、支配、统摄价值体系的各个层次②。

此外，还有"不同论""等同论"。所谓"不同论"，即认为社会主义核心价值体系是社会主义核心价值的体系，不是社会主义核心价值观的体系。所谓"等同论"，即认为社会主义核心价值体系不是指社会主义核心价值的体系，而是指中国特色社会主义核心价值观的体系。有了社会主义核心价值体系，也就等于提出了社会主义核心价值观③。

与对社会主义核心价值体系同社会主义核心价值观的关系看法不同相联系，学者们对社会主义核心价值观给出了不同定位④。以李抒望、高希国、陈延斌等人为代表的学者认为，核心价值观应是社会首要和基本的诉求。以兰久富、孙武安等为代表的学者认为，社会主义核心价值观应是我国现阶段社会主义发展的具体的核心价值观念。以王占阳、钟哲明为代表的学者将社会主义核心价值观解读为社会主义的最高价值和最终追求。此外，部分学者认为社会主义核心价值观内容的若干要素应有一定的逻辑关系。王虎学指出，在价值本质上，社会主义核心价值应该是中国特色社会主义经济、政治、文化、社会生活实践发展的必然结果⑤。

① 薄洁萍.如何凝练社会主义核心价值观——访北京师范大学副校长韩震[N].光明日报,2011-02-14.
② 张利华.试析中国特色社会主义核心价值体系的结构与内涵[J].中国特色社会主义研究,2007,(4):34.
③ 张峰.如何应对西方价值体系的冲击?[J].前进论坛,2011,(8):43-46.
④ 白纯,李涛.社会主义核心价值观研究综述[J].文史杂志,2012,(3):10-14.
⑤ 王虎学.深化核心价值体系研究三题[N].光明日报,2011-10-31.

(二)提炼社会主义核心价值观的思路、原则与具体表达

更多的学者对提炼社会主义核心价值观表现出了更开阔的视野,而并没有局限在社会主义核心价值体系当中。因为提炼社会主义核心价值观的思路和原则与提炼出的具体表达形式密切相关,所以本文没有像大多数论者那样将二者分开评述,而是结合在一起,让读者更能看清其中的逻辑脉络。

1. 突出马克思主义指导地位,侧重于体现社会主义社会的性质。以此为思路提炼的社会主义核心价值观大多用了以人为本、共同富裕、公正、民主等语词①。梅荣政将社会主义核心价值观概括为:实事求是、以人为本、独立自主、共同富裕,简化为求是、人本、自主、共富。实事求是,作为辩证唯物主义和历史唯物主义世界观的核心,反映的是物质世界和人类社会历史发展过程的宏观方面,即普遍本质和一般规律;以人为本,作为历史唯物主义的内核,反映的是对人民群众的历史主体地位及历史作用的肯定;独立自主,反映的是社会历史主体在长期奋斗中争取到的处理社会客体各种关系的一种权利和方式;共同富裕,是社会主义本质特征的集中表现和根本价值目标,是实事求是、以人为本、独立自主等的落脚点和归宿②。田心铭认为,以人为本和实事求是的统一体现了马克思主义的本质特征、中国共产党人的根本信念和社会主义的本质,并贯穿于社会主义核心价值体系中。独立自主的科学内涵和精神实质,是把马克思主义基本原理同中国具体实际相结合,走自己的路。这是我们党和新中国的根本经验,是实现以人为本、实事求是的必然要求和基本前提。中国社会主义价值观是以以人为本、实事求是、独立自主为核心的价值观③。

2. 基于中国特色社会主义的建设实践。从这一思路出发提炼的社会主

①　参见陈静,周丽. 社会主义核心价值观基本内涵探要[J]. 马克思主义研究,2007,(6):85-88;何建华. 公平正义:社会主义的核心价值观[J]. 中央社会主义学院学报,2007,(3):64-68;柯缇祖. 社会主义核心价值观研究[J]. 红旗文稿,2012,(2):4-7;包心鉴. 社会主义核心价值观的凝练与建构[N]. 光明日报,2012-01-14;曹建文. 凝练核心价值是时代重大课题——专访教育部社科中心副主任张剑[N]. 光明日报,2011-02-25;孙伟平. 论中国特色社会主义核心价值理念[J]. 湖北大学学报:哲学社会科学版,2011,(5):1-5.

②　梅荣政. 社会主义核心价值观的内容构成[J]. 红旗文稿,2012,(9):10-13.

③　田心铭. 中国社会主义核心价值观:以人为本、实事求是、独立自主[J]. 马克思主义研究,2011,(11):35-42.

义核心价值观主要采用了富强、民主、文明、和谐、公正、自由等语词①。韩震认为，基于中国特色社会主义建设的实践，核心价值观念必须是国家制度价值取向的体现，是真正目标性、理念性的价值，是基本的、持久的价值，是具有包容性的价值，是具有一定的超越性的理念，是代表历史前进方向和具有世界意义的理念。基于此，他将核心价值观概括为"民主、公正、和谐"②。程恩富认为，中国特色的社会主义核心价值观的凝练思路有四：一是其内涵要与现有的社会主义核心价值体系的内涵相衔接；二是要体现"世情为鉴、国情为据，马学（马克思主义学说）为体、西学（西方学说）为用、国学（中国古近代学说）为根，综合创新"的科学精神；三是简洁性与完整性相结合，体现唯物辩证法；四是凝练词的排列要有一定逻辑性。他对核心价值观的概括是"自由集体观、民主集中观、文明进步观、和谐仁信观、富强和平观"，并可进一步浓缩为"自由、民主、文明、和谐、富强"五个词③。王虎学也认为，凝练社会主义核心价值观应面向实践、深入生活、遵循规律；在价值本质上，社会主义核心价值应该是中国特色社会主义经济、政治、文化、社会生活实践发展的必然结果，富强、民主、文明、和谐无疑应是社会主义核心价值观的题中应有之义④。

3. 侧重于从表达共产主义理想方面提炼。以这一思路提炼社会主义核心价值观，普遍反映人的自由而全面发展的思想。张利华认为，马克思主义核心价值观是实现人的自由、解放和全面发展。中国传统文化核心价值观是和谐。马克思主义核心价值观与中国传统文化核心价值观相融合，可以概括为实现人的自由、解放、全面而和谐发展，可以进一步简化为实现人的全面和谐发展⑤。宋萌荣认为，实现人的自由和全面发展是中国特色社会主义的核心价值观。他阐述了其中包含的几个基本要素："个人与类的发展的统一，人的发展与生产发展、生产关系、社会关系发展的有机统一，人的发展与自然、

① 参见王艳丽，周国栋．论中国特色社会主义核心价值观的内涵[J]．山东社会科学，2007，(12)：134-136；郭祖炎，田海舰．论社会主义核心价值观及其意义[J]．延安大学学报：社会科学版，2007，(12)：32-35.
② 韩震．中国文化上自强必须有引领世界潮流的先进的核心价值[J]．道德与文明，2011，(3)：5-8.
③ 程恩富．核心价值观凝练的五个方面[N]．光明日报，2011-03-28.
④ 王虎学．核心价值观究竟该如何凝练[N]．光明日报，2012-02-11.
⑤ 张利华．试析中国特色社会主义核心价值体系的结构与内涵[J]．中国特色社会主义研究，2007，(4)：2-7.

社会关系发展的统一。"①

　　4. 着眼于最高纲领与最低纲领的统一。以此为思路提炼核心价值观,既包括了人的自由全面发展的内容,也加入了中国特色社会主义发展目标。孙武安认为,实现人的解放、发展和自由是人类永恒的价值追求,更是马克思主义和科学社会主义的最终价值目标。如果说,实现人的真正意义上的彻底解放、发展和自由,是社会主义一般的永恒的核心价值,那么,就可以说,实现中国人民的共同富裕是现阶段中国特色社会主义发展的具体的核心价值②。戴木才认为,社会主义核心价值观要具有统摄性、共识性和恒常性。社会主义核心价值观要高度体现社会主义历史发展进程中这种最高纲领与基本纲领、现实目标与理想目标的有机统一,大力展现共产主义价值理想的光辉。应实现两大超越,超越中国传统核心价值观和资本主义核心价值观③。富强、民主、文明、和谐和人的自由全面发展,理当成为社会主义核心价值观④。

　　5. 着眼于社会主义社会的一般性提炼社会主义核心价值观。杨永志认为,社会主义核心价值观不应因民族和时代的变化而变化,它反映的是马克思主义科学社会主义的普适性,而不是真理的时空性。无论在中国还是他国,社会主义核心价值观都该是相同相通的。对于社会主义核心价值观的凝练,除了要反映社会主义根本特征和本质之外,还要遵循简明易记的原则。社会主义核心价值观应凝练为"友爱、平等、互助、共富"这样的四词八字⑤。

　　6. 从社会主义的发展进程出发提炼社会主义核心价值观。比如,钟哲明认为,社会主义核心价值观的凝练,在内容上应全面反映社会主义的政治和经济、历史和未来,并为之服务,而不局限于某一阶段、地域或行业。他将社会主义核心价值观表述为:人民民主、共同富裕、中华复兴、世界大同⑥。

　　7. 着眼于反映社会主义制度的根本性质提炼社会主义核心价值观。侯惠勤认为,社会主义核心价值观的概括必须体现我国社会主义制度的根本性

　　① 宋萌荣. 科学社会主义的核心价值与人的全面发展[J]. 当代世界与社会主义,2007,(4):64.
　　② 孙武安. 论中国特色社会主义的核心价值[J]. 毛泽东邓小平理论研究,2006,(6):41-45.
　　③ 戴木才. 凝练核心价值观要站在人类价值共识的制高点[N]. 光明日报,2012-04-28.
　　④ 戴木才,田海舰. 论社会主义核心价值体系与核心价值观[J]. 中国党政干部论坛,2007,(2):36-39.
　　⑤ 杨永志. 也谈社会主义核心价值观的凝练——兼与包心鉴先生商榷[N]. 光明日报,2012-02-04.
　　⑥ 钟哲明. 凝练社会主义核心价值观的十六字建议[N]. 光明日报,2012-02-11.

质,首先是工人阶级领导的、以工农联盟为基础的人民民主专政的国家性质。这样,体现劳动和劳动人民在国家生活中崇高地位的"劳动优先""劳动光荣",体现人民作为国家真正主人的"人民至上""为人民服务",体现社会主义制度优越性的"共同富裕""公平正义""和谐发展"等,无疑是我国国家精神的精髓①。

8. 着眼于反映马克思主义政党本质提炼社会主义核心价值观。姜迎春认为,应当根据社会主义核心价值体系建设的总体要求,以马克思主义基础理论为依托,明确提出能够反映马克思主义政党本质的社会主义核心价值观,鲜明地树立起自己的核心价值观旗帜。社会主义核心价值观至少包括"人民至上""劳动光荣""团结进步"和"追求理想"②。

9. 以公民认同为原则提炼社会主义核心价值观。李建华认为,提炼社会主义核心价值观首先要体现国家认同,而公民认同是提炼社会主义核心价值观的基础。他提出富强、和谐、发展、仁爱、自由、人本、正义、互助、共享、民主、文明、平等12个选项,通过随机抽样原则对全国进行计算机辅助电话调查,并对数据进行加权处理,得出四项社会主义核心价值观的基本共识:发展、富强、和谐、仁爱③。

10. 从国家和公民两个基本路径出发提炼社会主义核心价值观。杨明认为,概括社会主义核心价值观既要从安邦定国的角度展示对国家发展理念、目标、路径的基本选择,又要从安身立命的角度展示全体公民的精神追求、价值取向和行为方式。换言之,社会主义核心价值观可以从国家和公民这两个基本路径加以概括。其中,国家的主导价值观可以概括为富强、民主、文明、和谐,公民的共同价值观可以概括为仁爱、正义、守法、诚信④。

11. 与社会主义核心价值体系的内容一一对应。龚群认为,以马克思主义社会有机体论为基础,结合社会主义核心价值体系的四个方面的基本内容,可以把社会主义核心价值体系概括为32个字:天下为公、爱国为先、以人为本、创新发展,尊严廉耻(八荣八耻)、立身之道,民主富强、和谐大同。"天

① 侯惠勤. 在社会主义核心价值观的概括上如何取得共识[J]. 红旗文稿,2012,(8):9-13.
② 姜迎春. 凝练社会主义核心价值观弘扬马克思主义政党的本质[J]. 红旗文稿,2012,(8):17-18.
③ 李建华. 社会主义核心价值观的提炼[J]. 红旗文稿,2012,(5):9-11.
④ 杨明. 国家与公民:社会主义核心价值观概括的基本路径[J]. 红旗文稿,2012,(4):8-10.

下为公、爱国为先、以人为本、创新发展"是对马克思主义指导思想和以爱国主义为核心的民族精神、以改革创新为核心的时代精神的概括,"尊严廉耻(八荣八耻)、立身之道"是对社会主义荣辱观的概括,"民主富强、和谐大同"则是对社会主义共同理想的概括①。

12. 侧重于在核心价值观中加入中国元素②。郭齐勇、叶慧认为,从方法论上来说,凝练核心价值观一定要考虑四个方面:第一是时代性(普遍性,与世界各国人民的对话性);第二是民族性(中华民族长期形成的,至今在民间活着的);第三是实践性(针对现实问题,可行性);第四是简易性(通俗简明,老百姓喜闻乐见)。既然是中国特色社会主义核心价值观,就不能没有中国元素。既是中国的,又是社会主义的,还是基本而又核心的价值,可以提炼为:"仁爱、诚信、平等、民主、公正。"③叶小文认为,作为整个社会的核心价值观,要求把先进性和包容性统一起来,把普遍性与特殊性统一起来。他认为,湖南岳麓书院的中堂里镌刻着"忠、孝、廉、节"四个字的价值观,不失为当今社会主义社会不可或缺的基本价值④。

13. 也有学者专门论证了提炼社会主义核心价值观的方法。(1)一些学者侧重于实践逻辑⑤。高建生认为,要从包括中国特色社会主义实践在内的全部社会主义实际的发展进程中,从社会和广大群众对社会主义的感悟中,凝练社会主义的核心价值观。应从社会主义发展的源头中凝练,从社会主义的普遍共识中凝练,从社会主义的大众感悟中凝练⑥。禹国峰认为,中国特色社会主义的核心价值观只有根基于当下的社会生产方式及由此决定的社会主要矛盾,只有指向和服务于社会主义社会基本矛盾和主要矛盾的发展和解决,才能获得合法的构建⑦。

① 龚群. 以马克思主义社会有机论为基础概括社会主义核心价值观[J]. 红旗文稿,2012,(7):8-10.

② 参见张碧涌. 社会主义核心价值观的通俗表达:德行天下福满人间[N]. 光明日报,2011-11-28;王东,纳雪沙. 社会主义核心价值与中国发展道路创新[N]. 光明日报,2011-08-08.

③ 郭齐勇,叶慧. 核心价值观要有中国元素与现实性[N]. 光明日报,2012-03-24.

④ 叶小文. 略论提炼"社会主义核心价值观"[N]. 学习时报,2011-11-07.

⑤ 参见沈壮海. 核心价值观凝练的思维四结[N]. 光明日报,2011-06-13;祝福恩. 凝练核心价值观要以实践为源泉[N]. 光明日报,2012-02-25.

⑥ 高建生. 凝练核心价值观的三重选择[N]. 光明日报,2012-04-28.

⑦ 禹国锋. 社会主义核心价值观研究述评[J]. 道德与文明,2008,(2):71-74.

（2）一些学者对提炼方法进行了全面总结①。韩庆祥指出，选定社会主义核心价值观的主要科学方法论：一是应当准确定位，明确我们所要建立的是"面向所有中国人民的核心价值观"，且体现着社会主义的基本原则、本质特征和时代要求；二是具有广度、宽度的覆盖面；三是坚持最基本的原则，即要体现优秀传统、时代精神和当代人民群众实践要求的统一，体现社会主义活力与社会主义和谐的统一；四是表述应集中凝练、内涵普适、达雅准确、简洁明快；五是具有高度、广泛认同②。

综上，对社会主义核心价值观的提炼方法和具体表述林林总总，但学者们的分歧不外乎三个方面：一是远和近的关系，即提炼的着眼点是着眼未来发展，还是立足当前实际；二是理论和实践的关系，即是侧重理论推演还是侧重实践归纳；三是提炼社会主义核心价值观的理论依据是什么。对这三个方面的不同认识，在实质上反映出对什么是社会主义、什么是中国特色社会主义以及未来中国社会走向等的不同看法。

三、提炼社会主义核心价值观应当遵循的原则和方法

虽然学界对社会主义核心价值观提出了多种多样的提炼方案，但具体到每一种表述，总有内容不全面、不到位之感。因此，提炼社会主义核心价值观，首先应当明确核心价值观中应包含的内容。学界已经公认，核心价值观是指居于主导地位并起统摄和决定作用的价值观③。

马克思主义认为，经济基础决定上层建筑。作为意识范畴的价值观，必然要建立在一定社会的经济基础之上，适应并反映着社会的经济基础。一个社会的核心价值观，既然是居于主导地位并起统摄和决定作用的价值观，那么它就不是一般的价值观，而必然首先是能够反映出社会经济基础的本质，也或者说是反映同一定的生产力发展阶段相适应的、占统治地位的生产关系

---

① 黄蓉生，孙楚航．社会主义核心价值体系知行研究[J]．马克思主义与现实，2011，(3)：197—200；虞崇胜．凝练社会主义核心价值观的六大原则[N]．光明日报，2012—02—18；李德顺．关于提炼社会主义核心价值观的几点思考[N]．北京日报，2011—08—22．
② 韩庆祥．提炼核心价值观的三个方案[N]．北京日报，2011—09—05．
③ 参见韩震．"民主、公正、和谐"体现了社会主义的核心价值追求——兼论社会主义核心价值观的凝练及其原则[J]．红旗文稿，2012，(6)：8—12；包心鉴．社会主义核心价值观的凝练与建构[N]．光明日报，2012—01—14；韩振峰．社会主义核心价值体系与核心价值观是一回事吗[N]．光明日报，2011—01—24．

总和的本质的价值观,再或者说是人们对社会形态的本质和对这一社会的最根本、最核心的观点和看法。又因为,社会形态是同一定的生产力相适应的、由一定的经济基础和上层建筑构成的社会有机体,是统一性与多样性的统一。社会形态的统一性,是指在社会根本性质上的共同性、重复性。社会形态的多样性,是指一个社会具体表现形式的特殊性和具体历史进程的不平衡性①,也即受不同的历史文化、发展路径以及国际环境影响,即使是同属一种社会形态,在不同民族、国家也总是带有各种不同的特色。那么,核心价值观就必然要同时能反映出这一社会的社会形态的质的属性、根本特征和具体社会的鲜明特征。因此,反映社会经济基础(或者说生产关系)的本质、社会形态的根本特征和具体社会的鲜明特征,就成为核心价值观的基本内容。

从古今中外各种核心价值观的具体表述来看,其中不仅确实反映了以上所讲的核心价值观的基本内容,而且还在核心价值观中表达了社会理想。中国封建社会的核心价值观是"仁、义、礼、智、信"。其核心"仁",既是一种道德规范,更是一种社会理想,同时还是一种政治纲领。正是这样一种核心价值观及其在思想道德领域延伸与展开所形成的种种具体价值范畴,使中国封建社会得以维系、变革与发展,形成了至今仍然具有重要现实意义的价值标准和行为规范②。"仁、义、礼、智、信",与封建社会小农经济和宗法制相适应,反映出人治的特点,它主要强调了对人的约束和限制,强调律己、服从。同时,这一充满儒家智慧的价值观,也反映出中国封建社会的国情。资本主义社会的核心价值观在对人性的解放方面比封建社会的核心价值观有了很大的进步性。在资产阶级革命的初期,新兴的资产阶级提出了"自由、平等、博爱"的制度性价值承诺,成为动员各个阶层人民的旗帜。随着资产阶级夺得了统治权,资本主义制度获得了确立,在社会主义实践和工人运动的压力下,资本主义的核心价值观又逐渐加入民主、人权等内容③。"自由、平等、博爱、民主、人权",是当代资本主义的核心价值观,其核心是自由。自由这一提法与资本主义私有制相适应,它为人们通过自由竞争获取利益和私有财产提

---

①　国家教委社科司. 马克思主义原理[M]. 北京:高等教育出版社,1993:141-142.

②　包心鉴. 社会主义核心价值观的凝练与建构[N]. 光明日报,2012-01-14.

③　韩震."民主、公正、和谐"体现了社会主义的核心价值追求——兼论社会主义核心价值观的凝练及其原则[J]. 红旗文稿,2012,(6):8-12.

供了充分的合法性。在一定的历史条件下,既促进了生产力的解放,也促进了人性的解放。民主、人权、平等、博爱,也都是建立在自由基础之上的对财产权和自由竞争的保障,同样反映了资本主义生产关系和社会形态的鲜明特征。自由,更可以代表资本主义社会的社会理想。也正是在这个意义上,西方学者提出了"人权高于主权"的观念。事实上,资本主义社会并没有真正实现自由平等博爱的经济基础。资本主义核心价值观的实质其实是与私有制相适应的个人主义。而同为资本主义社会形态的不同国家,因具体国情不同,其核心价值观又显示出不同的个性。比如东方国家日本,形成了重义、重秩序、知礼、爱国以及追求自由、民主的社会核心价值观①。与封建社会的核心价值观相比,资本主义核心价值观倡导了个性的张扬,比较充分地保障了人之为人的权利,但因为它建立在资本主义私有制和个人主义基础之上,因此其中并没有全体人民共同享有社会发展成果的内容,这应当是它最明显的局限所在。

　　无论是理论推演,还是对封建社会和资本主义社会核心价值观的分析,都印证了核心价值观应当反映社会经济基础的本质、社会形态的根本特征和具体社会的鲜明特征。同时,因为核心价值观具有统一思想、凝聚力量、鼓舞人心的作用,因此各国的价值观中都表达了社会理想。因此,作为对社会主义的最根本、最核心的观点和看法的社会主义核心价值观,就应当反映出社会主义社会经济基础的本质、社会主义社会形态的根本特征以及具体社会主义社会的鲜明特征和社会理想。也有学者在讨论中提出了当前我们提炼的是社会主义核心价值观还是中国特色社会主义核心价值观的问题。其实,无论其中是否出现"中国特色"这四个字,我们所提炼的也只能是基于中国特色社会主义社会的社会主义核心价值观。因为作为与一定社会经济基础相适应的核心价值观,作为受社会存在所决定的社会意识,核心价值观只能是具体的、历史的。或者说,核心价值观只存在于现实社会之中。脱离现实社会所总结出的所谓的核心价值观,只能是一种理论上的假设和抽象,并不是真正意义上的作为社会意识而存在的核心价值观。也正因为核心价值观是具体的、历史的,它也不可避免地要受到国家、民族的历史传统文化、自然环境

_____

① 曾凡星. 韩国、日本与新加坡构建社会核心价值观途径研究[J]. 上海党史与党建,2012,(3):60-62.

和国际环境等的影响,打上民族的、时代的烙印。对核心价值观和社会主义核心价值观所应包含的基本内容的分析,让我们进一步明确了提炼社会主义核心价值观应当遵循的原则。

(一)坚持马克思主义基本原理,以中国特色社会主义理论体系为指导

马克思主义基本原理是科学,其世界观和方法论为人们提供了认识世界、改造世界的科学指南。同时,马克思主义不是教条,不是一成不变的答案,而是与时俱进的科学。社会在发展,人类在进步,新情况、新问题在不断出现,只有运用马克思主义的世界观和方法论,对人类社会的发展进行新观察、作出新判断、揭示新规律,才能不断深化对共产党执政规律、社会主义建设规律、人类社会发展规律的认识。坚持马克思主义基本原理,我们就会看到,虽然在工人运动、人权运动等各种有进步意义的群众运动的推动下,当代资本主义已经有了很大的变化,但它与社会主义社会在经济基础上有着根本的不同,社会主义核心价值观必须反映社会主义经济基础的本质和上层建筑的根本特征。包括邓小平理论、"三个代表"重要思想以及科学发展观等重大战略思想在内的中国特色社会主义理论体系是马克思主义中国化的最新成果。它系统回答了在中国这样一个十几亿人口的发展中大国建设什么样的社会主义、怎样建设社会主义,建设什么样的党、怎样建设党,实现什么样的发展、怎样发展等一系列重大问题,闪耀着马克思主义的真理光芒。以中国特色社会主义理论体系为指导,就应当明确中国正处于并将长期处于社会主义初级阶段,主要矛盾是人民群众日益增长的物质文化需要同落后的社会生产之间的矛盾,根本任务是发展社会生产力;明确改革开放是发展中国特色社会主义的强大动力,改革的实质和目标是要从根本上改变束缚中国生产力发展的经济体制,建立充满生机和活力的社会主义新经济体制,同时相应地改革政治体制和其他方面的体制,以实现中国的社会主义现代化;明确中国特色社会主义事业"四位一体"的总体布局,大力推进社会主义经济建设、政治建设、文化建设、社会建设;明确发展中国特色社会主义的依靠力量是人民群众,根本目的是促进人的全面发展。

提炼社会主义核心价值观,必须以中国特色社会主义理论体系为指导,深化对社会主义和中国特色社会主义的根本认识,而不能与之相背离。这是高度理论自觉的内在要求,也是高度理论自信的外在表现。当前,围绕是从

理论出发提炼社会主义核心价值观还是从实践总结归纳社会主义核心价值观，人们还存在着分歧。其实，理论推演和实践归纳并不是割裂的，而是统一的。如果将二者割裂开来，必然导致提炼出的社会主义核心价值观不够全面，难以说服人、打动人。重理论不重实践，可能导致归纳出的核心价值观与现实生活有距离；重实践不重理论，就难以从把握规律的角度看待实践，自然也就难以提炼出准确的核心价值观。科学理论的基本特征就是源于实践、符合实际、合乎规律，并能够站在新的高度指导实践发展，在实践发展中接受实践检验。因此，坚持科学理论指导，深入具体社会实践，并将二者统一起来，才是认识世界的科学的马克思主义态度。坚持马克思主义基本原理，以中国特色社会主义理论体系为指导，就会发现目前人们对社会主义核心价值观的提炼中存在着一个极为突出的问题，这就是缺乏对经济基础或者说生产关系的本质的价值反映。

（二）能够反映社会主义经济基础的本质和社会形态的根本特征

社会形态的本质主要体现在经济基础上，也即同物质生产力一定发展阶段相适应的占统治地位的生产关系各方面的总和，主要包括生产资料所有制形式、生产过程中人与人之间的关系及产品的分配形式三个方面。其中生产资料所有制形式是首要的、决定的部分。社会主义社会的生产资料所有制，与资本主义私有制不同，它是以公有制为主体的。与之相适应，社会主义核心价值观就应当反映出社会主义社会生产资料所有制、人和人之间的生产关系和分配关系的性质，在实质上就不能够是个人主义的，而必须是集体主义的。

在什么是社会主义本质的问题上，邓小平同志曾有精辟论述：社会主义的本质是解放生产力，发展生产力，消灭剥削，消除两极分化，最终达到共同富裕①。这一论断，充分反映了社会主义社会经济基础的本质，明确了生产力是最活跃最革命的因素，是社会发展的最终决定力量，是人类社会发展的根本动力，社会主义的根本任务是发展生产力，增强社会主义国家的综合国力，使人民的生活日益改善，不断体现社会主义优于资本主义的特点。对社会主义经济基础的本质的准确认识，可以概括成共建共享，这应当成为社会主义

---

① 中共中央宣传部. 邓小平同志建设有中国特色社会主义理论学习纲要[M]. 北京：学习出版社，1996：18.

核心价值观的核心。

同时，除了社会主义的本质外，社会主义社会形态还有一个根本特征，就是解放和发展社会生产力在社会主义发展中具有突出的作用，而社会主义制度的建立和不断完善又为社会生产力的解放和发展打开了广阔的道路。毫无疑问，社会主义社会形态的这一根本特征，同样也应在社会主义核心价值观中体现出来。

（三）能够反映中国特色社会主义社会的鲜明特征

中国特色社会主义，实际上就是从中国这样一个生产力不发达、社会主义制度不完善的东方大国的实际出发建设社会主义，其要解决的主要矛盾是人民群众日益增长的物质文化需要同落后的社会生产之间的矛盾，根本任务是发展社会生产力，要为巩固和发展社会主义、为将来进入共产主义创造物质基础。改革开放以来，我国社会生产力快速发展，人民生活水平持续提高，创造了世所公认的经济快速发展的“中国奇迹”。因此，解放和发展生产力，创造人民美好生活，是中国特色社会主义社会最鲜明的特征。

中国特色社会主义实行人民当家做主的人民代表大会制度和公有制为主体、多种所有制经济共同发展的基本经济制度，一方面充分体现了社会主义国家的性质，另一方面决定了社会成员之间在社会关系上是平等联合与互助的，在经济关系上是平等竞争与合作的。因此，平等也是中国特色社会主义社会的鲜明特征。

在当代中国，我们正在不断推进社会主义制度的自我完善和发展，努力在经济、政治、文化、社会等各个领域形成一整套相互衔接、相互联系的制度体系。中国特色社会主义制度符合我国国情，顺应时代潮流，有利于保持党和国家活力、调动广大人民群众和社会各方面的积极性、主动性、创造性，有利于解放和发展社会生产力、推动经济社会全面发展，有利于维护和促进社会公平正义、实现全体人民共同富裕，有利于集中力量办大事、有效应对前进道路上的各种风险挑战，有利于维护民族团结、社会稳定、国家统一。因此，社会和谐也是中国特色社会主义的鲜明特征。

（四）能够反映中国特色社会主义社会的未来发展方向

马克思主义认为，共产主义是人类社会发展的必然趋势。“实现物质财富极大丰富、人民精神境界极大提高、每个人自由而全面发展的共产主义社会,是马克思主义最崇高的社会理想。"①中国特色社会主义理论体系认为,实现共产主义是一个非常漫长的历史过程,它只有在社会主义社会充分发展和高度发达的基础上才能实现。中国现在处于并将长期处于社会主义初级阶段。随着经济发展和社会全面进步,将来条件具备时,中国社会主义建设会进入更高的发展阶段。我们既要树立共产主义的远大理想、坚定信念,更要脚踏实地地为实现党在现阶段的基本纲领而不懈努力,扎扎实实地做好现阶段的每一项工作,把最低纲领和最高纲领统一于建设中国特色社会主义的伟大实践之中。正因为如此,提炼社会主义核心价值观,就应当兼顾共产主义远大理想和当前社会主义社会的阶段性目标。也就是说,中国特色社会主义社会应当把人的解放写在自己的旗帜之上,如此,才能既立足当前,把人的自由而全面的发展作为衡量社会发展和历史进步的最高价值尺度;又着眼长远,反映出共产主义社会实现每个人的自由而全面发展的社会理想。又因为,社会生产力和经济文化的发展水平是逐步提高、永无止境的历史过程,人的全面发展程度也是逐步提高、永无止境的历史过程,这两个历史过程应相互结合、相互促进地向前发展。这表明,社会主义核心价值观必须同时关照生产力的解放和人的发展,必须具有开放性以适应社会主义社会的未来发展。

(五)吸收中国优秀传统文化精华,借鉴人类优秀文明成果

中华文化博大精深,源远流长,其中的仁爱、和谐等,成为中华民族一以贯之的精神血脉和文化基因,至今依然发挥着巨大的社会影响力。中华文化的优秀传统,为中国特色社会主义注入了独特的个性特征。今天总结提炼社会主义核心价值观,自然要吸收优秀传统文化的精华,以进一步增强民族认同感,激发和弘扬民族精神。但传统价值观所内蕴的价值原则和价值规范带有传统社会不可克服的历史局限,因此,不能把传统价值观照搬到现实的中国社会中来,必须结合现实中国的实际进行创造性的转换,以获得新生②。

各种文明相互交流和借鉴是人类进步的动力。当今世界的发展趋势是,各种文明和社会制度应该而且可以长期共存,在竞争比较中取长补短,在求同存异中共同发展。因此,其他社会核心价值观中科学合理、符合人类文明

① 胡锦涛.在"三个代表"重要思想理论研讨会上的讲话[N].人民日报,2003-07-02.
② 虞崇胜.凝练社会主义核心价值观的六大原则[N].光明日报,2012-02-18.

进步潮流的成分,同样也应吸收到社会主义核心价值观中来。但应充分认识到不同社会形态的经济基础不同、性质和根本特征不同,有些反映资本主义社会形态本质的内容,即使字面意思很好,也并不适合作为社会主义核心价值观的内容。事实上,中国特色社会主义从来就没有脱离人类文明的发展进程,而是处于当今世界人类文明的发展进程当中,并致力于推动人类文明发展的更有优势的社会制度,因而根据其社会本质和特征总结出来的核心价值观,其本身就是人类优秀文明成果的一部分,自然会与人类文明发展进步的方向相呼应和更加具有科学性。因此,完全没有必要为了显示自己能够与世界文明相融,而刻意地去借用西方的词汇,这其实是文化不自信不自觉的表现。

(六)好记易懂,词义明确,不留歧义

提炼核心价值观的目的在于实践,在于便于人们牢记它践行它。因此,核心价值观的内容必须具有为群众所喜闻乐见的表达形式,可记可颂,这是不言自明的。同时,在最终确定核心价值观的表达词语时,还必须注意选用语意具体明确,容易理解且不容易产生歧义的词语。因为只有这样的词语,才能明白晓畅地走入群众内心,引起群众共鸣,达成社会共识,促进社会和谐,而不会因为理解上的分歧引起新的争论,产生新的矛盾。

当前,很多学者认同将"公平公正"纳入社会主义核心价值观。公平公正确实是社会主义社会的重要价值追求。但马克思主义认为,公平公正总是历史的具体的,不同的社会、不同的发展阶段,公平公正的内容会大不相同。而且即使在同一个社会中,对公平公正的具体含义,不同的人也会有不同的理解。而人类社会发展的历史已经证明,随着社会的发展,公平公正的具体含义必然要发生变化。如果将其纳入核心价值观,恐怕会因为人们对公平公正的不同理解而在实际社会生活中产生较大分歧,并不利于社会和谐。所以,笔者主张用语义更加明确的词比如平等、共享来替代它。"自由"一词也有类似之处,它虽然是很美好的词汇,但却会引发人们不同的理解和认识。还有一些学者认为"以人为本"反映了社会主义社会的本质,应将以人为本纳入社会主义核心价值观。以人为本这一词语作为科学发展观的核心,已经被赋予了非常丰富的含义,对人民群众来说已经不是一个直截了当、容易理解的词汇,所以,笔者也主张用其他更直观、更易懂的词语来替代它。而且一旦将以人为本纳入核心价值观,就容易将这一已经具有丰富内涵的表述平面化、口号化,甚至可能会剥离其很多理论内涵,不利于科学发展观这一重大战略思想在实践中的进一步丰富和发展。

还应注意的是,核心价值观一旦形成,虽然能起到行为规范和道德标准的作用,但它本身并不等同于行为规范和道德标准。也就是说不能把一个范畴的功能等同于范畴本身。因此,从行为规范和道德标准出发提炼核心价值观,将比如守法、明礼、诚信乃至忠、孝、廉、节等放到核心价值观里,并不是正确的提炼方法。

前已述及,从社会主义核心价值体系中提炼社会主义核心价值观既有必要也有可能。其必要性用一句话概括就是,要以核心价值体系统一思想、凝聚共识,筑牢全党全国各族人民共同奋斗的思想道德基础,就必须从中提炼出好记易懂、深入人心的核心价值观。其可能性已经论证,在这里还应明确的是,社会主义核心价值体系的提出,也是符合上述提炼社会主义核心价值观的各项原则的。社会主义核心价值体系是反映中国特色社会主义本质和特点的价值观的总和,因此完全可以从其中提炼出核心价值观。但因为社会主义核心价值体系内容非常丰富,一些学者认为核心价值观中应当有与之一一对应的内容,而另一些学者则认为很难从中提炼出核心价值观。其实,社会主义核心价值体系是有层次的,社会主义核心价值观与社会主义核心价值体系的内容并不应是一一对应的关系。社会主义核心价值体系中的马克思主义指导思想,是社会主义核心价值体系的灵魂,其精神实质自然应当在核心价值观中反映出来。中国特色社会主义共同理想,描述了中国特色社会主义社会的本质特征和应然状态,自然也应当在社会主义核心价值观中反映出来。

上述两项内容,一个从理论层面一个从实践层面描述了中国特色社会主义的本质、特征和发展,可以看作社会主义核心价值体系的“核心层”,也就是提炼社会主义核心价值观的价值体系基础。或者说,社会主义核心价值观是对社会主义核心价值体系“核心层”的提炼和凝练,社会主义核心价值观和社会主义价值体系“核心层”在精神实质上应当是高度一致的。而民族精神和时代精神以及荣辱观,则是建立在社会主义核心价值体系“核心层”之上的,受“核心层”所统摄所支配,因而它们并不是社会主义核心价值观所要包含的内容,而是社会主义核心价值体系"核心层"或核心价值观在精神领域和道德领域的自然延伸。

还需指出的是,从社会主义核心价值体系中提炼社会主义核心价值观,是从思想到思想的过程,因此是不充分的。马克思主义,理论源泉是实践,发展依据是实践,检验标准也是实践。社会主义核心价值观的提炼,应当以社会主义核心价值体系为基础,坚持上述提炼原则,并将提炼后的社会主义核心价值观放到中国特色社会主义实践中去检验,交给人民群众去评判,这样才能确保提炼出的社会主义核心价值观是科学、合理、准确并能走入群众内心的。

四、社会主义核心价值观的具体表达

根据上述提炼原则,笔者认为,从社会主义核心价值体系中提炼出的社会主义核心价值观可以具体表述为:共建、共享,平等、解放,友爱、和谐,进步、富强。

(一)共建、共享

共建,即共同建设。共享,即共同享有。共建共享,反映了社会主义社会经济基础的本质,也反映了中国特色社会主义社会生产关系的属性和根本特征,是社会主义核心价值观的核心。与自由是资本主义核心价值观的核心不同,共建共享表明社会主义社会是一个全体人民共同劳动建设、共同分享发展成果的社会,它在生产资料所有制上以公有制为主体,在分配关系上强调共同分享和最终达到共同富裕,在社会上人与人的关系是平等的。共建共享,比起仅仅提出保障个体自由的社会理念就更向前进了一步。因为在资本主义市场经济中,即使个体得到"充分"的自由,也有可能会陷入贫困的境地,而贫困是市场经济中妨碍人的发展、在实际上限制人的自由的最主要因素。由于资本主义社会的生产资料所有制是资本主义私有制,这种所有制关系反映在分配关系上,必然是贫富悬殊,大规模的再分配难以实现,人民福利的提高要受到诸多限制,就更谈不上共享发展成果了。美国的全民医保到现在也没有实现,就是因为每到推进的关键时刻,都会有反对者认为它违背了自由精神,而实质上这些人反对的是对穷人的再分配。这也是为什么资本主义核心价值观包括了很多美好的词语,但却没有任何关于分配关系的描述。共建

共享作为社会主义核心价值观,显然比资本主义核心价值观更加进步、更有利于保障人的权益。在社会主义核心价值观中明确提出共建共享,还包含有提倡公平正义、共同富裕,尊重人民群众的主体地位和首创精神,最大限度地激发广大人民群众的参与热情和创造活力之义。

在共建中共享、在共享中共建,深刻揭示了社会主义社会是可以实现公平与效率辩证统一的社会。共同建设,就要通过实现权利公平、机会公平、规则公平、分配公平,保障和促进全社会成员诚实劳动、合法经营,激发全社会的创造活力,共同解放和发展生产力。共同享有,就要坚持一切从最广大人民的根本利益出发,使全体人民共享改革发展成果,并朝着共同富裕的方向稳步前进,而这是社会主义社会中公平正义最主要的内涵。共同建设与共同享有是一个辩证统一的整体,二者不可分割。只强调共同建设而不注重共同享有,共同建设就没有持续的活力;只强调共同享有而不强调共同建设,共同享有就没有坚实的基础。共建共享充分反映了社会主义社会经济基础的本质和制度优越性,生动诠释了公平正义、共同富裕的中国特色社会主义之本质属性,应当成为社会主义核心价值观的核心。

(二)平等、解放

平等,即人们在社会、政治、经济、法律等方面享有相等待遇,并在地位上相等。解放,即通过解放和发展生产力并根据生产力的发展状况适时调整生产关系,把人从不当束缚中解放出来。在现代社会,平等是公正的体现。早在18世纪,西方启蒙思想家就提出了平等的概念,以反对封建专制和等级制度。卢梭明确阐述了资产阶级的平等要求,他提出了人人生而平等,财产应尽可能地平等,以及在法律面前人人平等、人人政治权利平等的要求,对法国大革命产生了重要影响。实际上,平等更是社会主义追求的目标。社会主义社会消灭了阶级剥削和阶级压迫,建立起生产资料公有制,人民成了国家和社会的主人,这为真正实现广泛的平等奠定了现实的基础。在社会主义社会中,平等不仅指人们在经济、政治、社会、法律等方面享有平等权利,还包括消除社会剥削以后,人与人之间实际上的平等。有学者主张民主和法治应当是社会主义核心价值观的内容。事实上,在现代社会,平等必然地要求或者说内含着民主和法治,平等是民主和法治所要实现的目标,民主和法治是实现平等的内容和手段。因此同民主和法治相比较,平等是更高的价值追求。随着生产力的发展,社会主义社会的平等程度也有一个不断提高的过程。在社会主义初级阶段,人与人之间在经济、政治、社会、法律等各方面的权利平等,且相互尊重、地位平等,但由于生产力发展水平和经济、文化条件的限制,还会存在某些事实上的不平等。随着社会主义的发展,到了共产主义社会,实现了"各尽所能,按需分配"和人的自由全面发展,才能实现完全意义上的平等。因而,平等既是社会主义社会形态的一个根本特征,也是中国特色社会主义社会的鲜明特征,更是一个指向共产主义理想的价值目标。

在当今人类社会,解放是比自由更进步的理念。在西方社会,自由被定义为人有权做一切无害于他人的任何事情,是社会人的权利,在实际贯彻中表现为受法律保护的人的权利。但自由或者说对人的权利保障的实际内涵,在最初并不是充分的。比如资产阶级革命的标志性宣言——1789年的法国《人权宣言》,宣布人与人生来是而且始终是自由的,在权利方面是平等的。然而这里的人仅仅是指"拥有市民权的白人男性",在当时,女性、奴隶、有色人种是不被当作完整的"人"来看待的。直到100多年后,第一次世界大战使大部分男性都被征召参加打仗,女性有机会得到比较高的工资和重要职位的时候,有些国家的女性才第一次取得投票权。而妇女、有色人种普遍获得同白人男性同等的投票权,则是第二次世界大战以后的事情。被看作西方人权领袖的美国,直到20世纪五六十年代发生非裔美国人民权运动,才废除了种族隔离制度,但直到现在,美国社会依然因为现实中存在的性别、种族歧视而受到诟病。可见,西方社会自由的内容是随着社会发展和人权运动的兴起而被动地扩展,是对社会发展的被动适应,因而又被称为消极自由。解放则是通过解放和发展生产力,并根据生产力的发展状况不断调整生产关系,自主自觉地把人从不当束缚中解放出来,实现人的更加自由而全面的发展。与自由相比,解放不是被动地适应社会发展和人的权益诉求提高,而是有着更加积极主动地扩大人的自由、保障人的权益之意。解放的最终指向就是实现物质财富极大丰富、人民精神境界极大提高、每个人自由而全面发展的共产主义社会的社会理想。可见,解放体现了更好地保障人的权益、促进人的自由而全面发展的主动性,并且是具有共产主义社会理想指向的价值观念。从字面上看,自由有着终极目标的含义,因而是一个容易产生歧义的词。而解放则更多地强调过程,强调状态,因而在提法上也更加科学。在党的解放思想、实事求是、与时俱进的思想路线指引下,建设中国特色社会主义社会这一历史进程中的解放,既包含了人要摆脱不当的制度束缚,也包含了解放思想、摆脱思想桎梏的要求。以生产力的发展程度为参照,在同等生产力水平的条件下,中国特色社会主义社会对人的自由、权利的保障和人的平等程度,显然要比西方国家高,这也是社会主义制度的优越性所在。

由上可见,平等、解放,既反映了社会主义社会形态的根本特征和中国特色社会主义社会的鲜明特征,也包含了共产主义的远大理想,理应成为社会主义核心价值观的重要内容。

(三)友爱、和谐

友爱是不分民族、性别、年龄、信仰的平等之爱。和谐是人与人、人与社会、人与自然以及人与自身之间的全面和谐。马克思深刻地指出,"占统治地位的思想不过是占统治地位的物质关系在观念上的表现,不过是以思想的形式表现出来的占统治地位的物质关系。"①友爱与和谐,是不同社会都追求的目标,但只有到了社会主义社会,才有了实现的可能。在中国传统文化中,泛爱众、和为贵的思想长期存在,但在封建社会人与人极不平等的社会条件下,仁爱、和谐只能是一种美好但无法实现的社会理想。资本主义社会也提出了博爱的社会理想。但在资本主义语境中,人权更多的是从个人的角度去理解的,可是如果每个人都尽可能或毫无限制地追求自己的权利,那么这种权利诉求很快就会处于相互竞争甚至相互冲突之中②。因而在资本主义社会,博爱最终也是无法实现的。只有到了以公有制为经济基础的社会主义社会,全体人民才能实现在根本利益一致基础上的和谐,人与人之间也才能实现不分民族、性别和年龄等的友爱。

和谐也有程度高低的问题。诚然,社会主义社会还不能达到像共产主义社会那样很高程度的和谐,但因为社会主义社会的主要矛盾不是阶级斗争,而是人民群众日益增长的物质文化生活需要同落后的社会生产之间的矛盾,大量存在的是人民内部的、非对抗性的、可以协调解决的矛盾,因此它已经具

①　马克思,恩格斯. 德意志意识形态[G]//马克思恩格斯文集:第1卷. 北京:人民出版社,2009:550-551.

②　韩震."民主、公正、和谐"体现了社会主义的核心价值追求——兼论社会主义核心价值观的凝练及其原则[J]. 红旗文稿,2012,(6):8-12.

有了实现社会和谐的基础、前提和条件,具有了这种可能性和现实性,能够实现社会和谐。和谐还有着以人为本的含义,也就是说,只有始终把实现好、维护好、发展好最广大人民的根本利益作为执政党和国家一切工作的出发点和落脚点,尊重人民主体地位,发挥人民首创精神,保障人民各项权益,走共同富裕道路,促进人的全面发展,做到发展为了人民、发展依靠人民、发展成果由人民共享,才能真正实现社会和谐。还应认识到,和谐社会不是没有矛盾的社会,社会矛盾总会存在,旧的矛盾解决了,新的矛盾还会产生,但正是在不断化解和解决矛盾的过程中,社会的和谐程度在持续上升。中国特色社会主义社会,是一个自主自觉建设和不断完善符合中国国情和时代特征的社会矛盾调处机制、不断促进社会和谐的社会,是一个各阶层、各党派、各民族、各团体政治上享有平等地位、根本利益一致、全国各族人民平等团结互助和谐的充满友爱的社会。友爱是社会主义社会的鲜明特征,也是中国特色社会主义社会的鲜明特征;社会和谐是社会主义社会形态的根本特征,也是中国特色社会主义社会的本质属性。因此,友爱、和谐理应成为社会主义核心价值观的重要内容。

（四）进步、富强

进步,指社会文明不断向前发展,并因为物质文明、政治文明、精神文明、生态文明等的先进而引领人类社会文明发展潮流。富强,是指生产力快速发展的状态,表现为民富国强。社会主义社会文明是建立在对资本主义社会文明批判的基础之上的,吸收了之前人类社会文明包括资本主义社会文明中有益的成果,又适应社会主义社会形态进一步发展了的社会文明,因而理应是比资本主义社会文明更加先进的人类文明。作为中国特色社会主义政治文明的重要成果,人民代表大会制度就是比西方更先进的政治制度。中国特色社会主义社会明确提出了走依靠自身发展、不对外掠夺资源的新型工业化道路,提出了将始终不渝走和平发展道路,主张各国人民携手推动建设持久和平、共同繁荣的和谐世界,等等,这些都是文明进步的表现。有的学者主张将文明纳入社会主义核心价值观。文明与进步相比较,文明是静态的,进步是动态的。进步不仅表示社会是文明的,而且表示社会文明是先进的、不断前进的、具有引领作用的。因此,进步既是一个特征,也是一种状态,更是一种追求,是社会主义社会形态的根本特征之一。

　　富强,体现了马克思主义对生产力是人类社会发展的根本动力的深刻认识,反映了社会主义社会对解放和发展生产力的自觉追求。生产力高度发达是实现共产主义的物质前提。社会主义社会破除了资本主义社会生产关系对生产力的种种束缚,并不断根据生产力的发展调整生产关系,使生产力获得更大程度的解放和发展。因此,富强是社会主义社会形态的根本特征。同时,富强这一价值追求也是中国特色社会主义社会的鲜明特征。实现国家富强、人民富裕是中国人民必须完成的历史任务,是实现中华民族伟大复兴历史使命的必然要求,是中国共产党领导人民进行社会主义现代化建设的基本价值目标。在"四位一体"的社会主义现代化建设总体布局中,富强是民主、文明、和谐的基础,是社会主义现代化的根基。中国特色社会主义条件下的人民富裕,指的是先富带后富,最终达到共同富裕。中国共产党的一切奋斗,归根到底都是为了解放和发展社会生产力,不断改善人民生活。因此,富强既是社会主义社会形态的根本特征,也是中国特色社会主义的鲜明特征。进步、富强,高度概括了社会主义社会比资本主义社会更高的社会文明和生产力快速发展的本质属性,同样理应成为社会主义核心价值观的重要内容。

　　综上所述,"共建、共享、平等、解放、友爱、和谐,进步、富强"的社会主义核心价值观,全面反映了社会主义社会的本质属性、根本特征和中国特色社会主义的鲜明特征,充分表达了中国特色社会主义的社会理想和远大的共产主义理想,吸收、借鉴了中华民族的优秀传统文化和人类文明的优秀成果,选用词语语意明确、通俗易懂。同时,这一核心价值观也全面表达了社会主义社会的核心价值追求,构成了社会主义核心价值体系的内核。它既是对马克思主义基本原理和中国特色社会主义理论体系的理论推演,也是对中国特色社会主义伟大实践的总结归纳,其内容实际上已经反映在中国特色社会主义社会生活的方方面面,因而是一个比较系统而科学的表达形式。

　　应注意的是,在社会主义核心价值观建设方面,明确提出社会主义核心价值观仅仅是迈出了第一步。一方面,虽然核心价值观反映的是一个社会的根本性质和基本特征,在一定时期内会相对稳定,但社会实践在发展,认识和指导这种实践的价值观也必然要有一个与时俱进的问题。另一方面,社会主义核心价值观如果不能走入群众心里,得到群众的普遍认可,就不能成为实质意义上的核心价值观。提出社会主义核心价值观后,一个更重要的任务是推动其深入人心,使之大众化。为此,应把社会主义核心价值观融入国民教育和精神文明建设全过程,融入社会主义核心价值体系的宣传教育全过程,贯穿现代化建设的各个方面各个环节。应当广泛开展社会主义核心价值观的宣传普及活动,紧紧围绕社会主义核心价值观的基本内容,充分运用各种手段,营造浓厚的舆论氛围。其中应特别注意改进宣传教育方式,增强宣传教育效果,以群众喜闻乐见的形式和各种现代化的传播方式宣传社会主义核心价值观。要充分考虑广大群众特别是城乡基层群众的实际理解能力、文化习俗和思维方式及生活习惯,通过编写通俗读物、发布公益广告、编排文艺节目等多种形式,把社会主义核心价值观的内容和要求通俗化、具象化,使之真正为广大群众所理解所接受。还要注意加强对社会主义核心价值观的理论研究,加强对现阶段我国的思想观念结构、价值取向结构、道德追求结构和心理素质结构的研究,并以社会主义核心价值观为基础,落实形成针对不同人群的具体规范和要求。

(原载《哈尔滨工业大学学报(社会科学版)》2012年第5期)

不断增强坚持和完善中国特色
社会主义制度的自觉自信

　　胡锦涛同志在省部级主要领导干部专题研讨班开班式上的重要讲话中指出："经过长期努力，我们坚持和发展中国特色社会主义取得了重大理论和实践成果，最重要的就是，开辟了中国特色社会主义道路，形成了中国特色社会主义理论体系，确立了中国特色社会主义制度。这是党和人民90多年奋斗、创造、积累的根本成就，必须倍加珍惜、始终坚持、不断发展。新的历史条件下，我们继续推进中国特色社会主义，必须不断丰富中国特色社会主义的实践特色、理论特色、民族特色、时代特色。"高举中国特色社会主义伟大旗帜，坚持和发展中国特色社会主义，需要坚定走中国特色社会主义道路的信心与信念，树立坚持以中国特色社会主义理论体系为指导的自觉与自信，不断增强坚持和完善中国特色社会主义制度的自觉与自信。

　　中国特色社会主义制度是当代中国发展进步的根本制度保障

　　中国特色社会主义制度是由涵盖经济、政治、文化、社会等各个领域的一整套相互衔接、相互联系的制度所构成的复杂体系。中国特色社会主义制度包含人民代表大会这一根本政治制度，中国共产党领导的多党合作和政治协商制度、民族区域自治制度以及基层群众自治制度等构成的基本政治制度，中国特色社会主义法律体系，公有制为主体、多种所有制经济共同发展的基本经济制度，以及建立在根本政治制度、基本政治制度、基本经济制度基础上的经济体制、政治体制、文化体制、社会体制等各项具体制度。中国特色社会主义制度之所以是当代中国发展进步的根本保障，是支撑民族复兴的强大支柱，是因为，这一制度是一种符合中国国情、适应中国生产力发展要求并且被实践证明为行之有效的科学制度，是一种符合人类文明进步方向、既汲取了人类制度文明成果又能对人类制度文明进步作出重大贡献的科学制度。中国特色社会主义制度在国际比较与竞争中所彰显出来的巨大优势主要表现在以下几个方面。

一是中国特色社会主义制度有利于真正实现人民当家做主。人民代表大会制度这一根本政治制度，与我国人民民主专政的国体相适应，决定了国家的一切权利属于人民，是我国人民当家做主的重要途径和最高实现形式。中国共产党领导的多党合作和政治协商制度，贯彻长期共存、互相监督、肝胆相照、荣辱与共的基本方针，其显著特征是共产党领导、多党派合作，共产党执政、多党派参政，各民主党派不是在野党和反对党，而是同共产党密切合作的友党和参政党。民族区域自治制度坚持国家统一与保证各少数民族享有平等权利相结合，使少数民族依法自主地管理本民族事务，保证了我国各民族不论大小都享有平等的经济、政治、文化和社会权利，共同维护国家统一和民族团结。基层群众自治制度，保障人民依法直接行使民主权利，是中国特色社会主义民主政治制度的重要组成部分，为人民当家做主开辟了最有效、最广泛的途径。可见，中国特色社会主义的政治制度，避免了西方民主制度形式大于实质、议而不决、决而不行和效率低下的弊端，它与西方国家的多党竞选、三权分立、两院制有着本质区别。它不断扩大人民有序政治参与，在本质上有利于保障人民群众的根本利益和根本权利，为发展人民民主、保障人民当家做主，奠定了坚实基础，确立了正确方向，开辟了广阔空间。

二是中国特色社会主义制度适应了中国生产力的发展要求。生产力是人类社会发展的根本动力。我们党是以中国先进生产力的代表登上历史舞台的，党的一切奋斗，归根到底都是为了解放和发展社会生产力，不断改善人民生活。解放和发展社会生产力，必须自觉调整和改革生产关系与生产力、上层建筑与经济基础不相适应的方面和环节。我国的社会主义国家性质，人民当家做主的地位，决定了必须始终坚持公有制为主体。同时，我国处在社会主义初级阶段，需要在公有制为主体的条件下发展多种所有制经济。以公有制为主体，多种所有制经济共同发展的基本经济制度，与社会主义初级阶段生产力发展水平相适应，把社会主义的本质特征和初级阶段的现实要求有机统一起来，不搞单一公有制，也不搞全盘私有化，从而能够发挥多种所有制的优势，调动各方面积极性，极大地促进了我国社会生产力的发展、激发了社会活力、提高了人民群众的生活水平。与社会主义初级阶段的经济基础相适应，我国的经济体制、政治体制、文化体制、社会体制都进行了改革与调整，比如，提出把社会主义市场经济体制确立为我国经济体制改革的目标模式，正确解决了关系整个社会主义现代化建设全局的一个重大问题，为中国经济平稳快速发展提供了坚实制度保障。我们随着经济社会发展不断深化政治体制改革、深化文化体制改革，不断创新公共服务和社会管理等，有效破除了束缚生产力发展的体制机制障碍，极大地解放和发展了社会生产力。

　　三是中国特色社会主义制度有利于实现发展成果由人民共享。在经济发展的基础上由广大人民共享改革发展成果，与社会主义公有制为主体的生产资料所有制相适应，与社会主义国家人民掌握国家政权相适应，是社会主义制度的特有优势。先富带后富，最终实现共同富裕，这是在中国特色社会主义制度创造和建设中始终强调、一贯遵循的基本理念之一。与西方资本主义社会强调私有制和个人利益至上不同，我们坚持和完善公有制为主体、多种所有制经济共同发展的基本经济制度和按劳分配为主体、多种分配方式并存的分配制度。这一基本经济制度和分配制度，既适应了生产力发展要求，又注重社会公平，防止两极分化，奠定了全体人民共享改革发展成果的坚实制度基础。同时，为了使改革发展成果更多、更公平地惠及全体人民，保证人民过上更好的生活，我们不断完善公共财政制度，逐步实现基本公共服务均等化；不断完善收入分配制度，通过扩大就业、建立农民增收减负长效机制、健全最低工资制度、完善工资正常增长机制等，提高低收入者收入水平；不断完善社会保障制度等以改善民生为重点的社会制度，努力使全体人民学有所教、劳有所得、病有所医、老有所养、住有所居。

　　四是中国特色社会主义制度有利于民主与集中相结合，能够集中力量办大事。坚持民主集中制，实行高度的人民民主和高度的集中统一有机结合，是中国特色社会主义制度的显著特点，它保证了社会主义国家能够集中力量办大事这一优越性的有效发挥。我们坚持党的领导、人民当家做主和依法治国有机统一，这既保证人民实现了内容广泛的当家做主，享有广泛权利和自由，又为国家实现集中统一提供了有力的制度保障。其中，党的领导是人民当家做主和依法治国的根本保证。按照党总揽全局、协调各方的原则，发挥党委对同级人大、政府、政协等各种组织的领导核心作用。人民当家做主是社会主义制度的内在属性，是社会主义民主政治的本质要求。人民代表大会作为国家权力机关，统一行使国家权力。全国人民代表大会和地方各级人民代表大会都由民主选举产生，对人民负责，受人民监督；国家行政机关、审判机关、检察机关由人民代表大会产生，对它负责，受它监督；中央和地方的国家机构职权的划分，遵循在中央的统一领导下，充分发挥地方的主动性、积极性的原则。依法治国是党领导人民治理国家的基本方略。坚持党的领导、人民当家做主和依法治国有机统一的制度设计，能克服官僚主义，提高行政效率，克服西方民主成本高昂、效率低下的弊端，提高决策效率；能最大限度地整合资源，有利于中央政令统一、全国上下一盘棋、集中力量办大事，有效推动各项事业发展。

在实践中不断增强坚持和完善中国特色社会主义制度的自觉自信

综合分析当前国内外形势，我国发展仍处于重要战略机遇期。牢牢抓住和用好重要战略机遇期，以更加坚定的决心、更加有力的举措、更加完善的制度来贯彻落实科学发展观，努力开创科学发展新局面，是我们赢得主动、赢得优势、赢得未来的关键所在。只有坚持高度的制度自觉和制度自信，才能增强推进改革开放的自觉性和坚定性，围绕打破不利于发挥市场基础性作用的体制机制障碍深化改革，围绕打破不利于贯彻落实科学发展观和构建社会主义和谐社会的体制机制障碍深化改革，不断在制度建设和制度创新方面迈出新步伐，自主自觉地构建充满活力、富有效率、更加开放、有利于科学发展的体制机制，为中华民族伟大复兴提供坚强的制度支撑。

第一，要高举中国特色社会主义伟大旗帜。高举中国特色社会主义伟大旗帜，是坚持和完善中国特色社会主义制度的根本遵循。一要坚持党的基本路线不动摇。党的基本路线体现了社会主义的本质要求，反映了社会主义发展的根本规律，是兴国、立国、强国的重要法宝，是实现科学发展的政治保证，是党和国家的生命线、人民群众的幸福线。坚持基本路线不动摇，就保证了中国特色社会主义制度的完善和发展能够始终沿着有利于发展社会主义社会生产力、有利于增强社会主义国家综合国力、有利于提高人民生活水平的正确方向推进。二要将中国特色社会主义道路的坚持和拓展，中国特色社会主义理论体系的坚持和丰富，中国特色社会主义制度的坚持和完善，统一于发展中国特色社会主义的伟大事业之中。中国特色社会主义道路是实现社会主义现代化的必由之路，创造人民美好生活的必由之路，也是中国特色社会主义理论体系的实践形态，巩固和发展中国特色社会主义制度的根本路径。中国特色社会主义理论体系，是指导党和人民沿着中国特色社会主义道路实现中华民族伟大复兴的正确理论，是坚持和完善中国特色社会主义制度的根本指南。中国特色社会主义制度，集中体现了中国特色社会主义的特点和优势，为拓展中国特色社会主义道路、丰富中国特色社会主义理论体系提供了根本前提。和着中华民族伟大复兴的节律，中国特色社会主义道路必将在党和人民的创造性实践中不断拓展，中国特色社会主义制度必将在深化改革、扩大开放中不断完善，中国特色社会主义伟大事业必将在战胜一个又一个可以预料和不可以预料的风险挑战中不断推向前进。

　　第二，要以解放思想为强大的思想武器。解放思想是党的思想路线的本质要求，是在马克思主义指导下研究新情况、解决新问题、开拓新局面的强大思想武器。回顾中国特色社会主义的发展史，我们在实践上的每一个重大发展，理论上的每一个重大突破，制度上的每一个重大创造，都离不开解放思想。在当前机遇前所未有、挑战前所未有的新形势下，只有坚持解放思想、实事求是、与时俱进，大力推进马克思主义中国化时代化大众化，才能不断深化对共产党执政规律、社会主义建设规律、人类社会发展规律的认识，不断取得坚持和发展中国特色社会主义的理论、实践和制度成就；才能全面审视当今世界和当代中国发展大势，全面把握我国发展新要求和人民群众新期待，科学制定适应时代要求和人民愿望的行动纲领和方针政策，不断推动中国特色社会主义制度的完善和发展。

　　第三，要以改革开放为强大的动力。改革开放是党在新的历史条件下领导人民有秩序有步骤地进行的新的伟大革命，它不是要改变我们社会主义制度的性质，而是社会主义制度的自我完善和发展；它也不是原有体制的细枝末节的修补，而是对原有体制的根本性变革。它的实质是体制创新，根本目的就是要在各方面都形成与社会主义初级阶段基本国情相适应的比较成熟、比较定型的制度，使生产关系适应生产力的发展，使上层建筑适应经济基础的发展,使中国特色社会主义充满生机和活力。改革开放的过程,就是社会主义制度的自我完善和发展的过程,也是中国特色社会主义制度确立和完善的过程。没有改革开放,就不会有中国特色社会主义制度。那么,在新的形势下坚持和完善中国特色社会主义制度,也必须坚定不移地依靠改革开放。当前,世情、国情、党情继续发生深刻变化,我国发展中不平衡、不协调、不可持续问题依然突出,制约科学发展的体制机制障碍躲不开、绕不过,必须也只有通过深化改革来加以解决。要继续坚持社会主义市场经济的改革方向,提高改革决策的科学性,增强改革措施的协调性,找准深化改革开放的突破口,明确深化改革开放的重点,不失时机地推进重要领域和关键环节改革;继续推进经济体制、政治体制、文化体制、社会体制改革创新,继续解放和发展社会生产力,坚决破除一切妨碍科学发展的思想观念和体制机制弊端,着力构建充满活力、富有效率、更加开放、有利于科学发展的体制机制;继续扩大开放,在比较、鉴别、吸收中丰富中国特色社会主义制度内涵,进一步在国际比较和竞争中彰显中国特色社会主义制度的特色和优势。

第四,要把以人为本贯穿于制度建设的全过程。中国特色社会主义的依靠力量是人民群众,根本目的是促进人的全面发展。只有将以人为本理念贯穿于中国特色社会主义制度建设的全过程,才能为实现好、维护好、发展好最广大人民的根本利益提供坚实的制度保障,才能最广泛、最充分地调动广大人民群众和社会各方面的积极性、主动性、创造性。应以解决人民群众最关心最直接最现实的利益问题为重点,着力完善收入分配制度,着力建设保障和改善民生的各项制度,把发展的目的真正落实到满足人民需要、提高人民生活水平上。应坚持问政于民、问计于民、问需于民,切实尊重人民的主体地位,发挥人民的主体作用,扩大人民有序政治参与,不断完善公共决策社会公示制度、公众听证制度、专家咨询论证制度、民主恳谈制度等,最大限度地集中全社会全民族的智慧和力量。应坚持发展成果由人民共享,通过加紧建设对保障社会公平正义具有重大作用的制度,把改革发展取得的各方面成果,体现在不断提高人民的思想道德素质和科学文化素质上,体现在充分保障人民依法享有的经济、政治、文化和社会权益上。

（原载《光明日报》2012 年 9 月 4 日）

论中国特色社会主义理论体系
对"三大规律"认识的丰富和发展

　　与任何其他客观事物一样,人类社会发展也是有其规律可循的。人们只有认识社会发展的内在规律,才能顺应社会发展趋势,更好地推动社会发展和人类进步。共产党执政规律、社会主义建设规律、人类社会发展规律包含着无产阶级政党为了人民解放而夺取政权、执掌政权,为了人民幸福而建设社会主义社会,为了解放全人类而为共产主义崇高理想不懈奋斗的全部答案。对这"三大规律"的正确认识,反映了马克思主义的科学性和彻底性,是马克思主义永葆强大生命力的根本所在。

　　马克思主义是揭示社会本质和人类社会发展规律的科学理论。马克思恩格斯在批判旧世界、科学回答人类社会向何处去这一重大问题的过程中,对"三大规律"形成了科学认识,为无产阶级和全人类的解放运动创造了科学的思想体系。列宁主义是马克思主义在俄国的运用和发展,是俄国化的马克思主义。19世纪末20世纪初,列宁适应帝国主义时期无产阶级斗争的新条件,创造性地回答了在帝国主义时代怎样认识帝国主义、怎样进行无产阶级革命这一时代的基本问题,深化了马克思主义对"三大规律"的认识。毛泽东思想是马克思列宁主义在中国的运用和发展,是马克思主义中国化的第一个重大理论成果。毛泽东同志从中国的历史和当时的社会状况出发,根据在半殖民地、半封建的东方大国实现新民主主义革命和社会主义革命的特殊性,对进行什么样的革命、怎样进行革命,建设什么样的党、怎样建设党,建设什么样的社会主义、怎样建设社会主义等一系列重大问题进行了艰辛的探索,深化了马克思主义对"三大规律"的认识。

　　马克思列宁主义、毛泽东思想对"三大规律"的认识是中国特色社会主义理论体系形成和发展的理论起点。作为马克思主义中国化的最新成果，作为十一届三中全会以来当代中国共产党人集体智慧的思想结晶，包括邓小平理论、"三个代表"重要思想以及科学发展观等重大战略思想在内的中国特色社会主义理论体系，站在时代前沿，立足新的实践，把握时代特点，在运用马克思主义基本原理研究并解答实践提出的重大问题的过程中，丰富和发展了对"三大规律"的认识，开辟了马克思主义的新境界。

　　一、中国特色社会主义理论体系通过对建设什么样的党、怎样建设党这一重大问题的探索，从巩固党的执政地位，为人民执好政、用好权的角度丰富和发展了对共产党执政规律的认识

　　共产党执政规律，是与其所处的地位和环境、所肩负的使命以及自身的状况紧密相连的。新中国成立后，特别是十一届三中全会以后，和平与发展成为时代主题，我们党已经从一个领导人民为夺取全国政权而奋斗的党，转变为一个领导人民、掌握全国政权并长期执政的党；已经从受到外部封锁和实行计划经济条件下领导国家建设的党，转变为对外开放和发展社会主义市场经济条件下领导国家建设的党。我们党所处的地位和环境、党所肩负的历史任务、党的自身状况，不仅与马克思、恩格斯乃至列宁所处的时代不同，而且与毛泽东时期相比也都发生了新的重大变化①。中国特色社会主义理论体系就是在继承马克思列宁主义、毛泽东思想的基础上，通过创造性地回答在新的历史条件下建设什么样的党、怎样建设党，特别是怎样才能保持党的先进性、巩固党的执政地位，怎样才能赋予党的性质和宗旨、党的指导思想和党的任务以鲜明的时代内容和时代特征等根本性问题，丰富和发展了对共产党执政规律的认识，把对共产党执政规律的认识提高到一个新的高度。

　　党的十一届三中全会以后，中国特色社会主义理论体系通过初步回答在改革开放新时期如何加强和改进党的建设等一系列重大问题，开创了党的建设新的伟大工程，形成了中国特色社会主义执政党建设理论的基本框架和主要内容。第一，提出了新时期党的建设的总体目标。邓小平同志在改革开放之初就提出了"执政党应该是一个什么样的党、执政党的党员应该怎样才算

_____

　　① 　参见中共中央宣传部《"三个代表"重要思想学习纲要》，学习出版社，2003年版。

合格、党怎样才叫善于领导"的问题,并且在准确把握国内外形势的发展变化、深刻总结党自身建设正反两方面经验的基础上,围绕在改革开放中加强和改进党的建设,提出了新时期党的建设的总目标以及紧紧围绕党的基本路线加强党的建设、通过改革与制度建设加强党的建设等一系列重要的思想与论断。他强调,要切实加强党的建设,把我们党建设成为有战斗力的马克思主义政党,成为领导全国人民进行社会主义物质文明和精神文明建设的坚强核心。第二,提出了"关键在党"的思想。邓小平同志指出,建设中国特色社会主义,关键在于坚持、加强和完善党的领导。坚持四项基本原则的核心是坚持共产党的领导。为了坚持和加强党的领导,必须努力改善党的领导。第三,提出了以思想、组织、作风、制度建设为主要内容的党的建设总体布局。邓小平同志指出,在新的历史时期,我们党作为执政党,必须加强自身建设,不断提高领导水平和执政水平。加强党的建设,要始终把思想建设放在首位。加强组织建设是党的建设的重要环节,坚持和健全民主集中制、加强和改进党的基层组织建设、培养和选拔德才兼备的领导干部是组织建设的重要问题。根据党的基本路线的要求,还应坚持德才兼备的原则和干部队伍"革命化、年轻化、知识化、专业化"的方针。执政党的党风是关系党生死存亡的重大问题。在新的历史条件下,一定要坚持党的宗旨,继承党的优良传统,发扬党的理论联系实际、密切联系人民群众以及批评与自我批评的作风。加强党的建设一定要重视制度建设,领导制度、组织制度问题更带有根本性、全局性、稳定性和长期性①。

党的十三届四中全会以来,作为中国特色社会主义理论体系的重要组成部分,"三个代表"重要思想根据国内国际形势的新变化,在科学判断党的历史方位的基础上揭示了我们党的立党之本、执政之基、力量之源,并以一系列紧密联系、相互贯通的新思想、新观点、新论断,创造性地把党的建设新的伟大工程同中国特色社会主义伟大事业紧密联系起来,进一步丰富和发展了中国特色社会主义执政党建设理论的基本框架和思想内容,赋予党的性质和宗旨、党的指导思想和党的任务以鲜明的时代内容和时代特征,从而使我们党对共产党执政规律的认识达到了新的理论高度。第一,进一步发展了中国特

---

① 中共中央宣传部. 邓小平同志建设有中国特色社会主义理论学习纲要[M]. 北京:学习出版社,1995:100-108.

色社会主义事业的领导核心理论,提出了坚持党的领导的根本原则,对党的性质作了与时俱进的阐释,提出了坚持党的先进性的重大命题。这一理论强调:(1)在我们这样一个多民族的发展中大国,要把十几亿人的思想统一起来、力量凝聚起来,向着社会主义现代化的目标前进,必须有中国共产党的坚强领导。(2)坚持中国共产党的领导就是要坚持党在建设中国特色社会主义事业中的领导核心地位,发挥党总揽全局、协调各方的作用;坚持党对国家大政方针和全局工作的政治领导,坚持党对军队和其他人民民主专政的国家机器的绝对领导,坚持党管干部的原则,坚持党对意识形态领域的领导,坚持共产党领导的多党合作制度。(3)中国共产党是中国工人阶级的先锋队,同时又是中国人民和中华民族的先锋队,是中国特色社会主义事业的领导核心。要增强党的阶级基础,扩大党的群众基础,不断提高党的社会影响力。(4)时代在发展,形势在变化,我们党要不断巩固自己的执政地位,紧跟世界发展进步的潮流,就要始终坚持党的先进性。党的先进性是具体的、历史的,归根到底要看党在推动历史前进中的作用。坚持党的先进性,就要用时代发展的要求审视自己,以改革的精神加强和完善自己,实现坚持马克思主义基本原理和推进理论创新相统一,坚持党的优良传统和弘扬时代精神相统一,坚持增强党的阶级基础和扩大党的群众基础相统一,使党成为思想上、政治上、组织上完全巩固、始终站在时代前列带领人民团结奋斗的坚强领导核心。(5)马克思主义的政党只有赢得青年,才能赢得未来。第二,创造性地把党的建设同当今世界和当代中国的发展趋势、同中国社会主义的自我完善和发展、同实现中国特色社会主义的宏伟目标和各项任务联系起来,从指导思想、总体目标、要解决的历史性课题、思想组织作风制度"四位一体"的党建工作格局等方面,全面阐释了推进党的建设新的伟大工程的总要求、重点任务和战略部署。这一理论强调开创建设中国特色社会主义事业新局面必须毫不动摇地坚持和改善党的领导,全面推进党的建设新的伟大工程;坚持党的性质和宗旨,以改革的精神加强和改进党的建设,保持党同人民群众的血肉联系,保持党的先进性、纯洁性和团结统一。推进党的建设新的伟大工程的重点是,加强党的执政能力建设,不断提高科学判断形势的能力、驾驭市场经济的能力、应对复杂局面的能力、依法执政的能力、总揽全局的能力。推进党的建设新的伟大工程的总要求是:(1)一定要高举邓小平理论的伟大旗帜,全面贯彻

"三个代表"重要思想,保证党的路线方针政策全面反映人民的根本利益和时代发展要求;(2)一定要坚持党要管党、从严治党的方针,进一步解决提高党的领导水平和执政水平、提高拒腐防变和抵御风险能力这两大历史性课题;(3)一定要准确把握当代中国社会前进的脉搏,改革和完善党的领导方式和执政方式、领导体制和工作制度,使党的工作充满活力;(4)一定要把思想建设、组织建设和作风建设有机结合起来,把制度建设贯穿其中,既立足于做好经常性工作,又抓紧解决存在的突出问题。通过锲而不舍的努力,保证我们党始终是中国工人阶级的先锋队,同时是中国人民和中华民族的先锋队,始终是建设中国特色社会主义事业的领导核心,始终代表中国先进生产力的发展要求,代表中国先进文化的前进方向,代表中国最广大人民的根本利益。"三个代表"重要思想对加强党的建设的具体论断同样闪烁着真理光芒,强调思想政治建设始终是党的建设的首要任务;民主集中制是我们党一贯坚持的根本组织制度和领导制度,党内民主是党的生命,对人民民主具有重要的示范和带动作用;党的基层组织是党的全部工作和战斗力的基础;党的作风关系党的形象,关系人心向背,关系党的生命;我们党的最大政治优势是密切联系群众,党执政后的最大风险是脱离群众,推进党的作风建设的核心是保持党同人民群众的血肉联系,坚持全心全意为人民服务,立党为公、执政为民,这是我们党同一切剥削阶级政党的根本区别;要按照革命化、年轻化、知识化、专业化方针,建设一支能够担当重任、经得起风浪考验的高素质的领导干部队伍;领导干部一定要讲学习、讲政治、讲正气,牢固树立正确的权力观、地位观、利益观等等①。

　　进入新世纪新阶段以来,作为中国特色社会主义理论体系重要组成部分的科学发展观,面对国际局势发生的新的深刻变化,面对改革发展中层出不穷的新情况、新问题,立足社会主义初级阶段的基本国情,适应新的发展要求,以党的执政能力建设和先进性建设为主线,从理论和实践上解决了提高党的建设科学化水平这一重大问题,指明了全面推进党的建设新的伟大工程的实质,使中国特色社会主义执政党建设理论达到一个新的境界。主要表现在:(1)明确提出执政能力建设是关系中国社会主义事业兴衰成败、关系中华

民族前途命运、关系党的生死存亡和国家长治久安的重大战略课题,明确了加强党的执政能力建设的指导思想、总体目标,确定了当前和今后一个时期加强党的执政能力建设的主要任务和各项部署。加强党的执政能力建设的总体目标是:使党始终成为立党为公、执政为民的执政党,成为科学执政、民主执政、依法执政的执政党,成为求真务实、开拓创新、勤政高效、清正廉洁的执政党,归根到底成为始终做到"三个代表"、永远保持先进性、经得住各种风浪考验的马克思主义执政党,带领全国各族人民实现国家富强、民族振兴、社会和谐。主要任务是:按照推动社会主义物质文明、政治文明、精神文明协调发展的要求,不断提高驾驭社会主义市场经济的能力、发展社会主义民主政治的能力、建设社会主义先进文化的能力、构建社会主义和谐社会的能力、应对国际局势和处理国际事务的能力①。(2)明确提出保持和发展党的先进性是马克思主义政党自身建设的根本任务和永恒课题。强调先进性是马克思主义政党的本质属性,是马克思主义政党的生命所系、力量所在。党的先进性是历史的、具体的,既是一以贯之的,又是与时俱进的。加强党的先进性建设是一项长期的历史任务,必须紧紧围绕党的历史使命和中心任务,紧密结合贯彻落实科学发展观的实践、紧密结合构建社会主义和谐社会的实践、紧密结合加强党的执政能力建设的实践、紧密结合保持党同人民群众血肉联系的实践加强党的先进性建设。(3)明确以改革创新精神全面推进党的建设新的伟大工程的总体部署,提出了把党的执政能力建设和先进性建设作为主线,加强党的思想建设、组织建设、作风建设、制度建设和反腐倡廉建设的党建工作总体布局,确定了使党成为立党为公、执政为民,求真务实、改革创新,艰苦奋斗、清正廉洁,富有活力、团结和谐的马克思主义执政党的党的建设总体目标。(4)系统总结了我们党作为马克思主义执政党加强自身建设的基本经验,即"六个坚持":坚持把思想建设放在首位,提高全党马克思主义水平;坚持把推进党的建设新的伟大工程同推进党领导的伟大事业紧密结合起来,使党始终成为中国特色社会主义事业的坚强领导核心;坚持以执政能力建设和先进性建设为主线,保证党始终走在时代前列;坚持立党为公、执政为民,保持党同人民群众的血肉联系;坚持改革创新,增强党的生机活力;坚持党要管党、从严治党,提高管党治党水平。(5)清醒认识世情、国情、党情发生的深

---

①　参见《中共中央关于加强党的执政能力建设的决定》,人民出版社,2004年版。

刻变化,赋予忧患意识以新的深刻内涵,强调我们党所面临的执政考验、改革开放考验、市场经济考验、外部环境考验是长期的、复杂的、严峻的,精神懈怠、能力不足、脱离群众、消极腐败的危险将更加尖锐地摆在全党面前。具体指出:在新的历史条件下提高党的建设科学化水平,必须坚持解放思想、实事求是、与时俱进,大力推进马克思主义中国化、时代化、大众化,提高全党思想政治水平;必须坚持五湖四海、任人唯贤,坚持德才兼备、以德为先的用人标准,把各方面的优秀人才集聚到党和国家事业中来;必须坚持以人为本、执政为民理念,牢固树立马克思主义群众观点、自觉贯彻党的群众路线,始终保持党同人民群众的血肉联系;必须坚持标本兼治、综合治理、惩防并举、注重预防的方针,深入开展党风廉政建设和反腐败斗争,始终保持马克思主义政党的先进性和纯洁性;必须坚持用制度管权管事管人,健全民主集中制,不断推进党的建设制度化、规范化、程序化①。上述重大思想不仅反映了我们党从新的实际出发,坚持以科学理论指导党的建设,以改革创新精神研究和解决党的建设重大理论实际问题,而且反映了我们党在着眼于全面建设小康社会、加快推进社会主义现代化、深化对共产党执政规律的探索过程中取得的新认识,从而为不断推进党的建设新的伟大工程,进一步为人民掌好权、执好政指明了方向。

至此,中国特色社会主义执政党建设理论形成了完整的理论架构和科学的思想体系,使马克思主义建党学说产生了质的飞跃,极大地丰富和发展了对共产党执政规律的认识。

二、中国特色社会主义理论体系通过对建设什么样的社会主义、怎样建设社会主义,实现什么样的发展、怎样发展等重大问题的不断探索,丰富和发展了对社会主义建设规律的认识

社会主义建设规律,是指社会主义国家如何实现国家富强、民族振兴、社会和谐、人民幸福,并逐步向共产主义社会的高级阶段迈进的规律。新中国成立初期,党就带领人民对社会主义建设规律进行了艰辛探索,取得了许多正确认识,以创造性的内容为马克思主义宝库增添了新的财富。但是,我们党也在一些重要问题上出现了认识偏差和实践失误,使社会主义革命和建设

---

① 胡锦涛. 在庆祝中国共产党成立 90 周年大会上的讲话［N］. 人民日报,2011-07-02.

事业遭受了挫折。正是在总结经验教训、正确把握时代特征、正确解答现实问题的基础上，中国特色社会主义理论体系以一系列崭新的思想、观点和论断，从社会主义的本质、社会主义的阶段、中国特色社会主义的动力、中国特色社会主义的发展布局、中国特色社会主义的依靠力量和根本目的五个方面，系统地回答了什么是社会主义、怎样建设社会主义，实现什么样的发展、怎样发展等有关社会主义建设和发展的基本问题，深化了对社会主义建设规律的认识，指导着中国特色社会主义的伟大实践。

1. 深刻揭示出社会主义的本质，进而提出了"建设中国特色社会主义"这一马克思主义中国化的目标性、纲领性基本命题。对社会主义本质的认识和建设道路的选择，是在深化对社会主义建设规律的探索中首先必须回答的一个重大问题。中国特色社会主义理论体系对社会主义本质这一重大问题作了总结性的理论概括："社会主义的本质，是解放生产力，发展生产力，消灭剥削，消除两极分化，最终达到共同富裕。"①社会主义本质理论还蕴涵以下内容：贫穷不是社会主义，发展太慢也不是社会主义；平均主义不是社会主义，两极分化也不是社会主义；物质贫乏不是社会主义，精神空虚也不是社会主义；僵化封闭不能发展社会主义，照搬外国经验也不能发展社会主义；没有民主就没有社会主义，没有法制也没有社会主义；不重视物质文明搞不好社会主义，不重视精神文明也搞不好社会主义。对社会主义本质的科学概括，既包括社会主义社会的生产力问题，又包括以社会主义生产关系为基础的社会关系问题，阐明了社会主义社会的发展目标以及实现这个目标必须以解放和发展生产力为基础的思想。这一科学概括继承了科学社会主义的基本原则，是对马克思主义的重大发展。正是在解放思想、实事求是地对社会主义进行再认识中，我们对在中国建设什么样的社会主义以及怎样建设社会主义的思路逐渐清晰：以邓小平同志为核心的党的第二代中央领导集体彻底否定以阶级斗争为纲的错误理论和实践，作出把党和国家工作重心转移到经济建设上来、实行改革开放的历史性决策；党的十二大提出了"把马克思主义的普遍真理同中国的具体实际结合起来，走自己的路，建设有中国特色社会主义"这样一个马克思主义中国化的目标性、纲领性的基本命题；党的十三大形成了在整个社会主义初级阶段建设有中国特色社会主义的"一个中心，两个基本点"

---

① 邓小平文选：第 3 卷［M］. 北京：人民出版社，1993：373.

的基本路线;党的十四大提出了建立社会主义市场经济体制的经济体制改革目标;党的十五大提出了社会主义初级阶段的经济、政治、文化纲领,阐明了中国特色社会主义经济、政治、文化的基本目标和基本政策;党的十六大总结了党领导人民建设中国特色社会主义的十条基本经验,提出全面建设小康社会的奋斗目标;党的十七大总结了我们党在改革开放中形成的"十个结合"的宝贵经验,并对中国特色社会主义道路作出精辟概括。

2. 准确判断国情,明确提出中国正处于并将长期处于社会主义初级阶段的科学论断。中国处于并将长期处于社会主义初级阶段,是中国特色社会主义理论体系对当代中国基本国情的科学判断。对基本国情的科学判断,为中国特色社会主义始终沿着正确道路前进奠定了基础。社会主义初级阶段理论是在中国特色社会主义理论体系创立者邓小平同志的倡导下,在党的十三大上形成的,而后在党的十五大、十六大、十七大上都有进一步的阐述和发展。我们所说的社会主义初级阶段,是指在生产力落后、商品经济不发达条件下建设社会主义必然要经历的特定阶段,即从中国进入社会主义到基本实现社会主义现代化的整个历史时期。从 20 世纪 50 年代中期完成生产资料私有制的社会主义改造开始算起,至少需要上百年时间。社会主义初级阶段的基本特点是生产力不发达、社会主义制度不完善,主要矛盾是人民群众日益增长的物质文化需要同落后的社会生产之间的矛盾,根本任务是发展社会生产力。在准确判断基本国情的基础上,我们党明确了在 21 世纪中叶基本实现现代化的发展目标,并作出科学的战略部署。邓小平同志设计了分"三步走"基本实现现代化的宏伟蓝图。在 20 世纪末胜利实现现代化建设"三步走"战略的第一步、第二步目标,人民生活总体上达到小康水平的基础上,江泽民同志在党的十六大上又深刻阐释了在 21 世纪头 20 年全面建设小康社会的奋斗目标,并提出全面建设小康社会是实现现代化建设第三步战略目标必经的承上启下的发展阶段,将"三步走"发展战略进一步具体化。适应国内外形势的新变化,顺应各族人民过上更好生活的新期待,胡锦涛同志在党的十七大上系统描绘了实现全面建设小康社会奋斗目标的新要求,并作出具体战略部署。他强调:"我国仍处于并将长期处于社会主义初级阶段的基本国情没有变,人民日益增长的物质文化需要同落后的社会生产之间的矛盾这一社会主要矛盾没有变。当前我国发展的阶段性特征,是社会主义初级阶段基本国情在新世纪新阶段的具体表现。我们必须始终保持清醒头脑，立足社会主义初级阶段这个最大的实际，科学分析我国全面参与经济全球化的新机遇新挑战，全面认识工业化、信息化、城镇化、市场化、国际化深入发展的新形势新任务，深刻把握我国发展面临的新课题新矛盾，更加自觉地走科学发展道路，奋力开拓中国特色社会主义更为广阔的发展前景。"

3. 明确改革开放是发展中国特色社会主义的强大动力，未来发展必须坚定不移地依靠改革开放。这是深刻认识社会主义生产力和生产关系、经济基础和上层建筑矛盾运动得出的重要结论，揭示了党和国家发展进步的活力源泉。党的十一届三中全会以后，中国特色社会主义理论体系的创立者邓小平同志深刻地指出："改革是生产力发展的必由之路"，"改革是中国的第二次革命"，对外开放政策长期不变，"改革开放要贯穿中国整个发展过程"。改革的实质和目标是要从根本上改变束缚中国生产力发展的经济体制，建立充满生机和活力的社会主义新经济体制，同时相应地改革政治体制和其他方面的体制，以实现中国的社会主义现代化。判断改革和各方面工作的是非得失，归根到底，要以是否有利于发展社会主义社会的生产力、是否有利于增强社会主义国家的综合国力、是否有利于提高人民的生活水平为标准。十三届四中全会以后，该理论体系结合新的实践，进一步发展了关于社会主义改革的思想，创造性地提出"社会主义市场经济"的概念，强调使市场在国家宏观调控下对资源配置起基础性作用；坚持和完善社会主义公有制为主体、多种所有制经济共同发展的基本经济制度；发挥市场机制的作用和国家宏观调控，都是社会主义市场经济体制的内在要求；完善按劳分配为主体、多种分配方式并存的分配制度，坚持效率优先、兼顾公平；改革是全面的改革，既包括经济基础又包括上层建筑，既包括经济体制又包括政治、文化等方面的体制，既包括体制层面又包括思想观念层面；正确处理好改革、发展、稳定的关系；实行改革开放是社会主义中国的强国之路；实施"引进来"和"走出去"相结合的对外开放战略等等。这些重要思想的提出，使中国实现了改革开放新的历史性突破，打开了经济、政治和文化发展的新局面。十六大以来，以胡锦涛同志为总书记的党中央，顺应国内外形势发展变化，抓住重要战略机遇期，着力推动科学发展、促进社会和谐，完善社会主义市场经济体制，在全面建设小康社会实践中坚定不移地把改革开放伟大事业继续推向前进。在党的十七大上，胡锦涛同志进一步明确了改革开放的伟大历史地位,指出:"改革开放是党在新的时代条件下带领人民进行的新的伟大革命,目的就是要解放和发展社会生产力,实现国家现代化,让中国人民富裕起来,振兴伟大的中华民族;就是要推动中国社会主义制度的自我完善和发展,赋予社会主义新的生机活力,建设和发展中国特色社会主义;就是要在引领当代中国发展进步中加强和改进党的建设,保持和发展党的先进性,确保党始终走在时代前列。"中国特色社会主义理论体系对改革性质、地位、内容的正确认识,保证了改革开放始终沿着有利于社会主义制度自我完善、有利于解放和发展生产力、有利于增强社会主义国家综合国力和提高人民生活水平的方向前进,使改革开放为中国特色社会主义注入了不竭的活力和动力,造就了中国特色社会主义的发展奇迹。

4. 不断完善中国特色社会主义事业总体布局,开辟中国特色社会主义的科学发展道路。对中国特色社会主义道路认识的深化及中国特色社会主义事业总体布局的逐步完善,同我们党对发展问题的深入把握和对社会主义建设规律的不懈探索紧密相关。党的十一届三中全会以后,中国特色社会主义理论体系的创立者邓小平同志高度关注发展问题,明确提出发展是当今世界的两大主题之一,中国解决所有问题的关键是要靠自己的发展,"发展才是硬道理";并提出"科学技术是第一生产力","我们要以世界先进的科学技术成果作为我们发展的起点";提出"两手抓、两手都要硬"的方针;逐步明确了以经济建设为中心,推动社会全面发展的总体战略思想。根据邓小平理论,我们党确立了"把我国建设成为富强、民主、文明的社会主义现代化国家"这样一个总的奋斗目标。20 世纪 80 年代末 90 年代初,国际国内局势风云变幻,面对西方国家巨大的政治压力和经济压力,面对解放和发展社会生产力、增强综合国力、改善人民生活的繁重任务,江泽民同志深刻指出:"离开发展,坚持党的先进性、发挥社会主义制度的优越性和实现民富国强都无从谈起。"他把发展问题同党的性质、党的执政理念联系起来,明确提出发展是我们党执政兴国的第一要务,必须把坚持党的先进性和发挥社会主义制度的优越性落实到发展先进生产力、发展先进文化、实现最广大人民的根本利益上来,推动社会全面进步,促进人的全面发展。他还提出坚持以经济建设为中心,不断解放和发展生产力,建设社会主义物质文明;发展社会主义民主政治,建设社会主义政治文明;发展社会主义文化,建设社会主义精神文明,以及大力实施科教兴国战略和可持续发展战略,实施西部大开发战略等重大战略部署。进入新世纪新阶段后,世界范围内经济实力和综合国力的竞争空前激烈,在中国经济社会发展保持良好势头的同时,不平衡、不协调、不可持续问题也日益突出。以胡锦涛同志为总书记的党中央,紧紧抓住实现什么样的发展、怎样发展这个基本问题,深刻分析和把握当前中国发展的阶段性特征,创造性地提出了科学发展观,明确了中国特色社会主义的发展目标、发展要求和发展方略。他强调科学发展观的第一要义是发展,核心是以人为本,基本要求是全面、协调、可持续,根本方法是统筹兼顾。深入贯彻落实科学发展观,要求我们始终坚持"一个中心、两个基本点"的基本路线;积极构建社会主义和谐社会;继续深化改革开放,着力构建充满活力、富有效率、更加开放、有利于科学发展的体制机制;切实加强和改进党的建设,把提高党的执政能力、保持和发展党的先进性体现到领导科学发展、促进社会和谐上来,落实到引领中国发展进步、更好地代表和实现最广大人民的根本利益上来。科学发展观的提出,全面提升了中国特色社会主义理论体系在发展问题上的理论高度,更加突出了人在社会发展中的主体地位和促进人的全面发展这一社会主义社会发展的根本目的。相应地,中国特色社会主义事业的总体布局也由社会主义经济建设、政治建设、文化建设"三位一体"发展成为社会主义经济建设、政治建设、文化建设、社会建设"四位一体",社会主义现代化建设目标也充实为"富强、民主、文明、和谐",形成了体现科学发展要求的中国特色社会主义现代化建设的全新布局。党的十七届五中全会进一步深刻指出:在当代中国,坚持发展是硬道理的本质要求就是坚持科学发展。在"十二五"规划纲要中,中国特色社会主义现代化建设"四位一体"的总体布局又被进一步细化为经济社会发展各方面的内容。在"十二五"时期,要以科学发展为主题,以加快转变经济发展方式为主线,加快社会主义新农村建设,提高产业核心竞争力,推动服务业大发展,促进区域协调发展和城镇化健康发展,建设资源节约型、环境友好型社会,实施科教兴国战略和人才强国战略,建立健全基本公共服务体系,加强和创新社会管理,推动文化大发展大繁荣,完善社会主义市场经济体制,提高对外开放水平,推进社会主义政治文明建设,建设中华民族共同家园,加强国防和军队现代化建设等,把我们党的科学发展理念转变成中国特色社会主义事业的科学发展蓝图。在庆祝中国共产党成立90周年大会上,胡锦涛同志进一步明确了中国特色社会主义事业"四位一体"总体布局的内涵,强调在前进道路上,我们要继续牢牢抓住经济建设这个中心不动摇,坚定不移地走科学发展道路;继续大力推进社会主义民主政治建设,坚定不移走中国特色社会主义政治发展道路;继续大力推动社会主义文化大发展大繁荣,坚定不移发展社会主义先进文化;继续大力保障和改善民生,坚定不移推进社会主义和谐社会建设,从而大大深化了对社会主义建设规律的认识,大大提高了遵循社会主义建设规律的自觉性。

5. 明确了发展中国特色社会主义的依靠力量是人民群众,根本目的是促进人的全面发展。马克思主义认为,人民群众是历史的创造者,是推动社会发展的根本力量;共产主义作为一种社会革命的过程,最终目的是使人得到自由而全面的发展。一切为了人民,一切依靠人民,是马克思主义政党最鲜明的政治立场。早在新民主主义革命时期,我们党把马克思列宁主义关于人民群众是历史的创造者的原理系统地运用到党的全部工作中,创造和发展了一切为了群众、一切依靠群众,从群众中来、到群众中去的群众路线,形成了中国共产党的优良传统和政治优势。党的十一届三中全会以来,中国特色社会主义理论体系进一步深化了马克思主义的群众观点和党的群众路线,形成了关于社会主义事业依靠力量和根本目的的系统理论。主要内容包括:(1)人民群众是我们党的力量源泉和胜利之本。人民是国家的主人,是决定中国前途和命运的根本力量,是历史的真正创造者。我们党来自人民,植根于人民,服务于人民。群众观点是我们党的基本的政治观点,群众路线是我们党的根本工作路线。只有依靠人民群众,调动广大群众的积极性和创造性,才能实现建设中国特色社会主义的伟大目标。(2)党的执政地位是人民赋予的,必须高度关注人心向背问题。一个政权也好,一个政党也好,其前途与命运最终取决于人心向背,不能赢得最广大群众的支持,就必然会失去执政的基础。(3)提出"尊重劳动、尊重知识、尊重人才、尊重创造"的重大方针,全面激发和调动各方面的积极性。根据改革开放以来中国社会阶层结构发生变化的新情况,中国特色社会主义理论体系明确提出,包括知识分子在内的工人阶级、广大农民,始终是推动中国先进生产力发展和社会全面进步的根本力量;在社会变革中出现的民营科技企业的创业人员和技术人员、受聘于外资企业的管理技术人员、个体户、私营企业主、中介组织的从业人员、自由职业人员等社会阶层，都是中国特色社会主义事业的建设者。要形成与社会主义初级阶段基本经济制度相适应的思想观念和创业机制，营造鼓励人们干事业、支持人们干成事业的社会氛围，放手让一切劳动、知识、技术、管理和资本的活力竞相迸发，让一切创造社会财富的源泉充分涌流，以造福于人民。(4)明确提出我们党领导人民进行改革开放和现代化建设的根本目的是通过发展社会生产力，不断提高人民的物质文化生活水平，促进人的全面发展。要坚持发展为了人民、发展依靠人民、发展成果由人民共享，把促进经济社会发展与促进人的全面发展统一起来。坚持发展为了人民，就要顺应各族人民过上更好生活的新期待，着力解决人民群众最关心、最直接、最现实的利益问题，把发展的目的真正落实到满足人民需要、提高人民生活水平上；坚持发展依靠人民，就要尊重人民的主体地位，发挥人民的主体作用，坚持问政于民、问计于民、问需于民，最大限度地集中全社会全民族的智慧和力量；坚持发展成果由人民共享，就是要把改革发展取得的各方面成果，体现在不断提高人民的生活质量和健康水平上，体现在不断提高人民的思想道德素质和科学文化素质上，体现在充分保障人民享有的经济、政治、文化和社会权益上。

此外，中国特色社会主义理论体系关于国防和军队建设，关于按照"一个国家、两种制度"的构想实现祖国和平统一，关于中国特色社会主义的外交与国际战略等方面的理论，都反映出我们党对社会主义建设规律的深入认识和科学把握，都是中国特色社会主义理论体系的有机组成部分，闪烁着马克思主义的智慧光芒。

三、中国特色社会主义理论体系通过对社会主义、资本主义和共产主义及其相互关系等问题的再认识，丰富和发展了对人类社会发展规律的认识

马克思主义深刻揭示了人类社会形态的发展趋势和社会发展诸要素之间内在的本质联系，指明了人类社会发展的方向，为中国共产党人提供了行动指南。但是，社会在发展，人类在进步，新情况、新问题在不断出现。如果我们仅仅满足于已经认识的人类社会发展规律，把对人类社会发展规律的认识仅仅停留在前人所得出的结论上，那是远远不够的，也是根本行不通的。20世纪下半叶特别是冷战结束以来，整个世界发生了深刻的变化，和平与发展取代了战争与革命成为时代的主题,经济全球化进程加快,世界多极化趋势在曲折中发展,科技进步日新月异,人类社会的发展包括当代资本主义和社会主义的发展都出现了许多新的特点。诸如环境污染、能源匮乏、人口膨胀等各种各样的全球性问题也凸现在人类面前,使整个人类社会的发展既面临着前所未有的机遇,也面临着严峻的挑战。所有这些,都要求我们运用马克思主义的立场、观点和方法,对人类社会的发展进行新观察、作出新判断、揭示新规律,进而不断开创建设中国特色社会主义事业的新局面①。中国特色社会主义理论体系坚持马克思主义基本原理,准确把握人类社会发展趋势,丰富和发展了对人类社会发展规律的认识。

中国特色社会主义理论体系对人类社会发展规律认识的深化,是通过对社会主义、资本主义和共产主义及其相互关系等问题的再认识来进行的。概括起来,主要表现在:(1)共产主义是人类社会发展的必然趋势。"实现物质财富极大丰富、人民精神境界极大提高、每个人自由而全面发展的共产主义社会,是马克思主义最崇高的社会理想。"②对此,我们共产党人应坚信不疑、矢志不渝。(2)实现共产主义是一个非常漫长的历史过程,它只有在社会主义社会充分发展和高度发达的基础上才能实现。我们既要树立共产主义的远大理想、坚定信念,更要脚踏实地地为实现党在现阶段的基本纲领而不懈努力,扎扎实实地做好现阶段的每一项工作,把最低纲领和最高纲领统一于建设中国特色社会主义的实践之中。(3)生产力是最活跃最革命的因素,是社会发展的最终决定力量,是人类社会发展的根本动力。人类社会的发展就是先进生产力不断取代落后生产力的历史进程。社会主义革命是为了解放生产力,发展生产力。社会主义与资本主义的根本区别,就在于它们的生产关系和上层建筑是不同的。社会主义制度的建立和不断完善,为社会生产力的解放和发展打开了广阔的道路。社会主义制度建立后,要为巩固和发展社会主义、为将来进入共产主义创造物质基础,就必须进一步解放生产力,发展生产力。因此,社会主义的根本任务是发展生产力,增强社会主义国家的综合国力,使人民的生活日益改善,不断体现社会主义优于资本主义的特点。

①　杜飞进. 伟大的第三次飞跃——"三个代表"重要思想十五论[M]. 成都:四川人民出版社,2004:221-222.

②　胡锦涛. 在"三个代表"重要思想理论研讨会上的讲话[N]. 人民日报,2003-07-02.

要适时地通过改革不断推进社会主义制度自我完善和发展,调整和改革社会主义生产关系中不适应生产力发展要求的部分,调整和改革社会主义上层建筑中不适应经济基础的部分,进一步解放和发展生产力,这样才能使社会主义制度充满生机活力。(4)社会主义是共产主义的初级阶段,而社会主义也有初级阶段,就是不发达的阶段。中国现在处于并将长期处于社会主义初级阶段,这是整个建设中国特色社会主义的很长历史过程中的初始阶段,这个阶段要经历若干个具体的发展阶段。"随着经济发展和社会全面进步,将来条件具备时,我国社会主义建设会进入更高的发展阶段。"①(5)人的自由而全面的发展,是衡量社会发展和历史进步的最高价值尺度。推进人的全面发展,同推进经济、文化的发展和改善人民物质文化生活,是互为前提和基础的。人越全面发展,社会的物质文化财富就会创造得越多,人民的生活就越能得到改善;而物质文化条件越充分,又越能促进人的全面发展。社会生产力和经济文化的发展水平是逐步提高、永无止境的历史过程,人的全面发展程度也是逐步提高、永无止境的历史过程。这两个历史过程应相互结合、相互促进地向前发展。(6)当今世界,资本主义制度所固有的基本矛盾依然存在,并没有因为西方经济、科技的发展而有本质的改变。资本主义由于其所固有的生产社会化和资本主义私人占有形式这个基本矛盾的运动而必然灭亡,但现在因为它在自身发展过程中对资本主义生产关系的某些环节和资本主义经济社会的运行、管理机制作了不少的自我调节、改良和改善,包括借鉴社会主义的一些做法,从而使得资本主义的生产关系不仅能够容纳现实的生产力,而且生产力和科学技术等方面还有发展的空间。(7)社会主义战胜资本主义是一个漫长的历史过程。在人类通向共产主义的历史征途上,社会主义将在与资本主义处于长期共存、长期竞争中,逐步取得与资本主义相比较的优势并最终战胜它。(8)尊重世界的多样性。各种文明相互交流和借鉴是人类进步的动力。各种文明和社会制度应该而且可以长期共存,在竞争比较中取长补短,在求同存异中共同发展。大胆学习借鉴包括资本主义文明成果在内的人类一切优秀文明成果,关系到建设中国特色社会主义事业的成败。

---

① 江泽民.论"三个代表"重要思想[M].北京:中央文献出版社,2001:178.

四、中国特色社会主义理论体系对"三大规律"的新认识、新观点,是相辅相成、内在统一的科学体系,统一于世界观、方法论上的与时俱进

中国特色社会主义理论体系对"三大规律"的新认识、新观点,是相辅相成、内在统一的,都是运用马克思主义基本原理,结合社会发展的实际,对人类社会发展以及社会主义社会发展问题得出的科学结论。对人类社会发展规律的深入认识,使我们明确了未来人类社会的发展方向,坚定了共产主义终有一天会实现的理想信念,保证了我们始终沿着正确的理想目标前进。对社会主义建设规律的深入认识,不仅进一步深化了对人类社会发展规律的认识,而且让我们找到了通往更高水平的社会主义的正确道路,那就是将马克思主义基本原理同本国具体实际结合起来,走中国特色社会主义道路。对共产党执政规律认识的深化,是建立在对人类社会发展规律和社会主义建设规律的正确认识的基础之上的,明确了中国特色社会主义事业的领导核心,也就是强调必须有中国共产党的坚强领导才能实现社会主义,而中国共产党也只有在时代和实践的发展中才能永葆马克思主义政党的先进性。在不断深化对"三大规律"认识的基础上,中国特色社会主义理论体系紧密结合中国改革开放和社会主义现代化建设所提出的重大问题和实践课题,不断推进实践基础上的理论创新,形成了博大精深的理论体系,使马克思主义在中国焕发出蓬勃的生机与活力,使社会主义中国掀开了国家富强、民族振兴、社会和谐、人民幸福的崭新一页,使中华民族大踏步赶上时代前进潮流、迎来了伟大复兴的光明前景。

中国特色社会主义理论体系之所以能丰富和发展对"三大规律"的认识,并形成相辅相成、内在统一的科学体系,是因为以邓小平、江泽民、胡锦涛同志为代表的当代中国共产党人坚持马克思主义的立场、观点和方法,坚持马克思主义基本原理,通过结合新的实际,在世界观和方法论上实现了与时俱进。"马克思的整个世界观不是教义,而是方法。它提供的不是现成的教条,而是进一步研究的出发点和供这种研究使用的方法。"①中国特色社会主义理论体系在世界观和方法论上的与时俱进,主要体现在以下三个方面。

1. 找到了"解放思想、实事求是、与时俱进"这个马克思主义活的灵魂和

---

① 马克思恩格斯选集:第 4 卷[M]. 北京:人民出版社,1995:742-743.

我们适应新形势、认识新事物、完成新任务的根本思想武器。解放思想、实事求是、与时俱进，是马克思主义活的灵魂，是党的思想路线的核心，是中国特色社会主义理论体系的精髓，是贯穿于中国特色社会主义事业各方面和全过程的一根红线，也是当代中国共产党人借以不断丰富和发展对"三大规律"认识的锐利武器。实事求是就是从实际出发；理论联系实际就是要把马克思列宁主义普遍原理同中国革命具体实践相结合；解放思想就是在马克思主义指导下打破习惯势力和主观偏见的束缚，研究新情况，解决新问题。解放思想、实事求是，是党的十一届三中全会重新确立的马克思主义思想路线。"解放思想和实事求是是统一的，就是要求我们的思想认识符合客观实际，在马克思主义指导下，冲破落后的传统观念和主观偏见的束缚，改变因循守旧、不接受新事物的精神状态。"①不解放思想，不可能做到实事求是；离开实事求是，不是真正的解放思想。与时俱进，是马克思主义的理论品质，是全党必须始终保持的精神状态，也是做到解放思想、实事求是的保证。与时俱进，就是党的全部理论和工作要体现时代性，把握规律性，富于创造性。把与时俱进与解放思想、实事求是并列起来，不仅准确把握了马克思主义的精髓，而且在理论上进一步发展了马克思主义思想路线，全面提高了我们党坚持从世情、国情、党情实际出发，正确认识规律、把握规律、运用规律的自觉性。可以说，我们党在实践上的每一个重大发展，在理论上的每一个重大突破，在工作上的每一个重大进步，都是坚持解放思想、实事求是、与时俱进的结果。坚持党的思想路线，解放思想、实事求是、与时俱进，是我们党坚持先进性和增强创造力的决定性因素，决定着中国的发展前途和命运。把握了"解放思想、实事求是、与时俱进"这个马克思主义活的灵魂，就把握了马克思主义最本质的东西；把握了马克思列宁主义、毛泽东思想同中国特色社会主义理论体系的历史联系及其统一的科学思想体系，就把握了实现马克思主义基本原理同中国具体实际结合起来、推进马克思主义中国化的根本方法，掌握了运用马克思主义世界观和方法论研究新情况、解决新问题的根本思想武器。

2. 坚持以实践基础上的理论创新推动各方面创新，在实践中检验真理、发展真理，用发展着的马克思主义指导新的实践。这是对马克思主义实践第一性和社会存在决定社会意识、社会意识反作用于社会存在的世界观和方法

---

① 十四大以来重要文献选编［G］．北京：人民出版社，1996：39-40.

论的创造性运用和发展,也是当代中国共产党人用以不断丰富和发展对"三大规律"认识的根本方法。胡锦涛同志指出:马克思主义的理论源泉是实践,发展依据是实践,检验标准也是实践。任何固守本本、漠视实践、超越或落后于实际生活的做法都不会得到成功。实践发展永无止境,认识真理永无止境,理论创新永无止境。党和人民的实践是不断前进的,指导这种实践的理论也要不断前进①。而实践基础上的理论创新是社会发展和变革的先导。通过理论创新推动制度创新、科技创新、文化创新以及其他各方面的创新,不断在实践中探索前进,永不自满、永不懈怠,这是我们要长期坚持的治党治国之道。要使党和国家的事业不停顿,首先理论上不能停顿②。坚持实践基础上的理论创新,首先是要以科学的态度对待马克思主义。马克思主义是我们立党立国的根本指导思想,是全国各族人民团结奋斗的共同理论基础。马克思主义基本原理任何时候都要坚持,否则我们的事业就会因为没有正确的理论基础和思想灵魂而迷失方向,就会归于失败。同时,马克思主义是发展的科学,它始终严格地以客观事实为根据,因而必定随着时代、实践和科学的发展而不断发展。在对待马克思主义的态度上,要做到两个"坚定不移、不能含糊":必须坚持马克思主义的立场、观点和方法,坚持马克思主义基本原理,对这一点,要坚定不移,不能含糊;必须贯彻解放思想、实事求是的思想路线,坚持勇于追求真理和探索真理的革命精神,对这一点,也要坚定不移,不能含糊。其次是要坚持实践是检验真理的唯一标准,在党的基本理论指导下,一切从实际出发,自觉地把思想认识从那些不合时宜的观念、做法和体制的束缚中解放出来,从对马克思主义的错误的和教条式的理解中解放出来,从主观主义和形而上学的桎梏中解放出来。最后是要将坚持和发展马克思主义统一于建设中国特色社会主义的伟大实践。胡锦涛同志在党的十七大报告中指出:"《共产党宣言》发表以来近一百六十年的实践证明,马克思主义只有与本国国情相结合、与时代发展同进步、与人民群众共命运,才能焕发出强大的生命力、创造力、感召力。"因此,要坚持以实际问题为中心研究马克思主义的方法,以中国改革开放和现代化建设的实际问题、以我们正在做的事情为

---

① 胡锦涛.在庆祝中国共产党成立90周年大会上的讲话[N].人民日报,2011-07-02.
② 江泽民.全面建设小康社会开创中国特色社会主义事业新局面[M].北京:人民出版社,2002:12-13.

中心着眼于马克思主义理论的运用,着眼于对实际问题的理论思考,着眼于新的实践和新的发展;要及时回答实践中提出的新课题,为实践提供科学指导;要准确把握世界发展趋势,准确把握社会主义初级阶段基本国情,深入研究中国发展的阶段性特征,及时总结党领导人民创造的新鲜经验,重点抓住经济社会发展重大问题,作出新的理论概括。正是因为坚持以实践基础上的理论创新来推动各方面创新,在实践中检验真理、发展真理,用发展着的马克思主义指导新的实践,中国特色社会主义理论体系才保持了科学理论的旺盛生命力,成为引领中国社会不断发展进步的强大思想先导。

3. 把以人为本、执政为民作为指引、评价、检验党的一切执政活动的最高标准。这是对马克思主义群众观的全面继承和深入发展,也是中国特色社会主义理论体系不断丰富和发展对"三大规律"认识的有力支点。相信谁、依靠谁、为了谁,是否始终站在最广大人民的立场上,是区分唯物史观和唯心史观的分水岭,也是判断马克思主义政党的试金石。以人为本、执政为民的理念,坚持了历史唯物主义的基本立场和基本观点,全面反映出马克思主义政党一切为了人民、一切依靠人民的鲜明政治立场,是我们党的性质和全心全意为人民服务根本宗旨的集中体现。把以人为本、执政为民作为指引、评价、检验党的一切执政活动的最高标准,就准确而深入地把握住了发展中国特色社会主义的依靠力量和根本目的,抓住了共产党执政的本质和核心。坚持以人为本,就是要以实现人的全面发展为目标,从人民群众的根本利益出发谋发展、促发展,不断满足人民群众日益增长的物质文化需要,切实保障人民群众的经济、政治和文化权益,让发展成果惠及全体人民。坚持执政为民,就是要紧紧依靠人民,切实造福人民,团结和带领人民群众为实现自己的根本利益而奋斗,把人民拥护不拥护、赞成不赞成、高兴不高兴、答应不答应作为制定各项方针政策的出发点和落脚点,一切工作都要以符合最广大人民群众的根本利益为最高标准。坚持以人为本、执政为民,要求任何时候都必须坚持尊重社会发展规律与尊重人民历史主体地位的一致性,坚持为崇高理想奋斗与为最广大人民谋利益的一致性,坚持完成党的各项工作与实现人民利益的一致性;要求我们必须始终把人民利益放在第一位,把实现好、维护好、发展好最广大人民的根本利益作为一切工作的出发点和落脚点,做到权为民所用、情为民所系、利为民所谋。坚持以人为本、执政为民,就能获得最广泛、最可靠、最牢固的群众基础和力量源泉,我们党就一定能够更好地把握历史趋势,引领社会进步,团结带领全国各族人民创造自己的幸福生活和中华民族的美好未来。

（原载《学习与探索》2012 年第 3 期）

艰辛探索的宝贵财富　胜利前进的根本遵循

在近30年的改革开放历史进程中，我们党不仅在领导人民进行社会主义现代化建设方面取得了举世瞩目的伟大成就，而且创造和积累了丰富的实践经验。这些经验集中体现在党的十七大报告提炼和概括的"十个结合"当中，并被党的十七大报告明确定性为"我们这样一个十几亿人口的发展中大国摆脱贫困、加快实现现代化、巩固和发展社会主义的宝贵经验"。这是一个具有很重政治分量和很深理论内涵的重要论断，需要我们深刻理解、科学把握。

"十个结合"展现了我国改革开放从实践到理论、再从理论到实践的内在逻辑

回顾新时期近30年的历史进程可以看出，改革开放作为党在新的时代条件下带领人民进行的新的伟大革命，是从直面30年前的危难局面开始的，而又落脚到着力摆脱困境、打开新局面，社会主义中国巍然屹立在世界的东方，中国共产党昂首阔步走在了时代的前列。这就是我国改革开放从实践到理论、再从理论到实践的内在逻辑。

沿着这条逻辑，新时期党的历次全国代表大会都在对改革开放作出阶段性总结和论述的基础上，明确新的发展方向，提出新的发展目标。党的十二大在把"全面开创社会主义现代化建设的新局面"确定为大会政治报告标题的同时，提出了"把马克思主义的普遍真理同中国的具体实际结合起来，走自己的道路，建设有中国特色的社会主义"的思想，把发端于十一届三中全会的改革开放引向全面改革、全面开放。十三大报告在比较系统地论述我国社会主义初级阶段的理论,明确概括和全面阐发党的"一个中心、两个基本点"的基本路线的同时,高度评价了十一届三中全会以来开始找到建设有中国特色社会主义道路的伟大意义,强调这是马克思主义与中国实践相结合的过程中实现的第二次历史性飞跃。十四大报告第一次使用"邓小平同志建设有中国特色社会主义理论"的概念,从九个方面系统论述了建设有中国特色社会主义理论的主要内容、科学体系,并提出了用这个理论武装全党的任务,从而在事实上确立了中国特色社会主义理论在全党的指导地位。十五大报告明确地把"高举邓小平理论伟大旗帜,把建设有中国特色社会主义事业全面推向21世纪"作为自己的标题,宣告邓小平理论就是建设有中国特色社会主义理论,邓小平理论的旗帜就是建设有中国特色社会主义的旗帜;第一次明确回答了什么是社会主义初级阶段有中国特色社会主义的经济、政治和文化,回答了怎样建设这样的经济、政治和文化,强调指出,建设有中国特色社会主义的经济、政治、文化的基本目标和基本政策有机统一、不可分割,构成党在社会主义初级阶段的基本纲领,这个纲领是改革开放近20年来最主要经验的总结。十六大报告在全面回顾十三届四中全会以来13年实践的基础上,从十个方面系统总结了我们对什么是社会主义、怎样建设社会主义,建设什么样的党、怎样建设党形成的认识、积累的经验,用"十个坚持"归纳了党领导人民建设中国特色社会主义必须坚持的基本经验;同时还高度评价了"三个代表"重要思想,进一步阐述了"三个代表"重要思想的理论观点,把"三个代表"重要思想和马克思列宁主义、毛泽东思想、邓小平理论一起确立为党必须长期坚持的指导思想。正是新时期党的历次全国代表大会,本着直面问题、研究问题、解决问题、推动发展的求真务实精神,适时地对改革开放阶段性经验作出科学的总结和与时俱进的阐述,有力地推动了改革开放进程和社会主义现代化建设,生动地展现了从实践到理论、再从理论到实践的辩证运动过程。

沿着这条逻辑,党的十七大报告从总括1978年以来近30年的改革开放历史进程和现代化建设生动实践着眼,在充分吸收新时期党的历次全国代表大会对改革开放阶段性经验所作的科学总结和深刻阐述基础上,紧紧围绕我们这样一个十几亿人口的发展中大国怎样才能摆脱贫困、加快实现现代化、巩固和发展社会主义这个重大课题,全方位地总结概括出了"十个结合"的宝贵经验。这"十个结合",具体就是:(1)把坚持马克思主义基本原理同推进马克思主义中国化结合起来;(2)把坚持四项基本原则同坚持改革开放结合起来;(3)把尊重人民首创精神同加强和改善党的领导结合起来;(4)把坚持社会主义基本制度同发展市场经济结合起来;(5)把推动经济基础变革同推动上层建筑改革结合起来;(6)把发展社会生产力同提高全民族文明素质结合起来;(7)把提高效率同促进社会公平结合起来;(8)把坚持独立自主同参与经济全球化结合起来;(9)把促进改革发展同保持社会稳定结合起来;(10)把推进中国特色社会主义伟大事业同推进党的建设新的伟大工程结合起来。这"十个结合",作为新时期党的历次全国代表大会对改革开放经验总结的一次具有很重政治分量和很深理论内涵的总概括和集大成,生动阐明了我们党在改革开放实践中是怎样坚持和发展马克思主义、怎样坚持和发展社会主义、怎样全面推进中国特色社会主义事业、怎样统筹国际国内两个大局、怎样加强和改善党的领导的,集中体现了我们党新时期在探索回答什么是社会主义、怎样建设社会主义,建设什么样的党、怎样建设党,实现什么样的发展、怎样发展这三大基本问题上的理论觉醒和实践创造。其中,前三个"结合",揭示了我国改革开放之所以取得成功的关键和根本;中间四个"结合",分别揭示了中国特色社会主义经济建设、政治建设、文化建设和社会建设的真谛;后三个"结合",则揭示了营造良好国际环境、保持国内社会政治稳定、坚持党的领导核心地位对改革发展的保证作用。这"十个结合",是我们党和人民艰辛探索得来的宝贵精神财富,也是我们党和人民继续胜利前进的根本遵循,必须牢牢记取、坚持运用,并在新的实践中继续加以丰富和发展。

"十个结合"贯穿了把坚持科学社会主义基本原则同根据我国实际和时代特征赋予其鲜明中国特色结合起来的主线

党的十七大报告明确指出:"改革开放以来我们取得一切成绩和进步的根本原因,归结起来就是:开辟了中国特色社会主义道路,形成了中国特色社会主义理论体系。高举中国特色社会主义伟大旗帜,最根本的就是要坚持这条道理和这个理论体系。"这一科学论断,为我们科学把握"十个结合"与中国特色社会主义道路、中国特色社会主义理论体系之间的内在联系,提供了理论依据和方法视角。

　　从主要内容来看，"十个结合"与中国特色社会主义道路之间是相互融合的。十七大报告对中国特色社会主义道路做了精辟概括，这就是："在中国共产党领导下，立足基本国情，以经济建设为中心，坚持四项基本原则，坚持改革开放，解放和发展社会生产力，巩固和完善社会主义制度，建设社会主义市场经济、社会主义民主政治、社会主义先进文化、社会主义和谐社会，建设富强民主文明和谐的社会主义现代化国家。"仔细分析这条道路，它由"一条基本路线"、"一个总体布局"和"一个战略目标"构成。"一条基本路线"，就是坚持以经济建设为中心、坚持四项基本原则、坚持改革开放。这条基本路线是党和国家的生命线，在任何时候任何情况下都不能动摇。"十个结合"中的第二个"结合"，就是强调要既以四项基本原则保证改革开放的正确方向，又通过改革开放赋予四项基本原则新的时代内涵，坚持把以经济建设为中心同四项基本原则、改革开放这两个基本点统一于发展中国特色社会主义的伟大实践。这是我国改革开放事业经受住风险考验、取得巨大成功的关键所在，也是我们在前进道路上取得新的更大胜利的可靠保证。"一个总体布局"，就是中国特色社会主义经济建设、政治建设、文化建设、社会建设四位一体。"一个战略目标"，就是建设富强民主文明和谐的社会主义现代化国家。"十个结合"中的第四到第七个"结合"，就分别揭示了怎样在四位一体的中国特色社会主义事业总体布局及其每一个方面体现党的基本理论、基本路线、基本纲领、基本经验的问题，从而通过建设社会主义市场经济、社会主义民主政治、社会主义先进文化、社会主义和谐社会，最终实现富强民主文明和谐的社会主义现代化。可见，"十个结合"与中国特色社会主义道路之间在内容上是相互融合、不可分割的，丢掉了"十个结合"的宝贵经验，中国特色社会主义道路就无法坚持；同样，坚持中国特色社会主义道路，就必须牢牢记取、坚持运用"十个结合"的宝贵经验。

　　从精神实质来看，"十个结合"与中国特色社会主义道路之间是完全一致的。十七大报告在阐述中国特色社会主义道路的科学内涵后精辟地指出："中国特色社会主义道路之所以完全正确、之所以能够引领中国发展进步，关键在于我们既坚持了科学社会主义的基本原则，又根据我国实际和时代特征赋予其鲜明的中国特色。"这一论断告诉我们，中国特色社会主义道路的实质，就在于把坚持科学社会主义基本原则同根据我国实际和时代特征赋予其鲜明的中国特色结合起来；离开了这个结合，就会自觉不自觉地走到那种封闭僵化的老路或者改旗易帜的邪路上去。中国特色社会主义道路所包括的"一条基本路线"、"一个总体布局"、"一个战略目标"，之所以相互联系、相辅相成，构成一个有机统一的整体，就是因为它们都是坚持上述结合的产物。而内涵丰富的"十个结合"，之所以能够成为我们这样一个十几亿人口的发展中大国摆脱贫困、加快实现现代化、巩固和发展社会主义的宝贵经验，归根结底就在于，它贯穿了把坚持科学社会主义基本原则同根据我国实际和时代特征赋予其鲜明的中国特色结合起来这条明确主线。可以说，把坚持科学社会主义基本原则同根据我国实际和时代特征赋予其鲜明的中国特色结合起来，是贯穿"十个结合"的最本质的结合，所有"十个结合"都是这个最本质结合的具体展开。

"十个结合"统一于中国特色社会主义理论体系

从时空跨度来看，"十个结合"与中国特色社会主义理论体系所涵盖的时空是完全一致的。党的十七大报告指出："中国特色社会主义理论体系，就是包括邓小平理论、'三个代表'重要思想以及科学发展观等重大战略思想在内的科学理论体系。"这一科学论断告诉我们，中国特色社会主义理论体系是一个整合概念，是通过对我们党在新时期以来建设、捍卫、发展中国特色社会主义的创新实践中相继形成的马克思主义中国化的理论成果进行既完整、统一又鲜明、准确的概括而提出来的，其时空范围的起点与十七大报告提炼归纳的"十个结合"一样都是 1978 年召开的十一届三中全会，时空跨度都是近 30 年的改革开放历史新时期。这里需要指出的是，"十个结合"与中国特色社会主义理论体系之间在时空跨度上还有一个共同点，就是她们都有一个不断发展的过程。正如"十个结合"的宝贵经验需要在新的实践中继续加以丰富和发展一样，中国特色社会主义理论体系也是一个不断发展的开放的理论体系，她们都将随着改革开放历史进程的推进和现代化建设实践的发展而不断丰富和发展。

从思想方法来看，"十个结合"与中国特色社会主义理论体系所贯穿的思想方法是完全一致的。一是在思想路线上，她们都贯穿着解放思想、实事求是、与时俱进这个马克思主义思想路线的本质要求。解放思想、实事求是、与时俱进,是马克思主义的精髓。正是把握和运用了这个精髓,才有了改革开放历史进程的展开和深化,有了"十个结合"宝贵经验的创造和积累,有了"十个结合"宝贵经验的提炼与概括;正是把握和运用了这个精髓,才有了邓小平理论和"三个代表"重要思想的创立和发展,有了科学发展观等一系列重大战略思想的创立和发展,有了中国共产党人在建设和发展中国特色社会主义的历史进程中不断解决新课题、开拓新境界。二是在方法论上,她们都全面贯彻了辩证唯物主义和历史唯物主义的世界观和方法论。实践性以及由它所规定的科学性,是马克思主义及其哲学的生命和灵魂。它要求我们决不能对马克思主义的某些原则、本本进行教条式理解,而必须用辩证唯物主义和历史唯物主义的世界观、方法论去分析和解决问题,使思想适应发展变化的新形势。无论是"十个结合"的宝贵经验还是中国特色社会主义理论体系,在坚持与运用辩证唯物主义和历史唯物主义的世界观和方法论方面的自觉性、坚定性及其成效,都已经被改革开放的伟大实践所证明。三是在政治立场上,她们都坚持把实现好、维护好和发展好最广大人民的根本利益作为政治立场,都强调把发展生产力放在首要位置。唯物史观认为,人是历史活动的主体,人民群众是历史的创造者,是社会变革和发展的决定力量。生产力的发展是社会变革与进步的基础,人的发展是社会变革与进步的目的;生产力的发展归根到底必须通过人的努力、为了人的发展。无论是"十个结合"的宝贵经验还是中国特色社会主义理论体系,都体现了历史唯物主义的这一基本观点,强调任何时候都必须坚持尊重社会发展规律与尊重人民历史主体地位的一致性、坚持为崇高理想奋斗与为最广大人民谋利益的一致性、坚持完成党的各项工作与实现人民利益的一致性,做到发展为了人民、发展依靠人民、发展成果由人民共享。

　　从主要内容来看,"十个结合"与中国特色社会主义理论体系之间是相互重合的。中国特色社会主义理论体系,紧扣中国特色社会主义这个主题,围绕什么是社会主义、怎样建设社会主义,建设什么样的党、怎样建设党,实现什么样的发展、怎样发展这三大基本问题,从实践到理论、再从理论到实践,进行了卓有成效的创造,提出了社会主义本质理论、社会主义初级阶段理论、社会主义改革开放理论、社会主义市场经济理论、社会主义民主法治理论、社会主义思想文化理论、社会主义和谐社会理论、社会主义和平发展理论、社会主义国防和军队现代化建设理论、"一国两制"和祖国和平统一理论、社会主义国家执政党建设理论等一系列相互联系的理论观点和战略思想,深化了对共产党执政规律、社会主义建设规律、人类社会发展规律的认识,形成了一个完整的科学的理论体系,开辟了马克思主义在中国发展的新境界。"十个结合"的宝贵经验,就其主要内容而言,同样涵盖了新时期我们党在上述三大基本问题上所实现的理论觉醒和实践创造,包括党在社会主义初级阶段的兴国之要、立国之本、强国之路,我们党的立党之本、执政之基、力量之源以及发展之本、发展方式、发展规律等一系列带根本性的问题。"十个结合"的宝贵经验与中国特色社会主义理论体系都贯通哲学、政治经济学、科学社会主义等领域,涵盖改革发展稳定、内政外交国防、治党治国治军各个方面。从这个意义上可以说,"十个结合"的宝贵经验是中国特色社会主义理论体系的浓缩,中国特色社会主义理论体系是"十个结合"宝贵经验的展开。

　　从体系结构来看,"十个结合"为我们研究中国特色社会主义理论体系的内部结构和逻辑体系打开了思路。我们应当根据党的十七大报告对"中国特色社会主义理论体系"所作的科学界定和精辟论述,在深入研究邓小平理论、"三个代表"重要思想和科学发展观等重大战略思想的基础上,构建一个能够总括和统摄邓小平理论、"三个代表"重要思想和科学发展观等重大战略思想的体系结构。构建中国特色社会主义理论体系的框架结构和逻辑体系,必须高度重视和充分吸收"十个结合"宝贵经验所体现的创新思路。理由在于:一是"十个结合"的宝贵经验是中国特色社会主义理论体系的浓缩,中国特色社会主义理论体系是"十个结合"宝贵经验的展开;二是"十个结合"宝贵经验的提炼和归纳集中了全党的智慧,反映了全党的共识。

　　　　　　　　　　　　(原载《光明日报》2008年7月22日)

科学把握中国特色社会主义理论体系

党的十七大报告在总结改革开放近 30 年历史进程和宝贵经验的基础上,创造性地提出了"中国特色社会主义理论体系"的概念,指出:"中国特色社会主义理论体系,就是包括邓小平理论、'三个代表'重要思想以及科学发展观等重大战略思想在内的科学理论体系。"这个理论体系,"是马克思主义中国化最新成果,是党最可宝贵的政治和精神财富,是全国各族人民团结奋斗的共同思想基础。""在当代中国,坚持中国特色社会主义理论体系,就是真正坚持马克思主义。"这是党的十七大的一个历史性决策,也是党的十七大的一个历史性贡献。我们要充分认识、深刻理解、科学把握中国特色社会主义理论体系。

从政治的高度,充分认识中国特色社会主义理论体系是马克思主义中国化的最新成果

十七大报告指出,中国特色社会主义理论体系,就是包括邓小平理论、"三个代表"重要思想以及科学发展观等重大战略思想在内的科学理论体系。可见,中国特色社会主义理论体系是在我国改革开放的过程中逐渐形成和发展起来的,一部改革开放的历史就是一部中国特色社会主义理论的发展史。

党的十一届三中全会以来,以邓小平同志为主要代表的中国共产党人,继承和发展毛泽东思想,总结新中国成立以来正反两方面的经验,坚持解放思想、实事求是,一切从实际出发,抓住"什么是社会主义、怎样建设社会主义"这个根本问题,科学把握社会主义的本质,创立了邓小平理论。邓小平理论是中国特色社会主义理论体系的奠基部分。

党的十三届四中全会以来，以江泽民同志为主要代表的中国共产党人，高举邓小平理论伟大旗帜，坚持以发展着的马克思主义指导发展着的实践，准确把握时代特征，科学判断党所处的历史方位，集中全党智慧，总结实践经验，进行理论创新，逐步形成"三个代表"重要思想。"三个代表"重要思想，是中国特色社会主义理论体系中承上启下的重要组成部分。

党的十六大以来，以胡锦涛同志为总书记的党中央，以邓小平理论和"三个代表"重要思想为指导，紧密结合新世纪新阶段国际国内形势的发展变化，坚持解放思想、实事求是、与时俱进，提出了以人为本、全面协调可持续的科学发展观，是中国特色社会主义理论体系中最新的理论成果。

中国特色社会主义理论体系，是中国共产党人坚持和发展马克思主义的又一个重大理论贡献，是马克思主义中国化的最新成果。

从系统的深度，充分认识中国特色社会主义理论体系是一个既一脉相承又与时俱进的科学体系

邓小平理论、"三个代表"重要思想、科学发展观等重大战略思想，既一脉相承又与时俱进，既面对着建设和发展中国特色社会主义这一共同主题、又侧重于探索和解决不同时期不同阶段遇到的新矛盾新问题，是一个相互衔接、相互贯通的统一整体，共同构成了一个不断发展的、开放的、科学的理论体系。

从一脉相承的方面看，邓小平理论、"三个代表"重要思想、科学发展观等重大战略思想，作为中国特色社会主义理论体系中的三大成果，都面对着共同的时代课题、共同的历史任务，立足于社会主义初级阶段这一基本国情，遵循着党在社会主义初级阶段的基本路线，围绕着建设和发展中国特色社会主义这个主题。在理论渊源上，都是对马克思列宁主义、毛泽东思想的坚持和发展；在发展道路上，都坚定不移地走中国特色社会主义道路；在思想路线上，都一以贯之地贯穿了解放思想这个马克思主义思想路线的本质要求；在政治立场上，都坚持把实现好、维护好和发展好最广大人民的根本利益放在首要位置。

从与时俱进的方面看，中国特色社会主义理论体系三大成果的与时俱进，既体现在他们对思想路线认识的深化上，也体现在他们在改革和建设的不同阶段,侧重探索不同重大问题,做出的独特理论贡献上。

在思想路线上,邓小平理论在坚持实事求是的基础上提出了"解放思想",要求我们的思想认识符合客观实际,在马克思主义指导下,冲破落后的传统观念和主观偏见的束缚,改变因循守旧、不接受新事物的精神状态。"三个代表"重要思想在坚持解放思想、实事求是的基础上提出了"与时俱进",进一步丰富了思想路线的内涵,要求党的全部理论和工作体现时代性,把握规律性,富于创造性。十六大以来,胡锦涛同志不仅明确提出了"求真务实是我们党的思想路线的核心内容"的重要论断,而且强调解放思想是发展中国特色社会主义的一大法宝。

在理论贡献方面,邓小平理论、"三个代表"重要思想和科学发展观等重大战略思想就是我们党在不断探索和回答什么是社会主义、怎样建设社会主义,建设什么样的党、怎样建设党,实现什么样的发展、怎样发展等重大理论和实际问题的过程中形成的。

从方法论的角度,充分认识中国特色社会主义理论体系始终贯穿了辩证唯物主义和历史唯物主义的世界观和方法论

中国特色社会主义理论体系,紧密结合时代条件,生动而具体地坚持和发展马克思主义,不断赋予马克思主义以新的鲜活力量,是坚持马克思主义的典范,也是发展马克思主义的典范。

首先,从思想路线看,中国特色社会主义理论体系全面贯穿了辩证唯物主义和历史唯物主义的世界观和方法论。马克思主义哲学的实践性、科学性,决定了实事求是是马克思主义的思想基础,也是社会主义的思想基础。解放思想同实事求是是统一的,内在地蕴涵了与时俱进的内容。解放思想、实事求是、与时俱进,作为党的思想路线,充分体现了马克思主义哲学的实践性、科学性和与时俱进的理论品质。解放思想、实事求是、与时俱进的思想路线,体现了辩证唯物主义和历史唯物主义的世界观和方法论,是辩证唯物主义和历史唯物主义基本原理的具体运用。中国特色社会主义理论体系对辩证唯物主义和历史唯物主义世界观和方法论的自觉坚持和运用及其成果的正确性,已经被改革开放的伟大实践所证明。

其次,从基本观点看,中国特色社会主义理论体系既坚持了马克思主义的基本原理，又随着时代的发展和实践的进步，不断赋予马克思主义以新的鲜活力量。它在坚持生产力和生产关系、经济基础和上层建筑的辩证关系这一马克思主义普遍原理的基础上，作出我国还处于社会主义初级阶段，人民群众日益增长的物质文化需要同落后的社会生产之间的矛盾仍然是社会主要矛盾的科学论断。它体现了历史唯物主义关于人民群众是推动历史前进的动力这一基本观点，把实现人民愿望、满足人民需要、维护人民利益作为根本出发点和落脚点，贯彻了尊重人民历史主体地位与尊重社会发展规律的一致性，体现了马克思主义的理论实质，代表着中国最广大人民的根本利益。

可见，中国特色社会主义理论体系是在改革开放的伟大实践中，坚持马克思主义的世界观和方法论，循着"不断探索和回答什么是社会主义、怎样建设社会主义，建设什么样的党、怎样建设党，实现什么样的发展、怎样发展等重大理论和实际问题"这样的轨迹向前推进的，是循着实践的发展而发展的科学，因而坚持以中国特色社会主义理论体系为指导，就必须坚持辩证唯物主义和历史唯物主义的世界观和方法论不动摇。

（原载《浙江日报》2008 年 2 月 25 日）

执政兴国理念的升华

　　发展,是人类社会的永恒主题。发展观是从哲学角度对发展的诠释,是人们对发展的本质、目的、内涵和要求的总体看法和根本观点。党的十六届三中全会《决定》指出:"坚持以人为本,树立全面、协调、可持续的发展观,促进经济社会和人的全面发展。"这一论断,进一步明确了新世纪新阶段我国要发展、发展什么和怎样发展的重大问题。

　　我们党提出科学发展观,是对人类社会关于发展有益成果的科学借鉴。从世界范围看,发展观是一个历史范畴,其内容是随着人类社会现代化进程的不断发展而相应变化的。在前工业化和工业化时代,传统的发展观主要注重的是经济增长过程。第二次世界大战以后,国际社会进入一个相对和平与稳定的发展时期。在这个时期,世界各国的发展观大致经历了如下三个发展阶段:

　　第一阶段,是以经济增长为核心的发展观的盛行阶段。上世纪50年代以后,在世界各国致力于战后重建的大背景下,以落后国家如何追赶发达国家为研究对象的发展经济学的观点逐渐被人们广泛接受。它根据对发达国家经验的总结,认为只有促进经济增长,落后国家才能实现追赶的目标;只要经济发展了,其他问题就会迎刃而解。受发展经济学的影响,很多国家都确立了以经济增长为核心的发展观,把经济增长作为一个国家或地区发展的最重要标志,把GDP的增长作为衡量一个国家或地区经济社会是否进步的最重要的指标,甚至把经济增长等同于社会进步。在这种发展观的指导下,战后50多年的时间里,人类创造了历史上前所未有的增长奇迹。但是,由于经济增长不能体现收入分配的改善和社会结构的改善,不能反映技术进步的变化和资源环境状况，以经济增长为核心的发展观，很容易使一个社会走上为发展而发展的道路，脱离社会发展是为了满足人的需要这一正常轨道；对经济增长速度的片面追求，极易引发分配不公、两极分化、社会腐败、政治动荡、环境污染和生态破坏等严重社会问题。"拉美陷阱"已经证明了这种以经济增长为核心的发展道路的不可持续性。

第二阶段，是经济与社会相协调的发展观的形成阶段。20世纪70年代以后，人们对发展有了新的认识，即经济增长不等于发展，发展是经济社会各方面综合协调的系统工程。美国学者率先发动了一场"社会指标运动"，提出建立包括经济、社会、环境、生活、文化等各项指标在内的新的社会发展价值体系，对以单纯追求GDP增长为中心的传统发展战略产生了有力的冲击。联合国第二个发展十年（1970—1980）报告也指出，发展已不再是单纯的经济增长，社会结构的变迁以及社会福利设施的改善具有同等重要的地位。虽然这一发展观没有考虑到后代的发展空间问题，但它强调经济、政治、科技、文化等方面的协调、综合发展，比单纯追求经济增长的发展观更全面、更成熟，表明人们对发展内涵的认识已经由单一性、片面性向多元化、全面性拓展。

第三阶段，是可持续发展观被人类社会广泛接受的阶段。1972年，罗马俱乐部的报告《增长的极限》和联合国大会通过的《人类环境宣言》，把面对有限的生活空间和资源，如何实现可持续的发展这一重大课题摆到了人类面前。进入80年代以后，全球性环境污染、资源短缺、经济发展不平衡等问题更加突出，对人类赖以生存的环境造成了巨大压力。这使人们进一步审视、检讨经济增长与社会、自然环境相协调的问题。1987年联合国世界环境与发展委员会在《我们共同的未来》报告中，第一次提出了"可持续发展"的定义和思想，指出"可持续发展是既满足当代的需求，又不对后代满足需求能力构成危害的发展"。1992年，在巴西里约热内卢召开的联合国环境与发展大会通过了《里约热内卢环境与发展宣言》《21世纪议程》两个纲领性文献，标志着一种全新的发展观——可持续发展观已被全球持不同发展理念的各类国家所普遍认同。可持续发展观提出了代际公平和代内公平的概念，把满足当代人和后代人的基本要求作为着眼点。它强调以未来的发展规范现在的行为，主张实现在保护地球生态系统基础上的、人与自然和谐相处的人类社会的永续发展。

从以经济增长为核心的发展观,到经济与社会相协调的发展观,再到可持续发展观,第二次世界大战后发展观演变的历史轨迹,反映了人类社会的连续性、继承性,反映了工业社会人类不断调节自身与环境的关系,进而不断改善和创造有利于自身生存与发展条件的历史逻辑。我们党把坚持以人为本和经济社会全面、协调、可持续发展统一起来,明确提出科学发展观,这标志着党对人类社会发展规律和社会主义现代化建设规律的认识达到了一个新高度。

科学发展观是我们党站在历史和时代的高度,基于现实的要求、时代的需要,着眼于丰富发展内涵、创新发展观念、开拓发展思路、破解发展难题而提出来的,是我们党执政兴国理念的飞跃和升华。

树立科学发展观是贯彻落实"三个代表"重要思想的生动体现。发展先进生产力,发展先进文化,就是要抓好发展这个党执政兴国的第一要务,促进社会主义物质文明、政治文明、精神文明协调发展。发展的最终目的是为了实现最广大人民的根本利益。作为与时俱进的马克思主义发展观,科学发展观强调以人为本,强调实现经济社会全面、协调、可持续发展,体现了"三个代表"重要思想关于发展的要求,体现了立党为公、执政为民的本质。树立和落实科学发展观,就是要把"三个代表"重要思想贯彻到社会主义现代化建设的各个领域和各项工作中。

树立科学发展观是全面建设小康社会的必然要求。进入 21 世纪,我国面临的国际、国内形势发生了一些重大而深刻的变化。基于对国际局势和国内形势的准确把握和深刻认识,党的十六大提出要紧紧抓住本世纪头 20 年这个重要战略机遇期,全面建设惠及十几亿人口的更高水平的小康社会。完成这样一个艰巨而紧迫的任务,必然要求我们树立正确的发展观,全面把握局势,协调推进发展,从而把现在"低水平的、不全面的、发展很不平衡的"小康,建设成经济更加发展、民主更加健全、科教更加进步、文化更加繁荣、社会更加和谐、人民生活更加殷实的更高水平的小康,进而到本世纪中叶基本实现现代化。

树立科学发展观是人民群众的迫切愿望。当前,我国人均 GDP 已达到 1000 美元。按既定的部署和现行汇率计算,到 2020 年我国人均 GDP 将达到 3000 美元。从 1000 美元到 3000 美元,这是整个现代化进程中一个非常关键的阶段,是经济社会结构将发生深刻变化的重要时期。许多国家的发展进程表明,在这一阶段,有可能出现两种发展结果:一种是搞得好,经济社会继续向前发展,顺利实现工业化、现代化;另一种是搞得不好,往往出现贫富悬殊、失业人口增多、社会矛盾加剧、生态环境恶化等问题,导致经济社会长期徘徊不前,甚至出现社会动荡和倒退。正反两方面的经验教训警示我们,在这样一个重要阶段,一定要统筹好各方面的发展,协调好各方面的利益,处理好各方面的关系。与此同时,根据国际惯例,人均GDP达到1000美元通常是一个新的发展起点。在这一阶段,由于物质生活水平的提高,人民对精神文化、健康安全等方面的需求日益增长,对社会物质文明、政治文明、精神文明建设提出了更高的要求。

　　树立科学发展观是破解发展难题的正确选择。多年来,我国在经济快速发展的同时,也积累了不少矛盾和问题,主要是城乡差距、地区差距、居民收入差距持续扩大,就业和社会保障压力增加,教育、卫生、文化等社会事业发展滞后,人口增长、经济发展同生态环境、自然资源的矛盾加剧,经济增长方式落后,经济整体素质不高和竞争力不强等。这些矛盾和问题,归结起来,就是发展的不平衡问题,其中有的是在现代化发展过程中必然要经历的阶段,如收入差距扩大、地区差距扩大、就业压力增加等;有的则是因为我们的一些领导干部对中央一贯强调的全面发展要求没有认真加以贯彻和落实,对发展存在片面的理解和错误的认识,如一些地区盲目追求GDP增长,甚至不惜以牺牲环境为代价,造成浪费能源、破坏环境等问题日益凸显。这些问题必须高度重视而不可回避,必须逐步解决而不可任其发展,必须以科学的发展观来辩证地认识和处理与发展相联系的各方面重大关系。随着我国综合国力的增强,逐步解决发展中存在的一些不平衡问题,时机已经成熟,条件基本具备,现在我们有能力动员更多的资源,投向低收入群体,投向农村和农业,投向落后地区,投向社会事业,投向生态建设和环境保护。

　　树立和落实科学发展观的关键在于实践,在于把科学发展观的内在要求落实到中国特色社会主义现代化建设的具体实践中。也就是说,树立和落实科学发展观,就是要一切从最广大人民的根本利益出发,按照"五个统筹"的要求,更加注重搞好宏观调控,更加注重统筹兼顾,更加注重以人为本,更加注重改革创新,着力解决经济社会发展中的突出矛盾,着力解决关系人民群众切身利益的突出问题,正确处理改革发展稳定的关系,推动经济社会全面、协调、可持续发展,实现社会主义物质文明、政治文明和精神文明共同进步。

（原载《浙江日报》2004 年 7 月 26 日）

发展思想的继承和创新

——一论贯彻十六届五中全会精神深入领会和落实科学发展观

　　坚持以科学发展观统领经济社会发展全局,是党的十六届五中全会精神的核心,是《中共中央关于制定国民经济和社会发展第十一个五年规划的建议》最鲜明的特点。学习贯彻党的十六届五中全会精神,首要的是深入领会和落实科学发展观,深刻理解和把握科学发展观是对邓小平理论和"三个代表"重要思想关于发展思想的继承和创新,是对社会主义现代化建设指导思想的重大发展,是与时俱进的马克思主义发展观。

　　科学发展观是指导发展的世界观和方法论的集中体现,是我们党在深刻总结我国长期以来经济建设中的经验教训,吸收人类现代文明进步新成果的基础上提出来的,它凝结着几代共产党人带领人民群众建设中国特色社会主义的心血,是对党的三代中央领导集体关于发展思想的继承、丰富和升华。新中国成立后,我们党始终高度重视发展问题,对如何解决中国的发展问题、中国应该走什么样的发展道路进行了长期不懈的思考和探索。以毛泽东、邓小平、江泽民同志为核心的党的三代中央领导集体,在不同的历史时期,面对不同的历史任务,深入探索我国社会主义经济、政治、文化建设的规律,形成了一系列关于发展的重要思想,为我国社会主义的建设和发展作出了卓越的理论贡献。十六大以来,以胡锦涛同志为总书记的新一届中央领导集体,着眼于新世纪新阶段党和国家事业发展的全局,坚持以邓小平理论和"三个代表"重要思想为指导,在深入分析我国发展阶段性特征和准确把握世界发展趋势的基础上,提出了以人为本、全面协调可持续的科学发展观,进一步回答了新形势下什么是发展、为什么发展和怎样发展的问题,用一系列新思想、新观点、新论断深化了对发展问题的认识,极大地丰富了马克思主义的发展理论。科学发展观集中反映了社会主义的本质和社会主义建设的内在规律,标志着我们党对发展的意义有了更深刻的理解,对发展的要求有了更清醒的认识,对发展的内涵有了更全面的概括。

科学发展观的第一要义是发展,强调必须坚持以经济建设为中心,坚持用发展的办法解决前进中的问题,大力解放和发展社会生产力,不断增强综合国力,为实现社会全面进步和人的全面发展打下坚实的物质基础。

科学发展观的核心是以人为本,强调以实现人的全面发展为目标,从最广大人民的根本利益出发谋发展、促发展,不断满足人民群众日益增长的物质文化需求,切实保障人民群众的基本权益,让发展的成果惠及全体人民。

科学发展观的基本要求是全面、协调、可持续,强调统筹城乡发展、统筹区域发展、统筹经济社会发展、统筹人与自然和谐发展、统筹国内发展和对外开放,推进经济发展和人口、资源、环境相协调,坚持走生产发展、生活富裕、生态良好的文明发展道路,保证一代接一代地永续发展。

科学发展观的重要贡献是把我国现代化建设的总体布局由社会主义经济、政治、文化建设"三位一体"发展为包括社会建设在内的"四位一体",强调全面推进经济、政治、文化和社会建设,努力使生产力与生产关系、经济基础与上层建筑相互协调,使社会主义物质文明、政治文明、精神文明与和谐社会共同发展。

科学发展观的重要特征是坚持和平发展,强调奉行独立自主的和平外交政策,主要依靠自己的力量实现发展目标,坚定不移地走和平发展的道路,坚定不移地维护国家的主权和安全,同世界各国一道努力建设持久和平、共同繁荣的和谐世界。

科学发展观是我们党运用马克思主义立场、观点、方法分析和解决当代中国发展问题的重大理论创新成果,与邓小平理论和"三个代表"重要思想关于发展的思想一脉相承,反映了我们党对发展问题的新认识,是推动经济社会发展、加快推进社会主义现代化必须长期坚持的重要指导思想。

(原载《人民日报》2005 年 11 月 15 日)

一部与时俱进的马克思主义纲领性文献

——略论十七大报告中的新思想、新论断、新要求、新举措

党的十七大是在我国改革发展关键阶段召开的一次具有里程碑意义的大会。胡锦涛同志在十七大上所作的报告描绘了在新的时代条件下继续全面建设小康社会、加快推进社会主义现代化的宏伟蓝图，是全党全国各族人民智慧的结晶，是我们党团结带领全国各族人民坚定不移走中国特色社会主义道路、在新的历史起点上继续发展中国特色社会主义的政治宣言和行动纲领。报告主题鲜明、内涵丰富、思想深刻、论述精辟，其中所包含的一系列新思想、新论断、新要求、新举措，系统反映了我们党发展马克思主义的最新成果，反映了我们党探索中国特色社会主义道路的最新经验，反映了我们党面对新形势、新任务提出的最新思路。下面我根据自己的学习和理解，对十七大报告中的新思想、新论断、新要求、新举措进行初步的梳理和解读。

1. 第一次提出了解放思想是"一大法宝"。长期以来，我们党一直把武装斗争、统一战线和党的建设作为夺取胜利的法宝。这次党的十七大报告一开始就明确提出"解放思想是发展中国特色社会主义的一大法宝"，充分反映了解放思想的地位和作用，进一步丰富和发展了我们党的"法宝论"。解放思想作为我们党的思想路线的本质要求，是研究新情况、解决新问题、开拓新局面的强大思想武器，在机遇前所未有、挑战前所未有的今天，我们党突出强调解放思想，有其特殊重要的意义。尽管党的十四大报告曾经有过"解放思想，实事求是，是建设有中国特色社会主义理论的精髓，是保证我们党永葆蓬勃生机的法宝"这一论断，但十七大报告直接把"解放思想"明确为发展中国特色社会主义的"一大法宝"，这在我们党的历史上还是第一次。

2. 第一次提出了发展中国特色社会主义的基本要求。党的十七大报告首次提出了"发展中国特色社会主义"的命题,并指出:"科学发展、社会和谐是发展中国特色社会主义的基本要求。"科学发展、社会和谐,既反映了中国特色社会主义事业的新发展,体现了全党全国各族人民的共同愿望,又反映了我们党对社会主义建设规律的新认识,体现了建设富强民主文明和谐的社会主义现代化国家的内在要求。科学发展、社会和谐,作为发展中国特色社会主义的基本要求,将贯穿于发展中国特色社会主义的全过程。

3. 第一次对我们的工作与人民的期待之间的差距以及前进中面临的困难作出了新概括。十七大报告在系统概括了十六大以来中国特色社会主义事业取得的巨大成就后,明确指出"我们的工作与人民的期待还有不小差距,前进中还面临不少困难和问题",并概括了现阶段存在的八个方面的突出问题,这就是:(1)经济增长的资源环境代价过大;(2)城乡、区域、经济社会发展仍然不平衡;(3)农业稳定发展和农民持续增收难度加大;(4)劳动就业、社会保障、收入分配、教育卫生、居民住房、安全生产、司法和社会治安等方面关系群众切身利益的问题仍然较多,部分低收入群众生活比较困难;(5)思想道德建设有待加强;(6)党的执政能力同新形势新任务不完全适应,对改革发展稳定一些重大实际问题的调查研究不够深入;(7)一些基层党组织软弱涣散;(8)少数党员干部作风不正,形式主义、官僚主义问题比较突出,奢侈浪费、消极腐败现象比较严重。这一概括,不仅反映了我们党在前进过程中的清醒理性,反映了我们党对将继续认真解决这些问题的坚强决心,而且突出彰显了我们党对人民期待的高度关切,对群众切身利益和民生问题的高度重视。

4. 第一次用"三个就是要"对改革开放的目的作出了系统揭示。改革开放是我们党在新的时代条件下带领人民进行的新的伟大革命,过去党的文献对于这场伟大革命的目的虽曾有过表述,但用"三个就是要"来全面阐述改革开放目的的,党的十七大报告是第一次。报告指出:"目的就是要解放和发展社会生产力,实现国家现代化,让中国人民富裕起来,振兴伟大的中华民族;就是要推动我国社会主义制度自我完善和发展,赋予社会主义新的生机活力,建设和发展中国特色社会主义;就是要在引领当代中国发展进步中加强和改进党的建设,保持和发展党的先进性,确保党始终走在时代前列。"这一概括,使改革开放的目的涵盖了从实现国家现代化、让中国人民富裕起来,到赋予社会主义新的生机活力,再到保持和发展党的先进性等重要方面,揭示了改革开放这场新的伟大革命的广泛性、深刻性。

5. 第一次用"三个最"对新时期波澜壮阔的历史进程作出了科学概括。以党的十一届三中全会为标志的这场历史上从未有过的大改革大开放,使我国成功实现了从高度集中的计划经济体制到充满活力的社会主义市场经济体制、从封闭半封闭到全方位开放的伟大历史转折。那么,应当如何认识这一历史进程呢？十七大报告用"新时期最鲜明的特点是改革开放"、"新时期最显著的成就是快速发展"、"新时期最突出的标志是与时俱进"这"三个最"的句式为领衔的三个自然段,对新时期历史进程的内在规定性作出了科学概括。这一概括,揭示了新时期从生产力到生产关系、从经济基础到上层建筑、从党领导的伟大事业到党的建设新的伟大工程所发生的历史性变化。

6. 第一次明确提出了"改革开放是决定当代中国命运的关键抉择,是发展中国特色社会主义、实现中华民族伟大复兴的必由之路"的科学论断。改革开放作为一场新的伟大革命,是在坚持社会主义基本制度前提下,自觉调整生产关系和上层建筑的各个方面和各个环节,以适应初级阶段生产力发展水平和实现现代化的历史要求。在社会主义初级阶段国情下发展中国特色社会主义,是前无古人的伟大创举,必须围绕发展社会生产力这个根本任务,通过深化改革解决体制转变中的深层次矛盾和关键问题,通过扩大开放吸收和借鉴世界各国包括资本主义发达国家的先进技术和管理经验。新时期29年来,我国综合国力大幅度跃升、人民生活总体上达到小康水平、社会长期保持安定团结、国际地位和影响力显著增强的事实证明,十七大报告关于"改革开放是决定当代中国命运的关键抉择,是发展中国特色社会主义、实现中华民族伟大复兴的必由之路"的论断是完全正确的。与此同时,十七大报告还用"改革开放符合党心民心、顺应时代潮流,方向和道路是完全正确的,成效和功绩不容否定,停顿和倒退没有出路"、"只有改革开放才能发展中国、发展社会主义、发展马克思主义"这样两段振聋发聩的论述,充分肯定了改革开放的历史地位和作用,为进一步澄清人们的思想认识,继续坚定不移地推进改革开放奠定了思想基础。

7. 第一次明确提出了我们党新时期在理论探索上的"三大觉醒"。十七大报告指出:"我们党坚持马克思主义的思想路线,不断探索和回答什么是社会主义、怎样建设社会主义,建设什么样的党、怎样建设党,实现什么样的发展、怎样发展等重大理论和实际问题,不断推进马克思主义中国化,坚持并丰富党的基本理论、基本路线、基本纲领、基本经验。"这段论述表明,新时期我们党在理论探索上经历的"三大觉醒"就是:一是什么是社会主义、怎样建设社会主义;二是建设什么样的党、怎样建设党;三是实现什么样的发展、怎样发展。改革开放以来,我们党正是在不断探索和回答这三个重大理论和实际问题的过程中,不断推进马克思主义中国化,形成邓小平理论、"三个代表"重要思想以及科学发展观等重大战略思想的。其中,第一个觉醒以邓小平理论的创立为标志,主要解决了党在社会主义初级阶段的兴国之要、立国之本、强国之路这一系列带根本性的问题;第二个觉醒以"三个代表"重要思想的创立为标志,主要解决了我们党的立党之本、执政之基、力量之源这一系列带根本性的问题;第三个觉醒以科学发展观等重大战略思想的提出为标志,主要解决了发展之本、发展方式、发展规律这一系列带根本性的问题。

8. 第一次用"十个结合"系统概括了巩固和发展社会主义的宝贵经验。十七大报告概括的"十个结合"是:(1)把坚持马克思主义基本原理同推进马克思主义中国化结合起来;(2)把坚持四项基本原则同坚持改革开放结合起来;(3)把尊重人民首创精神同加强和改善党的领导结合起来;(4)把坚持社会主义基本制度同发展市场经济结合起来;(5)把推动经济基础变革同推动上层建筑改革结合起来;(6)把发展社会生产力同提高全民族素质结合起来;(7)把提高效率同促进社会公平结合起来;(8)把坚持独立自主同参与经济全球化结合起来;(9)把促进改革发展同保持社会稳定结合起来;(10)把推进中国特色社会主义伟大事业同推进党的建设新的伟大工程结合起来。这"十个结合",既是我们党在改革开放历史进程中伟大实践的生动展示,也是我们这样一个十几亿人口的发展中大国摆脱贫困、加快实现现代化基本经验的深刻揭示,对于巩固和发展社会主义具有十分重要的意义。

9. 第一次对"中国特色社会主义道路"作出了科学概括。尽管党的十三大报告就宣告我们党已开始找到一条建设有中国特色的社会主义道路,但对这条道路的完整表述,则是在党的十三大、十四大、十五大、十六大相继提出党在社会主义初级阶段的基本理论、基本路线、基本纲领、基本经验的基础上,由党的十七大第一次提出来的。十七大报告指出:"中国特色社会主义道路,就是在中国共产党领导下,立足基本国情,以经济建设为中心,坚持四项基本原则,坚持改革开放,解放和发展社会生产力,巩固和完善社会主义制度,建设社会主义市场经济、社会主义民主政治、社会主义先进文化、社会主义和谐社会,建设富强民主文明和谐的社会主义现代化国家。"强调:"在当代中国,坚持中国特色社会主义道路,就是真正坚持社会主义。"这段论述作为对"中国特色社会主义道路"的科学概括,表明我们党经过改革开放29年的实践探索,对于什么是中国特色社会主义、怎样建设中国特色社会主义的认识,已比提出中国特色社会主义这个命题之时大大地丰富和深化了。

10. 第一次提出了"中国特色社会主义理论体系"这一科学概念。十七大报告指出:"中国特色社会主义理论体系,就是包括邓小平理论、'三个代表'重要思想以及科学发展观等重大战略思想在内的科学理论体系。"强调:"在当代中国,坚持中国特色社会主义理论体系,就是真正坚持马克思主义。"这段论述,既明确了"中国特色社会主义理论体系"与马克思列宁主义、毛泽东思想之间的关系,强调它是马克思主义中国化的最新成果,是党最可宝贵的政治和精神财富,又阐述了"中国特色社会主义理论体系是不断发展的开放的理论体系",强调全党同志要坚持解放思想、实事求是、与时俱进,勇于变革、勇于创新,永不僵化、永不停滞,不为任何风险所惧,不被任何干扰所惑,使中国特色社会主义道路越走越宽广,让当代中国马克思主义放射出更加灿烂的真理光芒。

11. 第一次对"中国特色社会主义伟大旗帜"作出了明确解释。高举中国特色社会主义伟大旗帜,这是人们耳熟能详的口号,但很多人对它的确切内涵并不清楚。十七大报告对此作出了十分精要的解释,指出:"改革开放以来我们取得一切成绩和进步的根本原因,归结起来就是:开辟了中国特色社会主义道路,形成了中国特色社会主义理论体系。高举中国特色社会主义伟大旗帜,最根本的就是要坚持这条道路和这个理论体系。"这段论述告诉我们,中国特色社会主义作为一面伟大旗帜、一条正确道路、一个理论体系,三者是一个相互贯通、不可分割的完整的统一体。

12. 第一次对科学发展观的科学定位作出了明确表述。十七大报告指出:"科学发展观,是对党的三代中央领导集体关于发展的重要思想的继承和发展,是马克思主义关于发展的世界观和方法论的集中体现,是同马克思列宁主义、毛泽东思想、邓小平理论和'三个代表'重要思想既一脉相承又与时俱进的科学理论,是我国经济社会发展的重要指导方针,是发展中国特色社会主义必须坚持和贯彻的重大战略思想。"这是党的十七大对科学发展观作出的科学定位,也是党的十七大的一个重要历史贡献。它表明,科学发展观是在继承和发展党的三代中央领导集体关于发展的重要思想的基础上提出来的,是马克思主义关于发展的世界观和方法论的集中体现,不仅借鉴了国外的发展经验,而且适应了新世纪新阶段的发展要求,因而是我国经济社会发展的重要指导方针,是发展中国特色社会主义必须坚持和贯彻的重大战略思想。

13. 第一次用"两个没有变"和"六个新"对"当前我国发展的阶段性特征"作出了明确概括。所谓"两个没有变",就是"我国仍处于并将长期处于社会主义初级阶段的基本国情没有变,人民日益增长的物质文化需要同落后的社会生产之间的矛盾这一社会主要矛盾没有变"。所谓"六个新",就是"我国全面参与经济全球化的新机遇新挑战","工业化、信息化、城镇化、市场化、国际化深入发展的新形势新任务","我国发展面临的新课题新矛盾"。对于"两个没有变",我们要长期坚持并保持清醒头脑;对于"六个新",我们要坚持科学分析、全面认识、深刻把握,因为"当前我国发展的阶段性特征,是社会主义初级阶段基本国情在新世纪新阶段的具体表现"。这"两个没有变"和"六个新"结合起来,就表现为当前我国发展的新的阶段性特征,具体就是十七大报告概括的八个方面:(1)经济实力显著增强,同时生产力水平总体上还不高,自主创新能力还不强,长期形成的结构性矛盾和粗放型增长方式尚未根本改变;(2)社会主义市场经济体制初步建立,同时影响发展的体制机制障碍依然存在,改革攻坚面临深层次矛盾和问题;(3)人民生活总体上达到小康水平,同时收入分配差距拉大趋势还未根本扭转,城乡贫困人口和低收入人口还有相当数量,统筹兼顾各方面利益难度加大;(4)协调发展取得显著成绩,同时农业基础薄弱、农村发展滞后的局面尚未改变,缩小城乡、区域发展差距和促进经济社会协调发展任务艰巨;(5)社会主义民主政治不断发展、依法治国基本方略扎实贯彻,同时民主法制建设与扩大人民民主和经济社会发展的要求还不完全适应,政治体制改革需要继续深化;(6)社会主义文化更加繁荣,同时人民精神文化需求日趋旺盛,人们思想活动的独立性、选择性、多变性、差异性明显增强,对发展社会主义先进文化提出了更高要求;(7)社会活力显著增强,同时社会结构、社会组织形式、社会利益格局发生深刻变化,社会建设和管理面临诸多新课题;(8)对外开放日益扩大,同时面临的国际竞争日趋激烈,发达国家在经济科技上占优势的压力长期存在,可以预见和难以预见的风险增多,统筹国内发展和对外开放要求更高。这八个方面的阶段性特征表明,我国已进入发展的关键时期、改革的攻坚时期和社会矛盾的频发时期。

14. 第一次全面揭示了科学发展观的科学内涵。十七大报告用"第一要义是发展,核心是以人为本,基本要求是全面协调可持续,根本方法是统筹兼顾"这样四句简洁明了的语言表达了科学发展观的科学内涵,既通俗又准确。

15. 第一次对科学发展观视野中的"发展"作出了全面阐述。发展作为第一要义,当然首先是经济发展,要求牢牢扭住经济建设这个中心,不断解放和发展社会生产力,但十七大报告同时要求"着力把握发展规律、创新发展理念、转变发展方式、破解发展难题,提高发展质量和效益,实现又好又快发展",强调要"努力实现以人为本、全面协调可持续的科学发展,实现各方面事业有机统一、社会成员团结和睦的和谐发展,实现既通过维护世界和平发展自己、又通过自身发展维护世界和平的和平发展",从而使科学发展、和谐发展、和平发展融为了一体。

16. 第一次对科学发展观视野中的"以人为本"作出了明确界定。十七大报告指出:"全心全意为人民服务是党的根本宗旨,党的一切奋斗和工作都是为了造福人民。要始终把实现好、维护好、发展好最广大人民的根本利益作为党和国家一切工作的出发点和落脚点,尊重人民主体地位,发挥人民首创精神,保障人民各项权益,走共同富裕道路,促进人的全面发展,做到发展为了人民、发展依靠人民、发展成果由人民共享。"这段论述表明,以人为本的"人"指的是最广大人民群众,在当代中国就是以工人、农民、知识分子等劳动者为主体,包括社会各阶层在内的广大人民群众;以人为本的"本"指的是根本,就是一切工作的出发点和落脚点,就是要牢记党的根本宗旨,始终做到权为民所用、情为民所系、利为民所谋,始终把最广大人民的根本利益作为我们一切工作的最高标准,切实把立党为公、执政为民的要求具体地、深入地落实到党和国家制定与实施方针政策的工作中去,落实到各级领导干部的思想和行动中去,落实到关心群众生产生活的工作中去。我们党把以人为本确立为科学发展观的核心,就意味着科学回答了为谁发展、靠谁发展、发展成果如何分配等一系列基本问题。

17. 第一次对科学发展观视野中的"全面协调可持续"作出了全面阐述。按照十七大报告的论述,要实现全面协调可持续发展,就不仅要"全面推进经济建设、政治建设、文化建设、社会建设,促进现代化建设各个环节、各个方面相协调,促进生产关系与生产力、上层建筑与经济基础相协调",而且要"实现速度和结构质量效益相统一、经济发展与人口资源环境相协调,使人民在良好生态环境中生产生活,实现经济社会永续发展"。科学发展观所追求的全面发展,就是要按照中国特色社会主义事业总体布局,以经济建设为中心,全面推进中国特色社会主义经济、政治、文化、社会建设。科学发展观所追求的协调发展,就是各方面的发展要相互适应,就是要统筹城乡发展、统筹区域发展、统筹经济社会发展、统筹人与自然和谐发展、统筹国内发展和对外开放,促进现代化建设各个环节、各个方面相协调,促进生产关系与生产力、上层建筑与经济基础相协调。科学发展观所追求的可持续发展,就是要坚持生产发展、生活富裕、生态良好的文明发展道路,建设资源节约型、环境友好型社会,实现速度和结构质量效益相统一、经济发展与人口资源环境相协调,使人民在良好生态环境中生产生活,实现经济社会永续发展。

18. 第一次对科学发展观视野中的"统筹兼顾"作出了全面阐述。按照十七大报告的论述,坚持统筹兼顾,不仅要"正确认识和妥善处理中国特色社会主义事业发展中的重大关系,统筹城乡发展、区域发展、经济社会发展、人与自然和谐发展、国内发展和对外开放,统筹中央和地方关系,统筹个人利益和集体利益、局部利益和整体利益、当前利益和长远利益,充分调动各方面积极性",而且要"统筹国内国际两个大局,树立世界眼光,加强战略思维,善于从国际形势发展变化中把握发展机遇、应对风险挑战,营造良好国际环境"。从方法论的意义上说,统筹兼顾作为科学发展观的根本方法,就是要求正确认识和妥善处理中国特色社会主义事业中的重大关系,既总揽全局、统筹规划,又抓住牵动全局的主要工作、事关群众利益的突出问题,着力推进、重点突破。

19. 第一次阐述了深入贯彻落实科学发展观与坚持党的基本路线的辩证

关系。十七大报告指出："党的基本路线是党和国家的生命线，是实现科学发展的政治保证。以经济建设为中心是兴国之要，是我们党、我们国家兴旺发达和长治久安的根本要求；四项基本原则是立国之本，是我们党、我们国家生存发展的政治基石；改革开放是强国之路，是我们党、我们国家发展进步的活力源泉。"这就告诉我们，一方面，深入贯彻落实科学发展观，必须始终坚持"一个中心、两个基本点"的基本路线，牢牢扭住经济建设这个中心不放松，坚持四项基本原则不动摇，坚持改革开放不动摇；另一方面，坚持党的基本路线，必须深入贯彻落实科学发展观，坚持把发展作为党执政兴国的第一要务，坚持以人为本，坚持全面协调可持续发展，坚持统筹兼顾，使深入贯彻落实科学发展观与始终坚持党的基本路线统一于发展中国特色社会主义的伟大实践。

20. 第一次阐述了科学发展与社会和谐之间不可分割的内在统一性。十七大报告第一次提出了"社会和谐是中国特色社会主义的本质属性"的命题，强调"构建社会主义和谐社会是贯穿中国特色社会主义事业全过程的长期历史任务，是在发展的基础上正确处理各种社会矛盾的历史过程和社会结果"。同时还揭示了科学发展与社会和谐之间内在统一的关系，强调"没有科学发展就没有社会和谐，没有社会和谐也难以实现科学发展"，"要通过发展增加社会物质财富、不断改善人民生活，又要通过发展保障社会公平正义、不断促进社会和谐"。

21. 第一次明确提出了"提高改革决策的科学性，增强改革措施的协调性"要求。十七大报告不仅要求把改革创新精神贯彻到治国理政各个环节，毫不动摇地坚持改革方向，着力构建充满活力、富有效率、更加开放、有利于科学发展的体制机制，而且要求"坚持把改善人民生活作为正确处理改革发展稳定关系的结合点，使改革始终得到人民拥护和支持"。与此同时，十七大报告还要求全党同志"增强贯彻落实科学发展观的自觉性和坚定性，着力转变不适应不符合科学发展观的思想观念，着力解决影响和制约科学发展的突出问题，把全社会的发展积极性引导到科学发展上来，把科学发展观贯彻落实到经济社会发展各个方面"。

22. 第一次系统描绘了实现全面建设小康社会奋斗目标的新要求。十七大报告从"增强发展协调性，努力实现经济又好又快发展"、"扩大社会主义民主,更好保障人民权益和社会公平正义"、"加强文化建设,明显提高全民族文明素质"、"加快发展社会事业,全面改善人民生活"、"建设生态文明,基本形成节约能源资源和保护生态环境的产业结构、增长方式、消费模式"等五个方面,系统描绘了中国特色社会主义经济建设、政治建设、文化建设、社会建设的基本目标和基本政策,反映了在十六大确立的全面建设小康社会目标基础上对我国发展提出的新的更高要求。其中,特别引人注目的有两条:一是首次使用了"人均国内生产总值"的概念,并以"实现人均国内生产总值到2020年比2000年翻两番"的目标取代了十六大报告中"国内生产总值到2020年力争比2000年翻两番"的目标。人均概念的使用,意味着我们更加重视发展的普遍性、平衡性,比单纯计算总量来说无疑是一种更高的标准、更高的要求。二是首次使用了"生态文明"的概念,并要求在全社会牢固树立生态文明观念。所谓生态文明,是指人类在发展物质文明过程中保护和改善生态环境的成果,它表现为人与自然和谐程度的进步和人们生态文明观念的增强。生态文明以尊重和维护生态环境为主旨,以可持续发展为根据,以未来人类的继续发展为着眼点,强调人的自觉与自律,强调人与自然环境的友好相处,强调"天人合一"。把"生态文明"作为深入贯彻落实科学发展观的最强音来提出,这意味着我们党更加重视对生态环境质量的改善,更加致力于实现人与自然的和谐发展,更加自觉地追求资源和环境的可持续,宣示了党和国家对于环境保护的强烈政治意志。从社会主义物质文明、精神文明,到社会主义政治文明,再到生态文明,我们党科学发展、社会和谐的理念经历了又一次升华。

23. 第一次用"五个成为"展示了我国实现全面建设小康社会目标之时的光明前景。十七大报告指出:"到2020年全面建设小康社会目标实现之时,我们这个历史悠久的文明古国和发展中社会主义大国,将成为工业化基本实现、综合国力显著增强、国内市场总体规模位居世界前列的国家,成为人民富裕程度普遍提高、生活质量明显改善、生态环境良好的国家,成为人民享有更加充分民主权利、具有更高文明素质和精神追求的国家,成为各方面制度更加完善、社会更加充满活力而又安定团结的国家,成为对外更加开放、更加具有亲和力、为人类文明作出更大贡献的国家。"这"五个成为"内涵丰富,鼓舞人心,激励斗志。其中最引人注目的是首次把"更加具有亲和力"写进了国家的建设目标,这意味着中国传统文化的精髓——"和合文化"在今天将得到进一步弘扬。

24. 第一次明确提出了"五条具体发展道路",使中国特色社会主义道路有了更加丰富的内涵。十七大报告在阐述当代中国的发展战略时,先后提出了五条具体的发展道路,即:中国特色自主创新道路、中国特色新型工业化道路、中国特色农业现代化道路、中国特色城镇化道路、中国特色社会主义政治发展道路。这五条具体发展道路,作为中国特色社会主义道路的重要的有机组成部分,既是我们改革开放以来在实践中探索出来的,也是在新世纪新阶段发展中国特色社会主义必须始终坚持的。五条具体发展道路作为一个整体来提出,意味着我们党在中国特色社会主义的道路上,无论是理论创新还是实践探索都达到了一个新的水平。

25. 第一次突出强调了"信息化"在新形势新任务中的重要地位。现代经济是知识经济,当今时代是信息时代,现代社会是信息社会。信息产业、信息技术、信息化趋势的发展,不仅速度日益加快,而且影响的广度、深度都在日益深化,对于国家发展和社会进步的作用在日益扩大。信息化正在成为全球竞争的战略重点、成为促进科学发展的重要手段、成为推进社会主义和谐社会建设的有效途径,信息技术的重大突破正在孕育着生产力的新飞跃。所以十七大报告在要求认清我国发展的阶段性特征时特别强调,要"全面认识工业化、信息化、城镇化、市场化、国际化深入发展的新形势新任务",并要求"大力推进信息化与工业化融合"。

26. 第一次提出了"转变经济发展方式"的概念。十七大报告在全面部署经济建设时把"在加快转变经济发展方式、完善社会主义市场经济体制方面取得重大进展"作为实现未来经济发展目标的关键,强调"加快转变经济发展方式"是关系国民经济全局紧迫而重大的战略任务。在这里,十七大报告首次使用了"转变经济发展方式"概念,用以取代自党的十四届五中全会以来一直使用的"转变经济增长方式"概念。由转变经济增长方式到转变经济发展方式,不仅仅是两个字的改变,而是包含了更加丰富的内容,在涵盖经济增长方式的同时,体现了我们党对新世纪新阶段我国发展理念上的深化,道路上的拓展,国际环境认识上的提升。

27. 第一次提出了"从制度上更好发挥市场在资源配置中的基础性作

用"的论断。从党的十四大报告"要使市场在社会主义国家宏观调控下对资源配置起基础性作用",到十五大报告"进一步发挥市场对资源配置的基础性作用",再到十六大报告"在更大程度上发挥市场在资源配置中的基础性作用",反映了我们党对市场作用的认识在不断深化。这次十七大报告"从制度上更好发挥市场在资源配置中的基础性作用"的论断,是我们党在总结近年来经济体制改革实践的基础上,从完善社会主义市场经济体制出发,对发挥市场配置资源作用提出的新要求。之所以突出强调"从制度上"这四个字,是因为实践中由于没有制度化的硬约束,市场对资源配置的基础性作用常常不能得到有效发挥,它反映了我们对制度杠杆越来越重视。

28. 突出强调了公益性质,并第一次提出要支持"社会公益性技术研究"。十七大报告至少在四个地方强调了"公益性质"问题:一是在文化建设方面,强调"坚持把发展公益性文化事业作为保障人民基本文化权益的主要途径",加大投入力度,加强社区和乡村文化设施建设,完善扶持公益性文化事业的政策;二是在发展教育事业方面,强调"坚持教育公益性质",加大财政对教育投入,规范教育收费,扶持贫困地区、民族地区教育,健全学生资助制度,保障经济困难家庭、进城务工人员子女平等接受义务教育;三是在建立基本医疗卫生制度方面,强调"坚持公共医疗卫生的公益性质",强化政府责任和投入,完善国民健康政策,鼓励社会参与,建设覆盖城乡居民的公共卫生服务体系、医疗服务体系、医疗保障体系、药品供应保障体系,为群众提供安全、有效、方便、价廉的医疗卫生服务;四是在加快建设国家创新体系方面,强调支持"社会公益性技术研究"。这意味着科学发展观正在经济社会发展的各个方面得到贯彻落实,意味着我们党对人民群众公共教育医疗文化权益的关切,对推进社会公共服务体系建设和加强政府公共服务职能的重视。

29. 第一次提出了加快经济发展方式实现"三大转变"问题。十七大报告指出:"坚持扩大国内需求特别是消费需求的方针,促进经济增长由主要依靠投资、出口拉动向依靠消费、投资、出口协调拉动转变,由主要依靠第二产业带动向依靠第一、第二、第三产业协同带动转变,由主要依靠增加物质资源消耗向主要依靠科技进步、劳动者素质提高、管理创新转变。"这"三大转变"的提出,反映了我们党对经济发展规律认识的深化;这"三大转变"能否实现,对于转变经济发展方式来说至关重要。因为增长主要是指国民生产总值的提高,它以产出量的增加作为衡量尺度,而发展较之增长具有更广泛的含义,既包括产出扩大,也包括分配结构的改善、社会的变迁、人与自然的和谐、生产水平和质量的提高,以及自由选择范围的扩大和公平机会的增加。也就是说,经济增长强调财富"量"的增加,而经济发展则强调经济"质"的提高。转变经济发展方式,不仅包含经济增长方式的转变,即从主要依靠增加资源投入和消耗来实现经济增长的粗放型增长方式,转变为主要依靠提高资源利用效率来实现经济增长的集约型增长方式,而且包括结构、质量、效益、生态平衡和环境保护等方面的转变。

30. 第一次提出了"形成城乡经济社会发展一体化新格局"的论断。十七大报告指出:要"建立以工促农、以城带乡长效机制,形成城乡经济社会发展一体化新格局"。这是我们党对统筹城乡发展提出的新方针和新要求,是打破城乡二元结构、加快农业和农村发展、促进农民富裕的根本途径,为下一步推进城乡经济社会协调发展指明了方向。这意味着,一是要着力推进城乡发展规划一体化;二是要着力推进城乡基础设施建设一体化;三是要着力推进城乡公共服务一体化;四是要着力推进城乡劳动力就业一体化;五是要着力推进城乡社会管理一体化。

31. 第一次突出强调了"实现基本公共服务均等化"问题。十七大报告至少在两个地方明确提出了"基本公共服务均等化"问题:一是强调"缩小区域发展差距,必须注重实现基本公共服务均等化,引导生产要素跨区域合理流动"。二是提出"围绕推进基本公共服务均等化和主体功能区建设,完善公共财政体系"。在我国,区域之间、城乡之间的基本公共服务不均等是一个不争的客观事实,它直接导致了人民生活水平的巨大差距。因此,实现基本公共服务均等化,既是贯彻落实科学发展观的内在要求,也将是一个非常复杂、非常艰巨的过程。

32. 第一次提出了对非公有制经济实行"两个平等"原则。十七大报告指出:"坚持和完善公有制为主体、多种所有制经济共同发展的基本经济制度,毫不动摇地巩固和发展公有制经济,毫不动摇地鼓励、支持、引导非公有制经济发展,坚持平等保护物权,形成各种所有制经济平等竞争、相互促进新格局。"这是指导我国今后优化所有制结构的重要方针,意味着在我国今后的经济生活中不再允许有各种所有制经济之间不平等保护、不平等竞争的现象存在,公有制经济受特殊优待、受特殊照顾,非公有制经济受歧视的时代宣告结束了。

33. 第一次提出了"人民民主是社会主义的生命"的论断。十七大报告指出:"人民民主是社会主义的生命。发展社会主义民主政治是我们党始终不渝的奋斗目标。"这是对我们党领导人民发展社会主义民主政治的伟大历程和显著成就的科学总结,是激励全党全国各族人民为推进中国特色社会主义民主政治制度化、规范化、程序化而继续奋斗的重要论断,也是我们党对科学社会主义理论的重大发展。"人民民主是社会主义的生命"的论断,意味着没有人民民主就没有社会主义,发展中国特色社会主义就必须发展社会主义民主,意味着社会主义愈发展,民主也愈发展。

34. 第一次提出了政治体制改革"必须随着经济社会发展而不断深化"的观点。十七大报告指出:"政治体制改革作为我国全面改革的重要组成部分,必须随着经济社会发展而不断深化,与人民政治参与积极性不断提高相适应。"如果我们把这一论断与十五大报告的"继续推进政治体制改革"、十六大报告的"继续积极稳妥地推进政治体制改革"相比较,就可以看出,我们党已经把政治体制改革放到了越来越重要的议事日程。特别值得注意的是,这里明确提出了考量政治体制改革问题的两个要素,即"随着经济社会发展而不断深化"、"与人民政治参与积极性不断提高相适应",从而为人们正确处理政治体制改革与其他方面体制改革的关系、正确把握政治体制改革进程提供了政策指导。政治体制改革之所以必须随着经济社会发展而不断深化,与人民政治参与积极性不断提高相适应,是由政治体制在经济社会发展中的作用和人民在政治体制改革中的地位所决定的。在整个经济社会发展过程中,政治体制改革既是一项重要内容,也是一个强大动力,因而政治体制改革不能脱离经济社会发展的总进程,而必须同这个总进程相协调、同步伐。人民是国家的主人,是包括推进政治体制改革在内的我国全面改革的主体,因而推进政治体制改革必须始终为了人民,同时又紧紧依靠人民。

35. 第一次提出了要保障人民的"表达权"。十七大报告指出:"要健全民主制度,丰富民主形式,拓宽民主渠道,依法实行民主选举、民主决策、民主管理、民主监督,保障人民的知情权、参与权、表达权、监督权。"表达权是一种重要的民主权利。保障表达权,就意味着必须保障人民有依法通过一定的渠道和方式自由表达自己意愿和诉求的权利,意味着必须改革和调整制约或限制人民行使表达权的各种不合时宜的制度规定和传统做法。

36. 第一次明确提出了"逐步实行城乡按相同人口比例选举人大代表"的举措。十七大报告指出:"保障人大代表依法行使职权,密切人大代表同人民的联系,建议逐步实行城乡按相同人口比例选举人大代表。"长期以来,我国人大代表的选举在城市和乡村是实行不同的人口比例的,而且城市远远高于乡村。严格说来,这样的规定是不符合社会公平正义原则的。因此,这一建议的提出并逐渐付诸实行,对于发展社会主义民主政治来说,其意义将是不可忽视的。

37. 第一次突出强调了"加强公民意识教育"的问题。十七大报告指出:"加强公民意识教育,树立社会主义民主法治、自由平等、公平正义理念。"培养公民意识,提高全社会政治素质,树立社会主义民主法治、自由平等、公平正义理念是发展中国特色社会主义民主政治的基础性工程。要从各个层次、各个领域扩大公民有序政治参与,最广泛地动员和组织人民依法管理国家事务和社会事务、管理经济和文化事业,就必须把公民意识教育摆上重要日程,通过加强公民意识教育来培养和造就具有社会主义民主法治、自由平等、公平正义理念的现代公民。因为没有正确的公民意识和民主政治观念,就不可能建立起真正好的制度;即使有了好的制度安排和设计,如果没有正确的公民意识和民主政治观念,也不可能真正有效地实行。可见,十七大报告突出强调的"加强公民意识教育"问题,对于实现现代化、发展社会主义民主政治来说都是十分重要的。

38. 第一次明确提出要把"发展基层民主,保障人民享有更多更切实的民主权利"作为发展社会主义民主政治的基础性工程来重点推进。十七大报告指出:"人民依法直接行使民主权利,管理基层公共事务和公益事业,实行自我管理、自我服务、自我教育、自我监督,对干部实行民主监督,是人民当家作主最有效、最广泛的途径,必须作为发展社会主义民主政治的基础性工程重点推进。"这一论断,充分反映了我们党对发展基层民主的高度重视,顺应了扩大人民群众有序政治参与的客观要求。

39. 第一次明确提出了"发挥宗教界人士和信教群众在促进经济社会发展中的积极作用"问题。十七大报告指出:"全面贯彻党的宗教工作基本方针,发挥宗教界人士和信教群众在促进经济社会发展中的积极作用。"这一论断反映了我们党对待宗教工作的新认识,反映了我们党关于最大限度地发挥一切积极因素作用,共同促进经济社会发展和社会主义和谐社会建设的价值取向。

40. 第一次提出了"探索实行职能有机统一的大部门体制"。十七大报告指出:"加大机构整合力度,探索实行职能有机统一的大部门体制,健全部门间协调配合机制。"这是我们党针对我国行政管理体制方面存在的机构设置过多、职责分工过细、协调配合不力的现状而提出的一项带有探索性、创造性的改革举措。所谓大部门体制,就是指把政府相同或者比较相近的职能加以整合,归入一个部门为主管理,其他有关部门协调配合,如"大食品"安全监管体制;或者把职能相同或比较相近的机构归并成一个较大的部门,如能源、交通、农业、信息、社会保障、知识产权等部门都有整合的必要和可能。当然,探索实行职能有机统一的大部门体制是一个复杂的课题,必须与行政管理体制方面的其他改革协调推进。

41. 第一次明确提出了"必须让权力在阳光下运行"的观念。十七大报告指出:"确保权力正确行使,必须让权力在阳光下运行。要坚持用制度管权、管事、管人,建立健全决策权、执行权、监督权既相互制约又相互协调的权力结构和运行机制。健全组织法制和程序规则,保证国家机关按照法定权限和程序行使权力、履行职责。完善各类公开办事制度,提高政府工作透明度和公信力。重点加强对领导干部特别是主要领导干部、人财物管理使用、关键岗位的监督,健全质询、问责、经济责任审计、引咎辞职、罢免等制度。落实党内监督条例,加强民主监督,发挥好舆论监督作用,增强监督合力和实效。"十七大报告提出"必须让权力在阳光下运行"的观念,是对改革开放以来我们党在探索权力制约和监督机制方面实践经验的总结,是对权力结构和运行机制认识的进一步深化,对于规范权力运行、从源头上防治腐败,对于深化我国政治体制改革,具有重大意义。因为"让权力在阳光下运行",有利于完善权力结构、规范权力运行、防止权力滥用,最大程度地减少权力"寻租"的机会,最大限度地提高政府工作透明度和公信力,从而保证人民赋予的权力始终用来为人民谋利益。

42. 第一次提出了"兴起社会主义文化建设新高潮","推动社会主义文化大发展大繁荣"。十七大报告指出："要坚持社会主义先进文化前进方向，兴起社会主义文化建设新高潮，激发全民族文化创造活力，提高文化软实力，使人民基本文化权益得到更好保障，使社会文化生活更加丰富多彩，使人民精神风貌更加昂扬向上。""要充分发挥人民在文化建设中的主体作用，调动广大文化工作者的积极性，更加自觉、更加主动地推动文化大发展大繁荣，在中国特色社会主义的伟大实践中进行文化创造，让人民共享文化发展成果。"这是我们党在准确把握我国经济社会发展对文化建设的新要求和物质生活改善后人民群众对文化工作的新期待基础上作出的重大部署，充分体现了我们党在新的历史条件下的高度文化自觉和勇于担当在推进中国特色社会主义事业进程中传承文化、繁荣文化历史责任的强烈使命意识。因为，兴起社会主义文化建设新高潮，推动社会主义文化大发展大繁荣，首先是我国经济社会发展到新水平后对文化建设提出的客观要求。改革开放近30年来，我国经济社会保持持续快速健康发展，经济实力和综合国力迈上新台阶，经济总量跃居世界第四位，人民生活总体达到小康水平，这在客观上必然要求文化有一个大发展大繁荣。但目前我国文化建设的总体实力和总体水平同经济社会发展还不相适应，同人民群众日益增长的精神文化需求还不相适应，同全面建设小康社会的要求还不相适应，同我国的国际地位还不相适应。我国的公共文化服务体系还很不健全，文化产业的总体规模还不大，文化产品的国际竞争力还不强。其次，兴起社会主义文化建设新高潮，推动社会主义文化大发展大繁荣，是在激烈的综合国力竞争中赢得主动的迫切需要。进入新世纪以来，文化软实力在综合国力竞争中的地位和作用越来越突出。文化与经济相互交融，经济较量中的文化因素日益凸显，经济发展越来越依赖于文化的支撑；文化产品与服务已作为独立的贸易形态，成为综合国力竞争的重要方面；文化领域已成为政治斗争和意识形态较量的主战场。

43. 第一次明确提出了"推动当代中国马克思主义大众化"的要求。十七大报告指出："开展中国特色社会主义理论体系宣传普及活动，推动当代中国马克思主义大众化。"中国特色社会主义理论体系，坚持和发展了马克思列宁主义、毛泽东思想，凝结了几代中国共产党人带领人民不懈探索实践的智慧和心血，是马克思主义中国化的最新成果，是党最可宝贵的政治和精神财富，是全国各族人民团结奋斗的共同思想基础。所谓马克思主义大众化，就是马克思主义基本原理由抽象到具体、由深奥到通俗、由被少数人理解掌握到被广大人民群众理解掌握的过程。推动当代中国马克思主义大众化,就是要大力开展中国特色社会主义理论体系宣传普及活动,赋予中国特色社会主义理论体系以通俗易懂的表现形式和入耳入脑的传播效果,以中国特色社会主义理论体系去武装党员、宣传人民、教育群众,使党员干部坚定信仰中国特色社会主义理论体系,人民群众理解掌握中国特色社会主义理论体系,不断巩固和发展全国各族人民团结奋斗的共同思想基础。这是继续推进马克思主义中国化的需要,也是使当代中国马克思主义进一步发挥对实践巨大指导作用的需要。

44. 第一次提出了"注重人文关怀和心理疏导"的要求。十七大报告指出:"加强和改进思想政治工作,注重人文关怀和心理疏导,用正确方式处理人际关系。"这一要求,充分体现了我们党思想政治工作以人为本的宗旨和与时俱进的创新,反映了科学发展观和构建社会主义和谐社会的根本要求。改革开放以来,我国经济社会生活的各个方面一直在经历着大变动、大变革、大变化的过程。而社会生活的急剧变化,工作和生活节奏的明显加快,竞争的日趋激烈,也导致了人们工作和生活压力的增大,各种心理障碍和精神疾病的大幅度增加,并由此引发了越来越多的社会问题。因此,缓解人的心理压力、促进人的心理健康、实现人的心理和谐,已经成为加强和改进思想政治工作,维护团结稳定、促进社会和谐的重大课题。这就要求思想政治工作必须坚持以人为本,着眼于促进人的全面发展,既教育人、引导人、鼓舞人,又尊重人、理解人、关心人,切实加强心理健康教育,积极关注人们的心理感受和需求,健全完善人文关怀和心理疏导机制。

45. 第一次提出了造就一批"中青年理论家"和"设立国家荣誉制度"的问题。十七大报告指出:"推进马克思主义理论研究和建设工程,深入回答重大理论和实际问题,培养造就一批马克思主义理论家特别是中青年理论家。""设立国家荣誉制度,表彰有杰出贡献的文化工作者。"尽管这两个论断的具体内容不同、适用范围不同,但都是我们党推动社会主义文化大发展大繁荣的重大举措,都充分体现了我们党对人才队伍建设的高度重视和对文化工作者的深切关怀,必将极大地调动广大文化工作者的积极性、主动性、创造性,有力地推动社会主义先进文化的发展和繁荣。

46. 第一次提出了"使全体人民学有所教、劳有所得、病有所医、老有所养、住有所居"的思想。十七大报告指出："社会建设与人民幸福安康息息相关。必须在经济发展的基础上,更加注重社会建设,着力保障和改善民生,推进社会体制改革,扩大公共服务,完善社会管理,促进社会公平正义,努力使全体人民学有所教、劳有所得、病有所医、老有所养、住有所居,推动建设和谐社会。"这是我们党从全面建设小康社会和构建社会主义和谐社会高度,从解决人民最关心、最直接、最现实的利益问题入手,在社会建设方面提出的目标和作出的承诺。教育是民生之基。学有所教,就是要坚持教育的公益性和普惠性,优先发展教育,促进教育公平,明确各级政府提供教育公共服务的职责,不断完善现代国民教育体系和终身教育体系,保障人民享有接受良好教育的机会。就业是民生之本,分配是民生之源。劳有所得,就是要坚持实施扩大就业的发展战略,千方百计为劳动者创造就业机会、提供就业岗位,使所有有劳动能力和就业愿望的劳动者都能实现就业,使更多劳动者成为创业者,使所有劳动者都能按照他们的贡献获得合理的劳动报酬。医疗是民生之需。病有所医,就是要坚持公共医疗卫生的公益性质,建设覆盖城乡居民的公共卫生服务体系、医疗服务体系、药品供应保障体系,为群众提供安全、有效、方便、价廉的医疗卫生服务,不至于使群众因为贫困而看不起病,也不至于因病致贫、因病返贫。保障是民生之盾。老有所养,就是要加快建立覆盖城乡居民的社会保障体系,促进企业、机关、事业单位基本养老保险制度改革,探索建立农村养老保险制度,发展老年社会福利事业,使所有老年人都能够分享发展成果,幸福地安度晚年。住房是民生之居。住有所居,就是要把解决住房问题作为改善民生的重要方面,始终把改善群众居住条件作为城市住房制度改革和房地产业发展的根本目的,健全廉租住房制度,加快中低价位普通居民住宅建设,逐步改善住房困难群众的居住条件。

47. 第一次提出了"初次分配和再分配都要处理好效率和公平的关系"。在收入分配领域如何处理效率和公平的关系,改革开放以来我们一直在探索。党的十四大第一次提出要"兼顾效率与公平",十四届三中全会提出要"体现效率优先、兼顾公平的原则"。党的十五大和十六大都明确提出要坚持效率优先、兼顾公平。十六大报告还提出:"初次分配注重效率,发挥市场的作用,鼓励一部分人通过诚实劳动、合法经营先富起来。再分配注重公平,加强政府对收入分配的调节职能,调节差距过大的收入。"十六届五中全会提出,要"注重社会公平,特别要关注就业机会和分配过程的公平"。十六届六中全会进一步提出,要"在经济发展的基础上,更加注重社会公平"。这就确立了处理效率和公平关系的基本原则,目的是既要适当拉开收入差距,以发挥收入分配的激励功能,又要防止收入差距过大导致社会不稳定。党的十七大报告在总结收入分配制度改革实践的基础上提出:"初次分配和再分配都要处理好效率和公平的关系,再分配更加注重公平。"这一论断,既坚持了效率优先、兼顾公平的原则,又更加注重公平,增强了解决收入分配领域矛盾和问题的针对性,是我们党从实际出发对效率和公平关系认识的不断深化和完善。初次分配和再分配是国民生产总值分配的两个基本环节。在市场经济条件下,初次分配关系主要由市场机制形成,生产要素价格由市场供求决定,因而初次分配收入存在一定的差距是不可避免的,这也有助于提高效率,但如果存在的差距过大,再分配就很难纠正过来。因此,初次分配中同样有一个处理好效率和公平关系的问题。再分配是政府在初次分配结果的基础上对要素收入进行再次调节的过程,主要通过税收、提供社会保障和社会福利、转移支付等方式进行,重点调节地区之间、城乡之间、部门之间、不同群体之间、在职人员与退休人员之间的收入关系,防止收入差距过大,保障低收入者基本生活。十七大报告强调再分配更加注重公平,就是要加大税收等经济杠杆对收入分配的调节力度,促进社会公平。当然,如果再分配的调节力度过大,出现奖懒罚勤效应,就会既损害初次分配的公平性,从而损害效率,同时又会反过来影响再分配的社会公平功能。因此,再分配同样也要注意促进效率。

48. 第一次提出了居民收入分配的"两个提高"政策。十七大报告指出:"逐步提高居民收入在国民收入分配中的比重,提高劳动报酬在初次分配中的比重。着力提高低收入者收入,逐步提高扶贫标准和最低工资标准,建立企业职工工资正常增长机制和支付保障机制。"这"两个提高"是我们党针对当前收入分配中存在的突出问题而提出的,是深化收入分配体制改革、增加城乡居民收入的重大举措。国民收入是由居民收入、企业收入、政府收入三部分构成的,合理调整这三者在国民收入中的比重,是社会主义市场经济条件下宏观经济管理的一项重要任务。据测算,从 2002 年以来,居民收入在国民收入中的比重呈持续下降的趋势,而企业收入和政府收入的比重则均呈上升的趋势。居民收入比重的下降,直接导致了居民消费对国内生产总值增长贡献率的下降,而这是不符合加快转变经济发展方式的要求的。"提高劳动报酬在初次分配中的比重",与提高居民收入在国民收入分配中的比重密切相关。在市场经济条件下,初次分配是劳动、资本、技术、管理、土地等生产要素按贡献参与分配的,是按照生产要素的市场价格来决定的,政府一般不加干预。但在我国,社会主义市场经济体制还不完善,生产要素市场发育不健全,一些生产要素的价格还没有市场化,还存在着垄断经营、分配秩序混乱等现象,因而初次分配中还存在着许多扭曲的现象,劳动报酬增长机制不健全、劳动报酬支付缺乏保障等就是其中的突出问题。所以,这"两个提高"对于建立健全合理有序的收入分配格局、转变经济发展方式、改善人民生活特别是普通劳动者的生活具有十分重要的意义。

49. 第一次提出了"让更多群众拥有财产性收入"的政策。十七大报告指出:"创造条件让更多群众拥有财产性收入。"这是一项与"健全劳动、资本、技术、管理等生产要素按贡献参与分配的制度"、"从制度上更好发挥市场在资源配置中的基础性作用"、"扩大中等收入者比重"等政策密切相联的重大政策,是经济领域深入贯彻落实科学发展观、促进国民经济又好又快发展的客观要求,有利于促进越来越多的人逐步进入中等收入行列,壮大中等收入者队伍,进而不断焕发出社会主义市场经济的强大生机和活力。

50. 第一次明确提出了构建社会主义和谐社会的"三个最大限度"。十七大报告指出:"最大限度激发社会创造活力,最大限度增加和谐因素,最大限度减少不和谐因素。"构建社会主义和谐社会是贯穿中国特色社会主义事业全过程的长期历史任务,是在发展的基础上正确处理各种社会矛盾的历史过程和社会结果。"三个最大限度",所指的就是要按照民主法治、公平正义、诚信友爱、充满活力、安定有序、人与自然和谐相处的总要求和共同建设、共同享有的原则,着力解决人民最关心、最直接、最现实的利益问题,努力形成全体人民各尽其能、各得其所而又和谐相处的局面,就是要通过发展增加社会物质财富、不断改善人民生活,通过正确处理各种社会利益关系来保障社会公平正义、不断促进社会和谐。归结起来,就是"要紧紧依靠人民,调动一切积极因素,努力形成社会和谐人人有责、和谐社会人人共享的生动局面"。

51. 第一次提出了"实现富国和强军的统一"原则。十七大报告指出："国防和军队建设,在中国特色社会主义事业总体布局中占有重要地位。必须站在国家安全和发展战略全局的高度,统筹经济建设和国防建设,在全面建设小康社会进程中实现富国和强军的统一。"这一论断,继承和发展了我们党一贯坚持的国防建设和经济建设必须协调发展的原则,充分体现了深入贯彻落实科学发展观的基本要求,是新世纪新阶段处理经济建设和国防建设关系必须遵循的指导方针。国家的富强离不开强大的军队,军队的强大也必须以国家富强为基础。它要求在整个全面建设小康社会的历史进程中,必须在协调推进经济建设、政治建设、文化建设、社会建设的同时,着力推进国防和军队建设,把国防和军队现代化建设融入国家现代化建设全局,使国防和军队现代化进程同国家现代化进程相协调相促进,始终成为国家安全和和平发展的坚强保障,真正实现富国和强军从历史过程到发展成果的全面统一。

52. 第一次提出了建设和谐世界的"五个共同"理念。为了共同分享发展机遇,共同应对各种挑战,推进人类和平与发展的崇高事业,推动建设持久和平、共同繁荣的和谐世界,十七大报告指出："应该遵循联合国宪章宗旨和原则,恪守国际法和公认的国际关系准则,在国际关系中弘扬民主、和睦、协作、共赢精神。政治上相互尊重、平等协商,共同推进国际关系民主化;经济上相互合作、优势互补,共同推动经济全球化朝着均衡、普惠、共赢方向发展;文化上相互借鉴、求同存异,尊重世界多样性,共同促进人类文明繁荣进步;安全上相互信任、加强合作,坚持用和平方式而不是战争手段解决国际争端,共同维护世界和平稳定;环保上相互帮助、协力推进,共同呵护人类赖以生存的地球家园。"这段论述,准确表达了我们党对当今世界格局和秩序合理走向的基本主张,深刻阐述了我们党所倡导的建设和谐世界理念,充分体现了中国共产党人以中国人民和世界人民根本利益为依归的博大胸怀。共同推进国际关系民主化,就是要做到各国国内的事情由本国人民自己决定,世界上的事情由各国人民通过平等协商共同决定。共同推动经济全球化朝着均衡、普惠、共赢方向发展,就是各国尤其是发达国家要本着互惠、共赢精神,在谋求自身繁荣发展的同时兼顾其他国家尤其是发展中国家的发展要求和权益,为发展中国家发挥自身优势、跟上时代前进步伐创造更好条件,在促进全人类共同发展中实现自身的更好发展。共同促进人类文明繁荣进步,就是各国人民应该摒弃因价值观和发展程度不同而引起的偏见和误解，携手维护人类文明的多样性，共同促进人类文明的持续发展。共同维护世界和平稳定，就是各国应该摒弃冷战思维，树立互信、互利、平等、协作的新安全观，加强相互交流、理解、合作，和平解决分歧和国际争端，共同维护地区和世界的和平稳定。共同呵护人类赖以生存的地球家园，就是各国应该站在全人类根本利益的高度，在《联合国气候变化框架公约》及其《京都议定书》框架内，按照共同但有区别的责任原则，加强国际协作，充分发挥有利于保护生态环境的各种技术的社会效应和生态效应，加大对发展中国家技术转让力度，努力形成世界各国在协力保护环境中共同发展、在优化环境中持续繁荣的良好局面，使人类赖以生存的地球家园能够持续造福人类的子孙后代。

53. 第一次提出了"以改革创新精神全面推进党的建设新的伟大工程"的思想。十七大报告指出："中国特色社会主义事业是改革创新的事业。党要站在时代前列带领人民不断开创事业发展新局面，必须以改革创新精神加强自身建设，始终成为中国特色社会主义事业的坚强领导核心。""党领导的改革开放既给党注入巨大活力，也使党面临许多前所未有的新课题新考验。世情、国情、党情的发展变化，决定了以改革创新精神加强党的建设既十分重要又十分紧迫。"这一重要思想，充分体现了我们党准确把握时代潮流和世界大势、具有与时俱进的远见卓识，充分体现了我们党正视自身存在问题、正确应对各种新课题新考验、不断加强执政能力建设和先进性建设的紧迫意识。

54. 第一次提出了"一条主线、五大重点"的党建工作总体布局。十七大报告指出："必须把党的执政能力建设和先进性建设作为主线，坚持党要管党、从严治党，贯彻为民、务实、清廉的要求，以坚定理想信念为重点加强思想建设，以造就高素质党员、干部队伍为重点加强组织建设，以保持党同人民群众的血肉联系为重点加强作风建设，以健全民主集中制为重点加强制度建设，以完善惩治和预防腐败体系为重点加强反腐倡廉建设，使党始终成为立党为公、执政为民，求真务实、改革创新，艰苦奋斗、清正廉洁，富有活力、团结和谐的马克思主义执政党。"这个总体布局，充分反映了以改革创新加强党的建设的总要求，体现了新世纪新阶段党的建设的根本思路，为新形势下全面推进党的建设新的伟大工程指明了努力方向，提供了检验标准。

55. 第一次对党员干部理想信念教育和思想道德建设提出了"一个模范、

四个者"的要求。十七大报告指出："加强党员、干部理想信念教育和思想道德建设,使广大党员、干部成为实践社会主义核心价值体系的模范,做共产主义远大理想和中国特色社会主义共同理想的坚定信仰者、科学发展观的忠实执行者、社会主义荣辱观的自觉实践者、社会和谐的积极促进者。"这段论述,集中概括了新世纪新阶段加强党员、干部理想信念教育和思想道德建设的根本要求,反映了新形势下进一步加强党的执政能力建设和先进性建设的目标任务,指明了建设高素质党员队伍和干部队伍的努力方向,揭示了新时期全面衡量党员、干部素质的根本标准。"一个模范、四个者"是一个有机联系的整体,统一于不断加强党的执政能力建设和先进性建设的实践之中,必须全面把握、认真落实。

56. 第一次明确提出了"尊重党员主体地位"的论断。十七大报告指出："党内民主是增强党的创新活力、巩固党的团结统一的重要保证。要以扩大党内民主带动人民民主,以增进党内和谐促进社会和谐。尊重党员主体地位,保障党员民主权利,推进党务公开,营造党内民主讨论环境。"这一论断与十七大报告提出的"尊重人民主体地位"思想一样,都是深入贯彻落实科学发展观的具体体现,反映了我们党对新形势下党的建设规律的新认识,体现了我们党积极推进党内民主建设的决心。

57. 第一次明确提出了党内民主建设的"三大制度"。十七大报告指出："完善党的代表大会制度,实行党的代表大会代表任期制,选择一些县(市、区)试行党代表大会常任制。完善党的地方各级全委会、常委会工作机制,发挥全委会对重大问题的决策作用。严格实行民主集中制,健全集体领导与个人分工负责相结合的制度,反对和防止个人或少数人专断。推行地方党委讨论决定重大问题和任用重要干部票决制。"任期制、常任制、票决制,就是我们党提出的推进党内民主建设的"三大制度"。这"三大制度",总结了多年试点经验基础上提出的完善党的代表大会制度和完善党的地方各级全委会、常委会工作机制的重大举措,是新时期推进党内民主建设的重要抓手,必将对党内民主建设产生重要的推动作用。

58. 第一次明确提出了"提高选人用人公信度"的论断。十七大报告指出："坚持正确用人导向,按照德才兼备、注重实绩、群众公认原则选拔干部,提高选人用人公信度。"这个论断,从根本上说就是要求干部工作必须走群众路线、坚持群众公认。随着社会主义民主政治的发展,人们对扩大干部工作民主的要求不断提高,迫切要求干部选拔任用更加自觉地坚持走群众路线,拓宽发扬民主的渠道,改进群众参与的方式,进一步落实广大党员和群众对干部选拔任用工作的知情权、参与权、选择权、监督权,形成公开、平等、竞争、择优的用人环境。十七大报告强调提高选人用人公信度,对于坚持新时期干部选拔任用的根本标准,按照德才兼备、注重实绩、群众公认原则选拔干部,坚持正确用人导向,具有很强的现实针对性。

59. 第一次对全党同志特别是领导干部提出了"讲党性、重品行、作表率"的要求。党员特别是领导干部的作风是党的作风的重要体现,关系党的凝聚力和号召力,反映党的执政能力和执政水平,影响党和国家事业的发展。所以十七大报告在谈到切实改进党的作风问题时特别指出:"全党同志特别是领导干部都要讲党性、重品行、作表率。"这一论断,为广大党员尤其是领导干部进一步加强作风建设提出了新的要求,明确了努力方向。讲党性,就是要始终牢记党的根本宗旨,做到心系群众、服务人民;重品行,就是要注重思想道德修养,做到生活正派、情趣健康;作表率,就是要时刻不忘自己作为党员领导干部的身份,做到以身作则、率先垂范。党的十七大报告把讲党性、重品行、作表率作为一个有机联系的统一整体提出来,反映了政治原则和行为准则的本质要求,反映了人生追求和道德规范的价值取向,是促进科学发展、社会和谐的重要着力点,也是实现个人不断成长进步的重要途径。

60. 第一次对全党同志的精神状态提出了"四个一定要"。十七大报告指出:"要奋斗就会有困难有风险。我们一定要居安思危、增强忧患意识,始终保持对马克思主义、对中国特色社会主义、对实现中华民族伟大复兴的坚定信念;一定要戒骄戒躁、艰苦奋斗,牢记社会主义初级阶段基本国情,为党和人民事业不懈努力;一定要刻苦学习、埋头苦干,不断创造经得起实践、人民、历史检验的业绩;一定要加强团结、顾全大局,自觉维护全党的团结统一,保持党同人民群众的血肉联系,巩固全国各族人民的大团结,加强海内外中华儿女的大团结,促进中国人民同世界各国人民的大团结,为战胜一切艰难险阻、推动党和人民事业取得新的更大胜利提供强大力量。"这"四个一定要",是在全面认识社会主义初级阶段基本国情和新世纪新阶段我国发展的阶段性特征、科学观察国内外形势发展变化、准确把握我国人民新期待的基础上,着眼于牢牢把握发展机遇、有效应对风险挑战和开创改革发展稳定各项工作新局面,对全党同志提出的基本要求。"四个一定要",反映了加快推进改革开放和社会主义现代化建设、开创中国特色社会主义事业新局面的内在要求,反映了不断提高党的执政能力、实现党的执政使命的内在要求,需要我们全党同志在全面推进中国特色社会主义经济建设、政治建设、文化建设、社会建设和党的建设过程中加以全面贯彻落实。

　　尽管以上的梳理未必全面,解读未必精当,但通过上面的梳理和解读,我们至少可以得出这样一个结论:党的十七大报告是一个求真务实、与时俱进、开拓创新的报告,一个反映全党意志、体现人民期待、顺应时代潮流的报告,一个以马克思列宁主义、毛泽东思想、邓小平理论和"三个代表"重要思想为指导,深入贯彻落实科学发展观的报告,体现了解放思想和实事求是的统一、理论创新与实践创新的统一、总结过去与规划未来的统一、立足国情与面向世界的统一,是一部马克思主义的纲领性文献,必将有力地指导和激励全党全国各族人民为夺取全面建设小康社会新胜利、谱写人民美好生活新篇章而努力奋斗。

（原载《大地》2007 年第 24 期）

继续发展中国特色社会主义的纲领性文献

——略论十八大报告中的新思想、新论断、新要求、新部署

　　党的十八大是在我国进入全面建成小康社会决定性阶段召开的一次具有里程碑意义的大会。胡锦涛同志所作的十八大报告系统体现了时代的要求和人民的意愿，是我们党发展马克思主义的最新成果，是我们党探索中国特色社会主义道路的最新经验，是我们党面对新形势、新任务提出的最新思路。在此，笔者仅根据自己的学习和理解，对十八大报告中的新成果作初步的梳理和解读。

　　1. 第一次提出"我国进入全面建成小康社会决定性阶段"的论断。党的十六大报告第一次提出了全面建设小康社会的奋斗目标，党的十七大报告对实现全面建设小康社会奋斗目标提出新的要求。十八大报告首次提出"我国进入全面建成小康社会决定性阶段"的论断。这表明：一方面，经过改革开放以来特别是十六大以来全党全国各族人民的团结奋斗，我国经济社会发展取得了一系列新的历史性成就，为全面建成小康社会打下了坚实基础，全面建成小康的目标已经不再遥远，而是即将成为现实；另一方面，全面建成小康社会正处于决定成败的关键时期，在世情、国情、党情继续发生深刻变化、我们面临的发展机遇和风险挑战前所未有的新形势下，能否牢牢抓住和用好我国发展的重要战略机遇期，坚持科学发展，直接关系到全面建成小康社会的目标能否顺利实现，关系到中国特色社会主义的发展进程。正是基于对当前形势和任务的清醒认识与正确判断，十八大报告明确提出大会的主题："高举中国特色社会主义伟大旗帜，以邓小平理论、'三个代表'重要思想、科学发展观为指导，解放思想，改革开放，凝聚力量，攻坚克难，坚定不移沿着中国特色社

会主义道路前进,为全面建成小康社会而奋斗。"

2. 第一次提出全党要完成"继续推动科学发展、促进社会和谐,继续改善人民生活、增进人民福祉"的时代任务。党的十六大报告提出:进入 21 世纪党肩负三大历史任务——推进现代化建设,完成祖国统一,维护世界和平与促进共同发展。党的十七大报告指出:我们党自诞生之日起就勇敢担当起带领中国人民创造幸福生活、实现中华民族伟大复兴的历史使命。十八大报告第一次明确提出"继续推动科学发展、促进社会和谐,继续改善人民生活、增进人民福祉,完成时代赋予的光荣而艰巨的任务",突出强调了科学发展这一主题和增进人民福祉这一发展的根本目的,这充分反映了时代进步的潮流和人民群众的意愿,体现了我们党对中国国情客观现实的深刻把握,体现了我们党以人为本、执政为民的执政理念,体现了我们党对发展中国特色社会主义的清醒和自觉。虽然我国经济社会各方面已经取得了举世瞩目的发展成就,但仍长期处于社会主义初级阶段的基本国情及存在着的社会主要矛盾没有变,发展中不平衡、不协调、不可持续问题突出。党在现阶段要完成"三大历史任务",担当好"历史使命",就必须大力推动科学发展、促进社会和谐,必须持续不断地大力改善人民生活、增进人民福祉。

3. 第一次对我们工作中存在的不足和前进道路上的困难与矛盾作出与时俱进的新概括。首次进入党的全国代表大会报告的新概括主要是:"发展中不平衡、不协调、不可持续问题依然突出";"制约科学发展的体制机制障碍较多,深化改革开放和转变经济发展方式任务艰巨";"城乡区域发展差距和居民收入分配差距依然较大";"社会矛盾明显增多";"一些领域存在道德失范、诚信缺失现象";"一些干部领导科学发展能力不强";"少数党员干部理想信念动摇、宗旨意识淡薄,形式主义、官僚主义问题突出";"一些领域消极腐败现象易发多发,反腐败斗争形势依然严峻"。此外,在关系群众切身利益的问题中还增加了"生态环境""食品药品安全"和"执法司法"三项。这些新概括,直面现实、切中要害,不仅反映了我们党在指导思想上的求真务实和从容自信,反映了党在前进过程中的清醒理性,而且突出彰显了我们党对人民、对历史的高度负责,彰显了党对人民美好未来的高度关切。

4. 第一次用三个"上一个大台阶"高度概括了国家面貌发生的新的历史性变化。具体是:"我国经济总量从世界第六位跃升到第二位,社会生产力、经济实力、科技实力迈上一个大台阶，人民生活水平、居民收入水平、社会保障水平迈上一个大台阶，综合国力、国际竞争力、国际影响力迈上一个大台阶。"从这一概括中可以看出，党的十六大以来的发展，是日益全面的发展，不仅经济总量大幅度跃升，而且工业化、城镇化、农业现代化水平明显提高，开放型经济达到新水平，社会生产力、经济实力、科技实力都有很大提高；是人民生活水平不断提高的发展，不仅城乡居民收入较快增长，而且初步建成了世界上最大的覆盖城乡居民的社会保障体系；是在推动科学发展上不断取得新实效的发展，经济、政治、文化、社会、生态文明建设都取得重大成就，我国综合国力、国际竞争力、国际影响力有了很大提高。总体来看，十六大以来的十年，中国在推动科学发展上取得了明显进展，中国人民的面貌、社会主义中国的面貌、中国共产党的面貌都发生了新的历史性变化。

5. 第一次用三个"靠的是"对取得历史性成就的根本原因进行了新的概括。十六大报告认为十三届四中全会以来取得的胜利，"靠的是党的基本理论、基本路线和基本纲领的正确指引，靠的是党的高度团结统一，靠的是全党和全国各族人民的顽强奋斗。"在此基础上十八大报告指出："我们能取得这样的历史性成就，靠的是党的基本理论、基本路线、基本纲领、基本经验的正确指引，靠的是新中国成立以来特别是改革开放以来奠定的深厚基础，靠的是全党全国各族人民的团结奋斗。"这一新概括进一步突出了改革开放的历史地位，深刻表明改革开放始终是推动党和人民事业发展的强大动力，是坚持和发展中国特色社会主义的必由之路：中国特色社会主义道路是在改革开放中坚持和拓展的；中国特色社会主义理论体系是在改革开放中坚持和丰富的；中国特色社会主义制度是在改革开放中坚持和完善的。对改革开放地位和作用认识的深化，表明我们党将更加主动自觉地推进我国社会主义制度自我完善和发展，促进生产关系与生产力、上层建筑与经济基础相协调；更加主动自觉地通过体制机制创新发挥社会主义制度的优越性，不断增强社会主义制度的生命力、竞争力和吸引力。

6. 第一次明确了科学发展观在党和国家全部工作中的指导地位。十六大以来十年的发展实践，充分证明科学发展观是顺应时代潮流、符合本国国情、适应实践需要、揭示客观规律、引领正确方向、代表人民根本利益的科学理论，是对新形势下中国实现什么样的发展、怎样发展等重大问题作出的科学回答,把我们对中国特色社会主义规律的认识提高到了新的水平,开辟了当代中国马克思主义发展的新境界。在当代中国,只有坚持以科学发展观为指导,才能牢牢抓住和用好我国发展的重要战略机遇期,不断推进中国特色社会主义伟大事业取得新的更大成就,不断使中华民族伟大复兴成为更近的现实。因此,十八大报告明确指出:"科学发展观是中国特色社会主义理论体系最新成果,是中国共产党集体智慧的结晶,是指导党和国家全部工作的强大思想武器。科学发展观同马克思列宁主义、毛泽东思想、邓小平理论、'三个代表'重要思想一道,是党必须长期坚持的指导思想。"报告指出:"中国特色社会主义理论体系,就是包括邓小平理论、'三个代表'重要思想、科学发展观在内的科学理论体系。"科学发展观作为指导思想地位的确立,实现了党在指导思想上的与时俱进,必将对坚持和发展中国特色社会主义产生积极、重大而深远的影响。

7. 第一次提出"对中国特色社会主义规律的认识"这一新的重大命题。十八大报告指出,科学发展观"把我们对中国特色社会主义规律的认识提高到新的水平",这就提出了一个新的重大命题。江泽民同志在庆祝中国共产党成立八十周年大会的讲话中,首次提出不断深化对共产党执政规律、社会主义建设规律和人类社会发展规律的认识。党的十六大报告进一步强调要深化对这三大规律的认识问题。党的十七大报告进而强调进一步把握这三大规律,"提高运用科学理论分析和解决实际问题能力。"十八大报告提出"中国特色社会主义规律"这一重大命题,是对三大规律重大命题的重要补充,标志着我们对建设中国特色社会主义在认识上达到了一个新高度。中国特色社会主义规律包含着中国共产党为人民执政,为了人民幸福而建设中国特色社会主义社会,带领中国人民创造幸福生活、实现中华民族伟大复兴的全部答案。对中国特色社会主义规律认识的深化过程,正是在改革开放历史新时期的中国不断推进马克思主义中国化、时代化、大众化的过程,它建立在对三大规律认识深化的基础上,同时也表明对三大规律的认识达到了新高度。

8. 第一次提出"必须把科学发展观贯彻到我国现代化建设全过程、体现到党的建设各方面"的要求。这表明,经过十年的丰富和完善,科学发展观内涵不断丰富,已经发展成为全面的指导思想。科学发展观不仅科学地回答了发展问题,而且面对国际国内形势的新变化,立足社会主义初级阶段的基本国情,适应新的发展要求,以党的执政能力建设和先进性建设为主线,从理论和实践上解决了提高党的建设科学化水平这一重大问题,使中国特色社会主义执政党建设理论达到了一个新的境界。

9. 第一次提出深入贯彻落实科学发展观必须坚持"四个更加自觉"。十八大报告首次从面向未来的高度,对深入贯彻落实科学发展观提出了新要求。一是"必须更加自觉地把推动经济社会发展作为深入贯彻落实科学发展观的第一要义"。这表明,我们仍必须牢牢扭住经济建设这个中心不动摇,同时还要"着力把握发展规律、创新发展理念、破解发展难题","加快形成符合科学发展要求的发展方式和体制机制,不断解放和发展社会生产力,不断实现科学发展、和谐发展、和平发展"。二是"必须更加自觉地把以人为本作为深入贯彻落实科学发展观的核心立场"。这一核心立场,是与党的性质、宗旨相一致的,是党的性质和宗旨在新时期的具体化和集中体现。坚持这一核心立场,就明确了为谁发展、靠谁发展、发展成果如何分配等一系列中国特色社会主义发展的基本问题。三是"必须更加自觉地把全面协调可持续作为深入贯彻落实科学发展观的基本要求",就是要"全面落实经济建设、政治建设、文化建设、社会建设、生态文明建设五位一体总体布局,促进现代化建设各方面相协调,促进生产关系与生产力、上层建筑与经济基础相协调,不断开拓生产发展、生活富裕、生态良好的文明发展道路。"四是"必须更加自觉地把统筹兼顾作为深入贯彻落实科学发展观的根本方法",即"统筹改革发展稳定、内政外交国防、治党治国治军各方面工作,统筹城乡发展、区域发展、经济社会发展、人与自然和谐发展、国内发展和对外开放,统筹各方面利益关系,充分调动各方面积极性"。这四个"更加自觉",从第一要义、核心立场、基本要求、根本方法上全方位地提出了深入贯彻落实科学发展观的要求,为深入贯彻落实科学发展观提供了基本遵循。

10. 第一次将生态文明建设纳入中国特色社会主义事业总体布局,形成了"五位一体"的总体布局。所谓生态文明,是指人类在发展物质文明过程中保护和改善生态环境的成果,它表现为人与自然和谐程度的进步和人民生态文明观念的增强。建设生态文明是关系人民福祉、关乎民族未来的长远大计。党的十七大报告最早把生态文明建设作为全面建设小康社会奋斗目标的新要求而提出。十八大报告将生态文明建设纳入中国特色社会主义事业总体布局中,相应地,在中国特色社会主义道路的表述中也增加了社会主义生态文明的内容。这是总揽国内外大局,贯彻落实科学发展观的新部署,标志着党对经济社会可持续发展规律、自然资源永续利用规律和生态保护规律的认识进入了新境界。改革开放以来,中国特色社会主义事业从经济、政治、文化建设三位一体的总体布局,到十七大报告提出的经济、政治、文化、社会建设四位一体的总体布局,再到十八大报告提出的经济、政治、文化、社会、生态文明建设五位一体的总体布局。这说明,我们党对中国特色社会主义建设规律的认识进一步深化,科学发展、社会和谐的理念实现了又一次新的升华。

11. 第一次提出"解放思想、实事求是、与时俱进、求真务实,是科学发展观最鲜明的精神实质"的思想。解放思想、实事求是、与时俱进是马克思主义活的灵魂,是党的思想路线的核心,是中国特色社会主义理论体系的精髓,也是贯穿于中国特色社会主义事业各方面和全过程的一根红线。将求真务实与解放思想、实事求是、与时俱进并列起来作为科学发展观最鲜明的精神实质,体现了马克思主义科学世界观和方法论的本质要求,体现了马克思主义"实践—认识—再实践—再认识"的认识路线,指出了认识真理、理论创新的唯一正确途径。求真,就是求中国特色社会主义规律之真;务实,就是务坚持长期艰苦奋斗之实,推动科学发展、促进社会和谐之实,实现好、维护好、发展好最广大人民根本利益之实。求真与务实的统一,体现了辩证唯物主义、历史唯物主义一以贯之的科学精神,是马克思主义认识论的必然要求和本质体现。"全党一定要勇于实践、勇于变革、勇于创新,把握时代发展要求,顺应人民共同愿望,不懈探索和把握中国特色社会主义规律,永葆党的生机活力,永葆国家发展动力,在党和人民创造性实践中奋力开拓中国特色社会主义更为广阔的发展前景。"

12. 第一次明确提出"全面建成小康社会,加快推进社会主义现代化,实现中华民族伟大复兴,必须坚定不移走中国特色社会主义道路"的坚定结论。把马克思主义基本原理同中国实际和时代特征结合起来,独立自主走自己的路,是九十多年来我们党在带领中国人民争取民族独立、人民解放,实现国家富强、人民富裕的奋斗中取得的基本经验。在改革开放的伟大历史进程中,我们党既坚持了科学社会主义的基本原则,又根据我国实际和时代特征赋予其鲜明的中国特色,开创和发展了中国特色社会主义。中国特色社会主义道路，"就是在中国共产党领导下，立足基本国情，以经济建设为中心，坚持四项基本原则，坚持改革开放，解放和发展社会生产力"，建设社会主义的市场经济、民主政治、先进文化、和谐社会和生态文明，"促进人的全面发展，逐步实现全体人民共同富裕，建设富强民主文明和谐的社会主义现代化国家。"三十多年的改革开放实践证明，中国特色社会主义道路，是实现社会主义现代化和中华民族伟大复兴的唯一正确道路，是创造人民幸福生活的唯一正确道路。因此，在前进的道路上，我们必须坚定不移地高举中国特色社会主义的伟大旗帜。

13. 第一次将"促进人的全面发展，逐步实现全体人民共同富裕"增加为中国特色社会主义道路的重要内容。这是在科学发展观的指导下，对中国特色社会主义道路内涵的新的丰富和拓展，是中国特色社会主义的本质和以人为本这一核心理念的重要体现。马克思主义认为，共产主义作为一种社会革命的过程，最终目的是使人得到自由而全面的发展。将促进人的全面发展确立为中国特色社会主义道路的重要内容，是中国共产党立党为公、执政为民的鲜明政治立场的集中体现。促进人的全面发展，就要坚持尊重劳动、尊重知识、尊重人才、尊重创造的方针，全面激发和调动各方面积极性；就要把促进经济社会发展与促进人的全面发展统一起来，坚持发展为了人民、发展依靠人民、发展成果由人民共享，充分保障人民享有的经济、政治、文化、社会、生态权益。共同富裕是中国特色社会主义的根本原则，是社会主义制度优越性的根本体现，是全体人民的共同期盼。实现共同富裕，就要坚持社会主义基本经济制度和分配制度，调整国民收入分配格局，加大再分配调节力度，着力解决收入分配差距较大问题，使发展成果更多更公平惠及全体人民，从而不断在实现共同富裕上取得新进展。

14. 第一次将"中国特色社会主义制度"写入党的全国代表大会报告。中国特色社会主义制度是我们党创造性运用马克思主义基本原理，经过长期探索实践而建立和发展起来的。它是"人民代表大会的根本政治制度，中国共产党领导的多党合作和政治协商制度、民族区域自治制度以及基层群众自治制度等基本政治制度，中国特色社会主义法律体系，公有制为主体、多种所有制经济共同发展的基本经济制度，以及建立在这些制度基础上的经济体制、政治体制、文化体制、社会体制等各项具体制度"。这一整套相互衔接、相互联系的制度体系,符合我国国情,顺应时代潮流,有利于保持党和国家活力,有利于解放和发展社会生产力,有利于维护和促进社会公平正义,有利于集中力量办大事,有利于维护民族团结、社会稳定、国家统一。胡锦涛同志在庆祝中国共产党成立 90 周年大会上的讲话中最早对"中国特色社会主义制度"作了概括和论述。将"中国特色社会主义制度"写入党的全国代表大会报告,表明我们党在对中国特色社会主义的认识上实现了重大突破,是中国特色社会主义实践逐渐走向成熟的重要标志。制度更带有根本性、全局性、稳定性和长期性。

15. 第一次明确指出中国特色的社会主义道路、社会主义理论体系、社会主义制度"统一于中国特色社会主义伟大实践"。十八大报告指出:"中国特色社会主义道路是实现途径,中国特色社会主义理论体系是行动指南,中国特色社会主义制度是根本保障,三者统一于中国特色社会主义伟大实践,这是党领导人民在建设社会主义长期实践中形成的最鲜明特色。"这是我们党第一次提出中国特色社会主义"三位一体"的有机构成。党站在中国特色社会主义实践的历史与现实、过去与未来相结合的高度,明确了中国特色社会主义道路、中国特色社会主义理论体系、中国特色社会主义制度三者之间的关系及各自在中国特色社会主义中的地位和作用,从而也丰富和拓展了中国特色社会主义的内涵。

16. 第一次明确提出建设中国特色社会主义的总依据、总布局、总任务。十八大报告指出:"建设中国特色社会主义,总依据是社会主义初级阶段,总布局是五位一体,总任务是实现社会主义现代化和中华民族伟大复兴。"这表明,我们党对中国特色社会主义规律的认识达到了新的高度,对中国特色社会主义的目标、任务、方略更加清醒和自觉。仍处于并将长期处于社会主义初级阶段是我国最大的国情,是我们制定规划、研究政策、作出决策、考虑问题的总依据。五位一体的总布局,反映了科学发展观全面协调可持续的基本要求,也对应着人民的经济、政治、文化、社会、生态五大权益,因而是充分体现中国特色社会主义发展要求的科学布局。实现社会主义现代化和中华民族伟大复兴,是贯穿社会主义初级阶段的基本任务,因而也是建设中国特色社会主义的总任务。提出建设中国特色社会主义的总依据、总布局、总任务,充分反映出中国特色社会主义"以全新的视野深化了对共产党执政规律、社会主义建设规律、人类社会发展规律的认识,从理论和实践结合上系统回答了在中国这样人口多底子薄的东方大国建设什么样的社会主义、怎样建设社会主义这个根本问题"。

17. 第一次提出要不断丰富中国特色社会主义的"四个特色"的要求。十八大报告指出:"我们要毫不动摇坚持、与时俱进发展中国特色社会主义,不断丰富中国特色社会主义的实践特色、理论特色、民族特色、时代特色。"这一要求从新的角度进一步揭示了中国特色社会主义的深刻内涵,也从新的视野进一步明确了推进中国特色社会主义的根本要求。丰富这"四个特色"的根本途径在于:(1)坚持实践第一的观点,更加注重实践探索,使中国特色社会主义在实践层面愈益向广度和深度拓展,从而形成更加合理完善、更加管用有效的现实路径和政策制度;(2)更加注重理论创新,及时总结党领导人民创造的新鲜经验,回答实践提出的新课题,重点抓住经济社会发展重大问题,作出新的理论概括;(3)坚持立足中国国情,彰显民族风格,注重从中国传统文化中汲取智慧和养分,从而使中国特色社会主义形成更能体现民族精神、民族智慧、民族气派的特有优势;(4)坚持与时俱进,深刻研究时代特征,全面把握时代精神,科学回应时代课题,积极吸收不同文明中科学、进步的合理成分,注重从世界与中国的双重维度去观察、思考和解决问题,使中国特色社会主义愈益深切地紧贴时代脉搏、顺应时代潮流、富有时代气息。

18. 第一次用"八个必须坚持"概括了在新的历史条件下夺取中国特色社会主义新胜利的基本要求。(1)明确建设主体:"必须坚持人民主体地位",其目标是"更好保障人民权益,更好保证人民当家做主"。(2)明确根本任务:"必须坚持解放和发展社会生产力",其目标是"实现以人为本、全面协调可持续的科学发展"。(3)明确必由之路:"必须坚持推进改革开放","始终把改革创新精神贯彻到治国理政各个环节",其目标是"不断推进理论创新、制度创新、科技创新、文化创新以及其他各方面创新,不断推进我国社会主义制度自我完善和发展"。(4)明确内在要求:"必须坚持维护社会公平正义",其目标是"努力营造公平的社会环境,保证人民平等参与、平等发展权利"。(5)明确根本原则:"必须坚持走共同富裕道路",其目标是"使发展成果更多更公平惠及全体人民,朝着共同富裕方向稳步前进"。(6)明确本质属性:"必须坚持促进社会和谐",其目标是"确保人民安居乐业、社会安定有序、国家长治久安"。(7)明确必然选择:"必须坚持和平发展",其目标是"推动建设持久和平、共同繁荣的和谐世界"。(8)明确领导核心:"必须坚持党的领导",其目标是"保持党的先进性和纯洁性,增强党的创造力、凝聚力、战斗力,提高党科学执政、民主执政、依法执政水平"。这"八个必须坚持",每一条都有强烈的现实针对性和长远指导性,全面反映了中国特色社会主义的本质特征、发展要求和实现路径,描绘了中国特色社会主义的宏伟蓝图。其中有一些首次进入党的全国代表大会报告的新提法,比如在论述解放和发展生产力中指出"以科学发展为主题",在论述维护社会公平正义中指出"逐步建立以权利公平、机会公平、规则公平为主要内容的社会公平保障体系"。

19. 第一次提出"全党要坚持这样的道路自信、理论自信、制度自信"的要求。自信是信念坚定、开拓进取的基础和前提。坚持道路自信、理论自信、制度自信,对于解放思想、改革开放、凝聚力量、攻坚克难,如期全面建成小康社会,夺取中国特色社会主义新胜利,具有重要而深远的意义。自信来自对世界各国发展模式的比较,来自对中国实际的正确认识,来自改革开放以来我们所取得的一系列发展成就,来自我们在遭遇到的各种风险挑战面前经受住了实践的考验。实践充分证明,中国特色社会主义道路是实现社会主义现代化的必由之路,是创造人民美好生活的必由之路;中国特色社会主义理论体系是指导党和人民沿着中国特色社会主义道路实现中华民族伟大复兴的正确理论;中国特色社会主义制度是当代中国发展进步的根本制度保障,集中体现了中国特色社会主义的特点和优势。归结起来就是:"中国特色社会主义是当代中国发展进步的根本方向,只有中国特色社会主义才能发展中国。"我们要胸怀理想、坚定信念,"既不妄自菲薄,也不妄自尊大",做到"不动摇、不懈怠、不折腾,顽强奋斗、艰苦奋斗、不懈奋斗"。

20. 第一次提出全面建成小康社会的新目标。十八大报告在十六大、十七大确立的全面建设小康社会目标的基础上提出了全面建成小康社会的新要求。(1)经济持续健康发展。其新目标是"发展平衡性、协调性、可持续性明显增强",我们对科学发展的认识更加深刻;"实现国内生产总值和城乡居民人均收入比2010年翻一番",我们更加注重发展成果由人民共享的理念和发展思路,到2020年,中国人民的衣食住行用水平将全面提高;"工业化基本实现,信息化水平大幅提升,城镇化质量明显提高,农业现代化和社会主义新农村建设成效显著",对工业化、信息化、城镇化、农业现代化和社会主义新农村建设提出新的明确要求;"对外开放水平进一步提高",这是我们统筹国际国内两个大局、增强国际竞争力的战略举措。(2)人民民主不断扩大。其新目标是:"民主形式更加丰富,人民积极性、主动性、创造性进一步发挥。依法治国基本方略全面落实,法治政府基本建成,司法公信力不断提高,人权得到切实尊重和保障。"这充分表达了我们党不断扩大人民民主,以法治保障民主和人权的坚定决心。(3)文化软实力显著增强。其新目标是:"社会文明程度明显提高","文化产业成为国民经济支柱性产业,中华文化走出去迈出更大步伐,社会主义文化强国建设基础更加坚实。"这是我们党对社会主义文化建设在全面建成小康社会、坚持和发展中国特色社会主义,实现中华民族伟大复兴中的重要地位和作用的清醒认识,是建设社会主义文化强国的明确宣示。(4)人民生活水平全面提高。其新目标是:"基本公共服务均等化总体实现","进入人才强国和人力资源强国行列,教育现代化基本实现","收入分配差距缩小,中等收入群体持续扩大","社会保障全民覆盖","住房保障体系基本形成,社会和谐稳定。"这表达了我们党全方位提升民生保障目标的信心和决心。(5)资源节约型、环境友好型社会建设取得重大进展。其新目标是:"资源循环利用体系初步建立","单位国内生产总值能源消耗和二氧化碳排放大幅下降","森林覆盖率提高,生态系统稳定性增强"。这些新举措全面体现了生态文明理念,从资源节约集约利用、环境保护、增强生态系统稳定性等方面促进人居环境明显改善的新思路。十八大报告提出的全面建成小康社会的目标,顺应了时代和实践发展的新要求,表达了人民对美好生活的新向往,必将激发全国各族人民的奋斗热情。

21.第一次提出"坚决破除一切妨碍科学发展的思想观念和体制机制弊端"的改革要求。这一要求最早出现于胡锦涛同志在纪念党的十一届三中全会召开30周年大会上的讲话,但进入党的全国代表大会报告还是第一次,其目标是"构建系统完备、科学规范、运行有效的制度体系,使各方面制度更加成熟更加定型。"围绕这一目标,十八大报告明确了全面深化五大体制改革的目标要求:(1)在经济领域,通过"加快完善社会主义市场经济体制,完善公有制为主体、多种所有制经济共同发展的基本经济制度,完善按劳分配为主体、多种分配方式并存的分配制度,更大程度更广范围发挥市场在资源配置中的基础性作用,完善宏观调控体系,完善开放型经济体系,推动经济更有效率、更加公平、更可持续发展";(2)在政治领域,通过"加快推进社会主义民主政治制度化、规范化、程序化,从各层次各领域扩大公民有序政治参与,实现国家各项工作法治化";(3)在文化领域,通过"加快完善文化管理体制和文化生产经营机制,基本建立现代文化市场体系,健全国有文化资产管理体制,形成有利于创新创造的文化发展环境";(4)在社会领域,通过"加快形成科学有效的社会管理体制,完善社会保障体系,健全基层公共服务和社会管理网络,建立确保社会既充满活力又和谐有序的体制机制";(5)在生态文明建设领域,通过"加快建立生态文明制度,健全国土空间开发、资源节约、生态环境保护的体制机制,推动形成人与自然和谐发展现代化建设新格局"。这五个方面的内容是对改革开放的顶层设计,为在体制改革领域深入贯彻落实科学发展观指明了方向。

22. 第一次将"坚持发展是硬道理的本质要求就是坚持科学发展"的重要论断写入党的全国代表大会报告。"发展是硬道理",是邓小平同志南方谈话提出的重要观点。十八大报告明确提出"坚持发展是硬道理的本质要求就是坚持科学发展",既表明我们党对当代中国经济社会发展形势和存在的矛盾问题有清醒的认识,也表明我们党对时代和实践发展所提出的发展新要求和中国特色社会主义规律有高度的自觉。在科学发展中,发展不再是仅仅追求经济增长速度的发展,而是努力提高发展质量和效益,改善人民生活、增进人民福祉的发展;不再是某方面的片面发展,而是经济、政治、文化、社会、生态文明的全方位发展;不只是一部分人、一部分地区的率先富裕,而是先富带后富,城乡、区域协调的发展;不再是不计资源环境代价的发展,而是资源节约、环境友好的可持续发展。这种全方位发展的理念,贯彻于实践中,必将使我国经济社会发展面貌发生根本性变化。

23. 第一次用"四个着力"和"五个更多依靠",全面阐释了新的经济发展方式的科学内涵。十八大报告"把推动发展的立足点转到提高质量和效益上来",具体是:"着力激发各类市场主体发展新活力,着力增强创新驱动发展新动力,着力构建现代产业发展新体系,着力培育开放型经济发展新优势",使经济发展"更多依靠内需特别是消费需求拉动,更多依靠现代服务业和战略性新兴产业带动,更多依靠科技进步、劳动者素质提高、管理创新驱动,更多依靠节约资源和循环经济推动,更多依靠城乡区域发展协调互动"。这一新阐释,十七大报告提出的"三个转变"(即"促进经济增长由主要依靠投资、出口拉动向依靠消费、投资、出口协调拉动转变,由主要依靠第二产业带动向依靠第一、第二、第三产业协同带动转变,由主要依靠增加物质资源消耗向主要依靠科技进步、劳动者素质提高、管理创新转变")相比,站位更高、视野更宽、措施更实,表明我们党对加快转变经济发展方式的认识和谋划更加深刻更加全面。

24. 第一次提出"走中国特色信息化道路",并阐明工业化、信息化、城镇化、农业现代化的关系。现代经济是知识经济,当今时代是信息时代,现代社会是信息社会。信息化正在成为全球竞争的战略重点、促进科学发展的重要手段和推进社会主义和谐社会建设的有效途径。十七大报告已经提出走中国特色的新型工业化、城镇化、农业现代化道路。十八大报告提出"走中国特色信息化道路",是在新形势下提高综合国力、建设创新型国家,促进我国经济社会又好又快发展的重大战略选择。坚持走中国特色新型工业化、信息化、城镇化、农业现代化道路,需要处理好信息化与工业化、城镇化、农业现代化的关系。正如十八大报告所指出的:"推动信息化和工业化深度融合、工业化和城镇化良性互动、城镇化和农业现代化相互协调,促进工业化、信息化、城镇化、农业现代化同步发展。""四化同步发展"思想的提出,不仅是我们党对中国特色现代化发展路径认识的深化,而且是对中国特色社会主义规律认识的丰富。

25. 第一次提出"深化改革是加快转变经济发展方式的关键"的论断。当前,我国发展中不平衡、不协调、不可持续问题突出,还存在很多制约科学发展和制约经济发展方式转变的体制机制障碍,必须通过深化改革加以解决。报告指出"经济体制改革的核心问题是处理好政府和市场的关系",并对经济体制改革任务作出具体部署。(1)"保证各种所有制经济依法平等使用生产要素、公平参与市场竞争、同等受到法律保护。"这一提法最早出现于党的十七届五中全会的决议中,将其写入十八大报告,是对十七大报告提出的"坚持平等保护物权,形成各种所有制经济平等竞争、相互促进新格局"的深化和补充。(2)"加强宏观调控目标和政策手段机制化建设。"这是我们党对改革开放以来宏观调控工作的经验总结,是加强和改善宏观调控的重要举措,必将提高宏观调控的科学性和有效性。(3)"形成有利于结构优化、社会公平的税收制度。"这表明税收不再只是筹措政府财政收入的工具,而且还是调整经济结构、促进社会公平的重要手段,是税制理念的巨大进步。应按照简税制、宽税基、低税率、严征管的原则,充分发挥税收调控经济、调节收入分配的职能作用,进一步优化税制结构、公平税收负担、规范收入分配秩序。(4)"建立公共资源出让收益合理共享机制。"这一提法在 2012 年政府工作报告中首次出现。建立这一机制,充分体现了改革发展成果全民共享的要求,对缩小我国地区差异、收入差距有积极作用。除土地以外,矿产资源、国有企业的公共利润都属于公共资源收益,这些资源的出让收益要共享,就应把其收益纳入到财政预算进行统筹安排,用以支持社会公共事业的发展。(5)"健全促进宏观经济稳定、支持实体经济发展的现代金融体系","加快发展民营金融机构","完善金融监管,推进金融创新,提高银行、证券、保险等行业竞争力,维护金融稳定。"十八大报告中这些关于深化金融改革的新思想,是对金融本质的科学认识,是对实践发展新要求的正确回应,是在对市场经济发展规律和金融运行规律科学把握基础上,对金融的健康运行提出的全方位要求。

26. 第一次提出"实施创新驱动发展战略"的重要任务。这表明我们对科技创新的意义和作用有了新的认识,对提高科技创新水平、依靠科技创新促进生产力发展形成了新的战略思路。十八大报告指出:"科技创新是提高社会生产力和综合国力的战略支撑,必须摆在国家发展全局的核心位置。"当前,我国已进入全面建成小康社会的关键时期和深化改革开放、加快转变经济发展方式的攻坚时期。新科技革命和全球产业变革步伐加快,科技在经济社会发展中的作用日益凸显。我国科技发展既面临重要战略机遇,也面对严峻挑战。只有抓紧实施创新驱动发展战略,坚持走中国特色自主创新道路,把增强自主创新能力贯彻到现代化建设各个方面;深化科技体制改革,建立健全科学合理、富有活力、更有效率的国家创新体系,激发全社会创造活力,才能为 2020 年进入创新型国家行列、全面建成小康社会和新中国成立 100 年时成为世界科技强国奠定坚实基础。

27. 第一次从"加快转变经济发展方式的主攻方向"的角度对推进经济结构战略性调整作出全面部署。主动调整经济结构,既是加快转变经济发展方式的题中之义,也是加快转变经济发展方式必须依托的主要手段。当前,无论是解决我国存在的产能过剩、发展不平衡、不协调、不可持续问题,还是保持更长时期的经济持续平稳较快发展,都需要主动调整经济结构。这是在对经济发展规律深入把握基础上作出的战略选择。把经济结构战略性调整作为加快转变经济发展方式的主攻方向,最早由党的十七届五中全会提出。十八大报告重申了这一提法,并首次对推进经济结构战略性调整作出全面部署:以改善需求结构、优化产业结构、促进区域协调发展、推进城镇化为重点,着力解决制约经济持续健康发展的重大结构性问题;牢牢把握扩大内需这一战略基点,加快建立扩大消费需求长效机制;牢牢把握发展实体经济这一坚实基础,实行更加有利于实体经济发展的政策措施;提高大中型企业核心竞争力,支持小微企业特别是科技型小微企业发展;继续实施区域发展总体战略,充分发挥各地区比较优势;科学规划城市群规模和布局;加快户籍制度改革,有序推进农业转移人口市民化,努力实现城镇基本公共服务常住人口全覆盖。

28. 第一次提出"城乡发展一体化是解决'三农'问题的根本途径"的论断。十七大报告第一次提出"形成城乡经济社会发展一体化新格局"的论断。十八大报告将城乡发展一体化上升到解决三农问题根本途径的高度,表明我们党对统筹城乡发展有了新的规律性认识,找到了从根本上解决我国三农问题的有效途径。城乡发展一体化,要求实行城乡发展规划一体化、城乡基础设施建设一体化、城乡公共服务一体化、城乡劳动力就业一体化、城乡社会管理一体化,促进城乡要素平等交换和公共资源均衡配置。为了推动城乡发展一体化,十八大报告提出了一些新思路、新举措,比如,"逐步缩小城乡差距,促进城乡共同繁荣","让广大农民平等参与现代化进程、共同分享现代化成果","坚持把国家基础设施建设和社会事业发展重点放在农村","依法维护农民土地承包经营权、宅基地使用权、集体收益分配权","构建集约化、专业化、组织化、社会化相结合的新型农业经营体系","改革征地制度,提高农民在土地增值收益中的分配比例",等等。这些新思路、新举措,着眼于对农民权益的充分保障,进一步明确了工业反哺农业、城市支持农村和多予少取放活方针的具体内容。

29. 第一次明确提出"形成以工促农、以城带乡、工农互惠、城乡一体的新型工农、城乡关系"的目标。当前,统筹工业化、城镇化、农业现代化建设,加快建立健全以工促农、以城带乡长效机制,使广大农民平等参与现代化进程、共享改革发展成果,必须建设新型工农、城乡关系。十七届三中全会提出:"必须统筹城乡经济社会发展,始终把着力构建新型工农、城乡关系作为加快推进现代化的重大战略。"十八大报告进一步明确了新型城乡关系的内容:以工促农、以城带乡、工农互惠、城乡一体。这四个定语,不仅揭示了当前我国总体上已进入以工促农、以城带乡的发展阶段,而且明确了以工促农的结果是城乡互惠:劳动力和其他生产要素在城乡之间双向流动,既能加快改造传统农业,推进农业现代化,又能进一步优化工业结构,促进工业发展;以城带乡的结果是城乡一体,最终破除城乡二元结构、形成城乡经济社会发展一体化新格局。

30. 第一次提出"全面提高开放型经济水平"的重要任务。十七大报告提出:"拓展对外开放广度和深度,提高开放型经济水平。"十八大报告提出"全面提高开放型经济水平","全面"二字,充分反映出近年来我国开放型经济建设已经取得重要进展,在理念和实践上都取得了新的突破。十八大报告对全面提高开放型经济水平作出了的新部署:(1)完善开放型经济体系。开放型经济体系,是十七大报告首次提出的:"完善内外联动、互利共赢、安全高效的开放型经济体系,形成经济全球化条件下参与国际经济合作和竞争新优势。"十八大报告再次重申完善开放型经济体系时,对开放型经济体系的内容作了与时俱进的界定,用"多元平衡"替代了十七大报告的"内外联动"。多元平衡,就是既要加强与发达国家的经贸合作,也要加强同发展中国家特别是新兴经济体和周边国家的经贸合作,增强对外经济的稳定性。这是我们总结国际金融危机经验教训得到的重要结论。(2)加快转变对外经济发展方式。这是以科学发展为主题和以加快转变经济发展方式为主线在对外经济领域的贯彻落实。这一提法,比十七大报告提出的"加快转变外贸增长方式",在内涵和外延上都有重要扩展。转变对外经济发展方式,不仅包含转变外贸增长方式,还包括优化进出口贸易结构、提高利用外资质量和水平、加快实施"走出去"战略、促进贸易平衡发展等,其基本要求是"推动开放朝着优化结构、拓展深度、提高效益方向转变"。(3)创新开放模式。主要是促进沿海内陆沿边开放优势互补,形成引领国际经济合作和竞争的开放区域,培育带动区域发展的开放高地。（4）形成以技术、品牌、质量、服务为核心的出口竞争新优势，促进加工贸易转型升级，发展服务贸易。这是推动对外贸易平衡发展的重要战略举措。（5）提高利用外资综合优势和总体效益，推动引资、引技、引智有机结合。（6）加快走出去步伐，培育一批世界水平的跨国公司。（7）统筹双边、多边、区域次区域开放合作，加快实施自由贸易区战略，推动同周边国家互联互通。（8）提高抵御国际经济风险能力。

31. 第一次用"三个更加注重"描绘出政治体制改革的方向。这"三个更加注重"是："要更加注重改进党的领导方式和执政方式，保证党领导人民有效治理国家；更加注重健全民主制度、丰富民主形式，保证人民依法实行民主选举、民主决策、民主管理、民主监督；更加注重发挥法治在国家治理和社会管理中的重要作用，维护国家法制统一、尊严、权威，保证人民依法享有广泛权利和自由。""三个更加注重"，既揭示了推进政治体制改革的方向和重点，又明确了继续积极稳妥推进政治体制改革的路径和节奏，表明了我们党对于"发展更加广泛、更加充分、更加健全的人民民主"的不懈追求和不懈探索，反映了我们党对社会主义政治文明建设规律的新认识。

32. 第一次从制度建设的角度，全面勾画出政治体制改革路线图。十八大报告把制度建设摆在突出位置，明确提出："充分发挥我国社会主义政治制度优越性，积极借鉴人类政治文明有益成果，绝不照搬西方政治制度模式。"其勾画出的政治体制改革路线图是："支持和保证人民通过人民代表大会行使国家权力"；"健全社会主义协商民主制度"；"完善基层民主制度"；"全面推进依法治国"；"深化行政体制改革"；"健全权力运行制约和监督体系"；"巩固和发展最广泛的爱国统一战线"。这一全方位的政治体制改革规划，坚持走中国特色社会主义政治发展道路，坚持党的领导、人民当家做主、依法治国有机统一，坚持和完善人民代表大会制度、中国共产党领导的多党合作和政治协商制度、民族区域自治制度以及基层群众自治制度，与经济社会发展相适应，与人民政治参与积极性不断提高相适应。十八大报告勾画的政治体制改革路线图符合本国国情，反映人民意愿，顺应时代潮流，能够为国家富强、民族振兴、人民幸福、社会和谐指明正确政治方向，坚持这一路线图对于保证人民当家做主、实现国家现代化和中华民族伟大复兴具有重大意义。

33. 第一次提出"提高基层人大代表特别是一线工人、农民、知识分子代表比例,降低党政领导干部代表比例"的要求。人民代表大会制度是保证人民当家做主的根本政治制度。继十七大报告建议逐步实行城乡按相同人口比例选举人大代表后,十八大报告提出调整"两个比例",是对民众政治参与热情和期望不断提高的积极回应,使人民代表大会制度能够更好地代表全体人民的利益,对于发展社会主义民主政治具有重大意义。报告还提出支持人大及其常委会充分发挥国家权力机关作用,完善人大代表"联系群众制度","提高专职委员比例"等。随着这些新举措的贯彻落实,必将更有利于人民通过人民代表大会行使国家权力,更能巩固人民当家做主的地位。

34. 第一次提出"健全社会主义协商民主制度"的重大任务。社会主义协商民主是人民民主的重要形式,其实质是实现和推进公民有序的政治参与。明确提出健全社会主义协商民主制度,是我们党在民主政治理论创新、实践创新和制度创新中取得的最新成果。协商民主对欧美国家来说是一种正在讨论和研究的新的民主形式,用以弥补选举民主的不足。而我国早在建国初期就形成了中国共产党领导的多党合作和政治协商制度,人民政协是我国实行协商民主的主要渠道之一。这正是我国政治制度优越性的体现。其他的如公共政策听证会等也都是协商民主的形式。协商民主与选举民主相结合,是中国特色社会主义民主的特色和优势之所在。落实"健全社会主义协商民主制度"的任务,尤其需要从党委和政协组织两个方面进行积极探索。十八大报告提出要"完善协商民主制度和工作机制,推进协商民主广泛、多层、制度化发展","通过国家政权机关、政协组织、党派团体等渠道,就经济社会发展重大问题和涉及群众切身利益的实际问题广泛协商,广纳群言、广集民智,增进共识、增强合力","坚持和完善中国共产党领导的多党合作和政治协商制度","把政治协商纳入决策程序,坚持协商于决策之前和决策之中,增强民主协商实效性","深入进行专题协商、对口协商、界别协商、提案办理协商","积极开展基层民主协商"等,这些必将进一步充实民主内容、丰富民主形式,增强我国社会发展的活力。

35. 第一次提出"以扩大有序参与、推进信息公开、加强议事协商、强化权力监督为重点,拓宽范围和途径,丰富内容和形式,保障人民享有更多更切实的民主权利"的要求。十七大报告指出:"发展基层民主,保障人民享有更多更切实的民主权利。"十八大报告进一步明确了保障人民享有更多更切实的民主权利的内容,指明保障人民享有更多更切实民主权利的重点是扩大有序参与、推进信息公开、加强议事协商、强化权力监督,并强调:"在城乡社区治理、基层公共事务和公益事业中实行群众自我管理、自我服务、自我教育、自我监督,是人民依法直接行使民主权利的重要方式。"这充分反映出我们党对发展基层民主的高度重视,反映出发展更加广泛、更加充分、更加健全的人民民主始终是政治体制改革的核心。对基层民主的重视,也反映出基层群众自治制度地位的不断提升,反映出作为社会主义基本政治制度之一的基层群众自治制度,已经在保障人民依法直接行使民主权利,发展更加广泛、更加充分、更加健全的人民民主方面显示出的巨大作用。

36. 第一次提出"法治是治国理政的基本方式"的论断,并对法治国家、法治政府和法治社会一体建设作出新的部署。现代社会,一个国家法治发展的状况,代表着这个国家政治文明的水准,影响着百姓生活的幸福指数。十六大报告提出依法治国是党领导人民治理国家的基本方略。十七大报告指出依法治国是社会主义民主政治的基本要求。十八大报告根据全面建成小康社会的新形势新要求作出了"全面推进依法治国"的重大决策和战略部署,将法治上升为治国理政的基本方式。十八大报告对全面推进依法治国提出了一些新要求,比如:"完善中国特色社会主义法律体系,加强重点领域立法,拓展人民有序参与立法途径";"推进依法行政,切实做到严格规范公正文明执法",到 2020 年实现"法治政府基本建成"的目标;"进一步深化司法体制改革,坚持和完善中国特色社会主义司法制度,确保审判机关、检察机关依法独立公正行使审判权、检察权",不断提高"司法公信力";"深入开展法制宣传教育,弘扬社会主义法治精神,树立社会主义法治理念,增强全社会学法尊法守法用法意识";"更加注重发挥法治在国家治理和社会管理中的重要作用","加快形成党委领导、政府负责、社会协同、公众参与、法治保障的社会管理体制";"提高领导干部运用法治思维和法治方式深化改革、推动发展、化解矛盾、维护稳定能力","任何组织或者个人都不得有超越宪法和法律的特权,绝不允许以言代法、以权压法、徇私枉法"等。这些都反映了我们党在执政理念和执政方式上取得的重大进步,反映了我们党坚持尊重法治规律和立足中国国情有机结合取得的重大创新。

37. 第一次提出"建立中国特色社会主义行政体制"的目标,并明确了建设服务型政府的新要求。中国特色社会主义行政体制目标的提出,是我们党积极探索中国特色社会主义行政体制改革规律的结果,是对行政体制改革在认识上的一次质的飞跃。这表明,深化行政体制改革必须从中国实际出发,走中国特色社会主义政治发展道路。深化行政体制改革,要按照建立中国特色社会主义行政体制目标,深入推进政企分开、政资分开、政事分开、政社分开,其核心是"建设职能科学、结构优化、廉洁高效、人民满意的服务型政府"。党的十七大报告首次提出"加快行政管理体制改革,建设服务型政府"。十八大报告用四个定语从政府职能、政府结构、政府效能、人民满意程度四个方面全面界定了服务型政府的特征,这在党的文献中还是第一次。报告提出的"深化行政审批制度改革,继续简政放权,推动政府职能向创造良好发展环境、提供优质公共服务、维护社会公平正义转变","稳步推进大部门制改革,健全部门职责体系","创新行政管理方式,提高政府公信力和执行力","降低行政成本","完善体制改革协调机制,统筹规划和协商重大改革"等,都充分体现了服务型政府建设理念的提升,标志着我们党以人为本、执政为民执政理念正在得到进一步深化与落实。

38. 第一次提出"建立健全决策问责和纠错制度"。党的十七届四中全会提出健全决策失误纠错改正机制和责任追究制度。十八大报告明确提出建立健全决策问责和纠错制度,对于推进科学决策、民主决策、依法决策,健全决策机制和程序,对于坚决防止和纠正损害群众利益的做法,对于强化领导责任、提高决策水平、减少决策失误、及时纠正错误决策和挽回损失,对于加强党内监督、民主监督、法律监督、舆论监督,让人民监督权力,让权力在阳光下运行,都具有重要意义。为了确保权力的正确运行,十八大报告还提出了"建立健全权力运行制约和监督体系"的要求,强调:"坚持用制度管权管事管人,保障人民知情权、参与权、表达权、监督权";"要确保决策权、执行权、监督权既相互制约又相互协调,确保国家机关按照法定权限和程序行使权力";"坚持科学决策、民主决策、依法决策,健全决策机制和程序,发挥思想库作用,建立健全决策问责和纠错制度。凡是涉及群众切身利益的决策都要充分听取群众意见,凡是损害群众利益的做法都要坚决防止和纠正";"推进权力运行公开化、规范化,完善党务公开、政务公开、司法公开和各领域办事公开制度,健全质询、问责、经济责任审计、引咎辞职、罢免等制度,加强党内监督、民主监督、法律监督、舆论监督,让人民监督权力,让权力在阳光下运行"。这些要求,反映了现代权力运行的特点和规律,明确了加快推进中国特色社会主义民主政治建设的着力点。

39. 第一次提出统一战线是"夺取中国特色社会主义新胜利的重要法宝"的论断。十八大报告指出:"统一战线是凝聚各方面力量,促进政党关系、民族关系、宗教关系、阶层关系、海内外同胞关系的和谐,夺取中国特色社会主义新胜利的重要法宝。"这一论断,不仅继承了我们党高度重视发挥统一战线作用的优良传统,而且揭示了统一战线在夺取中国特色社会主义新胜利中不可替代的重要地位。全面贯彻落实党的十八大报告关于统一战线是夺取中国特色社会主义新胜利重要法宝的思想,必将促进民主党派和无党派人士与中国共产党在思想上同心同德、目标上同心同向、行动上同心同行,必将促进各民族和睦相处、和衷共济、和谐发展,必将更好地发挥宗教界人士和信教群众在促进经济社会发展中的积极作用,鼓励和引导新的社会阶层人士为中国特色社会主义事业作出更大贡献,支持海外侨胞、归侨侨眷关心和参与祖国现代化建设与和平统一大业,形成夺取中国特色社会主义新胜利的强大合力。

40. 第一次提出"走中国特色社会主义文化发展道路",为建设社会主义文化强国指明了方向。党的十六大以来,以胡锦涛同志为总书记的党中央从全面推进中国特色社会主义总体布局的战略高度出发,作出深化文化体制改革的重大决策,推动文化建设开创新局面,走出了一条中国特色社会主义文化发展道路。走中国特色社会主义文化发展道路,必须"坚持为人民服务、为社会主义服务的方向,坚持百花齐放、百家争鸣的方针,坚持贴近实际、贴近生活、贴近群众的原则,推动社会主义精神文明和物质文明全面发展,建设面向现代化、面向世界、面向未来的,民族的科学的大众的社会主义文化";必须推动社会主义文化大发展大繁荣,兴起社会主义文化建设新高潮,"加强社会主义核心价值体系建设"、"全面提高公民道德素质"、"丰富人民精神文化生活"、"增强文化整体实力和竞争力",不断提高国家文化软实力,切实发挥文化引领风尚、教育人民、服务社会、推动发展的作用。

41. 第一次提出"建设社会主义文化强国,关键是增强全民族文化创造活力"的论断。人民群众是文化建设的主体,社会主义文化事业是亿万人民群众的事业。人民群众中蕴藏着深厚的文化创造源泉,蕴藏着高昂的文化创造热情。只有激发出全民族文化创造活力,才能真正推动社会主义文化大发展大繁荣,推进社会主义文化强国建设。为此,应从深化文化体制改革,解放和发展文化生产力;发扬学术民主、艺术民主,为人民提供广阔文化舞台两个方面下功夫,"开创全民族文化创造活力持续迸发、社会文化生活更加丰富多彩、人民基本文化权益得到更好保障、人民思想道德素质和科学文化素质全面提高、中华文化国际影响力不断增强的新局面。"

42. 第一次提出"社会主义核心价值体系是兴国之魂"的论断。社会主义核心价值体系是党的十六届六中全会首次明确提出的一个科学命题,包括四个方面的基本内容,即马克思主义指导思想、中国特色社会主义共同理想、以爱国主义为核心的民族精神和以改革创新为核心的时代精神、以"八荣八耻"为主要内容的社会主义荣辱观。党的十七大报告指出,社会主义核心价值体系是社会主义意识形态的本质体现,并从增强社会主义意识形态的吸引力和凝聚力的角度对建设社会主义核心价值体系提出了要求。十八大报告在提出"社会主义核心价值体系是兴国之魂"的论断,进一步将社会主义核心价值体系提升到决定国家兴衰高度的同时,还强调"用社会主义核心价值体系引领社会思潮、凝聚社会共识""建设哲学社会科学创新体系""积极培育和践行社会主义核心价值观""牢牢掌握意识形态工作领导权和主导权""壮大主流思想舆论",表现出了我们党高度的文化自觉和文化自信,是对中国特色社会主义文化发展规律的深刻把握。

43. 第一次用"三个倡导"凝练了社会主义核心价值观的内容。自从党的十六届六中全会提出建设社会主义核心价值体系,十七大报告进一步对建设社会主义核心价值体系作出部署以来,提出言简意赅、朗朗上口的社会主义核心价值观就成为社会各界的期盼。十八大报告以 24 个字分三个层次概括了社会主义核心价值观,从国家层面看,是富强、民主、文明、和谐;从社会层面看,是自由、平等、公正、法治;从公民个人层面看,是爱国、敬业、诚信、友善。这"24 个字"的表述,从国家发展目标、社会环境氛围、个人道德风貌三个方面,全面概括了社会主义核心价值观的内容,对于加强社会主义核心价值体系建设将产生重要的积极作用。

44. 第一次提出"全面提高公民道德素质"的重要任务。十八大报告第一次将全面提高公民道德素质写入党的全国代表大会报告,充分表明我们党切实把促进人的全面发展作为中国特色社会主义发展的根本目的,表明党对公民道德建设的高度重视。公民道德建设既是全面建设小康社会的重要目标,又是全面建成小康社会的重要保证。2001年《公民道德建设实施纲要》首次提出"努力提高公民道德素质"的要求。党的十六大报告指出:"切实加强思想道德建设。"十七大报告指出:"建设和谐文化,培育文明风尚。"近年来,社会主义道德建设稳步推进,社会主义精神文明建设呈现出积极健康向上的良好态势,公民道德建设迈出了新的步伐。十八大报告明确提出"全面提高公民道德素质",强调"这是社会主义道德建设的基本任务",并对如何全面提高公民道德素质作出了全面部署。这些加强社会主义道德建设的新认识、新举措,必将有助于营造劳动光荣、创造伟大的社会氛围,培育知荣辱、讲正气、作奉献、促和谐的良好风尚。

45. 第一次提出"让人民享有健康丰富的精神文化生活,是全面建成小康的重要内容"的论断。全面小康社会是人民生活更加幸福的社会,只有让人民享有健康丰富的精神文化生活,才能切实提高人们的幸福指数,才能切实提高社会的和谐程度。这一论断的提出,把握了社会主义初级阶段人民日益增长的物质文化需要同落后的社会生产之间的矛盾这一社会主要矛盾,把握了人民对精神文化生活的新期待,深化了对社会主义文化发展规律的认识。十八大报告对丰富人民精神文化生活作出了全面部署。其中,文化产品"坚持以人民为中心的创作导向";"坚持面向基层、服务群众,加快推进重点文化惠民工程";"建设优秀传统文化传承体系";"引导群众在文化建设中自我表现、自我教育、自我服务";"加强和改进网络内容建设,唱响网上主旋律";"加强网络社会管理,推进网络依法规范有序运行"等,都是根据时代条件变化和实践发展的新要求而提出的,是以人为本理念在文化生产和提供领域的新体现。

46. 第一次提出"文化实力和竞争力是国家富强、民族振兴的重要标志"的论断。当代中国进入了全面建成小康社会的决定性阶段,文化越来越成为民族凝聚力和创造力的重要源泉、越来越成为综合国力竞争的重要因素、越来越成为经济社会发展的重要支撑。正是基于上述认识,十八大报告深刻提出"文化实力和竞争力是国家富强、民族振兴的重要标志"的论断,并提出了一系列旨在增强文化整体实力和竞争力的新要求、新部署,比如"坚持把社会效益放在首位、社会效益和经济效益相统一"的文化事业和文化产业发展原则,"加强重大公共文化工程和文化项目建设,完善公共文化服务体系","促进文化和科技融合,发展新型文化业态,提高文化产业规模化、集约化、专业化水平","构建和发展现代传播体系,提高传播能力","增强国有公益性文化单位活力,完善经营性文化单位法人治理结构","扩大文化领域对外开放","造就一批名家大师和民族文化代表人物"等等,这些都反映了我们党在社会主义文化建设上的与时俱进。

47. 第一次提出"树立高度的文化自觉和文化自信"的要求。文化自觉,体现为对文化在历史进程中地位作用的深刻认识,对文化发展规律的正确把握,对发展文化历史责任的主动担当。文化自信,体现为对中国特色社会主义文化及其发展道路的坚定信心和坚强信念。面对文化改革发展的新形势新任务,在十七大报告提出"更加自觉、更加主动地推动文化大发展大繁荣",十七届六中全会提出"培养高度的文化自觉和文化自信"的基础上,十八大报告进一步强调"树立高度的文化自觉和文化自信",充分体现出党对扎实推进社会主义文化强国建设在全面建成小康社会、实现中华民族伟大复兴中的重要作用、对中国特色社会主义文化发展规律的认识达到了一个新的高度。

48. 第一次提出"在改善民生和创新管理中加强社会建设"的总体任务。从十六届四中全会提出要"加强社会建设和管理,推进社会管理体制创新",到十七大报告提出"加快推进以改善民生为重点的社会建设",并将社会建设纳入中国特色社会主义事业总体布局,再到十八大报告提出"在改善民生和创新管理中加强社会建设",表明党对社会建设的地位、内容、方式、途径的认识更加深入,对中国特色社会主义社会建设规律的把握更加自觉。这一总体任务的提出,表明改善民生和创新管理是社会建设的两项重要内容。改善民生,就是要以保障和改善民生为重点,解决好人民最关心最直接最现实的利益问题,在学有所教、劳有所得、病有所医、老有所养、住有所居上持续取得新进展;创新管理,就是要加快推进社会体制改革,围绕构建中国特色社会主义社会管理体系,加快形成党委领导、政府负责、社会协同、公众参与、法治保障的社会管理体制,加快形成政府主导、覆盖城乡、可持续的基本公共服务体系,加快形成政社分开、权责明确、依法自治的现代社会组织体制,加快形成源头治理、动态管理、应急处置相结合的社会管理机制，就成为加强社会建设，推动社会主义和谐社会建设的重要立足点和行之有效的关键举措。

49. 第一次将"努力办好人民满意的教育"提到新的重要位置。教育是民族振兴和社会进步的基石。"办好人民满意的教育"，这是十七大报告在阐释"优先发展教育，建设人力资源强国"的教育建设任务中提出的一项要求。十八大报告将其提到加强社会建设重要任务的高度，为未来我国教育事业的改革发展指明了方向。围绕"努力办好人民满意的教育"，十八大报告提出了一些激动人心的目标和要求，比如"把立德树人作为教育的根本任务"，"着力提高教育质量，培养学生社会责任感、创新精神、实践能力"，"让每个孩子都能成为有用之才"等，充分体现了我们党对教育事业的高度重视，体现了我们党对优先发展教育，坚持教育为社会主义现代化建设服务、为人民服务的坚定决心。

50. 第一次提出"推动实现更高质量的就业"的目标要求。从十六大报告提出"千方百计扩大就业"，到十七大报告提出"实施扩大就业的发展战略"，"坚持实施积极的就业政策"，到十八大报告提出"推动实现更高质量的就业"，"实施就业优先战略和更加积极的就业政策"，表明就业是民生之本的地位愈加凸显，表明党愈益把促进就业放在经济社会发展的优先位置，当作保障和改善民生的头等大事来抓。更高质量的就业，就是既要让人民有业可就，又要就业舒心，提高对就业的满意度。提高就业满意度，一方面要加大职业培训，提高劳动者的劳动技能和人力资本；另一方面要更好地加强和改进就业服务。围绕"推动实现更高质量的就业"，十八大报告提出了一些新目标、新举措，比如：实施就业优先战略和更加积极的就业政策"要贯彻劳动者自主就业、市场调节就业、政府促进就业和鼓励创业的方针"；"提升劳动者就业创业能力，增强就业稳定性"；"增强失业保险对促进就业的作用"；"健全劳动标准体系和劳动关系协调机制，加强劳动保障监察和争议调解仲裁，构建和谐劳动关系"等，都是从数量和质量两方面提高就业水平、满足就业需求的有效举措。

51. 第一次用"两个同步"、提高"两个比重"，提出增加居民收入的具体目标和举措。十八大报告提出："努力实现居民收入增长和经济发展同步、劳动报酬增长和劳动生产率提高同步，提高居民收入在国民收入分配中的比重,提高劳动报酬在初次分配中的比重。""两个同步"、提高"两个比重",分别是由党的十七届五中全会和党的十七大报告提出的。十八大报告将二者结合起来,作为深化收入分配制度改革的目标。其中,"两个同步"是实现"两个比重"提高的必要举措,也是维护社会公平正义的现实要求。"两个同步"和提高"两个比重",对于调整和规范国家、企业、个人的分配关系,调整各要素按贡献参与分配的分配关系,对于建立健全合理有序的收入分配格局,加快转变经济发展方式,改善人民生活特别是普通劳动者的生活具有十分重要的意义。

52. 第一次明确提出"初次分配机制"和"再分配机制"的内容,发展了初次分配和再分配的理念。收入分配领域的核心问题是如何处理效率和公平的关系。党的十四大第一次提出要"兼顾效率与公平",十四届三中全会提出要"体现效率优先、兼顾公平的原则"。党的十五大和十六大都明确提出要坚持效率优先、兼顾公平。十六大报告还指出:初次分配注重效率,再分配注重公平。十七大报告指出:"初次分配和再分配都要处理好效率和公平的关系,再分配更加注重公平。"十八大报告指出:"初次分配和再分配都要兼顾效率和公平,再分配更加注重公平。"在收入分配理念进步的基础上,十八大报告进而指出:"完善劳动、资本、技术、管理等要素按贡献参与分配的初次分配机制,加快健全以税收、社会保障、转移支付为主要手段的再分配机制。"这就从理念和机制两个方面坚持和发展了按劳分配为主体、多种分配方式并存的分配制度,增强了解决收入分配领域矛盾和问题的针对性,是我们党从实际出发,对效率和公平关系认识的深化。

53. 第一次提出社会保障是"保障人民生活、调节社会分配的一项基本制度"的论断。党的十五大报告在论述推进国企改革的各项配套改革中首次提出了建立社会保障体系、提供最基本社会保障的问题。十六大报告指出:"建立健全同经济发展水平相适应的社会保障体系,是社会稳定和国家长治久安的重要保证。"十七大报告指出:"社会保障是社会安定的重要保证。"十八大报告将社会保障明确为"保障人民生活、调节社会分配的一项基本制度",这是对社会保障地位和作用认识的重大深化。十八大报告进一步明确了统筹推进城乡社会保障体系建设的方针、重点、目标以及各项机制保障。其中,方针是"全覆盖、保基本、多层次、可持续",与之前《中华人民共和国社会保险法》和十七届五中全会提出的"广覆盖、保基本、多层次、可持续"的方针相比，"全覆盖"与"广覆盖"的一字之差，充分表明我们党为全社会每一个人提供基本社会保障的决心和信心。重点是"增强公平性、适应流动性、保证可持续性"，这充分考虑到了当前我国社会结构快速变动、劳动力加速流动对社会保障提出的新要求，充分反映了人民群众呼唤更加公平的社会保障的强烈愿望，充分考虑到了社会保障自身发展的可持续性要求。目标是"全面建成覆盖城乡居民的社会保障体系"，这代表了全体人民的根本利益，关系全体人民的福祉。各项机制保障是在社会保险方面"建立兼顾各类人员的社会保障待遇确定机制和正常调整机制"，"建立社会保险基金投资运营制度"，"完善社会救助体系，健全社会福利制度，支持发展慈善事业，做好优抚安置工作"，"建立市场配置和政府保障相结合的住房制度"，"健全社会保障经办管理体制"等。

54. 第一次提出"健全全民医保体系，建立重特大疾病保障和救助机制"的任务。十六大以来，我国基本医保迅速发展，特别是近年来，初步建立了覆盖城乡居民的基本医疗卫生保障制度，医保覆盖率达到95%，跨入具有全民医保制度的国家行列;初步建立了国家基本药物制度;健全了城乡基层医疗卫生服务体系，基本公共卫生服务均等化不断推进。明确将"健全全民医保体系"写入十八大报告，表明我国将加快健全全民医保体系的进程，巩固和扩大覆盖面，根据经济发展水平提高医疗保障水平。同时，建立重特大疾病保障和救助机制，筑牢医疗保障底线，将从根本上解决重特大疾病患者看不起病或因病致贫问题。此外，党的十八大报告还围绕"提高人民健康水平"提出了一系列目标和措施，充分体现了我们党对保障人民健康、促进人的全面发展的高度重视，体现了我们党坚持以人为本、为人民健康服务的理念。

55. 第一次将"提高社会管理科学化水平"写入党的全国代表大会报告。提高社会管理科学化水平，是胡锦涛同志在2011年2月省部级主要领导干部社会管理及其创新专题研讨班开班式上的讲话中提出的重大命题。写入党的全国代表大会报告，这是第一次。当前，我国正处在加快转变经济发展方式的历史进程中，经济社会结构快速变动，由此带来的政企关系、劳资关系、人与自然关系的调整与变化引起社会矛盾的积累和增加，需要通过加强和创新社会管理，提高社会管理科学化水平，并完善相关机制来缓和与化解。必须"加强社会管理法律、体制机制、能力、人才队伍和信息化建设","改进政府提供公共服务方式,加强基层社会管理和服务体系建设","完善和创新流动人口和特殊人群管理服务","畅通和规范群众诉求表达、利益协调、权益保障渠道"等,这既是增进群众幸福感的重要途径,也是巩固和扩大人民民主、保障人民权益的重要内容,是加强社会主义政治文明建设和创新社会管理相统一的内在要求。

56. 第一次系统提出生态文明理念、生态文明建设的要求、根本目的和总体思路。建设生态文明,是十七大报告提出的全面建设小康社会的新要求之一。生态文明理念是"尊重自然、顺应自然、保护自然",这是生态伦理的进步,是在科学发展观指导下对人与自然关系的新认识。十八大报告将生态文明建设明确为中国特色社会主义事业五位一体总体布局的重要组成部分,并系统、完整地提出了生态文明建设的战略任务,明确生态文明理念、目标和总体思路等。建设要求是,"把生态文明建设放在突出地位,融入经济建设、政治建设、文化建设、社会建设各方面和全过程";根本目的是,"努力建设美丽中国,实现中华民族永续发展";总体思路是,"坚持节约资源和保护环境的基本国策,坚持节约优先、保护优先、自然恢复为主的方针";基本途径和方式是,"着力推进绿色发展、循环发展、低碳发展";战略重点是,"形成节约资源和保护环境的空间格局、产业结构、生产方式、生活方式"。

57. 第一次对大力推进生态文明建设作出全面部署。党的十八大报告提出:"我们一定要更加自觉地珍爱自然,更加积极地保护生态,努力走向社会主义生态文明新时代。"根据十八大的部署,大力推进生态文明建设的主要任务包括:(1)优化国土空间开发格局。总体要求是:"按照人口资源环境相均衡、经济社会生态效益相统一的原则,控制开发强度,调整空间结构,促进生产空间集约高效、生活空间宜居适度、生态空间山清水秀。"为此,要加快实施主体功能区战略,构建科学合理的城市化格局、农业发展格局、生态安全格局;提高海洋资源开发能力,建设海洋强国。(2)全面促进资源节约。总体要求是:"节约集约利用资源,推动资源利用方式根本转变,加强全过程节约管理,大幅降低能源、水、土地消耗强度,提高利用效率和效益。"(3)加大自然生态系统和环境保护力度。主要任务是:"实施重大生态修复工程,增强生态产品生产能力";"加快水利建设";"加强防灾减灾体系建设";"坚持预防为主、综合治理,以解决损害群众健康突出环境问题为重点,强化水、大气、土壤等污染防治"。(4)加强生态文明制度建设。主要任务是:"把资源消耗、环境损害、生态效益纳入经济社会发展评价体系,建立体现生态文明要求的目标体系、考核办法、奖惩机制";"建立国土空间开发保护制度,完善最严格的耕地保护制度、水资源管理制度、环境保护制度";"建立反映市场供求和资源稀缺程度、体现生态价值和代际补偿的资源有偿使用制度和生态补偿制度";"积极开展节能量、碳排放权、排污权、水权交易试点";"加强环境监管,健全生态环境保护责任追究制度和环境损害赔偿制度"。

58. 第一次将国防和军队现代化建设"三步走"的战略构想写入党的全国代表大会报告。国防和军队现代化建设"三步走"的战略构想,是党中央、中央军委在世纪之交提出的伟大战略构想。伴随国家改革开放的伟大进程,特别是经过"十一五"时期的全面发展,中国军队的革命化、现代化、正规化建设全面加强,军事斗争准备不断拓展和深化,信息化条件下防卫作战能力进一步增强,顺利实现了"三步走"发展战略的第一步目标。党的十八大报告指出,要"按照国防和军队现代化建设'三步走'战略构想,加紧完成机械化和信息化建设双重历史任务,力争到2020年基本实现机械化,信息化建设取得重大进展。"围绕"三步走"的第二步战略目标,十八大报告提出了一系列新部署。比如:与时俱进加强军事战略指导,高度关注海洋、太空、网络空间安全,提高以打赢信息化条件下局部战争能力为核心的完成多样化军事任务能力;坚持以推动国防和军队建设科学发展为主题,以加快转变战斗力生成模式为主线,全面加强军队革命化现代化正规化建设;坚持不懈用中国特色社会主义理论体系武装全军,持续培育当代革命军人核心价值观;坚定不移把信息化作为军队现代化建设发展方向;紧跟世界新军事革命加速发展的潮流,积极稳妥进行国防和军队改革,推动中国特色军事变革深入发展;坚持以创新发展军事理论为先导,着力提高国防科技工业自主创新能力,深入推进军队组织形态现代化,构建中国特色现代军事力量体系;加强军民融合式发展战略规划、体制机制建设、法规建设等等。报告还强调:"中国奉行防御性的国防政策,加强国防建设的目的是维护国家主权、安全、领土完整,保障国家和平发展。"这进一步表明了中国走和平发展道路的坚定决心。

59. 第一次提出"必须把坚持一国原则和尊重两制差异、维护中央权力和保障特别行政区高度自治权、发挥祖国内地坚强后盾作用和提高港澳自身竞争力有机结合起来,任何时候都不能偏废"的论断。这一论断,重申了中央政府对香港、澳门实行各项方针政策的根本宗旨是维护国家主权、安全、发展利益,保持香港、澳门长期繁荣稳定,精辟阐释了在香港、澳门实践"一国两制"的核心要求和基本目标,深刻揭示了国家民族根本利益与港澳同胞长远利益的有机统一,显示了我们党坚持"一国两制"、"港人治港"、"澳人治澳"、高度自治方针,促进香港澳门繁荣稳定,让香港同胞、澳门同胞同全国各族人民一道共享做中国人的尊严和荣耀的坚定决心。"三对关系"的提出,既总结了"一国两制"的伟大实践,又丰富了"一国两制"的伟大思想,对于维护国家主权、安全、发展利益,保持香港、澳门长期繁荣稳定具有重大的现实意义和深远的历史意义。

60. 第一次明确提出"解决台湾问题、实现祖国完全统一,是不可阻挡的历史进程"的论断。提出这一论断的依据是:"和平统一最符合包括台湾同胞在内的中华民族的根本利益";"两岸同属一个中国的事实从未改变,国家领土和主权从未分割、也不容分割","九二共识"表明,海峡两岸都坚持一个中国的原则;"我们要持续推进两岸交流合作",厚植共同利益,必将开创两岸和平发展新前景;"我们要努力促进两岸同胞团结奋斗",共同推进两岸关系,共同享有发展成果,团结台湾同胞维护好、建设好中华民族共同家园;"台独"分裂行径损害两岸同胞共同利益,必然遭到两岸人民的一致反对,必将走向彻底失败。十八大报告还深刻指出:"实现和平统一首先要确保两岸关系和平发展。"这为推进和平统一进程指出了现实路径。正如报告所指出的:全体中华儿女携手努力,就一定能在同心实现中华民族伟大复兴进程中完成祖国统一大业。

61. 第一次提出"在国际关系中弘扬平等互信、包容互鉴、合作共赢的精神,共同维护国际公平正义"的主张,将建设和谐世界的理念推向了新的高度。提出这一主张的依据是,"人类只有一个地球,各国共处一个世界。……推动建设持久和平、共同繁荣的和谐世界,是各国人民共同愿望。"平等互信,就是要"遵循联合国宪章宗旨和原则,坚持国家不分大小、强弱、贫富一律平等,推动国际关系民主化,尊重主权,共享安全,维护世界和平稳定"。包容互鉴,就是要"尊重世界文明多样性、发展道路多样化,尊重和维护各国人民自主选择社会制度和发展道路的权利,相互借鉴,取长补短,推动人类文明进步"。合作共赢,就是要"倡导人类命运共同体意识,在追求本国利益时兼顾他国合理关切,在谋求本国发展中促进各国共同发展,建立更加平等均衡的新型全球发展伙伴关系,同舟共济,权责共担,增进人类共同利益"。本着这样的主张,十八大郑重表示:中国将继续高举和平、发展、合作、共赢的旗帜,坚定不移致力于维护世界和平、促进共同发展。

62. 第一次将"全面提高党的建设科学化水平"作为党的建设总体任务写入党的全国代表大会报告。提高党的建设科学化水平,是由党的十七届四中全会提出,胡锦涛同志在庆祝中国共产党成立 90 周年大会上的讲话中再次突出强调的重大战略部署。十八大报告将其作为党的建设总体任务提出来,标志着我们党对"建设什么样的党、怎样建设党"这一问题的认识达到了前所未有的新高度。按照十八大报告的部署,全面提高党的建设科学化水平,就要准确把握"一条主线"、"两个坚持"、"五个建设"、"四自能力"和"三型政党"。"一条主线"是:"牢牢把握加强党的执政能力建设、先进性和纯洁性建设这条主线。"十八大报告首次在党的建设的主线中增加了纯洁性建设,这是针对少数党员干部理想信念、宗旨意识发生偏移,有的甚至出现严重违纪违法腐败现象而提出的,它要求切实抓好思想纯洁、队伍纯洁、作风纯洁、清正廉洁。将纯洁性建设与党的执政能力建设、先进性建设一道纳入党的建设的主线,这就大大扩充了党的建设的内涵,回应了"四大考验"、"四种危险"对党的建设提出的新要求。"两个坚持"是:"坚持解放思想、改革创新,坚持党要管党、从严治党。"做到"两个坚持",要求以科学的态度对待马克思主义,以科学理论指导党的建设,以改革创新精神研究和解决党的建设面临的重大理论和实际问题,全面认识和自觉运用马克思主义执政党建设规律;正视并及时解决党内存在的突出问题,始终保持党的肌体健康。"五个建设"是:"全面加强党的思想建设、组织建设、作风建设、反腐倡廉建设、制度建设。""五个建设"构成了党的建设新的伟大工程"五位一体"总体布局。"四自能力"是"增强自我净化、自我完善、自我革新、自我提高能力",这是坚持以改革创新精神加强党的自身建设的体现,也是保持党的先进性和纯洁性的必然要求。"三型政党"是:"建设学习型、服务型、创新型的马克思主义执政党。"这一目标,既坚持了马克思主义执政党的基本定位,又提出了学习型、服务型、创新型的新要求。只要我们把由以上"一条主线"、"两个坚持"、"五个建设"、"四自能力"和"三型政党"构成的全面提高党的建设科学化水平的"总要求"切实转化为全党上下共同的自觉行动,就一定能推动党的建设新的伟大工程在科学化的轨道上不断迈出新的步伐。

63. 第一次提出"对马克思主义的信仰,对社会主义和共产主义的信念,是共产党人的政治灵魂,是共产党人经受住任何考验的精神支柱"的论断。这一论断的提出,具有很强的现实针对性。在日益复杂的国内外环境中,在新的时代条件下,党面临的执政考验、改革开放考验、市场经济考验、外部环境考验是长期的、严峻的、复杂的,一些党员干部受到腐朽思想的影响,理想信念有所动摇,由此而产生的精神懈怠危险、能力不足危险、脱离群众危险、消极腐败危险,削弱了党的力量,加强理想信念教育的任务比以往任何时候都更为艰巨繁重。突出强调对马克思主义的信仰和对社会主义和共产主义的信念问题,就是要筑牢全党的马克思主义思想根基,坚定理想信念,增强为党和人民事业不懈奋斗的自觉性和坚定性,咬定青山不放松,真正做到坚定不移、矢志不渝。应从"抓好思想理论建设这个根本","抓好党性教育这个核心","抓好道德建设这个基础"三个方面着力,教育引导广大党员、干部坚定理想信念,坚守共产党人精神追求。

64. 第一次将"以人为本、执政为民是检验党一切执政活动的最高标准"写入党的全国代表大会报告。以人为本、执政为民是我们党的性质和全心全意为人民服务根本宗旨的集中体现,要求把人民利益放在第一位,把实现好维护好发展好最广大人民根本利益作为一切工作的出发点和落脚点,做到权为民所用、情为民所系、利为民所谋。胡锦涛同志在庆祝中国共产党成立90周年大会上的讲话中指出:以人为本、执政为民是指引、评价、检验我们党一切执政活动的最高标准。十八大报告再次强调这一问题,指出"以人为本、执政为民是检验党一切执政活动的最高标准",这是改革和完善党的领导方式和执政方式的根本遵循,是我们党在"为谁执政、靠谁执政、怎样执政"问题上进一步作出的科学回答,是在科学发展观的指导下,党的执政理念的又一次升华。

65. 第一次将"落实党员知情权、参与权、选举权、监督权"写入党的全国代表大会报告。十七大报告明确提出"尊重党员主体地位,保障党员民主权利"的要求。十七届四中全会提出："以落实党员知情权、参与权、选举权、监督权为重点，进一步提高党员对党内事务的参与度，充分发挥党员在党内生活中的主体作用。"十八大报告进一步突出强调落实党员"四项权利"，充分表现了我们党将党内民主视为党的生命，积极推进党内民主建设的决心。党员民主权利需要制度保障。十八大报告指出，应健全党员民主权利保障制度，营造党内民主平等的同志关系、民主讨论的政治氛围、民主监督的制度环境；完善党的代表大会制度，提高工人、农民代表比例，实行党代会代表提案制；完善党内选举制度，规范差额提名、差额选举，形成充分体现选举人意志的程序和环境；强化全委会决策和监督作用，完善地方党委讨论决定重大问题和任用重要干部票决制；扩大党内基层民主，完善党员定期评议基层党组织领导班子等制度，推行党员旁听基层党委会议、党代会代表列席同级党委有关会议等做法。

66. 第一次提出"建设高素质执政骨干队伍"的重要任务。干部是党执政活动的组织者和执政使命的践行者，其素质、能力高低，直接决定了党的执政活动的成效。因此，十八大报告指出，"坚持和发展中国特色社会主义，关键在于建设一支政治坚定、能力过硬、作风优良、奋发有为的执政骨干队伍。"为建设高素质执政骨干队伍，十八大报告提出了"四个坚持"："坚持党管干部原则，坚持五湖四海、任人唯贤，坚持德才兼备、以德为先，坚持注重实绩、群众公认。"这"四个坚持"充分体现出党在选人用人方面的宽视野、高境界和大气魄。建设高素质执政骨干队伍，还必须深化干部人事制度改革，贯彻任人唯贤的干部路线，完善竞争性选拔干部方式，完善干部考核评价机制，健全干部管理体制，优化领导班子配备和干部队伍结构，推进国有企业和事业单位人事制度改革等，创造各方面优秀干部充分涌现、各尽其能、才尽其用的良好环境。

67. 第一次提出"进一步加强党管人才原则，把各方面优秀人才集聚到党和国家事业中来"的重要任务。人才是我国经济社会发展的第一资源。只有坚持党管人才，用事业凝聚人才，广开进贤之路，广纳天下英才，为人才成长和发挥作用提供优良环境，为人才发展提供更多机遇和更大空间，让他们凭借自己的才华为全面建成小康社会和现代化建设作出更大贡献，才能使党和人民事业的发展获得不竭动力。为凝聚人才，十八大报告响亮提出"加快确立人才优先发展战略布局",推动"我国由人才大国迈向人才强国";"实施重大人才工程,加大创新创业人才培养支持力度";"充分开发利用国内国际人才资源,积极引进和用好海外人才";"加快人才发展体制机制改革和政策创新,建立国家荣誉制度,形成激发人才创造活力、具有国际竞争力的人才制度优势"。这些新思路新举措,必将在我国开创人人皆可成才、人人尽展其才的生动局面。

68. 第一次提出"全面推进各领域基层党建工作,扩大党组织和党的工作覆盖面"的要求。改革开放以来,经济体制深刻变革,社会结构深刻变动,人员流动性增强,新的经济组织不断涌现,在一些新出现的经济组织以及农村和城市社区出现了基层党组织建设的薄弱地带甚至空白点。基层党组织是团结带领群众贯彻党的理论和路线方针政策、落实党的任务的战斗堡垒。只有全面推进各领域基层党建工作,特别是强化农村、城市社区党组织建设,加大非公有制经济组织、社会组织党建工作力度,才能充分发挥基层党组织推动发展、服务群众、凝聚人心、促进和谐的作用,才能以党的基层组织建设带动其他各类基层组织建设。十八大报告提出的这一新要求,强调"强化农村、城市社区党组织建设,加大非公有制经济组织、社会组织党建工作力度",是对十七届四中全会提出的"扩大基层党组织覆盖面"要求的深化,必将极大地推动基层党建工作,切实扩大党组织和党的工作覆盖面,进一步增强党的创造力凝聚力战斗力。

69. 第一次提出"坚持走中国特色反腐倡廉道路"的要求,深化了我们党对反腐倡廉规律的认识。党的十七大报告创造性地提出"反腐倡廉建设"这一概念,并将反腐倡廉建设与党的思想建设、组织建设、作风建设、制度建设并列起来,作为新的伟大工程五大建设的重要组成部分。十八大报告明确提出"坚持走中国特色反腐倡廉道路",这是党的建设理论与实践的重大创新,表明我们党对反腐倡廉规律的认识达到了一个新的高度。走中国特色反腐倡廉道路,方针是"标本兼治、综合治理、惩防并举、注重预防";路径是"全面推进惩治和预防腐败体系建设";目标是"做到干部清正、政府清廉、政治清明"。十八大报告对"中国特色反腐倡廉道路"的阐述,不仅反映了对反腐倡廉建设经验的深刻总结,而且也表达了对反腐败斗争形势严峻性的深切忧虑。

70. 第一次提出"党面临的形势越复杂,肩负的任务越艰巨,就越要加强党的纪律建设,越要维护党的集中统一"的论断。这一论断说明我们党对严明党的纪律的高度重视,对维护党的集中统一的坚定决心。党的集中统一是党的力量所在,是实现经济社会发展、民族团结进步、国家长治久安的根本保证。当前,党长期执政的考验严峻而复杂,肩负的改革发展稳定任务繁重而艰巨。作为一个有着8200多万党员的超级大党,只有以严明的纪律维护集中统一,才能抵御住一切风险考验,不断增强凝聚力和战斗力,不断开创事业发展新局面。为此,十八大报告指出:各级党组织和广大党员、干部特别是主要领导干部一定要自觉遵守党章,自觉按照党的组织原则和党内政治生活准则办事,任何人都不能凌驾于组织之上;要坚决维护中央权威,在思想上政治上行动上同党中央保持高度一致,坚决贯彻党的理论和路线方针政策;加强监督检查,严肃党的纪律特别是政治纪律,对违反纪律的行为必须认真处理,切实做到纪律面前人人平等、遵守纪律没有特权、执行纪律没有例外,形成全党上下步调一致、奋发进取的强大力量。

71. 第一次提出面对人民的信任和重托,面对新的历史条件和考验,全党必须增强"四个意识"。"四个意识"是指"必须增强忧患意识,谦虚谨慎,戒骄戒躁,始终保持清醒头脑;必须增强创新意识,坚持真理,修正错误,始终保持奋发有为的精神状态;必须增强宗旨意识,相信群众,依靠群众,始终把人民放在心中最高位置;必须增强使命意识,求真务实,艰苦奋斗,始终保持共产党人的政治本色"。只有增强"四个意识",党员、干部才能切实增强贯彻党的基本理论、基本路线、基本纲领、基本经验的自觉性和坚定性,增强走中国特色社会主义道路、为党和人民事业不懈奋斗的自觉性和坚定性,做共产主义远大理想和中国特色社会主义共同理想的坚定信仰者,做到为党分忧、为国尽责、为民奉献,始终保持昂扬奋发的精神状态。因此,全党增强"四个意识",是全党保持先进性、纯洁性的关键,是国家繁荣富强、人民幸福安康的前提,是党在新的历史条件和考验面前不负重托、不辱使命的保证。

72. 第一次将"全党都要关注青年、关心青年、关爱青年"的要求写入党的全国代表大会报告。中国特色社会主义事业是面向未来的事业,需要一代又一代有志青年接续奋斗,因此胡锦涛同志在庆祝中国共产党成立90周年大会上强调指出,全党都要关注青年、关心青年、关爱青年。十八大将这一要求写入党的全国代表大会报告,体现了我们党对青年和青年工作的新希望、新要求。应当高度重视青年和青年工作,把注意力更多投向青年,帮助他们树立正确的世界观、人生观、价值观,培养他们对伟大祖国、伟大人民、伟大的中华民族、伟大的中国共产党的热爱;从政治上、事业上、生活上关心他们,帮助他们成长成才,帮助他们就业创业,帮助他们消除思想困惑、解决实际问题,让他们深刻体会到党的温暖、中国特色社会主义社会的温暖,进而激发他们投身中国特色社会主义伟大事业,在为人民建功立业中焕发青春光彩的理想和热情。

(原载《哈尔滨工业大学学报(社会科学版)》2013 年第 1 期)

二、改革发展篇

改革开放是决定当代中国命运的关键抉择

　　改革开放30年,是中华大地发生翻天覆地变化的30年,是全体人民生活水平不断提高的30年,更是中国共产党和中国人民战胜艰难险阻、团结奋进的30年。在中国共产党的领导下,改革开放这场新的伟大革命,开辟了中国特色社会主义道路,形成了中国特色社会主义理论体系,谱写了中华民族自强不息、顽强奋进的新的壮丽史诗,使中国人民的面貌、社会主义中国的面貌、中国共产党的面貌发生了历史性变化,一个面向现代化、面向世界、面向未来的社会主义中国巍然屹立在世界东方。回首30年,真理标准讨论、确立家庭联产承包责任制、设立经济特区、确立社会主义市场经济体制目标……一个个大胆的突破,激发的是一次次生产力的大解放、经济的大发展、人民生活水平的大提高。回首30年,举世瞩目的发展成就使我们更加坚定这样的信念:改革开放是决定当代中国命运的关键抉择,是发展中国特色社会主义、实现中华民族伟大复兴的必由之路;只有社会主义才能救中国,只有改革开放才能发展中国、发展社会主义、发展马克思主义。

　　一、改革开放开辟了中国特色社会主义道路,使社会主义在中国焕发出新的生机与活力

　　改革开放,是我们党在重大历史关头作出的重大决策。回首30年前,我们的国家面临着十分困难的局面。十年动乱,使党、国家和人民遭到严重挫折,国民经济濒临崩溃,人民生活十分困苦。1977年全国有1.4亿人平均口粮在300斤以下,处于半饥饿状态。1978年全国有2.5亿绝对贫困人口。从外部环境看,20世纪70年代世界范围内蓬勃兴起的新科技革命推动世界经济以更快的速度向前发展，在国外新一轮电子信息、航空航天、化学合成、核能利用、激光、新材料、生物工程等科学技术进步中，我国除了个别项目，在其他各个方面几乎都处于空白状态。据专家计算，我国科学技术对经济增长的贡献率，在1965—1976年间仅为4.12%，远低于同期发达国家50%—70%的水平。更为严重的是，粉碎"四人帮"之后的两年间"文化大革命"遗留下来的政治、思想、组织上的混乱仍然被极其严重地延续着，党的指导思想上的是非依然没有得到应有的澄清。广大干部群众强烈要求纠正"文化大革命"的错误理论、方针和政策，彻底扭转十年内乱造成的严重局面。可以说，我们党和国家当时正处在一个决定前途命运的重要关头，是回到"文化大革命"前的老路去，仍然以阶级斗争为纲，还是从中国的实际出发，探索一条新路，致力于强国富民？在这个历史关头，邓小平同志发表了《解放思想，实事求是，团结一致向前看》的著名讲话，指出："一个党，一个国家，一个民族，如果一切从本本出发，思想僵化，迷信盛行，那它就不能前进，它的生机就停止了，就要亡党亡国。"[1]1978年，党的十一届三中全会胜利召开，以邓小平同志为核心的党的第二代中央领导集体，以非凡的胆识和魄力，重新确立党的实事求是的思想路线，毅然决然地作出了实行改革开放的重大决策。改革开放历史新时期从此开启，中国开始了从以阶级斗争为纲到以经济建设为中心、从僵化半僵化到全面改革、从封闭半封闭到对外开放的历史性转变，从农村到城市、从经济领域到其他各个领域，全面改革的进程势不可当地展开了，从沿海到沿江沿边、从东部到中西部，对外开放的大门毅然决然地打开了，社会主义中国进入了一个崭新的时代。

改革开放是党在新的时代条件下带领人民进行的新的伟大革命，是社会主义制度的自我完善和发展。恩格斯指出："所谓'社会主义社会'不是一种一成不变的东西，而应当和任何其他社会制度一样，把它看成是经常变化和改革的社会。"[2]改革开放作为一场新的革命，是一项全新的事业，"马克思没有讲过，我们的前人也没有做过，其他社会主义国家也没有干过，所以，没有现成的经验可学，我们只能在干中学，在实践中摸索。"[3]在实践中摸索，摸索

① 《邓小平文选》第2卷，第138页，1983。
② 《马克思恩格斯选集》第2版第4卷，第693页。
③ 《邓小平文选》第3卷，第258-259页，1933。

的是在当代中国建设好社会主义国家、带领人民追赶时代前进潮流的规律，摸索的是调整和改革社会主义生产关系中不适应生产力发展要求部分的规律，摸索的是调整和改革社会主义上层建筑中不适应经济基础部分的规律，摸索的是进一步解放和发展社会生产力的规律。在摸索中，有一点是我们始终加以坚持的，那就是社会主义制度。改革开放的社会主义性质和方向，可以从其目的、方式和结果中深刻地体现出来。

改革开放的目的，正如十七大报告所说，"就是要解放和发展社会生产力，实现国家现代化，让中国人民富裕起来，振兴伟大的中华民族；就是要推动我国社会主义制度自我完善和发展，赋予社会主义新的生机活力，建设和发展中国特色社会主义；就是要在引领当代中国发展进步中加强和改进党的建设，保持和发展党的先进性，确保党始终走在时代前列。"这三条目的，体现了历史唯物主义关于生产力是人类社会发展基础的基本观点，反映了社会主义的本质要求，反映了广大人民群众的根本利益诉求，反映了实现人的全面发展的客观要求。

改革开放的方式，采用了实践先行、试点先行的办法，充分尊重广大人民群众历史创造者的地位。着眼于社会主义制度的自我完善和发展，通过解放和发展社会生产力致力于发展社会主义国家和实现人的全面发展，在发展中充分尊重广大人民群众的首创精神，充分体现广大人民群众的意愿；通过不断科学总结人民群众实践创造的经验形成科学的理论，再以科学的理论指导发展的实践，既坚持科学社会主义的基本原则，又根据我国实际和时代特征赋予其鲜明的中国特色，努力走出一条中国特色社会主义道路，这就是改革开放遵循的基本逻辑。

沿着这条逻辑，新时期党的历次全国代表大会都在对改革开放作出阶段性总结和论述的基础上，明确新的发展方向，提出新的发展目标。党的十二大在把"全面开创社会主义现代化建设的新局面"确定为大会政治报告标题的同时，提出了"把马克思主义的普遍真理同中国的具体实际结合起来，走自己的道路，建设有中国特色的社会主义"的思想，把发端于十一届三中全会的改革开放引向全面改革、全面开放。十三大报告在比较系统地论述我国社会主义初级阶段的理论，明确概括和全面阐发党的"一个中心、两个基本点"的基本路线的同时，高度评价了十一届三中全会以来开始找到的建设有中国特色社会主义道路的伟大意义,强调这是马克思主义与中国实践相结合的过程中实现的第二次历史性飞跃。十四大报告第一次使用"邓小平同志建设有中国特色社会主义理论"的概念,从九个方面系统论述了建设有中国特色社会主义理论的主要内容、科学体系,并提出了用这个理论武装全党的任务,从而在事实上确立了中国特色社会主义理论在全党的指导地位。十五大报告明确把"高举邓小平理论伟大旗帜,把建设有中国特色社会主义事业全面推向21世纪"作为自己的标题,宣告邓小平理论就是建设有中国特色社会主义理论,邓小平理论的旗帜就是建设有中国特色社会主义的旗帜;第一次明确回答了什么是社会主义初级阶段有中国特色社会主义的经济、政治和文化,怎样建设这样的经济、政治和文化,强调指出,建设有中国特色社会主义的经济、政治、文化的基本目标和基本政策有机统一、不可分割,构成党在社会主义初级阶段的基本纲领,这个纲领是改革开放近20年来最主要经验的总结。十六大报告在全面回顾十三届四中全会以来13年实践的基础上,从十个方面系统总结了我们对什么是社会主义、怎样建设社会主义,建设什么样的党、怎样建设党形成的认识、积累的经验,用"十个坚持"归纳了党领导人民建设中国特色社会主义必须坚持的基本经验;同时还高度评价了"三个代表"重要思想,进一步阐述了"三个代表"重要思想的理论观点,把"三个代表"重要思想和马克思列宁主义、毛泽东思想、邓小平理论一起确立为党必须长期坚持的指导思想。正是新时期党的历次全国代表大会,本着直面问题、研究问题、解决问题、推动发展的求真务实精神,适时地对改革开放阶段性经验作出科学的总结和与时俱进的阐述,有力地推动了改革开放进程和社会主义现代化建设,生动地展现了从实践到理论、再从理论到实践的辩证运动过程。

沿着这条逻辑,党的十七大报告从总括1978年以来近30年的改革开放历史进程和现代化建设生动实践着眼,在充分吸收新时期党的历次全国代表大会对改革开放阶段性经验所作的科学总结和深刻阐述基础上,紧紧围绕我们这样一个十几亿人口的发展中大国怎样才能摆脱贫困、加快实现现代化、巩固和发展社会主义这个重大课题,全方位地总结概括了"十个结合"的宝贵经验。这"十个结合",具体就是:(1)把坚持马克思主义基本原理同推进马克思主义中国化结合起来;(2)把坚持四项基本原则同坚持改革开放结合起来;(3)把尊重人民首创精神同加强和改善党的领导结合起来;(4)把坚持社会主义基本制度同发展市场经济结合起来;(5)把推动经济基础变革同推动上层建筑改革结合起来;(6)把发展社会生产力同提高全民族文明素质结合起来;(7)把提高效率同促进社会公平结合起来;(8)把坚持独立自主同参与经济全球化结合起来;(9)把促进改革发展同保持社会稳定结合起来;(10)把推进中国特色社会主义伟大事业同推进党的建设新的伟大工程结合起来。这"十个结合",生动阐明了我们党在改革开放实践中是怎样坚持和发展马克思主义、怎样坚持和发展社会主义、怎样全面推进中国特色社会主义事业、怎样统筹国际国内两个大局、怎样加强和改善党的领导的,集中体现了我们党新时期在探索回答什么是社会主义、怎样建设社会主义,建设什么样的党、怎样建设党,实现什么样的发展、怎样发展这三大基本问题上的理论觉醒和实践创造。

　　沿着这条逻辑,中国共产党带领中国人民,立足基本国情,以经济建设为中心,坚持四项基本原则,坚持改革开放,解放和发展社会生产力,巩固和完善社会主义制度,建设社会主义市场经济、社会主义民主政治、社会主义先进文化、社会主义和谐社会,建设富强民主文明和谐的社会主义现代化国家,成功地走上了中国特色社会主义道路。经济社会取得了举世瞩目的发展成就,人民生活水平大踏步地迈上新台阶。这些发展成就,主要体现在:

　　第一,改革开放发展了社会主义社会的生产力,极大地增强了我国的综合国力。1979—2007 年,我国国内生产总值年均增长 9.8%,远高于同期世界平均3%左右的增长速度,比我国 1953—1978 年年均增速 6.1%要高出 3.7 个百分点,经济总量跃至世界第四位。我国的产业结构更加合理,粮食和其他农产品生产能力大幅度提高,工业持续快速增长,传统工业技术改造和结构调整步伐加快,高新技术产业和现代服务业迅速发展。我国的粮食、棉花、肉类等主要农产品和钢铁、煤炭、化肥、水泥以及电视机、电脑等工业品产量,已经跃居世界首位。2007 年粮食总产量达 10030 亿斤,比 1978 年的 6000 多亿斤增产 60%以上,实现了由长期短缺到供求基本平衡、丰年有余的历史性转变。形成了全方位、多层次、宽领域的对外开放格局,在经济、政治、文化、安全等方面与国际社会形成了前所未有的联系。1978 年我国外贸总额只有 206亿美元,2006 年我国外贸总额达到 17607 亿美元,比 1978 年增加了 80 余倍,成为世界第三大贸易国。与此相适应,外汇储备也由 1978 年的 1.67 亿美元增加到 2008 年 9 月的 1.9 万亿美元,成为世界第一大外汇储备国。经过改革开放 30 年来的持续快速健康发展,社会主义中国已经成为世界经济特别是本地区经济增长的重要引擎,成为维护世界和平的重要力量,成为最具发展潜力的国家之一。

第二,改革开放迅速提高了人民的生活水平。30 年来,我国不仅解决了 13 亿人的温饱问题,而且实现了从温饱到总体小康的历史性跨越,贫困发生率从 1978 年的 30.7% 下降到 2006 年的 2.3%。1978—2007 年,城镇居民人均可支配收入由 343.4 元增加到 13786 元,农村居民家庭人均纯收入由 133.6 元增加到 4140 元,二者分别增长了 39.1 倍和 30.0 倍。同期我国农村贫困人口急剧下降,绝对数从 2.5 亿减少到不足 1500 万。住宅水平获得较大提高,1978—2006 年,城镇人均住宅建筑面积由 6.7 平方米增加到 27.0 平方米,农村人均居住面积由 8.1 平方米增加到 30.7 平方米。同时,居民消费结构不断升级,实现了从以吃穿为主向以住行为主以及教育、文化、旅游、娱乐等多层次消费转变。人口预期寿命从 1978 年的 68 岁提高到 2007 年的 73 岁。值得一提的还有就业方面,30 年来我国不仅向非农产业转移了两亿多的农村富余劳动力,而且在城镇人口中基本实现了消除零就业家庭的目标,使计划经济体制和城乡二元社会体制下形成的数以亿计的潜在失业大军实现了比较充分的就业,为提高人民生活水平奠定了重要基础。

第三,改革开放实现了体制创新,促进了经济、政治、文化、社会事业的全面进步,为促进人的全面发展提供了条件。改革开放通过体制创新,为建设富强民主文明和谐的社会主义现代化国家奠定了坚实的制度基础。比如,在社会主义经济制度方面,社会主义市场经济体制初步建立,以公有制为主体、多种所有制经济共同发展的基本经济制度已经确立,并形成了按劳分配为主体、多种分配方式并存的分配制度,现代市场体系初步建立,要素市场进一步发育。国有经济的主导地位进一步加强,公有制经济、非公有制经济都获得了长足发展。在社会主义政治制度方面,坚持党的领导、人民当家作主和依法治国有机统一,坚持和完善人民代表大会制度、中国共产党领导的多党合作和政治协商制度、民族区域自治制度以及基层群众自治制度,我国社会主义民主政治展现出更加旺盛的生命力。人民当家作主的权利得到充分保证,享有更多更切实的民主权利,社会主义法治国家建设步伐加快,服务型政府建设取得明显成效,依法行政扎实推进,保障人民权益和维护社会公平正义得到加强。随着改革开放的不断深化,经济、政治、文化、社会领域的改革全面铺开,民主不断健全,法治不断完善,科教不断进步,文化不断繁荣,社会事业日新月异,社会生活丰富多彩。改革开放改变了人们的精神面貌,更新了人们的生活方式,人们在社会生活中的自主性、选择性、多样性不断增强,整个社会充满活力。在北京刚刚成功举办的第29届奥运会上,我们不仅向世界展示了我国经济社会发展的成就,展示了我国体育事业发展的成就,也展示了中国人民的风采。现在,中国人民正以更加自信的姿态和更加坚定的步伐在中国特色社会主义的康庄大道上昂首前进。

改革开放发展到30年后的今天,我们党全面把握我国发展的新要求和人民群众的新期待,对全面建设小康社会提出了新要求,为经济社会发展制定了新目标,推动科学发展,促进社会和谐,带领全国人民为夺取全面建设小康社会新胜利而奋斗。事实雄辩地证明,改革开放不仅有力地推动了社会主义制度的自我完善和发展,赋予社会主义新的生机和活力,而且开创了中国特色社会主义事业的新局面,使社会主义焕发出前所未有的生命力。

二、改革开放促进了中国特色社会主义理论体系的形成与发展,使马克思主义在中国大地上焕发出勃勃生机

改革开放为马克思主义发展提供了思想前提。观念更新、思想解放,是改革开放这场新的伟大革命不断取得成功的逻辑前提,也是马克思主义发展的思想前提。马克思、恩格斯一再强调,他们提供的是一般原理,这些原理的实际运用,要随时随地以当时的历史条件为转移,不能机械照搬;他们的理论是发展着的理论,不能停滞。与时俱进是马克思主义的本质特征,马克思主义的生命力就在于其在实践中能够不断创新。改革开放作为党在新的时代条件下带领人民进行的新的伟大革命,它带来的不仅是体制机制的变革,也带来了思想的大解放。从破除"两个凡是"、确立真理标准开始,思想解放的步伐就从来没有停止过。改革开放的过程就是思想解放的过程,就是适应实践的发展,探索马克思主义与中国实际和时代特征结合之路的过程。正是在改革开放的伟大历程中,我们党坚持解放思想、实事求是、与时俱进,尊重实践,尊重群众的首创精神,大胆吸收和借鉴人类社会一切文明成果,将马克思主义基本原理与我国实际和时代特征的结合不断推向前进,取得了一个又一个马克思主义中国化的理论成果。从一定意义上讲,如果没有改革开放催生的思想解放这一马克思主义发展的思想前提,就不会产生马克思主义中国化的理论成果,当代中国马克思主义也就不可能放射出灿烂的真理光芒。

改革开放为马克思主义发展提供了实践基础。实践基础上的理论创新,是社会变革的先导。实践性以及由它所规定的科学性,是马克思主义及其哲学的生命和灵魂,是马克思主义优于其他一切理论体系的根本所在。马克思主义是开放的、随着实践发展而发展的理论,它始终同社会实践保持最密切的联系,把科学地认识世界和革命地改造世界有机结合起来,致力于揭示社会发展的客观规律,掌握认识和改造世界的科学真理,用划时代的科学研究成果为人类服务。在中国大地上展开的波澜壮阔的改革开放洪流,为马克思主义的发展提供了实践沃土。改革开放,由大幅度解放和发展社会生产力的实践探索和创新,引发了从多方面改变同生产力发展不适应的生产关系和上层建筑,以及变革一切与之不相适应的管理方式、活动方式和思维方式的连锁反应。在这个过程中,我们党自觉顺应时代潮流和人民愿望,在领导人民进行实践创造的过程中,深刻总结人民群众的实践经验,积极推进马克思主义中国化,用发展着的马克思主义指导发展的实践。比如,党的十五大在所有制结构、公有制实现形式等问题上的重大突破,就不是凭空想出来的,而是在坚持科学社会主义基本原则的基础上,对人民群众实践经验的科学总结。没有实践创造,理论创新就会举步维艰,就会停滞不前甚至迷失方向。正是有了人民群众的实践创造,才为马克思主义发展提供了根本的依据,开拓了崭新的视野,使我们对在与中国国情相结合的过程中发展马克思主义的认识达到了新的高度。

改革开放为马克思主义的发展规定了内容、明确了方向。根据实践的发展正确回答时代课题,这是马克思主义的生长点。一部马克思主义发展史,就是一部不断回答新的时代课题,依据新的历史条件使理论随着实践发展而发展的历史。正是在不断回答时代课题的过程中,我们党实现了马克思主义与中国实际相结合的历史性飞跃,开拓了马克思主义中国化的新境界。20世纪40年代前后,面对如何领导一个几亿人口的半殖民地半封建的中国走向社会主义这样一个复杂的历史课题,毛泽东同志创造性地提出新民主主义革命理论,指引中国取得了新民主主义革命的伟大胜利,建立了新中国,进而建立起社会主义基本制度。这一过程孕育了毛泽东思想,实现了马克思主义与中国实际相结合的第一次历史性飞跃。新民主主义革命的胜利,社会主义基本制度的建立,为当代中国的一切发展进步奠定了根本政治前提和制度基础。这个政治前提和制度基础,既是我国改革开放的根本政治保证和制度保证,又规定了我国改革开放的性质和方向。进入改革开放的历史新时期,"什么是社会主义、怎样建设社会主义,建设什么样的党、怎样建设党,实现什么样的发展、怎样发展",又成为摆在当代中国共产党人面前的时代课题。从邓小平、江泽民到胡锦涛,党的几代中央领导集体直面这些时代课题,探索并成功回答了一系列重大理论和实践问题,推动了马克思主义在中国的大发展、大繁荣,不断赋予当代中国马克思主义鲜明的实践特色、民族特色和时代特色。以邓小平同志为核心的党的第二代中央领导集体,坚持解放思想、实事求是,提出了社会主义初级阶段论、社会主义市场经济论、社会主义本质论和党在社会主义初级阶段"一个中心、两个基本点"的基本路线等一系列重大理论观点,解决了兴国之要、立国之本、强国之路这一系列带根本性的问题,初步回答了"什么是社会主义、怎样建设社会主义",创立了邓小平理论。以江泽民同志为核心的党的第三代中央领导集体,直面新的历史条件下变化了的世情、国情、党情,在建设中国特色社会主义的思想路线、发展道路、发展阶段和发展战略、根本任务、发展动力、依靠力量、国际战略、领导力量和根本目的等重大问题上取得了丰硕成果,用一系列紧密联系、相互贯通的新思想、新观点、新论断,解决了立党之本、执政之基、力量之源这一系列带根本性的问题,在进一步回答"什么是社会主义、怎样建设社会主义"问题的同时,创造性地回答了"建设什么样的党、怎样建设党"的问题,创立了"三个代表"重要思想。党的十六大以来,我国改革发展进入关键时期,既面临着大有可为的机遇,又面对着前所未有的挑战。以胡锦涛同志为总书记的党中央,立足社会主义初级阶段基本国情,总结我国发展实践,借鉴国外发展经验,适应新的发展要求,提出了以人为本、全面协调可持续的科学发展观,解决了发展之本、发展方式、发展规律等一系列带根本性的问题,从而进一步回答了"什么是社会主义、怎样建设社会主义","建设什么样的党、怎样建设党",创造性地回答了"实现什么样的发展、怎样发展"的问题。邓小平理论、"三个代表"重要思想以及科学发展观等重大战略思想，一脉相承又与时俱进，共同构成了中国特色社会主义理论体系。中国特色社会主义理论体系，坚持和发展了马克思列宁主义、毛泽东思想，凝结了几代中国共产党人带领人民不懈探索实践的智慧和心血，是马克思主义中国化的最新成果。中国特色社会主义理论体系的形成和发展，表明我们党在引领中国发展进步的探索中更加清醒坚定，在改革开放指导战略上更加深入自觉，标志着马克思主义中国化实现了新跨越、达到了新高度、进入了新境界。

改革开放的伟大实践催生了中国特色社会主义理论体系，中国特色社会主义理论体系在改革开放的伟大实践中日益丰富和发展，又指导改革开放始终沿着正确方向，始终保持蓬勃生机。中国特色社会主义理论体系，是不断发展的开放的理论体系，它的指导作用必将随着我们对共产党执政规律、社会主义建设规律和人类社会发展规律认识的不断深化而进一步增强。

三、改革开放是发展中国特色社会主义、实现中华民族伟大复兴的唯一正确选择

新中国成立后，我们在社会主义改造基本完成以后没有及时把发展社会生产力摆在重要位置，而是长期坚持"以阶级斗争为纲"，这成为导致我国社会主义建设出现严重失误的根本原因之一。同时，在经济上实行高度集中的计划经济体制，盲目追求"一大二公"，不仅抑制了人们的创造活力和工作热情，遏制了经济活力，降低了劳动效率，而且使人民生活长期得不到改善，经济发展徘徊不前，与发达国家的差距不仅没有缩小，反而越拉越大。实践证明，"以阶级斗争为纲"的政治路线只能导致国家动荡不安，高度集中的计划经济体制必然制约生产力的发展，"关起门来搞建设"只能带来落后。一句话，改革开放是历史的选择，人民的选择。不仅如此，总结我国社会主义建设和发展的历史，吸取世界各国发展的经验教训，我们还可以得出这样一个结论：我们这样一个原来经济基础就十分薄弱，在发展上又走了弯路的发展中大国，要想大踏步赶上时代潮流，实现国家现代化，让中国人民富裕起来，实现中华民族的伟大复兴，就必须坚持社会主义制度；而要想让社会主义制度焕发出生机和活力，真正体现出制度的优越性，就必须继续改革开放，但这种改革开放不是也不能改旗易帜，而必须着眼于解放和发展社会生产力，不断

推动我国社会主义制度的自我完善和发展。

　　改革开放是决定中国命运的伟大创新。近代以来积贫积弱、落后挨打的惨痛历史使中国人民认识到,中华民族要屹立于世界民族之林、实现伟大复兴,就必须加快经济社会发展、不断提高综合国力。因此,自新中国成立之日起,我们党就带领人民对怎样才能实现又快又好发展进行了不懈的探索。我国曾长期实行的计划经济体制在一定历史时期内取得了较大成就,但随着国内外各种条件的变化,这种体制的弊端和问题变得越来越突出。党的十一届三中全会以后,我们党通过对社会主义实践的深刻反思和对资本主义市场经济的重新认识,实现了思想和理论的新飞跃,开始了发展社会主义市场经济的伟大创新。事实证明,以建立和完善社会主义市场经济体制为主要内容的改革开放,在把社会主义的优越性与市场经济的优势有机结合起来,从而最有效地增进全国人民的经济社会福利方面成效卓著。社会主义市场经济体制是国家宏观调控下的现代市场经济体制,从人类社会已有的实践和我们目前的认识水平看,只有这种经济体制,才能既有效地配置社会资源,又有效地克服市场缺陷和市场失灵。第一,这种经济体制根本不同于计划经济体制。它们的一个重要区别在于前者具有竞争择优机制,能提供充分的创新激励。由于有限理性,信息不可能完备,人们当前所知道的生产可能性曲线和制度安排,实际上仅是无限个机会中的一部分,在没有可比较的经济体系情况下,人为地选定和强制推行一种资源配置方式,就会失去发现更有效率的生产方式的机会,从而很可能失去使经济发展达到更高境界的机会。同时,这种做法还会压抑经济主体的创造性,扼杀人们的创新精神。因为允许经济主体进行自由试验,使各种资源配置方式和制度安排在竞争中优胜劣汰,是保证经济和制度持续发展与创新的最重要条件。人类社会的实践表明,只有市场经济体制才能提供这种条件。第二,这种经济体制明显不同于自由放任的市场经济体制。社会主义市场经济体制在发挥市场在资源配置中的基础性作用的同时,还能用制度化的手段弥补市场缺陷、纠正市场失灵。这包括:(1)提供公共物品。公共物品具有消费上的非排他性和非竞争性,人人都想"搭便车"享用而不愿付费,因而私人不愿投资生产,市场机制自身难以提供生产公共物品的激励。这类公共物品主要有:一是公共基础设施;二是生态平衡和环境保护;三是对高科技领域投资的支持;四是人力资源开发。(2)调控经济运行。宏观经济的周期性波动是市场经济的必然产物,而市场分散决策的"合成谬误"不仅不会平抑反而会加剧经济波动,个人的理性选择导致了整体经济运行的非理性结果。这时就需要政府通过财政政策、货币政策等经济手段逆经济风向行事,保持总供求大体平衡,熨平经济周期波动。(3)保障社会公平。市场机制是优胜劣汰的机制,其运行的结果有很多从经济角度看是公平合理的,但从社会道德角度看是不公平的。而且对很多不公平现象,市场机制自身是无法解决的,需要政府通过税收、转移支付、社会保障制度等国民收入再分配手段加以解决。第三,社会主义市场经济体制除了实行国家宏观调控下的现代市场经济制度,还坚持公有制为主体、多种所有制经济共同发展的基本经济制度,坚持按劳分配为主体、多种分配方式并存的收入分配制度,致力于实现共同富裕。这是我国改革开放事业始终符合最广大人民根本利益的最重要保证。此外,通过实行日益成熟的国家宏观调控,积极弥补市场缺陷和市场失灵,从而牢牢把握住了社会主义市场经济航船的正确方向。

改革开放决不意味着把中国带上"全盘西化"的道路。改革开放以来,我国在立足国情,坚持走有中国特色的改革开放道路的同时,也不断地受到来自各方面的干扰,"全盘西化"、"新自由主义"就是其中的代表。但伴随苏东剧变、拉美陷阱而发生的世界局势复杂深刻变化,进一步坚定了我们坚持改革开放,坚持走中国特色社会主义道路的信心和决心。东欧剧变、苏联解体,带来的最直接后果是经济迅速滑坡,社会动荡不安,最大的受害者是人民群众。苏东的教训启示我们,全盘西化只会导致社会大步后退,让国家、人民付出惨痛代价。在我们这样一个多民族的发展中大国,要把十几亿人的力量凝聚起来,向着现代化的目标前进,就必须坚持社会主义制度,坚持在社会主义制度基础上的自我完善和发展,而决不能改旗易帜;就必须坚持中国共产党的领导地位不动摇,否则,就会成为一盘散沙,不仅现代化实现不了,而且必然陷入混乱的深渊。20世纪90年代,拉美国家受到西方国家鼓吹的新自由主义思潮的影响,迅速引入西方的政治制度,实行经济自由化、私有化,降低公共开支特别是用作社会福利的公共开支,放弃政府对经济的管理和控制,结果不仅没有出现西方国家所鼓吹的美好结果,反而造成经济发展缓慢、失业率攀升、两极分化严重、治安状况恶化等社会病疾,而国际垄断资本则藉此加强了对拉美国家的经济渗透和控制,攫取了大量的超额利润。不仅如此,有越来越多的人认识到,目前这场由美国金融危机引发的世界性经济危机在一定意义上就是新自由主义思潮种下的恶果。正因为这样,为了应对危机,连美国也不得不对自己一贯坚持的新自由主义进行痛苦的修正,美国财政部收购美国两家最大的住房抵押贷款融资机构——房利美和房地美以稳定金融市场就是一个明证。拉美国家的发展教训表明,新自由主义对发展中国家的危害是巨大的,走新自由主义道路必然导致无法调和的贫富差距和社会矛盾,导致发展中国家的财富向发达国家外流;我们必须从本国国情出发,坚定不移地实行改革开放,坚定不移地走中国特色社会主义道路。

　　改革开放也决不意味着把中国引向民主社会主义道路。在西欧一些国家的实践中,民主社会主义在改善工人阶级的地位,提高国民福利方面取得了一些成绩,因此有的人认为,这是一条值得我们加以模仿甚至学习的道路。但是,民主社会主义是企求在资产阶级民主共和国的框架内,通过利用和改善议会制民主和政党政治,对资本主义制度实行逐步改良或"纠正"的改良主义政治思想体系。它在指导思想上主张世界观的多元化,在政体上坚决反对无产阶级专政,在政党制度上倡导多党轮流执政,是建立在私有制经济基础上的资本主义社会的发展模式。这些特点,决定了它虽然目前来看保护了劳动者的利益,发展了国民福利,但由于指导思想是多元的,民主社会主义政党的执政目标和执政思想不具有理论上的彻底性,而且在多党轮流执政的情况下,民主社会主义政党的执政纲领也很难贯彻始终。更重要的是,由于它是建立在资本主义私有制基础上的,大力度的收入再分配政策短期内或许可行,长期施行就未必有效,保障国民福利水平的基础也并不牢固,比如这次冰岛发生的"国家破产"险情就是生动的例证。同时,西欧国家的国情是国土面积小、人口少,如果把民主社会主义这样一种社会模式放到我们这样一个幅员辽阔、人口众多的国家,其结果必然是思想混乱、社会混乱、秩序混乱。可见,民主社会主义显然不适合我国的国情,更何况在无产阶级已经取得政权,社会主义制度已经建立的情况下再回头走民主社会主义道路,无疑是一种历史的大倒退。

　　继续推进改革开放必须牢牢把握"十个结合"的宝贵经验,着眼于为贯彻落实科学发展观提供体制机制保障。党的十七大报告提出的"我们这样一个十几亿人口的发展中大国摆脱贫困、加快实现现代化、巩固和发展社会主义的宝贵经验"的"十个结合",展现了我国改革开放从实践到理论、再从理论到实践的内在逻辑,贯穿了把坚持科学社会主义基本原则同根据我国实际和时代特征赋予其鲜明中国特色结合起来的主线。党的十七大报告指出:改革开放以来我们取得一切成绩和进步的根本原因,归结起来就是:开辟了中国特色社会主义道路,形成了中国特色社会主义理论体系。这"十个结合",不仅与中国特色社会主义道路之间在主要内容上相互融合,在精神实质上完全一致,而且与中国特色社会主义理论体系之间在时空跨度、思想方法上完全一致,在主要内容上相互重合。"十个结合"是我们党和人民艰辛探索得来的宝贵精神财富,也是我们党和人民继续胜利前进的根本遵循,必须牢牢记取、坚持运用,并在新的实践中继续加以丰富和发展。可以说,只有牢牢把握"十个结合"的宝贵经验,才能保证改革的正确方向,抓住中国特色社会主义事业的真谛。为此,我们必须继续解放思想。解放思想是扫除障碍、革故鼎新的强大武器,也是研究新情况、解决新问题、开拓新局面的重要前提,是发展中国特色社会主义的一大法宝。继续解放思想,就是要坚持实践是检验真理的唯一标准,在党的基本理论指导下,一切从实际出发,自觉地把思想认识从那些不合时宜的观念、做法和体制中解放出来,从对马克思主义的错误的和教条式的理解中解放出来,从主观主义和形而上学的桎梏中解放出来,为贯彻落实科学发展观提供体制机制保障。第一,继续改革开放必须以科学发展观为指导。这是在指导思想上的新要求。针对我国经济社会发展中存在的突出矛盾和问题,科学发展观强调发展是硬道理,同时发展必须是科学发展;强调发展要有较快的增长速度,同时要注重提高增长的质量和效益;强调坚持以人为本,落实"五个统筹",实现全面协调可持续发展。这是科学发展观的重大创新所在,也是继续改革开放必须坚持的正确方向。贯彻落实科学发展观,必须用发展和改革的办法解决前进中的矛盾和问题,着眼于转变发展观念、开拓发展思路、创新发展模式、破解发展难题、提高发展质量,坚定不移地推进体制机制创新。第二,继续改革开放必须以构筑贯彻落实科学发展观的体制机制保障为己任。这是在目标任务上的新要求。贯彻落实科学发展观,要求改革必须有新思路、新突破,开放必须有新举措、新局面。最重要的是,改革要着眼于走科学发展道路,加快经济结构调整和经济发展方式转变,提高自主创新能力,着力解决深层次矛盾,搞好"五个统筹",注重制度和机制创新;开放要着眼于在更大范围、更广领域、更高层次上参与国际经济技术合作和竞争,更好地利用国际国内两个市场、两种资源,实施互利共赢的战略,全面提高对外开放水平,增强在扩大开放条件下促进发展的能力,从而使深化改革、扩大开放的过程成为建立和完善落实科学发展观体制机制保障的过程。第三,继续改革开放必须不断提高决策的科学性和措施的协调性。这是在方法论上的新要求。要坚持从实际出发,遵循经济社会发展的客观规律,以最广大人民的根本利益作为改革开放的基点和决策的依据,把总结我国改革开放的实践经验与吸收国外的有益做法结合起来,把广泛征询群众意见与认真进行专家论证结合起来,努力使改革开放的决策兼顾到各方面利益、照顾到各方面关系,真正得到广大人民群众的拥护和支持。要统筹好经济体制改革的各项工作,统筹好经济体制改革和其他方面的体制改革,统筹好国内发展与对外开放,统筹好改革开放涉及的各项工作,形成共同推进改革开放的整体合力。

改革方向势所定,改革攻坚正当时。在新的历史起点上,我们必须以更大的决心和毅力加快推进改革开放,使关系经济社会发展全局的重要领域和关键环节的改革取得突破性进展。只要高举中国特色社会主义伟大旗帜,以邓小平理论和"三个代表"重要思想为指导,深入贯彻落实科学发展观,坚定不移地走改革开放之路,我们就一定能夺取全面建设小康社会的新胜利,谱写人民美好生活的新篇章。

（原载:《交流·研讨·谈心——从无党派人士关注的理论问题谈起》,华文出版社,2009 年）

坚定不移地走改革开放之路

在新的历史起点上继续推进社会主义现代化建设,说到底要靠什么? 要靠深化改革、扩大开放。这是胡锦涛同志在今年"两会"期间参加上海代表团审议时作出的明确回答。他强调,要毫不动摇地坚持改革方向,坚定改革的决心和信心,提高改革决策的科学性,增强改革措施的协调性,使改革兼顾到各方面利益、照顾到各方面关系,不断完善社会主义市场经济体制,保证经济社会又快又好地发展。胡锦涛同志的重要论述,充分表达了党和政府深化改革、扩大开放的坚强决心和坚定信念,对于我们正确认识改革发展中的一些重大问题,进一步把改革开放和现代化建设事业推向前进,具有重要的指导意义。

改革开放是我国经济社会和一切事业发展的强大动力

弹指一挥间,发端于党的十一届三中全会的改革开放已走过了 28 个年头。正是由于改革开放,这 28 年才成为中国近现代以来发展最好的时期,才使中国成为 20 多年来世界上发展业绩最辉煌的国家。这 28 年的实践充分证明,以建立和完善社会主义市场经济体制为主要内容的改革开放是我国经济社会和一切事业发展的强大动力。

第一,改革开放是强国之路。改革开放使社会生产力获得了极大的解放和发展,综合国力大大提高。从 1978 年到 2005 年,我国 GDP 年均增长速度超过 9.4%,高于同期世界经济年均增速 6 个多百分点。2005 年以 9.9% 的速度把中国经济增长推向新的上升周期,2006 年上半年,GDP 增速高达 10.9%。目前,我国经济总量位居世界前五位(世界银行的最新统计结果认为已进入前四位）。经济列车的高速飞驰，不仅使我们提前 3 年实现了现代化建设"三步走"战略的第一步目标，提前 5 年实现了第二步目标，提前 1 年实现了"十五"计划的预期目标，还使中国成为全球经济增长的重要动力源。

第二，改革开放是富民之路。改革开放推动了生产力的发展，而生产力的发展又使人民生活水平得到了显著提高。改革开放前的 20 多年间，我国城镇居民和农民的人均收入每年仅增长 4 元和 3 元，各类生活必需品都要凭票限量供应。而改革开放后的 20 多年间，城镇居民的人均可支配收入从 1978 年的 343 元提高到 2005 年的 10493 元，农民人均纯收入从 134 元提高到 3255 元。短短 20 多年间，总体上实现了由贫困到温饱、由温饱到小康的历史性跨越，开始了向全面小康进发的新征程。

第三，改革开放是社会进步之路。随着改革开放的不断深化，民主不断健全，法治不断完善，科教不断进步，文化不断繁荣，社会事业日新月异，社会生活丰富多彩。改革开放改变了人们的精神面貌，更新了人们的生活方式，人们在社会生活中的自主性、选择性、多样性不断增强，整个社会充满活力。中国人民正以更加自信的姿态面对世界、以更加坚定的步伐走向世界。

改革开放是决定中国命运的伟大创新

近代以来积贫积弱、落后挨打的惨痛历史使中国人民认识到，中华民族要屹立于世界民族之林、实现伟大复兴，就必须加快经济社会发展、不断提高综合国力。因此，自新中国成立之日起，我们党就带领人民对怎样才能实现又快又好发展进行了不懈的探索。我国曾长期实行的计划经济体制在一定历史时期内取得了较大成就，但随着国内外各种条件的变化，这种体制的弊端和问题变得愈来愈突出。党的十一届三中全会以后，我们党通过对社会主义实践的深刻反思和对资本主义市场经济的重新认识，实现了思想和理论的新飞跃。在邓小平理论的指导下，我国摒弃了计划经济模式，开始了发展社会主义市场经济的伟大创新。事实证明，以建立和完善社会主义市场经济体制为主要内容的改革开放，在把社会主义的优越性与市场经济的优势有机结合起来，从而最有效地增进全国人民的经济社会福利方面成效卓著。社会主义市场经济体制是国家宏观调控下的现代市场经济体制，从人类社会已有的实践和我们目前的认识水平看，只有这种经济体制才能既有效地配置社会资源,又有效地克服市场缺陷和市场失灵。

第一,这种经济体制根本不同于计划经济体制。它们的一个重要区别在于前者具有竞争择优机制,能提供充分的创新激励。由于有限理性,信息不可能完备,人们当前所知道的生产可能性曲线和制度安排,实际上仅是无限个机会中的一部分,在没有可比较的经济体系条件下,人为地选定和强制推行一种资源配置方式,就会失去发现更有效率的生产方式的机会,从而失去使经济发展达到更高境界的机会。同时,这种做法还会压抑经济主体的创造性,扼杀人们的创新精神。因为允许经济主体进行自由试验,使各种资源配置方式和制度安排在竞争中优胜劣汰,是保证经济和制度持续发展与创新的最重要条件。人类社会的实践表明,只有市场经济体制才能提供这种条件。

第二,这种经济体制明显不同于自由放任的市场经济体制。社会主义市场经济体制在发挥市场在资源配置中的基础性作用的同时,还能用制度化的手段弥补市场缺陷、纠正市场失灵。这包括:1. 提供公共物品。公共物品具有消费上的非排他性和非竞争性,人人都想"搭便车"而不愿付费,因而私人不愿投资生产,市场机制自身难以提供生产公共物品的激励。这时就需要政府通过大力兴办公共事业来满足社会对公共基础设施、生态平衡和环境保护、高科技风险投资、人力资源开发等公共物品的需求。2. 调控经济运行。宏观经济的周期性波动是市场经济的必然产物,而市场分散决策的"合成谬误"不仅不会平抑反而会加剧经济波动,个人的理性选择导致了整体经济运行的非理性结果。这时就需要政府通过财政政策、货币政策等经济手段逆经济风向行事,保持总供求的大体平衡,熨平经济的周期波动。3. 保障社会公平。市场机制是优胜劣汰的机制,其运行的结果有很多从经济角度看是公平合理的,但从社会道德角度看是不公平的。而且对很多不公平现象,市场机制自身无法解决,需要政府通过税收、转移支付、社会保障制度等国民收入再分配手段加以解决。

第三,社会主义市场经济体制除了实行国家宏观调控下的现代市场经济制度,还坚持公有制为主体、多种所有制经济共同发展的基本经济制度,坚持按劳分配为主体、多种分配方式并存的收入分配制度,致力于实现共同富裕。这是我国改革开放事业始终符合最广大人民根本利益的最重要保证。此外,通过实行日益成熟的国家宏观调控,积极弥补市场缺陷和纠正市场失灵,从而牢牢把握住社会主义市场经济航船的正确方向。

继续推进改革开放是解决前进道路上所有矛盾和问题的唯一途径

改革开放是一场广泛而深刻的社会变革,不仅要摆脱传统体制的束缚,而且要克服前进道路上的困难,不可避免地会遇到各种各样的矛盾和问题。在前进道路上遇到矛盾和问题并不足惧,重要的是正确看待、妥善解决。从总体上看,矛盾的凸现和问题的产生并不是因为改革方向出了问题,而是因改革不到位、措施不完善造成的。实践证明,改革开放中的矛盾和问题只能靠深化改革开放来解决,共享改革开放的成果只能在深化改革开放中实现。

第一,经济社会快速发展中的问题,需要通过完善体制、推进发展来解决。发展必然产生矛盾,而矛盾的不断解决推动着发展的进程。改革开放过程中遇到的矛盾和问题,从根本上说都同我国工业化的独特性相关。人类迄今为止的工业化过程,经历了 200 至 300 年,先后使 60 多个国家和地区进入了工业社会,但所有这些国家和地区的人口总和不足 12 亿,占世界人口约 20%。中国有 13 亿人口,占世界人口近 22%。一个 13 亿人口的国家要在不到 100 年的时间里实现从农业社会到工业社会的过渡,这是人类历史上从没有过的。它意味着中国工业化的实现将使世界工业社会的规模在短短几十年的时间里翻一番。所以,人类工业化进程中曾经或可能发生的各种困难、矛盾和问题,都可能在中国工业化进程中以更为集中或突出的形式表现出来。实际上,中国发展所取得的成就本身也会导致新问题的凸显。如何通过统筹各方面的关系来解决发展过程中的不平衡,如何弥合持续 20 多年的高速增长与转型中的、不健全的制度体系之间的冲突,归根结底,需要我们坚持以科学发展观为指导,在促进经济社会又快又好发展中进一步深化改革开放。

第二,改革过程中一些操作偏差所导致的问题,需要通过加强统筹兼顾来解决。改革开放以来,一方面由于客观条件限制,另一方面也由于对客观规律的认识有限,在改革和发展上发生了一定的片面性和统筹兼顾不够的问题。比如,上学难、上学贵,看病难、看病贵是近年来较突出、群众意见较大的问题,许多人因此对改革产生了怀疑和抵触情绪,但实际上并不能把这些问题的出现归罪于改革。为什么低收入阶层上不起学、看不起病呢?因为上学和看病都是有成本的。过去一个时期，政府支付的成本越来越少，个人支付的越来越多，因而出现了上学贵、看病贵问题。但这个过程不是市场化，而是付费的私人化。为什么会出现付费的私人化趋势？这有历史的原因。上世纪80年代开始，国家财政收入在GDP中的比例直线下降，1995年下降到11%，政府没有能力承担这部分成本，不得不推给个人。进入90年代中期以后，政府的财政收入迅速上升，但教育、医疗等社会事业的投入仍不足。这并不是由市场机制决定的。在成熟市场经济国家，财政收入中有相当大的比例是投入到教育和卫生领域的。因此，教育和医疗等领域存在的问题实际是公共治理不健全，也就是政府职能不到位造成的。可见，转变政府职能已成为完善社会主义市场经济体制的关键环节，成为关系改革开放全局的关键环节。只有进一步深化行政管理体制改革、加快转变政府职能，才能从根本上满足人民群众不断增长的健康和教育需求。

第三，人们认识上的一些误区，需要通过多做解释和引导的工作来解决。在经济社会快速转型期，客观世界的发展变化迅速而多样，很多时候事物的真实情况又被一些似是而非的表面现象所掩盖。这就需要我们多做解疑释惑的工作。比如，收入差距拉大是人们普遍关注的问题，一些人甚至以此为依据认为改革走错了方向。不可否认，市场竞争是收入差距拉大的一个重要原因，但并不是唯一原因。如前所述，收入差距拉大是快速工业化过程中出现的问题，随着发展水平的提高将逐步得到缓解；研究还发现，城乡差距大概可以解释三分之一的收入差距，而城乡差距首先是一个历史"遗产"。如果说到人为因素，城乡分割的户籍制度则是导致城乡差距的一个关键原因。而历史"遗产"和户籍制度都不是因为改革才出现的，而恰恰是只有通过深化改革才能逐步消除。市场竞争所导致的收入差距，也是可以通过完善社会福利制度而有效缩小的。导致收入差距的另一个因素是教育。近些年来，教育的收益率越来越高，这说明教育差距带来的收入差距已越来越大。解决教育差距和教育机会不均问题，主要应靠政府的财政手段来解决；而这本身就是深化改革的题中应有之义，需要在改革过程中解决。可见，无论是认识误区的澄清还是改革共识的形成，都离不开解释和引导，离不开改革开放的进一步深化。

为全面落实科学发展观提供体制机制保障是继续推进改革开放的根本任务

科学发展观为继续推进改革开放提供了正确的思想指导,而为全面落实科学发展观提供体制机制保障则是继续推进改革开放的根本任务。

第一,深化改革、扩大开放必须以科学发展观为指导。这是在指导思想上的新要求。针对我国经济社会发展中存在的突出矛盾和问题,科学发展观强调发展是硬道理,同时发展必须是科学发展;强调发展要有较快的增长速度,同时要注重提高增长的质量和效益;强调坚持以人为本,落实"五个统筹",实现全面协调可持续发展。这是科学发展观的重大创新所在,也是深化改革、扩大开放必须坚持的正确方向。贯彻落实科学发展观,必须用发展和改革的办法解决前进中的矛盾和问题,着眼于转变发展观念、开拓发展思路、创新发展模式、破解发展难题、提高发展质量,坚定不移地推进体制机制创新。

第二,深化改革、扩大开放必须以构筑落实科学发展观的体制机制保障为己任。这是在目标任务上的新要求。贯彻落实科学发展观,要求改革必须有新思路、新突破,开放必须有新举措、新局面。最重要的是,改革要着眼于走科学发展道路,加快经济结构调整和增长方式转变,提高自主创新能力,着力解决深层次矛盾,搞好"五个统筹",注重制度和机制创新;开放要着眼于在更大范围、更广领域、更高层次上参与国际经济技术合作和竞争,更好地利用国际国内两个市场、两种资源,实施互利共赢战略,全面提高对外开放水平,增强在扩大开放条件下促进发展的能力,从而使深化改革、扩大开放的过程成为建立和完善落实科学发展观体制机制保障的过程。

第三,深化改革、扩大开放必须不断提高决策的科学性和措施的协调性。这是在方法论上的新要求。要坚持从实际出发,遵循经济社会发展的客观规律,以最广大人民的根本利益作为改革开放的基点和决策的依据,把总结我国改革开放的实践经验与吸收国外的有益做法结合起来,把广泛征询群众意见与认真进行专家论证结合起来,努力使改革开放的决策兼顾到各方面利益、照顾到各方面关切,真正得到广大人民群众的拥护和支持。要统筹好经济体制改革的各项工作,统筹好经济体制改革和其他方面的体制改革,统筹好国内发展与对外开放,统筹好改革开放涉及的各项工作,形成共同推进改革开放的整体合力。

改革方向势所定，改革攻坚正当时。在新世纪新阶段，我们必须以更大的决心和毅力加快推进改革开放，使关系经济社会发展全局的重要领域和关键环节的改革取得突破性进展。只要坚持以科学发展观为指导，坚定不移地走改革开放之路，我们的社会就一定能够成为民主法治、公平正义、诚信友爱、充满活力、安定有序、人与自然和谐相处的社会，成为经济建设、政治建设、文化建设、和谐社会建设协调发展的社会。

（原载《光明日报》2006 年 8 月 6 日）

中国社会保障制度的公平与效率问题研究

公平与效率是健全而完善的社会保障制度的最基本价值,离开公平讲社会保障制度无异于南辕北辙,离开效率讲社会保障制度必将自身不保。因此,社会保障制度的公平与效率问题,是影响社会保障制度建设与变革的根本性问题。当前,与社会主义市场经济体制相适应的中国特色的社会保障制度正在建设之中,制度框架已经确立,但整个体系还存在诸多问题。中国的改革发展正处于关键时期,日益凸显的社会矛盾和民生问题;不断增强的公平意识、权利意识;正在推进的社会主义和谐社会建设等都对加快社会保障制度建设的步伐提出了更高的要求。可以说,现阶段正是中国特色社会保障制度建设的关键时期。制度建设成功,社会矛盾和民生问题就会得到及时缓解和化解,人民群众就会安居乐业,社会就可能长治久安;制度建设失误,就可能引起人民群众的不满,甚至危及社会的安全与稳定。

一、社会保障制度视阈下的公平与效率

公平与效率是一对范畴。公平作为一种道德要求和品质,是人类社会各种制度、系统乃至重要活动的一种重要道德性质,它指按照一定的社会标准(法律、道德、政策等)、正当的秩序合理地待人处事。马克思主义认为,公平是不同的实践主体在社会文化活动中,按双方都能接受的规则和标准采取行动和处理相互之间关系的准则。人们对于公平的观念不是抽象的,而是具体的;不是固定不变的,而是处于不断变化之中①。因此,不能脱离生产力的发展水平和国情来空谈公平。或许可以借助罗尔斯对公正的看法来理解什

---

① 　洋龙. 平等与公平、正义、公正之比较[J]. 文史哲,2004,(4):146.

么是公平:当且仅当境遇较好者的较高期望是作为提高最少获利者的期望计划的一部分而发挥作用时,它们是公正的①。公平可以分解为权利公平、机会公平、规则公平、分配公平,或者说起点(参与机会、权利)公平、过程(规则、程序)公平、结果公平。所谓效率,简单地说,是投入与产出的一种关系,亦即在投入一定时如何使产出最大,或在产出一定时如何使投入最小。公平与效率之所以会成为一对范畴,是因为创造财富与实现人的全面发展是现代社会生活的两大根本命题,这两大命题互相关联、相辅相成。创造财富多,就为实现人的全面发展创造了更好条件;人的更充分的发展,又会促进社会财富的充分涌流。创造财富的核心问题是效率问题;实现人的全面发展的核心问题是公平问题。可见,公平与效率,二者互为目的和手段,统一于社会生产力的发展过程之中。

维护社会公平是社会保障制度的天然使命,是社会保障制度得以产生、存在、发展的最根本理由。社会保障制度实质上是社会成员和衷共济的承诺,是对社会成员的生存权、发展权的重要保障,因而公平必然成为现代社会保障制度的核心建制理念。

第一,社会保障制度是工业社会中以公平、互济为特征的一项基本的社会化制度安排。在人类社会进入工业社会以后,市场经济取代了小农经济,机器化大生产代替了原来小作坊式的生产方式,劳动者逐渐与生产资料相分离。随着城市化的不断推进,越来越多的农村劳动者离开土地,进入城镇工作与生活。这便产生了一个规模庞大的无产者阶层。也就是说,在工业社会,家庭与个人解决养老、医疗等问题的能力大大降低。过去主要依靠家庭或个人解决的养老、疾病等问题,逐渐演变为一种社会成员普遍面对的社会风险;与此同时,随着小作坊生产方式被机器化大生产所取代,劳动者的工伤、失业风险也大大增加。而这些风险的增加,不是由于劳动者个人原因引起的,而是与社会生产方式相联系的。所以,以社会化的制度安排来抵御养老、疾病、工伤、失业等社会风险,关乎每个社会成员的切身利益。从微观层面看,它能够帮助社会成员个体解决自己遇到的困难;从宏观层面看,它通过化解社会风险和矛盾,维护社会稳定,避免由社会风险带来的矛盾激化和社会动荡,从根本上保障经济社会的持续发展和社会成员的稳定生活。这种建

---

① 罗尔斯 约.正义论[M].北京:中国社会科学出版社,1998:76.

立在全民愿意共担风险、互相"照顾"的共识基础之上,以公平、互济为主要特征的社会化制度安排便是现代社会保障制度。

第二,现代民主的发展和社会文明的进步强化了社会保障制度维护社会公平的价值取向。社会保障制度天生以公平、互济为己任,这一点与现代民主的发展要求是完全相符的,与社会文明的进步趋势是完全适应的。在现代民主社会,人们的自由、平等意识大大增强,"平等的公民"的观念深入人心,对社会公平公正有了更高的需求。人们不仅关注起点公平和结果公平,而且关注权利公平和规则公平。现代社会保障制度不仅契合了现代社会追求社会公正的核心价值取向,而且通过一系列制度安排使每一个人都不致陷入贫困无助的境地,进而缩小了贫富差距,缓和了社会矛盾,维护了"社会基本结构的正义"(罗尔斯语),保障了社会公平。而且在实践中,随着现代民主的发展和社会文明的进步,现代社会保障制度维护社会公平的价值取向将得到进一步强化。

我们可以把社会保障制度的公平观概括为:与社会生产力水平相适应,以促进社会公平为根本目标和评价标准,给同类的人以同样的权利和待遇,将不同类的人的待遇差别控制在社会公认的合理范围之内并尽可能缩小这种差距,以维护起点公平、过程公平,实现结果公平。这里所说的待遇,既指被保障人可以获得的保障水平,也指其参加社会保障的条件和具体规定。我们认为,对人群进行分类必须坚持三条标准:(1)职业特点,比如是正规就业人员还是灵活就业人员或是农民等。(2)对社会的贡献与社会的需要程度,比如是否为劳动者。而在劳动者中,公务员又具有一定的特殊性(社会对公务员个体自律性与队伍相对稳定性具有更高需求),也可以单独划类。(3)有无需要救助的其他原因,如残疾、贫困等。以此为标准,可以粗略把人群划为六类:一是企、事业(经营性)单位职工;二是公务员及部分事业单位职工;三是农民;四是灵活就业人员;五是老人和儿童;六是困难群众(残疾、贫困、无人赡养的老人、无抚养人的儿童)。这样制定划分标准,是考虑到对人群分类过细会造成制度结构过于复杂,增加制度成本;分类过粗,则会缺乏可行性,并会因为难以照顾到不同人群的具体特点而不利于实现社会公平。以上三条标准,既可以充分考虑到不同人群的特点,又可以避免划分过细的问题。

社会保障的公平度可以划分为四个级别。公平度最高的为第一级别——给同类的人以相同的待遇，且不同类人之间的待遇差距合理；公平度次高的为第二级别——同类人待遇不同，但不同类人之间的待遇差距在可承受的范围之内；公平度较低的为第三级别——同类人待遇相同，但不同类人之间的待遇差距超过合理范围；公平度最低的为第四级别——同类人的待遇不相同，且不同类人之间的待遇差距超过合理范围。第二级别比第三级别公平度高的理由在于，不同类别之间的待遇差距超过合理范围是一种大范围的不公平，极容易造成社会矛盾激化，形成群体对抗，甚至引起社会动荡。同类人的待遇不同，属于局部的不公平，虽然会引起社会矛盾，但在一定时期内尚可维持，不致形成群体或阶级对抗。

对社会保障制度来说，效率同样是一项重要的目标和价值，同样是现代社会保障制度得以产生、存在、发展的最根本理由。可以说，促进效率是现代社会保障制度的天然属性。尼古拉斯·巴尔和大卫·怀恩斯在联合主编的《福利经济学前沿问题》一书中，就把"制度的效率目标"列为现代社会保障制度的四大目标之首。他们认为，社会保障制度的效率目标可以细分为宏观效率、微观效率和对个体的激励三方面。宏观效率主要是指社会保障制度作为一项基本的社会化制度安排，作为上层建筑的重要方面，在促进生产力乃至整个经济社会发展方面的作用。这主要体现在：一方面，社会保障制度通过调节收入差距来缓解社会成员之间的矛盾，为促进经济发展提供稳定的环境；另一方面，雄厚的社会保障基金既能有力地支撑经济发展，又能成为调节经济波动的蓄水池。微观效率主要是指社会福利资源在不同项目中的合理配置以及福利提供方式的不同选择的效应问题，这主要体现为制度自身的运行效率，即制度层面的效率问题。在这一层面，社会保障制度的效率目标就是，在公平理念的指导下，在确保社会保障目标实现的前提下，最大限度地降低制度运行成本；或者是，在保持现有成本的情况下，最大限度地提高制度的效果亦即保障水平。社会保障制度对个体的激励主要是指福利资金的来源和支出对私人经济行为的影响。这主要体现在：一方面，完善的社会保障可以解除社会成员的后顾之忧，促进社会成员不断提高自身素质，进而激发全社会的创造活力；另一方面，如果社会保障水平过高，则可能会损害社会成员的竞争精神和进取心，进而甚至降低或牺牲全社会的创造活力。

既然促进效率同样是社会保障制度的目标和价值，那么社会保障制度就应关注效率、促进效率，着眼于实现效率。我们可以把社会保障制度的效率观概括为：以提高制度结构的合理性和制度运行的规范性为前提，以提高社会保障需求的满足程度和社会保障资源的利用程度为手段，最大限度地发挥社会保障制度对经济社会发展的促进作用和对人的全面发展的激励作用。

二、从公平与效率的视角看新中国社会保障制度的历史变迁

以上对社会保障制度的公平观与效率观的分析，不仅为我们从公平与效率的视角来考察新中国社会保障制度的历史变迁提供了必要的前提，而且为我们深入、科学地评价这一制度及其功能提供了明确的坐标系。

（一）中国传统社会保障制度是一种低公平与低效率并存的制度安排

1949—1985 年，是中国传统社会保障制度创建与发展的时期①。新中国成立之初，国民经济遭到战争的严重破坏，失业率高，失业工人生活窘迫，自然灾害造成的农村灾民外流现象严重。在这种情况下，只用了七年时间，到1956 年中国已初步建立了以国家为主要责任主体，城乡单位担负共同责任并一起组织实施的较为完整的社会保障制度体系②。

中国传统社会保障制度主要由以下六个部分组成：一是 50 年代初即建立起来的灾害救济与失业救济。救济工作的方针是"依靠基层，生产自救，群众互助，辅之以国家必要救济"。二是劳动保险。1951 年 2 月，政务院颁布了《中华人民共和国劳动保险条例》，经 1953 年、1956 年两次修订，全面确立了除了城镇机关、事业单位之外的所有企业和职工的包括生、老、病、死、伤、残一揽子待遇的劳动保险制度。1956 年，劳动保险的覆盖率已达到 94%。三是国家机关事业单位职工的社会保险。1955 年末，国家机关工作人员的社会保险制度已陆续建立，待遇与企业职工大体相同。四是农村社会保障。1956 年

①　对于划分传统社会保障制度阶段与社会保障制度改革阶段的标志，学界有不同看法。一种看法是简单以 1978 年改革开放为界，认为社会保障制度改革的起点应与经济改革同步。另一种观点主张以社会保障政策变革为标志，认为中国在 20 世纪 80 年代的社会保障改革始终只是围绕着国企改革进行的，从而只是一种局部的改革试验，因而主张以 1991 年国务院颁行《关于企业职工养老保险制度改革的决定》为这一制度发生重大变化的标志。还有一种观点认为应以 1986 年为分界点，因为 1986 年以前的社会保障政策变革只是为了延续原来的国家—单位保障制，而进入 1986 年后则真正出现了社会保障制度进入重大变革时期的明显迹象，比如在"七五"计划中首次提出了"社会保障"的概念、配套以企业用工制度的改革等。笔者同意最后一种观点。

②　郑功成，等．中国社会保障制度变迁与评估［M］．北京：中国人民大学出版社，2002：5.

6 月第一届全国人民代表大会第三次会议通过了《高级农业合作社示范章程》，确立了面向乡村孤老幼残的由集体实行"五保"供养的"五保"制度。60年代开始，农村合作医疗在全国得以大面积推广和普及，到 1977 年，全国农村合作医疗生产大队（行政村）覆盖率达到 95% 左右①。20 世纪 50 年代到 70年代，对农民的养老问题基本上采取了集体与家庭共担的方式予以解决。五是社会福利。与发达国家普惠型社会福利不同，在计划经济体制下，中国的社会福利主要是通过兴办社会福利机构，为"无劳动能力、无法定抚养人、无生活来源"的老年人、残疾人和未成年人等"三无"对象提供基本的生活保障和服务保障，是一种补缺型的社会福利。对其他社会成员则强调发挥家庭的保障作用。六是特殊优抚制度。从 50 年代初，政府便建立了面向革命烈士家属、现役军人家属、革命伤残军人、复员和带病退伍军人、现役军人的优抚制度和面向军队离退休人员的安置制度。从制度结构来看，中国传统社会保障制度的基本框架主要是由国家保障、城镇单位保障、农村集体保障三大板块组成，其特色是国家负责、单位包办、板块分割、封闭运行、全面保障②。"文化大革命"结束后，社会保障的责任重心由国家转向单位，城镇单位保障成为整个社会保障制度的主体。

1. 从公平的角度来看，传统社会保障制度是一种低公平的制度安排

传统社会保障制度对不同的职业、户籍身份实行不同的社会保障待遇，板块内部的待遇水平比较平均，不同板块人群的社会保障水平则很不均衡，因而是一种低公平的社会保障制度。其公平度属于类间差距大、类内差距小的第三级别。具体来说，主要表现在以下两个方面：

第一，不同人群的保障待遇相差悬殊。在这一制度模式建立之初，中国社会生产力水平十分低下，整个国家的经济状况十分窘迫，人民群众的温饱问题远未解决，1952 年人均国内生产总值仅 119 元。不同人群的保障待遇相差悬殊，主要表现在城镇职工的社会保障超越了生产力发展水平，对城镇职工的生、老、病、死、伤、残以及职工家属都有项目比较全面的保障，而且待遇水平较高。与此同时，农村居民的保障水平则低于生产力发展水平，表现为农村社会保障项目很少，且覆盖面窄。在新中国成立后的很长一段时间里只

① 曾培炎. 新中国经济 50 年[M]. 北京：中国计划出版社,1999:665.
② 郑功成. 论中国特色的社会保障道路[M]. 武汉：武汉大学出版社,1997:87-95.

有适用于乡村孤老幼残的"五保"制度,直到60年代后期,农村合作医疗制度才开始建立起来。农村人口的养老主要是靠土地保障和家庭养老。城市居民的高福利、高保障显然是以工农业的剪刀差为前提的,是靠牺牲农村居民的福利和保障来支撑的。随后,在制度运行的惯性作用下,社会保障几乎演变成了城镇居民的专利。

第二,同类人群的保障待遇基本相同,但其中也有部分成员的待遇差距较大。这表现在两个方面:一是同为城市,但全民所有制单位、大集体所有制和小集体所有制职工的社会保障待遇差别较大,没有固定工作单位或所在单位太小而无力建立全面的保障项目的职工保障水平很低。劳动保险以及随后建立的国家机关、事业单位工作人员保障制度,仅仅覆盖了全民所有制职工。中国城镇集体所有制企业虽然发展到一定规模,但一直未执行劳动保险条例,只是一些"大集体"企业在管理方式上向国有企业靠拢,由各地行政主管部门自行建立了诸如退休、医疗等方面的福利制度,但其待遇水平远远低于国有企业。二是社会福利待遇不平等。传统的民政福利只面向无劳动能力、无法定抚养人、无生活来源的老年人、残疾人和未成年人,是一种补缺型的福利。民政福利覆盖的人数实际上非常有限,到1964年,全国有社会福利事业单位1504所,收养人员13.99万人;受"文化大革命"影响,1978年全国社会福利事业单位只有728所,收养人员5.74万人。

在国民经济恢复时期,中华人民共和国第一部宪法就明确规定了"劳动者在年老、疾病或者丧失劳动能力的时候,有获得物资帮助的权利"。作为保障这一权利实现的最主要的制度——社会保障制度显然没能很好地发挥作用。

2. 从效率的视角来看,传统社会保障制度是一种效率低下的制度安排

第一,对社会经济发展效率的影响方面,短期促进,长期促退。从短期看(主要是1952—1957年),传统社会保障制度模式因为与计划经济体制高度契合,因而对国民经济的发展确实起到了促进作用。有人这样评价:新中国刚刚成立,如果说工人和农民是共和国建设的中坚,那么土地和劳动保险则是激活生产力要素中最积极因素的助推器[①]。但要看到,城市里的劳动保险是从无到有建立起来的,这样一种全方位的保障是建国以前工人从未享受

---

① 高书生. 社会保障制度何去何从[M]. 北京:中国人民大学出版社,2006:36.

过的，因此建立之初它极大地激发了工人的工作热情。但这种热情并没有持久性。当对劳动保险习以为常后，热情自然会减退，而热情减退后，劳动保险制度自身的弊端便显现出来。由于过去一直奉行的是低工资、高福利，由劳动保险建立起来的高福利事实上起到了企业职工收入分配均等化的效果。人们知道，无差别待遇的激励效果是很低的，它极容易导致"干多干少一个样，干好干坏一个样"的状态①。在"文化大革命"结束以后，当人们从政治高压下解脱出来之时，国有企业普遍活力不足的问题才引起了人们的重视。但这种活力不足由来已久，只不过被一次又一次的政治运动所掩盖罢了。国有企业活力不足，无差别的激励制度显然是一个主要的致因。这里应该明确的是，均等并不等于公平，相反，它是对积极工作的人的极大不公平。马克思主义认为，社会公平程度是由生产力的发展状况决定的。超越生产力发展阶段去谋求收入分配的绝对均等，其结果只能是扭曲收入分配的过程，使所谓的"公平"建立在对某些人不公平的基础之上。总体来看，正是因为劳动保险替代了企业的激励机制，以一种形式公平掩盖了过程不公平，造成国有企业活力不足、效率低下，进而影响了整个国民经济的效率。

第二，社会保障单位化使全民所有制企业背上沉重负担，进而使其在市场竞争中处于劣势地位。毫无疑问，面对"企业办社会"的沉重负担，作为国民经济中坚力量的国有企业自然难以轻装走向市场，难以提高经济效益。

第三，城乡社会保障制度的不平等固化了城乡二元结构，促使经济结构失衡，影响了经济社会发展的可持续性。传统社会保障制度中城市人口的保障项目和保障水平大大高于农村人口的保障项目和保障水平，这在一定程度上导致了农村经济与城市经济发展的不平衡。在城乡发展不平衡的情况下，虽然短期内可以利用工农业剪刀差来支持工业发展，但从长期看它必然导致经济社会结构的失衡，城乡居民收入差距的拉大，从而严重影响经济社会发展的可持续性。

---

①　关于平均主义对生产积极性的打击和冲击，只要对新中国成立以来的农业生产的演变情况作些考察就可得到有力的证明。比如，1958年，全国农村实行人民公社化，在农业生产力没有本质变化的条件下实行"一大二公"的组织模式和所有制结构，使广大农民的生产积极性受到极大削弱。主要农产品的产量随之出现大幅度下降，全国粮食供应出现极端紧张的局面。从1963年开始，实行了允许社员经营少量自留地和小规模家庭副业等政策，受到广大农民的热烈欢迎。到1965年，主要农产品的产量就恢复到了1957年的水平。

第四,在社会保障资源的利用效率方面表现为前高后低。在新中国成立初期,由于目标明确、政令严明、保障对象具体,虽然直接用于社会保障的财力极少,却能够保证最需要者获得真正的帮助,很少存在浪费现象,社会保障资源的利用率较高。然而,在社会保障单位化后,分割状态日益严重,国家逐渐丧失了对社会保障资源进行宏观调控与高效配置的权力。单位保障的封闭运行又造成了部分保障资源的闲置或低效利用,一些集体福利设施即使闲置也不会对其他单位开放。城镇职工的高福利并未带来劳动生产率的提高,救灾救济中的优亲厚友现象也使社会保障资源的利用效率大打折扣。在社会保障刚性增长使资金投入不断扩大的同时,社会保障资源的利用效率却在不断降低①。

第五,社会保险缺乏责任共担机制,致使制度成本不断膨胀。虽然在名义上传统社会保障制度是一种单位负责的保障模式,但实质上它是一种由单位包办、国家负责、财政兜底的模式。再加上计划经济体制下,无论经济效益如何,各单位都可以永不倒闭。而且传统社会保障制度缺乏责任共担机制,单位便缺少创造并扩大社会保障资源的内在动力,个人更是无须考虑成本,导致公费医疗与劳保医疗中的浪费现象日益严重,社会保障制度的运行成本持续膨胀,严重影响了制度的可持续性。

第六,社会保障制度的多变性与随意性使其因缺乏规范性而无法有效实施。新中国成立以来,没有颁行过一部真正的社会保障法规,国家行政机关及各职能部门颁发的各种社会保障政策数以千计,却不能解决社会保障制度运行中的许多具体问题,许多出自部门甚至政府官员个人对某一问题的答复也可能变成这一制度实施的依据②。

传统社会保障制度模式虽能与计划经济体制和统收统支的国家财政体制相适应,却无法与市场经济体制和分税制的国家财政体制相适应。随着经济体制改革在城镇的展开,国有经济一统天下的局面宣告结束。而新出现的个体、私营企业等并没有进入劳动保险的覆盖范围。经济主体多元化、劳动力市场化、收入差距扩大化所带来的社会阶层分化,以及单位与政府之间、个

① 郑功成,等.中国社会保障制度变迁与评估[M].北京:中国人民大学出版社,2002:21.
② 郑功成,等.中国社会保障制度变迁与评估[M].北京:中国人民大学出版社,2002:21.

人与国家、单位之间的利益追求由一致走向分离①，使传统社会保障制度难以再起到保障社会成员生活、维护社会稳定的作用。另外，由于传统社会保障制度的保障责任主要由单位承担，统筹、互济功能薄弱，不同单位的负担很不平衡。有的国有企业已不堪重负，单纯依靠国家来承担日益膨胀的社会保障成本也不现实，制度的可持续性大打折扣。在这种背景下，传统社会保障制度便义无反顾地走上了改革之路。

（二）改革时期的社会保障制度是一种从效率优先向注重公平转变的制度安排

1986年，国家"七五"计划首次提出了"社会保障"的概念，社会保障制度改革从此正式开始。改革内容主要包括四个方面：一是改革劳动保险制度。建立城镇职工的社会保险，其中包括养老保险、医疗保险、失业保险、工伤保险、生育保险等。二是逐步建立最低生活保障制度。1995年城市居民最低生活保障制度开始推广，2003年实现城市居民最低生活保障的应保尽保，目前农村居民最低生活保障制度正在建设之中。三是从2003年开始进行了农村新型合作医疗的试点工作。四是社会福利进行社会化改革。

随着社会保障制度改革的推进，人们对社会保障制度的认识也在不断地深化，具体可分为以下三个阶段：

第一阶段是1986—1993年，社会保障制度是作为国有企业改革的配套措施而存在。改革的主要内容在城镇是强调社会保障要为国有企业改革配套，在农村则通过大规模的扶贫运动来消除普遍的贫困现象。这一阶段的各项社会保险改革完全集中在国有企业与国有企业职工身上。

第二阶段是1993—2003年，社会保障制度是为社会主义市场经济体制改革配套。随着社会主义市场经济的迅速发展，经济主体多元化、劳动力市场化的趋势日益明显，非国有企业及其他单位职工参加社会保险的要求也日益强烈，给社会保障制度的改革提出了新的要求。1993年十四届三中全会通过的《中共中央关于建立社会主义市场经济体制若干问题的决定》，明确要求"建立多层次的社会保障体系"，并提出城镇职工养老保险和医疗保险实行统账结合模式。这时，社会保障制度被确认为市场经济正常运行的维系机制，亦被称

① 郑功成，等.中国社会保障制度变迁与评估［M］.北京：中国人民大学出版社，2002：12.

为市场经济体系的五大支柱之一。这一阶段改革的重点是城镇职工的养老保险和医疗保险的改革、扩面以及城市居民最低生活保障制度的建立。

第三阶段是 2003 年以后,社会保障制度被确立为一项基本的社会制度。2004 年 3 月,"国家建立健全同经济发展水平相适应的社会保障制度"被写入宪法。2006 年,中共十六届六中全会通过的《中共中央关于构建社会主义和谐社会若干重大问题的决定》将社会保障制度作为"对保障社会公平正义具有重大作用的制度"之一。提出建立"社会保险、社会救助、社会福利、慈善事业相衔接的覆盖城乡居民的社会保障体系",并把长期忽略的农村社会保障制度建设提上日程。要逐步建立农村居民最低生活保障制度,有条件的地方探索建立多种形式的农村养老保险制度。

1. 从公平的视角来看,中国社会保障制度改革走的是一条不均衡的发展之路

在十几年的时间里,社会保障制度改革与建设的重点一直集中在城镇职工身上,维护社会公平这一社会保障制度的基本理念一直没有受到应有的重视,社会保障制度改革经历了一个从公平度极低向开始注重公平的方向迈进的过程。

第一,2004 年以前,社会保障制度改革遵循了传统社会保障制度建设的路径,即:先城市、后农村,以户籍作为区分保障待遇的主要标准。这一改革思路不仅导致不同类人之间的保障待遇差距巨大,而且造成了对同类人内部的不同待遇。

不同类人之间保障待遇的差距最明显地体现在城镇企(事)业单位职工与农民的社会保障待遇上。由于社会保障制度改革将重点放在城镇职工的社会保险上,2004 年左右,城镇职工(包括灵活就业人员)已经享有了包括失业、养老、医疗、工伤及最低生活保障等在内的项目齐全的社会保障,但农村的社会保障体系建设却长期被忽略,社会保障项目欠缺,农村居民所能享受的仅仅是救灾、救济和"五保户"制度。在社会救济方面,由于税费改革使乡镇经费大幅减少,只靠县财政提供的有限资金已不能为所有特困户提供救济,有些贫困地区的社会救济已陷入了停滞状态,农民生活非常艰苦①。在医

---

① 魏长述,袁天长. 重庆市农村五保救济事业的发展[C]//窦玉沛. 重构中国社会保障体系的探索. 北京:中国社会科学出版社,2001:300-308.

疗保障方面,20世纪80年代,随着家庭联产承包责任制的推行,集体经济作为合作医疗主要经济来源的支柱地位被严重削弱,农村合作医疗覆盖率从70年代后期的95%左右跌至1988年的5%左右。但这一情况并未受到重视。由于农村合作医疗参合率较低,大部分农村居民缺乏医疗保障,"小病不去看,大病看不起,实在无法就在家等死"成为广大农村的真实写照。很多家庭因病致贫、因病返贫。1998年农村居民自费医疗的比重达到了84.77%。据2000年世界卫生组织报告称,在全世界191个国家和地区中,中国的卫生费用公正性指数为0.638,居第188位,倒数第4位;城乡之间和大城市与贫困地区之间的人均卫生总费用差距在3—4倍甚至6—7倍之间。在养老保障方面,1991年,部分农村开始进行养老保险制度试点。以个人缴费为主、集体补助为辅,国家予以政策扶持为基本原则,实行基金积累的个人账户模式。由于制度设计缺乏吸引力,保障标准太低,1998年,参加农村社会养老保险的人口为8025万,但到2002年年末,下滑到5462万[①]。从社会保障支出水平来看,1991—2001年,城市人均社会保障支出占人均GDP的比重平均为15%,已经达到某些发达国家20世纪70年代的水平,而农村只有0.18%,城市人均享受的社会保障费用支出是农村的80多倍[②]。从城乡收入差距来看,2001年,城乡居民的收入比值为2.9,含社会保障收入以后,这一比值上升为3.44,社会保障使城乡居民收入差距增加了18.6%[③]。

　　从同类人内部的保障差距看,以户籍作为区分待遇的主要标准导致了同类人的社会保障待遇差距较大。因为改革开放以前,人们从事的职业与户口关系十分紧密,而且也很少存在人户分离的现象。以户籍作为区分保障待遇的标准,客观上可以看成是以职业身份作为区分标准,导致的仅为不同类人之间的待遇差距。改革开放以后,随着市场经济的发展,人口流动性越来越大,不仅相当数量的人存在人户分离的情况,而且出现了数以亿计的农民工。他们的户籍身份是农业户口,但从事的却是工业生产劳动,事实上已经成为产业工人的一部分。这样,户籍标准已经不能代表职业身份。同一职业身份

---

① 杨立雄. 中国农村社会保障制度创新研究[J]. 中国软科学,2003,(10):22.
② 杨翠迎. 中国社会保障制度的城乡差异及统筹改革思路[J]. 浙江大学学报:人文社会科学版,2004,(3):14.
③ 杨翠迎. 中国社会保障制度的城乡差异及统筹改革思路[J]. 浙江大学学报:人文社会科学版,2004,(3):16.

亦即同一类人之间,由于户籍身份的不同导致保障水平差距很大。比如,在 2006 年国务院发布《关于解决农民工问题的若干意见》以前,农民工的社会保障处于严重缺失状态。他们为城市出卖苦力,与城市人同工不同酬,受伤致残患病却没人管的现象已经成为一大社会问题。又比如,进入 90 年代以后,中国处于城市化快速推进的阶段,在城市化的过程中产生了不少失地农民,他们被迫失去了职业身份(农民)而变为城镇的无业居民。由于农民的养老保险制度尚未建立,这些失地农民的养老更是毫无保障可言。

第二,改革过程中制度目标不明确、项目设计不合理、制度缺乏稳定性,拉大了同类人内部的保障待遇差距。以城镇企业职工的养老保险为例,在很长一段时间,养老保险要保障谁的问题并没搞清楚,因而在项目设计上总是变来变去,致使改革走了很多弯路。比如,1986 年中国养老保险即进入改革阶段,养老保险制度采取国家、企业、个人三方负担的方式,目的应该是给劳动者以养老保障。但在 1999 年以前,这一制度的实施对象仅限于国有企业职工,其他城镇职工的养老缺乏保障。从 1999 年开始,才把覆盖范围扩大到外商投资企业、城镇私营企业和其他城镇企业及其职工,2002 年又把覆盖范围进一步扩大到城镇灵活就业人员。目前,乡镇企业的职工仍在养老保险的覆盖范围之外。这既造成同为企业职工的参保机会上的不平等,又造成了参保过程上的不平等以及不同企业(参保企业与不参保企业)负担上的不平等。在项目设计上,养老保险经历了 1993 年以前的社会统筹、现收现付和 1993 年以后的统账结合两个阶段。从现收现付变为统账结合,意味着大量的转型成本("老人"整个工龄期间的个人账户积累额和"中人"在新制度实施以前工作年限的个人账户积累额构成了转型成本)。这些成本中有相当大一部分由现在正在工作的人来承担,造成了代际负担的不平衡。在推行统账结合模式的过程中,个人账户的规模也是变来变去,使社会保障制度丧失了应有的严肃性。1995 年,国务院颁布了《关于深化企业职工养老保险制度改革的通知》,由于主管部门对统账结合的实施办法意见不一,该通知后面附了两种实施办法,由地方自行选择,结果出现了不同地区的个人账户规模从 4% 到 17% 不等的混乱状态。1997 年,国务院颁布《关于建立统一的企业职工基本养老保险制度的决定》,统一了个人账户规模为 11%(其中个人缴费 8%,单位缴费 3%),但却未实行基金账户与个人账户的分账管理。在由现收现付型向统账结合型转型时需要付出大量转型成本的情况下,个人账户与统筹基金不实行分账管理,就必然导致挪用个人账户的钱用于支付转型成本的情况,使养老金的未来支付风险增大。为了实现做实个人账户的目标,2001年开始的辽宁试点将个人账户规模由11%缩小为8%,并全部由个人缴费组成。2005年国务院发布的《关于完善企业职工基本养老保险制度的决定》将个人账户为8%这一规模确定下来,并且将原来按照十年余命的个人账户养老金的计发办法改为按照预期寿命的方法来计发养老金,基础养老金的计发办法也进行了调整。在十年之内,个人账户的规模数次变动,直接影响了养老金的给付水平。这不仅可能给按规定履行义务的人带来损失,危害养老保险制度的信誉,而且还会造成不同年份退休的人的养老金待遇标准不同,扩大了同类人之间的待遇差距。其他社会保险制度在改革过程中也都存在着对同类人差别对待的问题。比如工伤保险,本来这是需要迅速推广的社会保险制度,却长期未给予应有的重视。2003年以前,仅有1996年《企业职工工伤保险试行办法》对其进行了原则性规定,但制度覆盖范围窄,乡镇企业和个体工商户均未纳入其中。2001年底,全国参加工伤保险的职工仅为4345万人①,而同期全国城镇就业人员为23940万人,全国就业人员73025万人②。2004年1月实施的《工伤保险条例》才将包括乡镇企业在内的各类企业和有雇工的个体工商户纳入了应覆盖的范围。

第三,制度建设滞后于经济发展水平,保障不足的矛盾十分突出。这主要表现在两个方面:一是社会福利事业发展严重滞后,福利供需矛盾突出。社会福利事业虽然自1986年起开始了社会化改革,并确立了由补缺型向适度普惠型转变的目标,但由于一直处于社会保障制度改革中的次要位置,发展缓慢。即使发展到1999年底,巨大的福利供需矛盾局面依然没有太多的改变③。据民政部门2000年初提供的调查数据显示,全国1.26亿老人中约有1400万人要求进入福利机构养老,占老年人口的11%多,而各类福利机构能提供的老年人床位只有97.7万张,不到全国老年人总数的0.8%,与发达

①　国务院新闻办公室.中国的劳动和社会保障状况[N].人民日报,2002-04-30(6).

②　中华人民共和国国家统计局.中华人民共和国2001年国民经济和社会发展统计公报[N].人民日报,2002-03-02(5).

③　郑功成,等.中国社会保障制度变迁与评估[M].北京:中国人民大学出版社,2002:345.

国家8%和一些发展中国家5%的供养比例相比差距悬殊;全国要求进入福利机构寄养的残疾人为601万人,而各类福利机构的容纳量只有3.4万人,仅及需求量的0.6%;全国需由国家抚养的孤残儿童为428万人,而各类福利机构所能提供的床位只有3.15万张,仅为需求量的0.7%①。二是农村社会保障制度建设滞后。改革开放以来,中国经济总量大幅增长,人民生活水平持续提高,到了世纪之交时已总体上实现了小康目标,人均收入超过1000美元。但直到2003年才开始农村新型合作医疗试点;2006年才开始建立农村居民最低生活保障制度并将农民工纳入工伤保险和大病医疗保险体系;2007年才开始城镇居民的医疗保险试点;至今,对于是否建立农村居民的养老保险制度还在争论之中。可见,农村社会保障制度建设步伐已严重落后于经济发展水平,因而也就必然使社会保障制度的公平性大打折扣。

2. 从效率的视角来看,在改革中逐步建立起来的社会保障体系是一个并非严密的、有漏洞的体系

从效率的视角来审视在改革中逐步建立起来的中国社会保障体系,完全可以说这是一个并非严密、有漏洞的体系。这主要表现在:一方面,社会上有相当一部分人仍处在没有保障的境地;另一方面,效率优先、忽视公平的取向无论对社会保障制度本身还是对经济社会运行的效率都造成了很大危害。效率优先,在社会保障制度建设中既体现在制度项目设计上更多强调个人责任,强调义务和权利相统一,即"社保不是免费的午餐",又体现在在项目发展上优先发展效率性较强的社会保险项目,而将社会救助、社会福利等效率性较差的项目放在次要的位置上。从宏观层面的效率来看,社会保障的城乡巨大差异拉大了城乡差距,社会保障不仅没能对国民收入再分配起到缩小贫富差距的作用,反而进一步拉大了城乡差距,影响了经济社会发展的效率和质量。由于社会保障体系不完善,居民对医疗、养老、教育、住房等未来支出的预期增加,消费始终不旺。农村消费市场更是难以启动,从而不仅削弱了经济发展的后劲,而且增大了消费与投资的比例失衡,从而大大加剧了经济风险。由于社会保障制度改革具体政策的制定和统筹局限在地方,造成了社会保障待遇的地区差异和接转困难,因而客观上限制了劳动力的自由流动,降低了资源配置的效率。另外,由于在社会保障制度改革初期存在着政府甩包

① 朱勇,朱红. 社会福利社会化春天来了[J]. 中国民政,2000,(1):44—45.

袄的现象,降低了人民群众对政府的信任感,从而增加了政府推进社会保障
制度改革的成本支出。据国际劳工组织统计,1990 年时所有国家社会保障总
开支占 GDP 之比的平均数是 14.5%,其中欧洲国家为 24.8%,北美洲国家为
16.6%,大洋洲国家为 16.1%,拉丁美洲和加勒比地区国家为 8.8%,亚洲国
家为 6.4%,非洲国家为 4.3%,而中国同期仅为 5.2%[1]。中国社会保障制度
改革在试点扩面中遇到的许多困难,就与政府对于社会保障的这种低投入而
造成的信任度下降有密切的关系。从效率层面来看,社会保障制度改革是在
效率优先的理念指导下进行的,但结果并没有带来制度自身运行的高效率。
比如,在特别重视和强调社会保障制度效率问题的 90 年代中后期,就在全国
范围内出现了严重的养老金拖欠问题,甚至引发了一些群体性事件。到 1997
年末,全国共拖欠养老金 37.5 亿元,涉及 241 万人[2]。拖欠的主要原因:一是
部分企业生产经营困难,长期不缴纳养老保险费;二是统筹层次低,各地区负
担不均衡,资金不能调剂使用;三是养老金被挪用。在 1998 年养老金拖欠势
头有增无减的情况下,国有企业为实现"三年脱困"目标又大量分流下岗职
工,国家不得不动用大量财政资金实现"两个确保"。为维持制度的正常运
行,每年都需要大量的财政补贴,养老保险的财务可持续性受到挑战,社会保
障制度改革面临信誉危机。在此后的每一项社会保险制度出台后都遇到扩
面困难的问题,就是一个值得重视的信号。项目设计上缺乏吸引力固然是一
个方面,对社会保障制度缺乏信任感无疑是造成扩面困难的另一重要原因。
比如,医疗保险改革从 1999 年初启动,计划 1999 年末基本完成,但进展并不
顺利。到 1999 年末,全国只有 36 个地级统筹地区和 23 个县级统筹地区正式
实施了基本医疗保险改革方案,全国参加基本医疗保险制度的在职职工为
469.8 万人,退休人员为 124.1 万人[3]。此后在国家的强力推动下,医疗保险
的覆盖面才逐渐扩大。由于各种社会保险的覆盖面都比较小,而且社保基金
统筹层次低(除养老保险在 2006 年基本实现省级统筹以外,其他均为县市级
统筹)、调剂性差,社会保险制度的抗风险能力降低,社保基金的支付能力受
到影响,提高参保人员的福利水平受到制约,对财政兜底的要求不断提高。

① 国际劳工局.2000 年世界劳动报告[M].北京:中国劳动社会保障出版社,2001:222.
② 高书生.社会保障制度何去何从[M].北京:中国人民大学出版社,2006:136.
③ 高书生.社会保障制度何去何从[M].北京:中国人民大学出版社,2006:136.

在突出效率的理念指导下，社会保障制度不仅效率不高，保障效果也不好。比如，由于经济原因，有 48.9% 的群众有病不敢上医院；城镇有 29.6%、农村有 65% 应住院的患者不能住院；很多人因为无力支付高额医疗费用只能选择小病扛着、大病拖着。2005 年国务院发展研究中心农村经济研究所调查结果显示：近三年内农民因看不起病，在家死亡的占到了 78.6%[1]。据测算，从总量而言，中国现有的社会福利服务只能满足 5% 的社会需求，尚有 95% 的需求不能得到满足[2]。

这些问题说明，社会保障改革已严重滞后于经济体制改革的进程，不仅没能为改革保驾护航、促进劳动力的自由流动，反而成为深化改革、实现经济社会健康发展的障碍。在社会保障制度改革过程中，正是因为过多地考虑社会保障基金收支能否平衡这个"效率"问题，过多地强调个人责任而忽略社会公平，反而使社会保障制度的运行出现了低效率化的倾向。

三、现行中国社会保障制度的公平性

2004 年 9 月，劳动和社会保障部的负责人在国务院新闻办举行的记者招待会上表示，中国已建立起与市场经济体制相适应，由中央政府和地方政府分级负责的社会保障体系的基本框架，主要包括社会保险、社会福利、优抚安置、社会救助和住房保障等。这一初步定型且正在完善中的社会保障体系，便是我们这里研究的起点。

前面已经指出，公平是具体的、历史的，是与一国生产力的发展状况和具体国情紧密相连的，其内涵也是随着社会的发展而不断丰富的。对于中国特色的社会保障制度来说，社会公平至少包括这样几方面含义：社会公平是以促进人的全面发展为前提和基础的，是以人为本的；社会公平着眼于缩小社会或社会成员之间的不平等和差距，包括缩小不同地区之间、城乡之间的发展差距，缩小不同行业之间、贫富之间的收入差距，为每个人的全面发展创造公平的社会环境；社会公平意味着让全体人民共享改革发展的成果，亦即保证社会成员都能接受教育，都能进行劳动创造，都能平等地参与市场竞争、参与社会生活，都能依靠法律和制度来维护自己的正当权益，都能享有有尊严

① 景天奎. 公平性：解决"看病难、看病贵"问题的关键[J]. 人民论坛,2006,(5):7.
② 朱勇,朱红. 社会福利社会化春天来了[J]. 中国民政,2000,(1):45.

的、基本生存条件得到满足的体面生活。

从社会保障制度的整体来看,欲有效维护社会公平,最关键的是项目安排要满足无漏洞、多层次两个要求。这是因为,社会保障制度的不同项目对于维护社会公平有着不同的功能:包括最低生活保障、灾害救助等在内的社会救助,其功能是帮助困难群体摆脱生存危机;包括养老保险、医疗保险等的社会保险,其功能是为劳动者解除养老、医疗、工伤等的后顾之忧;包括老年人福利、残疾人福利等在内的社会福利事业,其功能是以提供服务的方式提高这些人的福利水平;包括企业年金、互助保障、慈善公益事业等在内的其他各项补充保障措施,其功能都在不同程度地润滑社会关系,促进社会和谐,增进国民福利[①]。这一系列的制度安排,满足了人们对社会保障的不同需求。社会保险与社会救助是功能有别的两个不同保障项目,它们各有侧重,又相互配合、相互补充,因而是不能相互替代的。社会救助所保障的是人们(一般为无工作能力的人)的最低生活水平,而社会保险所提供的则是保障对象(一般为工薪阶层)的"基本生活"。前者只满足救助对象的温饱,后者则满足保障对象的基本生活需求——不仅温饱有保障,而且还能参与基本的社交、文化、教育活动等等[②]。社会保障项目的功能不同,因而使各项目之间相互衔接,也就是说使这一系列项目组成一个密实的、无漏洞的安全网络尤为重要,否则就会有人陷入生活困境而得不到社会的帮助。

当前,中国社会保障制度正在从较低的公平度向较高公平的方向迈进,因而对其公平性的分析,可从促进制度公平性提高的因素和阻碍制度公平性提高的因素两方面入手。

(一)促进社会保障制度公平性提高的因素分析

1. 理念的进步

从2003年开始,我们对社会保障制度的认识有了进一步的深化。2003年10月,党的十六届三中全会通过的《中共中央关于完善社会主义市场经济体制若干问题的决定》明确提出:加快建设与经济发展水平相适应的社会保障体系。2004年3月,"国家建立健全同经济发展水平相适应的社会保障制度"被写入宪法。这标志着社会保障制度已经不再作为国有企业改革的配套

---

① 郑功成.科学发展与和谐共享民生视角下的和谐社会[M].北京:人民出版社,2006:162.
② 李迎生.中国社会保障制度改革的目标定位新探[J].社会.2006,(2):178.

措施或市场经济体制改革的配套措施,而是成为了一项基本的社会制度。2006 年,党的十六届六中全会通过的《中共中央关于构建社会主义和谐社会若干重大问题的决定》进一步明确了社会保障制度的建设思路:"适应人口老龄化、城镇化、就业方式多样化,逐步建立社会保险、社会救助、社会福利、慈善事业相衔接的覆盖城乡居民的社会保障体系。多渠道筹集社会保障基金,加强基金监管,保证社会保险基金保值增值。"2007 年 10 月胡锦涛同志在十七大上作报告时具体指出,要加快推进以改善民生为重点的社会建设,深化收入分配制度改革,同时首次强调初次分配也要体现公平,还强调要"提高劳动报酬在初次分配中的比重"。他说:"合理的收入分配制度是社会公平的重要体现。要坚持和完善按劳分配为主体、多种分配方式并存的分配制度,健全劳动、资本、技术、管理等生产要素按贡献参与分配的制度,初次分配和再分配都要处理好效率和公平的关系,再分配更加注重公平。逐步提高居民收入在国民收入分配中的比重,提高劳动报酬在初次分配中的比重。着力提高低收入者收入,逐步提高扶贫标准和最低工资标准,建设企业职工工资正常增长机制和支付保障机制。创造条件让更多群众拥有财产性收入。保护合法收入,调节过高收入,取缔非法收入。扩大转移支付,强化税收调节,打破经营垄断,创造机会公平,整顿分配秩序,逐步扭转收入分配差距扩大趋势。"理念的进步带来思路的明确,思路的明确必将促进中国社会保障制度公平性的提高。

2. 实践的发展

认识的深化带来了实践的发展。从 2003 年起,中国社会保障制度进入了快速发展的时期。第一,各项社会保险的覆盖范围进一步扩大,扩面速度有所提高。2004 年 1 月实施的《工伤保险条例》将各类企业和有雇工的个体工商户均纳入了覆盖的范围;城镇居民的基本医疗保险已于 2007 年开始试点,覆盖城镇居民的基本医疗保险制度正在推开;2006 年,国务院关于加强土地调控有关问题的通知规定,"社会保障费用不落实的不得批准征地";2007 年,劳动和社会保障部、国土资源部明确要求,尽快将被征地农民纳入社会保障体系等等①。这一系列措施的出台,表明各项社会保险的覆盖范围正在进一步扩大。第二,养老保险的统筹层次基本达到了省级统筹,且个人账户正

---

① 于猛,白天亮. 社保不落实不准征地[N]. 人民日报,2007-05-30(10).

在做实。继东北三省实现了个人账户做实以后,2006年又有8个省份开始了做实个人账户的试点。第三,城市居民最低生活保障制度已经实现动态管理下的应保尽保。第四,农民工社会保障问题正在得到解决。2006年3月,国务院发布《关于解决农民工问题的若干意见》,对农民工的社会保障问题做了原则性规定:根据农民工最紧迫的社会保障需求,坚持分类指导、稳步推进,优先解决工伤保险和大病医疗保障问题,逐步解决养老保障问题。在医疗保障方面,各统筹地区要采取建立大病医疗保险统筹基金的办法,重点解决农民工进城务工期间的住院医疗保障问题。有条件的地方可直接将稳定就业的农民工纳入城镇职工基本医疗保险。农民工也可自愿参加原籍的新型农村合作医疗。第五,农村社会保障制度建设快速推进。2003年开始了以大病统筹为主的新型农村合作医疗试点;2006年有47.2%的农村人口参加了新型农村合作医疗;十六大以后,国家鼓励有条件的地区积极探索建立农村最低生活保障制度,到2006年底有1509万的农村居民得到了最低生活保障,国务院于2007年8月发出《关于在全国建立农村最低生活保障制度的通知》;2006年3月施行的《农村五保户供养工作条例》将五保户由集体供养改为财政供养;2004年,政府开始对农村部分计划生育家庭实行奖励扶助制度的试点。第六,社会福利事业有了一定发展。2001年国家开始实施"全国社区老年福利服务星光计划";2004年开始的"残疾孤儿手术康复明天计划"等;慈善事业也开始受到关注。以住房公积金制度、经济适用房制度、廉租房制度为主要内容的城镇住房保障制度建设正在积极推进,为不断改善城镇居民的住房条件发挥了积极作用。第七,国家财政对社会保障的投入大幅度增长,大概占到国家财政的12%左右①,达到新中国成立以来的最高水平。可见,2003年以来的这一时期,是中国社会保障制度建设思路最明晰、推进速度最快的时期。目前,建设一个无漏洞的、覆盖城乡居民的中国特色社会保障体系已经成为自觉的目标。

(二)阻碍社会保障制度公平性提高的因素分析

1. 社会保障支出规模偏小,对农村社会保障的投入偏低

近年来,中国对社会保障的投入大幅度增长,目前已经超过了3000亿元的规模(2006年中央财政社会保障支出2010.02亿元),大约占国家财政的

①　郑功成. 科学发展与和谐共享民生视角下的和谐社会[M].北京:人民出版社,2006:242.

12%左右。这样的规模和比例在中国社会保障事业发展史上虽然已达到了较高水平,但与其他国家相比,这个比例仍然是比较低的。如西欧、北欧,财政的钱有45%以上用于社会保障支出;美国财政有超过30%的钱用于社会保障支出;加拿大的这一比例为39%,日本为37%,澳大利亚为35%。对社会保障投入偏低,反映了政府责任的部分缺失。再细致分析中国社会保障支出的分布结构,可以发现对于城乡社会保障的投入依然存在着极大的不平衡。2006年,用于农村低保和特困户的资金为55.5亿元①,用于农村新型合作医疗的资金大约为164亿元,中央财政安排并及时拨付各种抗灾救灾资金为112亿元,这三项合计的总额才333.5亿元。这个数字仅为当前中国社会保障总支出的1/10左右。从表面看,中国发展社会保障事业特别是农村社会保障事业的最大问题在于没钱,但事实上,正如有的学者指出的,目前中国存在的财政困难在一定程度上是政府财政支出失误造成的。社保财政支出的大部分用于城市,其中的大部分又用于城镇企业职工的社会保险,这相对于几乎两倍于城镇人口的农民来说,显然是有失公平的。可见,中国既存在财政社会保障支出规模偏小的问题,又存在财政资金分配结构失衡的问题。这严重制约了社会保障制度维护社会公平作用的发挥。收入再分配是社会保障制度实现其公平与效率目标的基本手段。社会保障制度通过收入再分配的"调节器"作用来消除贫富差距,"熨平"社会不公,以实现保证社会公平和促进经济发展的目标。但在实践中,中国社会保障制度的收入再分配功能严重扭曲,不但没有发挥其应有的调节作用,反而继续制造着新的不公平。

2. 社会保险覆盖面窄,尚未实现应保尽保

2006年年末,全国参加城镇基本养老保险人数为18649万人,其中参保职工为14028万人;全国参加城镇基本医疗保险的人数为15737万人,其中参保职工为11587万人,参保退休人员为4150万人;全国参加失业保险的人数为11187万人;参加工伤保险的人数为10235万人;全年有2241万城镇居民得到政府最低生活保障。而当年全国就业人数是74600万人,其中城镇就业人员为28310万人②。目前,中国有2亿农民工,只有2538万参加了工伤保

① 潘跃. 农村低保全面起航[N]. 人民日报,2007-05-28(2).
② 中华人民共和国国家统计局. 中华人民共和国2006年国民经济和社会发展统计公报[N]. 人民日报,2007-03-01(6).

险;2367万参加了医疗保险;养老保险则仍处于试点阶段。此外,还存在一些应该覆盖的人群未被纳入保障制度适用范围的问题。比如,改革开放以来,乡镇企业生产的社会化程度与职工收入水平大大提高,具备了建立养老保险制度的基础条件,职工参保意识强,但由于保险制度上的缺失而一直无法参保;使社会全体成员在患病时都能得到救治是医疗保障的基本功能,但目前城市里的儿童和老人却因缺少社会医疗保障而面临较大的医疗风险;工伤保险的参保范围仅限于企业职工;机关事业单位的人虽然面临着工伤风险,但同样却因为制度的缺失而不能得到同等保障;特别是受聘于机关事业单位的编外人员,出了工伤以后如果单位不管的话,想维权极其艰难。因为《工伤保险条例》仅在附则中对机关事业单位工作人员遭受工伤由所在单位支付费用作了原则性规定,缺乏具体的实施细则,也没有专门的受理部门。此外,农村养老保险的发展至今还几乎处于停滞状态。

3. 在社会保险制度设计上,保障水平不足与保障待遇失衡并存

在制度设计上,无论是城镇职工的医疗保险还是新型农村合作医疗都远没有达到让百姓看得起病的程度。对于封顶线的设计(城镇医疗保险大约是8万元左右,新型农村合作医疗大约是1—2万元)。依然不能解决群众看病难、看病贵的问题。一些大病:比如白血病,整个疗程大约要20万元,其中有近10万元要自费;像尿毒症每个月洗肾要花费五六千元,其中自费部分达到两千多元①。对城镇职工来说,这样的医疗费用也许通过节衣缩食、东拼西凑还能勉强支付,但换了农村人又该如何应对? 那些至今还未得到任何医疗保障的人,得病之后的境况就更是不堪设想。虽然基本医疗保险制度明确规定了把保障水平之外的费用或风险留给补充或商业医疗保险去解决,但对大多数收入较低的人来说,他们是很难有实力去购买商业保险的。而且城市人和农村人得了大病以后需要负担的医疗费用基本是一样的,医疗保险和新型农村合作医疗两种制度设计的封顶线相差悬殊,这对农村人来讲显然是不公平的。

再看养老保险。在养老金待遇上,从表面看养老金工资替代率比较高,大约达到60—80%(制度目标替代率是接近60%),但由于缴费工资总额小于工资总额,社会保险经办机构核定的缴费工资总额又小于统计口径的工资

① 杜星,等. 多少人因老病一夜返贫[N]. 羊城晚报,2003-11-11(A1).

总额,实际工资替代率仅为 59% 左右[①]。企业职工和机关事业单位职工养老金待遇差别较大。1994 年,企业职工人均年养老金为 3248 元,机关与事业单位人员为 4331 元,退休金比企业职工高 33%,到 2001 年这一差距扩大到 69%[②]。财政用于补贴养老保险的支出几乎都用在了城市,农村的养老保险则因为缺乏实质性支持而一直没有发展起来。由于大部分农村地区较为贫困,集体补助很难得到落实。国家予以政策扶持的原则主要是通过乡镇企业支付的集体补助予以税前列支来体现,但实际上税务部门并没有相关的具体政策和规定可供执行,所以实质上这变成了农民自我储蓄式的养老保险。有学者推算,按民政部《农村社会养老保险交费领取计算表》计算,投保 2 元/月的农民,交费 10 年后,每月可领取养老金 4.7 元,15 年后每月可领取 9.9 元。若再考虑管理费增加、银行利率下调和通货膨胀等因素,农民领到的养老金会更少,其基本生活需要难以得到保障[③]。有的农民因病致贫、因病返贫,甚至因病失去生命;有的老年农民被遗弃、虐待,打老、骂老的现象在一些农村频频发生,这在很大程度上与农民缺乏应有的基本社会保障密切相关。此外,农民工的社会保障待遇与城市工人相比仍有很大的差距。

4. 统筹层次低,不同地区社会保障的负担不均衡、待遇差距较大

由于现行的养老保险基金统筹层次为省级统筹,是一种各自为政式的项目实施方式,因而不可避免地造成了各地区负担的不平衡。一般来说,大量年轻劳动力外流的不发达地区,其养老负担往往较重。比如 2001 年,沈阳市养老保险的单位缴费率达到工资总额的 25% 以上;而北京市的这一比例是 19%;深圳市的这一比例则只要 6%;珠海市、东莞市的这一比例为 10%[④]。这样严重不平衡的地区负担,无疑会影响地方企业的劳动力成本和本地居民所能享受的福利水平。又比如,医疗、工伤、失业等社会保险的统筹层次较低,为县市级统筹,那么就客观上造成了经济条件好的地区待遇高,经济条件不好的地区待遇低,不仅不利于缩小地区差距,反而有扩大地区差距的倾向。新近出台的社会保障政策仍然延续过去的思路——将福利待遇与户口挂钩,

---

① 张永清. 正确认识当前基本养老保险费率和工资替代率[N]. 中国劳动保障报,2000-11-17(3).
② 汪泽英,曾湘泉. 中国基本养老保险制度的公平问题探析[J]. 中州学刊,2004,(11):178.
③ 林闽钢. 中国农村养老实现方式的探讨[J]. 中国农村经济,2003,(3):36.
④ 郑功成. 加入 WTO 与中国的社会保障改革[J]. 管理世界,2002,(4):39.

在劳动力流动日益频繁的今天,无疑会加剧已有的不公平现象。比如,2007年开始实行的城镇居民医疗保险试点,有的城市就采取了保障待遇与户口挂钩的方式。据报载,2007年9月1日起,北京市家庭只需每年为孩子缴纳50元,便可为孩子上一份大病医疗保险。政府每人补贴50元,每年最高支付限额为17万元。这份保险的适用范围为146.7万具有北京市城镇户籍的儿童。作为全国最发达的城市之一,北京市聚集了来自全国各地的大量人才,北京的快速发展在很大程度上有赖于来自其他许多不发达地区的人才支持。但这些来自全国各地的人才里有相当大部分是没有北京市户口的,他们的孩子不能享有具有北京市户口的儿童所能享受的医保待遇,这显然是极不公平的。这种状况在全国绝非个别现象。

5. 社会福利事业发展很不充分,慈善事业发展严重滞后

与社会保险相比,社会福利事业和慈善事业一直处于社会保障制度建设中的次要位置。中国的社会福利正在由补缺型向普惠型转型,但机构床位少,难以满足社会需求。一项调查显示,中国老年人愿意住养老机构的比例高达17.5%①,计算下来全国大约有2607万人,而目前机构养老的床位数仅为150万张左右,缺口达2457万。对老年人的保障偏重于资金保障,服务保障严重不足。这对于生活自理能力较差的老年人群体来说,显然是难以保障其正常生活需求的。民政部门举办的福利院仍与民政部门联为一体,而民办福利机构却不能分享政府福利资源。这既不符合福利社会化的趋势,更会严重挫伤民间兴办福利事业的积极性,进而损害社会保障制度公平效率目标的实现。事实上,一方面,福利企业普遍经营效益较差,许多有劳动能力的残疾人不能安排就业;另一方面,无人看护的儿童、流浪儿童、贫困儿童以及闲散未成年人的照料、管理日益成为严重的社会问题。这说明目前发展社会福利事业的模式急需改革。此外,慈善事业发展严重滞后,不仅慈善组织和机构数量少,而且动员社会资源的能力较差,与社会主义和谐社会建设对慈善事业的要求极不相称。2005年中国民政部门接受的各种捐赠资金为31亿元,全国各级慈善会共接受29亿元捐款,加上其他社会各界的捐赠资金,全国捐

① 黄黎若莲,张时飞,唐钧. 中国人口老龄化进程与老年服务需求[J]. 学习与实践,2006,(12):113.

赠总额还不到 100 亿元人民币①。

6. 最低生活保障线的确定不科学,低保金的金额过低

中国城、乡居民最低生活标准的制定和提高,并没有全国统一的规定或标准,而是由县、市人民政府民政部门牵头,财政、统计、物价等部门参加,综合考虑当地生活必需品的品种数量、物价水平、居民平均收入和消费水平、经济发展水平等因素确定的。但一些地方在具体实施中,对最低生活保障线的确定是通过估算得来的,而不是精算的结果,因而保障线的确定缺乏科学依据。有的地方存在着钱多多给,钱少少给的随意做法。此外,目前的低保金金额普遍过低,最多只能维持低保户的生存需要。有调查显示,在城市低保人群中,有大约六成的低保户家庭不沾荤腥,衣服多是亲友赠送或是社会捐助,有病的低保户看不起病,子女上学的学杂费无法承受②。这种状况如果得不到改变,就很可能会造成一个制度维持性的低收入阶层,既不利于促进人的全面发展,也不利于发挥社会保障制度的应有功能。

综上所述,中国社会保障制度具有公平性的制度框架已经确立,公平性在不断提高,但离制度应达到的公平度要求仍有很大差距。其中,未按公正合理的标准划分人群的类别并确定相应的待遇水平和资金投入,是造成不公平问题的直接原因。正是因为这一点,国内著名社会学家景天魁甚至认为,中国现有的某些社会保障对社会公平发挥的作用是“逆调节”,反而加剧了社会不公平。比如,中国的城乡居民收入差距本来就大,只在城市里设立最低生活保障制度、医疗保险制度、养老保险制度,无疑扩大了城乡居民的收入差距。他提供的数据显示,1991 年,城乡居民社保支出比是 50∶1;1994 年是 100∶1;2001 年以后,不仅比值保持在 100∶1 的水平,而且社保支出的数额差距从 1991 年的 245 元扩大到 2001 年的 1310 元,相当于当年农民人均纯收入的一半。

四、现行中国社会保障制度的效率性

(一)中国现行社会保障制度的宏观效率

目前,中国正处于工业化、城市化快速推进的阶段,社会主义市场经济

---

① 午言. 中国力争每年募集慈善资金 500 亿元[N]. 人民日报,2006-11-06(14).
② 李学斌,王原. 城市居民最低生活保障制度实施中存在的问题[J]. 理论探索,2003,(11):15.

体制正处于不断完善的过程之中,经济社会保持又好又快的发展势头。但是,经济社会中存在的结构性矛盾依然十分突出。一方面,城乡差距、地区差距、居民收入差距不断拉大。另一方面,经济社会运行中存在着一定的矛盾:比如投资与消费比例失衡;资源能源问题突出;农业落后的生产方式与市场经济体制不相适应;城乡二元结构尚未消除;社会事业发展滞后等等。同时,中国正日益深入地融入全球化的过程中,这使国内市场暴露于国际风险面前,劳动者的社会风险加大,加之中国已步入老龄社会,在这样一个背景下,社会保障制度只有满足以下三个条件,才能有效促进经济社会的发展效率:一是社会保障与经济发展水平相适应;二是社会保障能有效发挥维护社会稳定、缩小差距的功能;三是社会保障政策有利于促进就业和劳动力的流动。但社会保障制度在满足这三个条件方面似乎都存在一些问题。

1. 社会保障总体水平滞后于经济发展

从社会保障与经济发展水平的适应性来看,中国社会保障总体水平滞后于经济发展。社会保障水平超前或滞后都不利于经济发展,水平超前会损害经济效率,水平滞后会造成一定社会问题。前面已经提到,中国社会保障的财政支出占财政的12%,这个比例在国际上是偏低的。中国社会保障水平偏低,使居民未来预期支出增多,消费市场始终不旺,投资与消费比例失衡的问题始终得不到扭转。最近两年,由于中国社会保障制度的发展思路和发展措施比较明确,公平性有所提高,社会保障支出逐渐扩大,因而居民的消费水平才有了一定幅度的增长。目前,社会保障水平滞后于经济发展水平的问题已经受到重视,并在逐步扭转。

2. 社会保障制度在缩小收入差距方面的作用不大

中国社会保障制度、特别是最低生活保障制度在维护社会稳定方面发挥了较大作用,但在缩小收入差距方面的作用甚微。这主要体现在:大量社会保障资源用于城市,加剧了城乡结构失衡,拉大了城乡居民生活差距;社会保险统筹层次低,统筹资金在不同地区之间不能调剂使用,不利于缩小地区差距;社会保险制度设计过分强调效率,不利于缩小收入差距。在社会保障制度比较健全的国家和地区,社会保障制度对缩小收入差距的作用是显著的。比如英国,在1994—1995财政年度,初始收入分配中20%高收入家庭与20%

低收入家庭的平均收入相差 19.8 倍,但经过收入和消费税以及社会保障等福利制度的调节之后,最终收入差距缩小到 3.7 倍。再比如芬兰,单看收入差距为 15 倍,但经过社会保障制度调节以后,享受养老金的差距仅为 1.7 倍①。而中国社会保障制度对收入差距的调节却是逆向的。

3. 社会保障制度对就业的促进效果较小

中国社会保障制度对就业的促进效果不大。一方面,由于养老保险未规定退休年龄,最低生活保障制度还属于单项援助,缺少职业培训等配套政策,因此,它从根本上是不利于促进就业的;另一方面,由于各项保障水平偏低,社会成员只能依靠就业来解决生存和发展问题,从这个意义上说它又有利于增强劳动者就业的积极性。但由于各地社会保障项目设计不尽相同,而且很多福利待遇还与户口挂钩,对项目的设计缺乏促进劳动力流动的考虑。比如养老保险中关于必须在一个统筹地区缴费满 15 年的规定,失业保险只能在统筹地区亦即工作的县市领取等,均不利于劳动力的自由流动。此外,失业保险金的支付时间偏长也是不利于就业的一个重要因素。由 54 个国家和地区的资料显示,失业者开始享受失业待遇的最长失业时间,不到 28 周的有 27 个国家,占 50%;28—56 周的有 18 个国家,占 33%;超过 56 周的只有 9 个国家,占 17%。规定开始享受失业待遇时间最短的国家只有 12 周,各国平均享受待遇期限为 47.57 周②。而中国目前的规定却是 24 个月,时间明显偏长。以上分析表明,中国社会保障制度对经济社会运行的效率贡献不大,对经济社会发展的促进作用还需大大加强。

(二)中国现行社会保障制度的自身效率

社会保障制度是否达到预期的效果,是衡量制度效率的一个重要标准。从社会保障制度自身的效率来看,中国社会保障制度的各项功能尚未得到有效发挥;社会保险覆盖面窄,统筹层次低,基金增值能力差、调剂性差,制度成本高;管理不完善、监管机制不健全等问题比较突出。以下就社会保障项目的效率问题做一分析。

在中国,社会保险效率低下是一个公认的问题,甚至有学者因此而质疑

①　景天魁. 社会保障:公平社会的基础[J]. 中国社会科学院研究生院学报,2006,(6):18.

②　孙炳耀. 完善失业保障制度的思路与对策[C]//陈佳贵　王延中. 中国社会保障发展报告 2001—2004. 北京:社会科学文献出版社,2007:37—59.

其在中国存在的合理性，并把它视为损害竞争力的短视国策。但从以下的分析中可以看出，中国社会保险制度效率低，是因为公平性低、制度设计不合理造成的。统筹层次低、资源配置失衡、制度设计不合理是中国社会保险的三大弊端。以医疗保险为例，2002年中国的医疗卫生总费用达5684.6亿元，占当年GDP的比重为5.42%①。应该说这一支出比例并不算低，但群众享受到的医疗保障水平却不高，不仅有大量的人未被医疗保险覆盖进来，而且被覆盖进来的人仍然面临看不起病的风险。英国医疗费用占GDP的7.6%，做到了全民免费医疗；香港医疗费用占GDP的5%，做到了全体市民免费看病；新加坡只用了占GDP中3%的医疗费用，就实现了全民健康保障的计划。中国每10万人的医生拥有量为167人，比英国的164人、新加坡的135人还多。英国以少于中国的人均医生拥有量却成功地实行了"全民健康保障"；如按相同的人均卫生费用支出水平，像古巴、印度、斯里兰卡等已经实现甚至超过了人人享有初级卫生保健的水平②。中国的社会保险效率之所以如此之低，其原因大致有三个方面：一是资源配置失衡。80%的医疗资源集中于大城市，其中的80%又集中于大医院③，医疗资源配置严重不合理。而且由于医药流通体制改革不到位，使医疗成本上升。二是统筹层次太低，基金大量结余，使用效率低下。医疗保险仍为县市级统筹，资金在不同统筹地区无法调剂使用，难以发挥大数法则风险分摊的作用。自1998年城镇职工医疗保障制度正式建立以来，从全国来说，医疗保险基金每年都有结余，而且自2001年以来，基金的累计结余已超过了基金的当年支出。到2005年底，基金累计结余达到1278亿元，而当年基金支出仅为1079亿元。如果扣除个人账户的结余额，2005年底统筹基金累计结余为750亿元，而当年的统筹基金支出为615亿元。这与"收支平衡，略有结余"的统筹基金管理原则有明显的出入。统筹基金的大量结余在医疗保险制度建立的初期有利于维护制度的稳定性，但长此以往就会损害参保人的利益，降低基金的使用效率。统筹基金大量结余的一个主要原因是由于各统筹地区的规模较小，许多县区级统筹仅覆盖几万人。

---

①　王延中. 扩大社会保障覆盖面的理性思考[J]. 中国社会保障,2005,(2):22.
②　景天奎. 公平性:解决"看病难、看病贵"问题的关键[J]. 人民论坛,2006,(5):7.
③　景天奎. 公平性:解决"看病难、看病贵"问题的关键[J]. 人民论坛,2006,(5):7.

在"风险池"过小的情况下,为避免出险,医疗保险管理机构不得不加大结余水平①。一些统筹地区的医疗保险基金丰歉相抵还有结余,如把结余资金调剂使用,可大大提高医疗保障水平。三是项目模式设计不尽合理。基本医疗保险费由用人单位和个人共同缴纳,用人单位缴费水平为当地工资总额的6%左右,个人缴费水平为本人工资的2%。个人账户的资金来自两个部分:一部分是个人缴纳的本人工资的2%全部计入个人账户;另一部分是单位缴费的30%左右划入个人账户。这样几乎一半的缴费(3.8%)用于建立个人账户,在制度设计上存在问题。统账结合的设计模式缩小了统筹基金的规模,降低了社会统筹的互助和互济性,降低了基本医疗保障水平。设立个人账户,使管理个人账户的成本大大提高,从而降低了制度运行的效率。医疗保险中存在的这些问题,在其他社会保险中也或多或少地存在,这些弊端成为降低社会保险制度效率的根源。比如,从全国范围来看,养老保险统筹基金是有结余的,但由于不同统筹地区各自为政,资金不能调剂使用,中央财政每年要花大量的财政资金补贴入不敷出的地区。在养老保险的制度设计中,参加养老保险的职工只要退休就可领取养老金。据测算,一个提前退休的职工对中国的社会养老保险基金的影响最少3万元左右,保守估计中国有100万名职工提前退休,那么其影响的社会保险基金将有300亿元之多②。医疗保险中存在的问题,在目前新出台的对农民工、城镇老人和儿童的社会保险政策中也同样存在。比如农民工、城镇老人和儿童的社会保险的发展路径依然是基于较低统筹层次的、各地五花八门的试点,而没有考虑统筹层次低会造成制度成本高,制度模式多样化,这既不利于人员流动,又会在制度统一阶段多支付大量成本。再加上中国社会保障基金至今也没有很好的保值增值渠道,社会保障基金如果缩水或未达到预期增值率,必然要靠财政来补贴。综上所述,由于社会保险制度的低效率,在表面上是提高了社会保险的缴费率(比如中国养老保险的名义缴费率在28%左右,大大高于国际上10%的平均水平),缴费率的提高又成为社保扩面以及社会保险费收缴的障碍,覆盖面窄

①　关志强,崔斌,董朝晖.城镇职工基本医疗保险制度的发展[C]//陈佳贵,王延中.中国社会保障发展报告2007.北京:社会科学文献出版社,2007:37-59.
②　香伶.关于养老保险体制中再分配累退效应的几个问题[J].福建论坛:人文社科版,2007,(1):34.

又进一步加重了基金的财务负担；在实质上则是严重地影响了居民福利水平的提高。资源配置的不平衡是与传统社会保障制度条块分割的老思路相联系的。统筹层次低，是因为每一项社会保障项目都是沿着先在县市一级试点而后推广的路径来推行的。由于中国地区差距较大，社会保障基金中存在着很多地区利益，因而如果要将社会保障基金在不同地区间加以调剂使用，就会遇到很大阻力。这种低层次的统筹模式，既是中央政府同地方政府博弈的结果，也是中央政府不敢承担太多社会保障责任的表现。而制度设计中的上述种种问题，从根本上说都源于社会保障制度设计中对效率的过分突出与公平理念的缺失。

目前，中国社会保障制度中存在的多头管理、基金监管不到位的问题也增加了制度运行的成本。比如企业职工的社会保险由劳动和社会保障部负责；机关事业单位从业人员的社会保障由人事部负责；社会救助由民政部负责。这种多头管理、各自为政的局面既缺少宏观协调，又加大了管理成本。社会保障的社会化程度较低，社会组织发育不充分，社保基金的筹集、支付、运营都由政府部门经办，还谈不上按经济规律办事，也影响了社会保障制度的效率。比如，慈善捐赠的免税程序复杂，捐赠获得免税要办十道手续，花两个多月的时间，大大影响了个人和企业慈善捐赠的积极性。又比如，目前城市的社会保障基金是由中央政府通过劳动和社会保障部统一管理，而农村的社会保障基金则是由地方各级政府的下属机构来管理。政府成功管理基金的一个必要条件是监管体系的完善，而目前农村由于管理体制分散，要解决基金监管问题就比较难①。事实上，有些地方农村社会保障基金被挪用、挤占和挥霍的现象已十分严重。此外，社会保障基础管理水平落后，统计数据失真，容易导致决策失误。在社会保险方面，存在着社会保险基金高缴费率与低收缴率并存、各级政府社会保障财政责任模糊、社会保障资金预算软约束、社会保险基金保值增值不理想等四大突出难题。目前中国参与社会保障基金管理的部门有多个，各部门对基金的管理渠道衔接不够紧密，对基金的管理不够专业，对基金使用的监管不到位，从而造成了社会保障基金在集中和使用过程中出现管理混乱的局面。同时，社会保障基金的管理过于分散，还

造成社会保障基金的增值速度极为缓慢,增值率很低。有的地方甚至发生社保资金被贪污、挪用或盲目投资放贷,致使社会保障基金遭受极大损失,社保基金的安全性得不到保证。2006 年 9 月,审计署对 29 个省区市和 5 个计划单列市的 2005 年三项保险基金的管理使用情况进行了审计,结果发现违规金额达到了 71.35 亿元(其中 1999 年以前发生的有 23.47 亿元,2000 年以后发生的有 47.88 亿元)①。

　　综上可见,中国现行社会保障制度的效率仍然比较低。但应指出,近年来随着社会保障制度的逐渐完善,其效率不高的状况也有所改变。比如,正在大力推行的以居家养老为重点的福利服务社会化改革,由于其充分利用了家庭和社区的资源,因而是一种符合中国老年人心理特点的成本低廉的养老方式;最新修订的《企业所得税法》规定:"企业发生的公益性捐赠支出,在年度利润总额的 12% 以内的部分,准予在计算应纳税所得额时扣除。"而此前企业公益性支出的扣除标准为利润总额的 3%,这无疑有助于提高企业捐赠慈善事业的积极性。

五、社会保障制度中公平与效率的统一性

　　从对中国社会保障制度的历史变迁与现实改革的考察和分析中,我们可以看到公平与效率在社会保障领域的相互关系及脉络。虽然现行社会保障制度的效率仍然较低,但随着公平度的提高,效率正呈现出逐渐提高的倾向。也就是说,在中国社会保障制度体系中,公平与效率所呈现的是一种正相关关系。

　　社会保障制度中公平与效率的正相关关系有着丰富的逻辑内容。社会保障制度是对自由经济体制所产生的贫富分化现象的纠正。它有利于缓和社会存在的摩擦性、结构性失业的矛盾,为面临困境的人谋求更好的发展创造条件,满足了追求正义的人类情感②,密切了社会成员同社会的联系,从根本上提高了经济社会运行的效率。需要强调的是,这里所说的公平,是适应

---

　　①　曾少军. 进一步完善中国社会保障制度的对策建议[J]. 宏观经济研究,2006,(12):46.
　　②　"桑塔菲学派"的学者认为,正义感是一种超越特定文化传统和特定历史情境的人类情感。他们通过一系列情境实验和脑神经实验证明了该结论。参见汪丁丁、林来梵、叶航《效率与正义一场经济学与法学的对话》,载《学术月刊》2006 年 3 月号。

生产力发展水平的公平,是具体的公平而非抽象的公平。这种公平与效率的统一性体现在以下几个方面:

(一)从宏观层面看,社会保障制度的公平与效率统一于生产力的发展过程中

前面提到,社会公平应该与生产力发展水平相适应,在与生产力发展水平相适应的情况下维护社会公平有利于生产力发展,有利于提高经济社会效率。因为,此时宏观层面的社会公平与效率是相统一的,二者统一于生产力的发展过程中。

1. 公平的社会保障制度有利于促进经济发展

在社会保障制度对经济发展的影响方面,比较有代表性的是福利经济学和凯恩斯主义的理论分析。庇古认为,如果把富人收入的一部分转移给穷人,经济福利就会增大,而收入转移的途径就是政府向富人征收累进所得税和遗产税,然后举办社会保障事业,补贴穷人。经济福利所以会因收入分配均等化而增大,其依据是边际效用递减学说。如果将货币收入从富人那里"转移"一些给穷人,就可以增加货币的边际效用,而使社会满足总量增加。凯恩斯主张通过累进税和社会福利等办法重新调节国民收入分配,认为国家对社会福利领域的干预有助于增加消费倾向,实现宏观经济的均衡。其作用机理是:一般而言,社会保障收入在经济萧条时期增加缓慢,而支出增加迅速;在经济繁荣时期,社会保障支出增加缓慢,收入增加迅速。这样,社会保障收入的一快一慢运动就会自发地作用于社会总需求,从而具有调节和缓和经济波动的稳定器的作用①。此外,不少学者都赞成,社会保障通过对劳动者的保障,保障了社会劳动力再生产,提高了劳动者素质,因而有利于国民经济增长。庇古的观点要想还原于实际,内含着两个前提:一是福利措施不能损害富人的积极性,亦即不能过度损害富人的利益;二是对穷人的补贴应该是普遍的,否则收入分配均等化的效果不明显,社会满足总量的增加也将不明显。不损害富人积极性并普遍补贴穷人,这实质上是一个与生产力发展水平相适应的公平问题。凯恩斯的学说要想起作用,亦即要想使社会保障的收入与支出起到有效调节社会总需求的作用,也必然要求社会保障的收支达到相当大的规模。前面已经提到,结构问题是制约中国经济社会良性发展的根本

---

① 李珍,刘子兰. 西方社会保障主要理论及其政策主张回眸[J]. 经济学动态,2004,(1):82-85.

性问题。如果通过合理的制度安排使社会保障在利益调节方面的功能得到有效发挥,将有利于缩小地区、城乡、贫富之间的差距,进而从根本上促进中国经济的健康持续发展。归结起来可以说,公平的、一定规模的社会保障是有利于提高经济发展效率的。

2. 公平的社会保障制度有利于促进社会发展

社会保障制度的建制理念和价值取向决定了它必须是一项有利于实现社会公平与正义这一根本目标的制度安排,必须具有并切实发挥促进社会发展的功能。根据马斯洛的需求层次理论,作为第一级需要的生理需要和作为第二级需要的安全需要,在现代社会都离不开社会保障制度作用的发挥;作为第三级需要的社交需要,对于部分孤、寡、残障者来说,同样也需要通过社会保障工作者提供相应的服务才能使其得到满足。可见,社会保障制度正是一种促使社会成员的基本需要获得满足并由低级向高级发展的良好社会机制[①]。此外,结构功能论的研究表明,社会保障制度设计后的实施过程也会进一步对社会结构产生重塑的效果。这就告诉我们,当社会保障制度与社会发展目标相吻合的时候,它对社会发展的作用是正向的;如果不相吻合,它对社会发展的作用将是负面的。或者说,在一个具体的社会中,当某一社会保障制度所追求的"社会公平"与社会发展目标是相容的时候,它就促进这个社会的发展;当其所追求"社会公平"与社会发展目标不相容的时候,它就会成为社会发展的障碍。当前,中国正在积极构建社会主义和谐社会,提高社会保障制度的社会公平性,完全符合和谐社会的发展理念。因此,随着中国社会保障公平性的不断提高,社会保障制度在促进社会主义和谐社会建设方面的作用必将越来越明显。

3. 公平的社会保障制度有利于促进政治制度的发展

在西方国家,之所以有很多政党把社会保障政策作为拉选票的一个常用噱头,就是因为社会保障制度对于政治生活有巨大影响。作为政府的一项承诺,或者说是解决民生、增进国民福利的政策措施,社会保障政策是否得人心,是否能满足国民的需求,在很大程度上影响着国民对政府的信心,关系到政府的公信力。而国民对政府的信心,在西方国家就意味着选票,在中国则意味着执政基础。如果一个公平的社会保障制度安排是得民心的,是有利于

---

① 郑功成. 社会保障学——理念、制度、实践与思辨[M]. 北京:商务印书馆,2000:87.

巩固执政党的执政基础的,那么自然也就有利于该政治制度的发展;相反,如果一个社会保障的制度安排是不得民心的,也是不利于巩固执政党的执政基础的。

(二)从微观层面看,社会保障制度的公平与效率往往表现为一个问题的两个方面

社会保障制度自身效率的关键在于各个子项目的全面、协调发展。因为只有各个子项目全面、协调发展,才能实现社会保障效果的最大化。中国社会保障制度主要是由社会保险、社会救助、社会福利、慈善事业等构成的。如果社会救助发展很充分,但社会保险发展不充分,就意味着社会保障以社会救助为主,那么只能达到一个很低的保障水平,难以满足国民的需要。如果社会保险、社会救助都很发达,但社会福利不发达,在中国已进入老龄社会的情况下,将有大量老年人得不到为老服务,生活质量将会大大降低。如果社会保险很发达但社会救助不充分,那么整个社会就必然存在陷入困境却得不到社会救助的人。只有按照社会各方对社会保障的需求,使各个子项目全面、协调发展,才能充分发挥社会保障制度的保障效果。显然,提高社会保障制度自身效率的过程,实际也就是实现社会保障制度公平的过程。

(三)从制度项目的层面看,社会保障制度的公平与效率也是一种正相关关系

在社会保障制度的具体制度项目层面上,所谓效率指的是项目的投入成本与社会效果的比较。对于社会救助而言,它是一种无偿援助,公平性是该制度得以存在和实施的前提。社会救助的效率问题,主要是堵塞管理漏洞,提高资金使用效率,其目的是实现更大范围或更高水平上的救助,亦即实现社会公平。社会保险制度体现了社会、企业、个人风险共担,权利与义务相对应,公平与效率相对应。社会保险制度的设计依据是大数法则,亦即参保的人越多,越能分摊风险,制度越有可持续性,参保人就越有保障。因此,扩大社会保险制度的覆盖面是提高效率的有效方法。分摊风险的前提条件是资金的调剂使用,所以,如果只扩大覆盖面而不提高统筹层次,那么提高效率的意义也就不大。而为了提高效率——在扩大覆盖面的同时提高统筹层次,体现的又正是公平的原则。而且社会保险是全体社会成员的一种社会契约,只有遵循公平的理念,才能在最大程度上得到社会成员的支持,才可能实现风

险共担与可持续发展。由此同样可以得出社会保障制度中的公平与效率是一种正相关关系的结论。

六、在共建中共享、在共享中共建是公平与效率相统一的要求在社会保障领域的价值体现

正如前面所指出的,公平与效率的统一在社会保障领域达到了高度契合的程度。可以说,在发展中不断纠正自己的路径,在纠偏中趋向公平与效率的高度统一,是社会保障制度建设和发展的根本规律。从"贝弗里奇报告"到北欧社会民主党的均等化原则,从基本需要到基本权利,社会公正的基本理念得到了维护,从而社会保障也从市场经济的陪衬,政府缓和社会矛盾的工具,变成了现代文明社会的一个重要基础①。

对正处于并将长期处于社会主义初级阶段的中国而言,建立完善的社会保障制度有着特殊重要的意义。当前,全国各族人民正在致力于构建社会主义和谐社会。只有用较公平的社会保障制度来保障居民的基本生活,并随着经济发展逐步提高福利水平,社会和谐才能最终实现。因此,社会保障制度是和谐社会的基石与保障,是构建社会主义和谐社会的题中应有之义。党的十六届六中全会决定明确指出,"我们要构建的社会主义和谐社会,是在中国特色社会主义道路上,中国共产党领导全体人民共同建设、共同享有的和谐社会"②。在2007年3月的"两会"期间,胡锦涛同志指出:"构建社会主义和谐社会是艰巨复杂的系统工程,只有动员广大人民群众共同参与,才能使这一宏伟目标变成现实;构建社会主义和谐社会是造福全体人民的伟大事业,只有让广大人民群众不断从和谐社会建设中得到实惠,才能使和谐社会建设成为广大人民群众的自觉行动。""一定要在党的领导下,尊重人民群众的主体地位和首创精神,最大限度地激发广大人民群众的参与热情和创造活力,最大限度地实现好、维护好、发展好广大人民群众的根本利益,把共同建设、共同享有和谐社会贯穿于和谐社会建设的全过程,真正做到在共建中共享、

① 景天魁.社会保障:公平社会的基础[J].中国社会科学院研究生院学报,2006,(6):19.
② 中共中央关于构建社会主义和谐社会若干重大问题的决定[N].人民日报,2006-10-19(1).

在共享中共建。"①在共建中共享、在共享中共建深刻揭示了公平与效率的辩证统一。所谓共建,即共同建设,就是要通过实现权利公平、机会公平、规则公平、分配公平,保障和促进全社会成员诚实劳动、合法经营,激发全社会的创造活力,共同解放和发展生产力;所谓共享,即共同享有,就是要坚持一切从最广大人民的根本利益出发,使全体人民共享改革发展成果,并朝着共同富裕的方向稳步前进。共同建设与共同享有是一个辩证统一的整体,二者不可分割。只强调共同建设而不注重共同享有,共同建设就没有持续的活力;只强调共同享有而不强调共同建设,共同享有就没有坚实的基础。共同建设着力于效率,共同享有着力于公平,共建共享是互为条件、互为因果、互为依存的有机整体。因而可以说,在共建中共享、在共享中共建生动诠释了公平正义这一中国特色社会主义的本质属性,闪烁着唯物辩证法的光芒,是公平与效率相统一的要求在社会保障领域的价值体现。

(一)以共建共享、共享共建为指导,明确中国特色社会保障制度的建制理念和目标

维护社会公平是社会保障制度得以产生、存在、发展的最根本理由,实现人的全面发展是中国特色社会主义的根本价值取向。因此,维护社会公平、促进人的全面发展当然也就成了中国特色社会保障制度的核心建制理念;以维护社会公平、促进人的全面发展为根本指向,以维护社会稳定、保障全体国民的基本生活、增进国民福利为基本要求,建立一个与经济发展水平相适应的,保障项目完备、多层次、无漏洞,政府主导、责任共担、水平适度的,全体国民都能平等享有的社会化的社会保障体系,当然也就成了中国特色社会保障制度建设的根本目标。

围绕中国社会保障制度的建制理念和目标,人们有着不同的认识。一些学者认为,在社会保障制度建设中,为了防止福利病,政府不能"大包大揽"。有学者提出了底线公平的概念,认为底线就是解决温饱的需求;基础教育的需求;公共卫生和医疗救助的需求,进而指出政府的责任应该是守住底线公平②。这一观点有一定道理,守住底线公平确实应该是政府的责任。但如果

---

① 刘卫兵. 胡锦涛吴邦国温家宝贾庆林吴官正李长春罗干分别参加审议和讨论[N]. 人民日报,2007-03-08(1)1.

② 景天魁. 社会保障:公平社会的基础[J]. 中国社会科学院研究生院学报,2006,(6):22.

把政府的责任仅定位于底线以下部分,底线以上的部分用市场机制由企业、社会组织和个人去承担。那么很可能出现的情况是:由于中国企业年金这一补充养老保险形式发展极不充分,而且由于中国劳动力供大于求,很多劳动密集型的中小企业并没有足够的动力去发展企业年金,而这些中小企业又是劳动力的主要吸纳者。那么,这就意味着大批职工退休后将仅能领到相当于最低生活保障水平的退休金。这样的一种制度设计,不仅缺乏对在职人员参保积极性的激励,而且对于在经济社会建设中发挥着主体作用的广大劳动者来说,显然也是十分不公平的。鉴于中国社会保障支出总规模并不高的状况,我们认为政府不仅有能力,而且完全有责任在保障社会成员生活、促进社会成员发展、让全体人民共享改革发展的成果中发挥更加积极的作用。

实现社会保障制度建设的根本目标,离不开制度的稳定性、可持续性和利益关系的协调性。社会保障制度是一个长期的制度安排,它是政府对全社会的一个保障承诺,因此在制度建设中一定要强调制度的稳定性与可持续性。如果制度变来变去,会使公众对政府的信任度大打折扣,对参加社会保障项目的热情减弱,非常不利于制度建设和保障功能的发挥;如果保障水平超越了经济发展阶段,则制度难以为继。当前,城乡、地区、收入等诸多差距的扩大已经或正在超过合理的范围,如果任其发展下去,不仅有害公平,而且会严重影响经济社会的良性运转。因而,必须重视发挥社会保障制度干预收入分配和协调经济社会发展的功能,让社会保障制度在协调利益关系,特别是缩小城乡地区差距,缩小贫富差距,化解劳资矛盾,保障困难群众基本生活方面发挥更大的作用。这就意味着,在社会保障制度建设中,我们必须统筹协调城市、农村的社会保障制度建设,而绝不能忽视农村社会保障。为此,应该正确评估土地对农民的保障作用,在社会保障公共资源方面多向农村倾斜,至少不能让社会保障制度造成城乡居民新的不平等,成为城市化进程中农村人口向城市人口转变的新的壁垒。同时,应该切实提高各种社会保险的统筹层次,至少使养老保险、医疗保险实行全国统筹,这样才能在更大范围内实现互济,提高资金利用效率,平衡各地社保负担,缩小地区发展差距。此外,还应该尽快把社会保险覆盖到应覆盖的人群,明确企业足额缴纳社会保险费的法律责任,从而通过国民收入再分配,不断加大对贫困人口的保障力度,逐渐缩小贫富差距。

（二）坚持共建共享、共享共建的原则，不断健全和完善中国特色社会保障制度

1. 在全社会树立共建共享、共享共建的社会保障理念

社会保障不是某些人或某类人的专利，而是一种着眼于使全体社会成员共同享有的制度安排。今天你帮助了别人，明天也许就得到别人的帮助；在自己富裕的时候多积累，遭遇贫困的时候就能得到更多的援助。正是社会保障的互济性把每个社会成员联结在一起，形成集体的力量，共同抵御社会风险。因此，在全社会树立共建共享、共享共建的理念，是社会保障制度健康发展的重要基础。在这一理念指导下，社会保障制度的建设思路才会更加明确，人们对社会保障才会更容易达成共识；也只有在共建共享、共享共建理念的指导下，才有可能协调好地方利益关系，建成覆盖城乡、接转灵活、公平合理的社会保障体系。

2. 进一步明确人群的分类标准

目前对农民工的社会保障，对城镇老人、儿童的医疗保险，采取的是单设一套制度的做法，而且全国各地的做法也各不相同。我们认为，这种做法并不可取。一是从社会公平的角度来看，农民工与城里人干同样的活，应该得到同样的待遇；二是无论企业职工还是老人、儿童（包括农村的老人、儿童）都是中国公民，他们应享有平等的免受疾病之苦的权利；三是从制度发展的方向来看，每覆盖一个人群就单设一套制度，在即期由于统筹层次低增加了制度的财务成本，在将来制度并轨的时候还需要付出更大的代价。并且由于事实上造成了不公平，会影响民众对制度的信心与支持。养老保险历经了很多周折才实现了省级统筹，这说明一种制度一旦确立下来，要调整就相当困难，这个教训值得吸取。因此，明确分类标准，按类别区分待遇水平非常重要。只有这样，才能明确社会保障发展的基本思路。如前所述，如果按职业特点、对社会的贡献、社会需要程度以及有无需要救助的理由作为划分人群类别的标准，而不是按地区或按户籍划分保障待遇，则不仅可提高统筹层次，加大社会保障收入再分配的调节力度，提高制度运行效率，避免制度建设再走弯路，而且可增强参保人的公平感，有利于营造温馨和睦的社会氛围，激发全社会的创造活力。比如，可以以建立城镇居民的医疗保险制度为契机，实现城镇居民医疗保险的全国统筹。在兼顾地区合理利益的基础上，尽快提高养老保

险和城镇职工医疗保险的统筹层次。当然,鉴于中国地区差距大,在同类人内部实现同等待遇也需要有一个过程。与之相适应,应调整社会保障财政支出结构,改变社会保障财政支出大部分用于城镇职工养老保险的做法。在合理确定不同类别的人享有的保障项目和待遇标准的前提下,以完善制度建设,实现共建共享、共享共建为目标,确定合理的财政支出结构。当前,还应该扩大社会保障财政支出规模,近期宜将支出规模调整至占 GDP 的 20%以上,并逐渐增加到 30%。

3. 以城乡一体化的社会保障为长期目标,健全农村社会保障项目

在中国,随着农村劳动力源源不断地流入城市,农村的家庭养老保障功能大大弱化,土地的保障作用也呈下降趋势。在农村的老龄化状况远比城市严重的情况下,如果国家不尽快作出相应的制度安排,农村人口的养老将成为一个十分严重的社会问题。而且,从农业现代化的发展路径来看,实现农业的机械化、规模化生产是大势所趋,只有在农村建立比较健全的社会保障制度,将来才能够实现土地的集中经营,使农民成为务农的工人。因此,建设中国特色的社会保障制度必须坚持城乡一体化的目标,本着对农村人口和城市人口平等对待的原则,切实纠正长期忽视农村社会保障建设的做法。

农村养老保险问题之所以一再被忽视,部分原因是高估了土地的保障作用。实际上,中国现行的土地制度已不能满足农民的保障需求,土地的社会保障功能随着土地在农民收入中重要性的下降或农民收入水平的提高而逐渐减退。在发达地区,农村居民的绝大部分收入来自农业以外,来自土地的农业收入已难以保证农民的基本生活,以之养老更是奢望①。农民承包的土地所提供的社会保障水平十分有限:一是因为中国人多地少,人均耕地 1.52亩,有 666 个县人均耕地在国际警戒线的 0.8 亩以下;二是随着城市化和非农产业的发展,已经有大量的而且还将有越来越多的土地被征用;三是农村土地实行集体所有,这决定了农民只有使用权而没有处置权,农民不能通过变卖土地来养老。在许多地方,农民种地不仅不能获得维持生活的收入,甚至出现了亏损,因而农民年老丧失劳动能力后,即使想依靠土地收入来养老也几乎没有可能。据统计,2000 年中国农村(包括农民工在内)的总人口为8.33 亿,其中 65 岁及以上的老年人占 7.36%,而城镇的同一指标是 6.29%,

① 杨立雄. 中国农村社会保障制度创新研究[J]. 中国软科学,2003,(10):23.

这表明农村的人口老龄化程度比城镇还高。随着年轻劳动力向城镇的转移,农村人口老龄化的趋势将进一步提高。据预测,到2030年时,6.64亿农村人口中的65岁及以上的老年人口比重将达到17.39%,而城镇的同一指标则为13.1%①。可见,解决农村的社会保障问题已经迫在眉睫。

有研究表明,现阶段中国已具备发展农村社会保障的条件。从经济条件来看,以欧盟国家为例,其农村社会养老保险制度建立时,农业GDP的比重在3.1—41%之间,平均为15.6%;农业劳动力的比例一般在5.1—55.3%之间,平均为27.85%;以美元计价的人均GDP在1445—9580元之间,平均为5226美元。1999年,中国农业GDP的比重为15.4%,农业劳动力的比例为50%。以美元计价的人均GDP在1999年已经达到8877元;2001、2002年分别达到了10367元和11089元。就中国农村目前经济发展水平而言,无论是农业劳动力比例、农业产出还是人均收入都已经达到或超过某些国家建立农村社会保险制度时的发展水平。由此可见,在中国建立全民养老保险的条件已经具备,经济发展水平并不是中国建立农村社会养老保险制度的最根本制约因素②。有学者指出,目前中国存在的财政困难在一定程度上是政府财政支出失误造成的,中国的财政问题不是总量的问题,而是分配的问题。农村社会保障建设的重点是最低生活保障、医疗保险、养老保险、教育救助③。这种观点虽然未必全面,但确有其一定的道理。

4. 在社会保险的制度设计中贯彻共建共享、共享共建理念

第一,将社会保险的扩面工作与提高统筹层次结合起来。历史和现实都表明,只有提高统筹层次,才能实现社会保险基金的调剂使用,最大限度地提高资金使用效率;只有提高统筹层次,才能把社会保险金的费率降低到合理水平,再辅之以加大社会保险金的征缴力度,才能提高企业和个人参保的积极性,实现全覆盖;只有提高统筹层次,才能降低企业负担,营造企业之间公平竞争的环境。因此,以提高统筹层次、覆盖所有应覆盖的人群、将工资外收入纳入工资结构为基础,精算出社会保险的缴费率究竟应该是多少,保障能

---

① 刘红梅,王克强.实现由土地基本生活保障向社会保险过渡的紧迫性和可行性[J].软科学,2006,(1):103.

② 杨燕绥,赵建国,韩军平.建立农村养老保障的战略意义[J].战略与管理,2004,(2):34-35.

③ 杨立雄.中国农村社会保障制度创新研究[J].中国软科学,2003,(10):23.

达到什么水平,再以之为依据调整社会保险项目的具体设计,是不断提高中国社会保障制度的公平与效率的要求,也是在建设中国特色社会保障制度的实践中贯彻共建共享、共享共建理念的体现。

第二,拓宽社会保险基金和个人养老账户的增值渠道。随着个人账户的逐步做实,个人账户完全暴露在通货膨胀风险面前的做法已不合时宜。目前,中国社会保障个人账户上的资金只能通过银行利率、国库券和债券收益的渠道来实现增值,而没有任何其他的途径。很显然,单靠这种方式是不可能抵消通货膨胀的影响、实现资金增值的,因而在个人账户到期支付时就会不可避免地出现问题。所以,应委托专门机构对个人账户的资金进行投资,并建立再保险制度,以确保社会保险基金和个人养老账户的增值。

第三,在目前还暂时不能实现城乡统一的社会保障制度的情况下,应当在养老、医疗保险的制度设计中十分注重城乡制度的衔接,使农村人口能比较自由地进入城市人口这一阶层,为农村人口得到更大的发展创造必要的条件。一方面,对很多农村人口来说,农民变市民就意味着自身素质的提升和生活方式的革命,就意味着朝实现人的全面发展的方向迈出了坚实的步伐。另一方面,工业化、城市化、现代化的进程在某种意义上说也是农业工业化、农民变市民、乡村变城镇的过程。如果城乡社会保险制度难以衔接,将会大大阻滞工业化、城市化、现代化的进程,进而制约中国特色社会主义事业的健康发展。

第四,积极完善相关的配套改革。由于社会保障制度是以保障全体社会成员的福祉为己任的,因而其建设和发展就必然涉及社会的方方面面,需要其他许多方面的改革相配套。比如,在改革、完善社会保险制度的过程中,就必须加快户籍制度改革的步伐,逐渐改变城乡分割的二元户籍制度。再如,为提高医疗保险的保障效果,在明确基本医疗保障为公共品的前提下,应大力推进公共医疗体系和医药卫生制度的改革,以提高全民的医疗水平,合理降低医药费用。由于利用市场机制降低制度运行成本有利于提高社会保障制度的效率,为了提高中国社会保障制度的公平与效率,还必须大力推进公共服务市场化的改革。德国的医疗保险就由300多个法定医疗保险机构承办,由公民自主选择,形成了有效竞争,提高了医疗保险的服务水平并降低了运行成本。目前中国一些社会保障项目之所以效率不高,就是因为自身运行的市场化程度太低,所以德国的方式确实值得我们借鉴。

第五,对于统账结合模式中的个人账户的规模应具体问题具体分析,不宜一概而论。就养老保险来讲,个人账户规模可大一些,体现了养老金与贡献挂钩,可以提高参加养老保险的积极性。但医疗保险大可不必采用个人账户或个人账户规模应小一些,统筹基金多一些。因为医疗保险是互济性非常强的保障项目,基金规模过小会造成支付困难和保障水平偏低。究竟个人账户是以什么规模为宜,企业、个人缴费应达到多少为恰当,确实需要通过总结实践经验,并用科学的方法精算得出。

5. 合理划分各方的责任

现代社会保障制度是一个责任共担的制度安排,因而合理划分各方责任是涉及公平与效率的重要问题。一般来说,包括最低生活保障、灾害救助等在内的社会救助是以国家财政为经济基础,应由政府承担主要责任;包括养老保险、医疗保险等在内的社会保险是以雇主与个人缴费加政府补助形成的社会保险基金为经济基础,应由个人、单位、国家共担责任;福利事业以政府与社会的共同投入为经济基础,应由政府与社会共担责任;企业年金主要由企业承担;慈善公益事业主要靠社会力量兴办。目前存在的主要问题是,在社会保险中应如何合理确定个人、单位、国家的责任,如何合理划分中央政府与地方政府的责任。虽然中央财政自 1998 年以来对社会保障的投入一直在大幅增长,但这并非是一种固定机制,很大程度上还带有随意性;地方财政的投入极少,几乎处于缺位状态。比如,在 1998—2001 年国家财政对基本养老保险基金的补贴中,90% 以上均来源于中央财政;国有企业下岗职工基本生活保障资金的来源中,政策制定的"三三制"(财政、企业、失业保险基金各占三分之一)实际上变成了"三七制",即中央财政的补贴占财政性补贴总额的65%,而企业与地方财政补贴只占 35%[①];在救灾方面,中央财政负担仍然超过救灾经费的 70%,地方财政支出的救灾经费不足 30%[②]。这样的比例是否合理? 责任划分是个非常复杂的问题,但按照在共建中共享、在共享中共建的原则要求,可以将各方的责任划分为三种:一是社会保险中个人要负适当

---

① 朱志刚. 稳中求进,努力做好社会保障改革和管理工作[Z]. 全国财政社会保障工作会议资料,2001-11-30.

② 路和平. 健全机制,规范运作,加强社会保障财务管理[Z]. 全国财政社会保障工作会议资料,2001-11-30.

责任,以体现责任和权利相对应的原则;二是努力提高社会保险制度的运行效率,以逐步解决企业社会保险负担过重的问题,而要提高社会保险制度的运行效率,首要的是必须提高统筹层次;三是在提高统筹层次的基础上,按照中央政府与地方政府的财权与事权相对称的原则,合理界定中央政府与地方政府的责任。

6. 以治本脱贫和发挥人的潜能为目标,推动最低生活保障制度向综合救助的方向发展

保障被救助者的生存并不是现代社会救助或最低生活保障制度的最终目的。这一制度的目的是在保障生存的基础上,通过各种配套救助和社会工作,帮助贫困者通过自助摆脱贫困,进而融入主流社会。国外的社会救助制度是一个完整的体系,不仅提供资金救助,还提供实物救助以及就业信息、子女免费教育、减免医疗费等优惠政策。目前,中国的最低生活保障制度还限于单一救助功能,大部分地区只管救助对象的基本生活。应该看到,对于正在致力于构建社会主义和谐社会的中国来说,最低生活保障制度除了为被保障对象提供最基本的生活条件外,它还是帮助有劳动能力的贫困者实现再就业并享受到更好的生活,保证没有劳动能力的贫困者共享发展成果,得到基本的生存条件和人格尊严的最后安全网。也是促进人的全面发展,贯彻以人为本,维护、实现和发展最广大人民根本利益的重要制度安排。从这个意义上说,完善最低生活保障制度必须着眼于治本脱贫与发挥人的潜能,进而向综合救助的方向发展。一方面,要把制定合理的最低生活保障线和完善医疗、教育等配套救助措施作为治本脱贫的基础;另一方面,要把促进低保对象中有劳动能力的人实现再就业和积极为他们提供职业技能培训与就业信息服务作为治本脱贫的关键。当前,为完善中国最低生活保障制度,而迫切需要解决的问题主要有:(1)规范问题。由于国家还未出台统一的法律法规,各地的最低生活保障制度设计不尽一致,在实施过程中普遍存在不规范、不统一的问题。(2)资金问题。在一些贫困地区,最低生活保障制度的建立和完善面临着财力不足、资金制约的问题。(3)人手和经费问题。目前,民政部门特别是基层开展低保工作的人手和经费都十分紧张,有些工作因为缺乏有一定专业知识的人员和必要的活动经费而无法开展,使规范和完善最低生活保障制度的进程受阻。为此,应该统一全国的最低生活保障标准计算方法;通

过由银行直接存入专用户头来实现低保金的社会化发放；大力发展慈善事业，以解决人手和经费紧张的问题。

7. 以动员社会资源为着力点发展福利事业、慈善事业

无论福利事业还是慈善事业都是社会性极强的事业，它不仅服务对象遍布全社会，而且需要动员全社会的力量来兴办。首先，调动社会力量参与和推进社会福利服务的社会化是中国发展社会福利事业的必由之路。在中国现有的条件下，为了缓解政府财力不足同全社会日益增长的福利服务需求之间的突出矛盾，必须坚持以市场为导向，以优惠扶持政策为动力，进一步调动社会力量的积极性，引导社会力量参与福利事业和慈善事业。其次，推动福利事业和慈善事业的良性互动是发展社会福利事业的有效途径。社会福利事业的发展需要大力弘扬全社会的慈善意识，为包括慈善资金在内的社会力量参与社会福利事业营造良好的舆论氛围和投资环境[1]。政府部门应加强对民办福利机构的服务，并在优惠待遇上实现民办和公办福利机构的一视同仁。在条件成熟的地方，应把部分社会事务和社会救济的具体工作转移给慈善组织去做，给民间组织发展提供必要的条件，使社会保险、社会福利、社会救助与慈善事业相衔接。通过出钱购买服务来建立政府对慈善组织的资助机制。国家财政应给第三部门的发展安排更多的转移支付，对承担社会救助责任的团体、组织给予必要的资助。此外，还应加强公益组织的行业自律和能力建设，加快职业化和专业化发展的步伐，逐步建立和完善捐助公示制度，实施惩罚与奖励相结合，推进慈善组织的发展。

8. 通过提高政府的公共服务能力来完善社会保障政策

中国社会保障制度建设滞后与政府公共服务体系不健全有着密切的关系。社会保障制度的供给和政策制定是政府公共服务的一项重要内容。但在很长时间里，由于政府没有正确意识到自己对社会保障所肩负的责任，在社会保障建设中一开始存在甩包袱的心理，后来出现了中央政府与地方政府责任相互推诿的情况，再后来又出现了中央政府与地方政府责任不清的问题，这都是由于公共服务体系不健全、公共服务理念不强造成的。20 世纪 90 年代出现的对社会保障实行多头管理的问题也是公共服务体系不健全的表现。目前，社会保障的管理体制已基本理顺，但政策制定水平不高。实际操作中存

① 窦玉沛. 中国社会福利的改革与发展[J]. 社会保障研究,2006,(2):7.

在的优亲厚友、社保基金被挪用等问题也暴露出公共服务体系存在的管理不严、监督不力的问题。所以,通过健全政府公共服务体系,提高公共服务能力,不断提高社会保障制度的公平与效率,依然是一个非常重要而紧迫的课题。

9. 健全与完善社会保障的法律体系

改革开放近三十年来,中国坚持以经济建设为中心,在构建社会主义市场经济体制的过程中进行了一系列经济领域的立法,有力地促进了社会主义现代化建设。相比之下,社会立法较之经济方面的立法就显得明显薄弱,有些本该有的重要法律法规一直处于缺位状态,可以说这也是造成中国社会保障制度建设相对滞后的重要原因。因此,党的十六届六中全会决定着眼于构建社会主义和谐社会的战略任务,明确要求"完善发展民主政治、保障公民权利、推进社会事业、健全社会保障、规范社会组织、加强社会管理等方面的法律法规",把健全与完善社会保障法律体系摆上了重要位置。在 2007 年 8 月 22 日国务院新闻办公室举行的新闻发布会上,民政部负责人就向社会透露了《社会救助法》和《慈善法》已经被分别列入全国人大立法规划和国务院立法计划的消息。这表明有关社会保障制度的立法正在抓紧进行,中国社会保障改革正在进入制度化建设阶段。当然,对于建设中国特色社会保障体系来说,不仅要重视社会保障立法,而且还要有正确的价值取向。而中国社会保障制度的公平观与效率观无疑就是社会保障立法的正确价值取向,事实上也只有坚持这一价值取向才能使很多难题得以解决。比如统账结合模式,无论当初这一模式出台的时机是否合适,既然已经走到了今天这一步,那就应该本着共建、共享的理念,继续做好做实个人账户的工作。再如,建立农村社会保障体系或许有很多困难,但只要考虑现有的财力,逐步向城乡居民平等享有社会保障的目标迈进,一个覆盖城乡的全民共享的社会保障体系就一定能够建成。我们确信,在中国社会保障制度的公平观与效率观的指导下,随着社会保障立法的不断健全和完善,一定会在中国大地上出现一个真正能为经济社会发展保驾护航,为全体国民提高生活质量、实现全面发展提供保障与支撑的现代社会保障体系——这就是中国特色的社会保障体系。

（原载《学习与探索》2008 年第 1 期,作者杜飞进、张怡恬）

网络时代与群众工作

——略论网络环境下群众工作的变革与创新

　　截至 2012 年 6 月末，我国网民总数已经达到 5.38 亿，居世界第一①。随着网络的普及，网络对现实生活的影响日益广泛、不断加深。尤其是最近三四年间，互联网的创新和普及速度前所未有，网络技术更新周期越来越短，新业务新业态层出不穷——最典型的案例就是微博，其用户数量在短短三年时间里就达到 3 亿多，可以说微博正在改变并将继续改变官方和公众话语权的整体格局。在这种情况下，一方面互联网成为普通群众获取信息、表达意见、开展监督的重要渠道；另一方面互联网也为党和政府了解社情民意、做好群众工作提供了新方式、新途径。如何利用网络条件做好群众工作，已经成为新形势下党和政府面临的新课题②。

一、网络时代的内涵与特点

　　网络并不是一个新名词，从工业革命后期开始，它就作为表征系统联系、相互牵涉的概念而被广泛使用。然而，使之真正成为时尚流行、妇孺皆知的社会"高频词"却是互联网兴起以后的事情。互联网的兴起和发展既拓展了"网络"的内涵，又赋予其特定、专有的意义，以至许多人将我们所处的这个不断发展、不断变化的时代称为"网络时代"。

---

　　① 孙丽萍，隋笑飞. 我国网民数量达 5.38 亿人［EB/OL］.（2012-07-25）.http://www.chinadaily.com.cn/hqcj/xfly/2012-07-25/content_6539837.html.
　　② 祝文燕. 论网络时代的历史定位及其内涵［J］. 北京师范大学学报：社会科学版,2008,（4）:102-108.

　　网络时代最基本的特征是"网络化"。网络时代以互联网为物质基础和技术支撑，以信息的全球流动为人与人之间相互联系的脉络，以分布式模型为基本的运用而逐渐获得网络化的生存逻辑，即适应日益复杂的互动，以及源自这种互动的创造性力量的不可预料的拓展；适应不断变化与流动的弹性，以及源自这种弹性的重新构造的能力；适应开放性和复杂性的聚散整合系统，以及源自这种聚散整合系统的无限可能性①。这种网络化的生存逻辑背后，包括了网络时代的内涵和特点，尤其是在信息的生产、传播、效果上表现得特别突出，而且最终都会影响到我们的现实社会和现实生活，例如我们党的群众工作。因此，我们可以从以下三个方面来分析网络时代的特点。

　　1. 从参与主体来看。传统的信息生产者大多是社会的精英人士，他们或受过良好的教育，或是某一领域的专门人才，供职于社会的专业部门或学术共同体。这些专门人才、专业部门和学术共同体就是主流舆论的代表，他们的基本观点具有前瞻性、导向性、权威性，被认为是社会特定时期的主流意识。但在网络时代，信息的生产者就不一定是社会的精英人士，绝大部分是普通大众即网民，他们"生产"信息带有很强的随机性、个人性、功利性，虽然未必代表社会的主流意识，但是在一些"推手"和"策划者"的推动下，依然可以具有相当大的影响力。因为参与主体的变化，使得这些信息具有娱乐化、利益化、草根化等特点。

　　2. 从传播途径来看。传统信息主要通过纸质文本来传播，即使广播、电视等媒体的出现给信息的传播带来了一些变化，但从传播途径来看，终究由生产到传播的中间环节较多，因而传播的成本高、速度慢、周期长——这些特点其实让信息变得更加容易受控制。但互联网的出现改变了这一切，如今信息传播的途径主要是网络，信息的生产者同时又是传播者、消费者，传播的成本低、速度快、周期短，同时也让信息更加不为人所控②。

　　3. 从传播效果来看。传统的信息传播最终结果是"保守"的，由于其传播内容、传播形式受到限制，甚至在某些特殊的事件上，不同的传播对象会有不同的内容和形式，这些都决定了其传播效果具有计划性、公开性、被动性的

---

　　① 王秋菊. 网络时代政府治理水平的提升路径探讨[J]. 东北大学学报：社会科学版，2011，(3)：236.

　　② 楚向红. 群众工作如何利用好网络平台[J]. 人民论坛，2011，(11)：162-163.

特点。而在网络时代，信息的传播是开放的，传播的内容、形式都无法受到强有力的控制，而且信息的"消费者"也由被动转为主动，在一定程度上掌握了对信息的"选择权"，这些也导致最终的传播效果无法像过去那样进行预估，有着随意性、隐蔽性、主动性的特点。

基于网络时代的上述特点，我们不难看出网络时代的内涵，尤其是它对我们党的群众工作所带来的深刻影响——平等、自由、开放、多元、高技术。

1. 平等。网络时代的"平等"内涵源于网络化社会组织结构的"扁平化"。通过互联网"人人都有麦克风"，人人都可以充当信息的生产者，在一定程度上实现了信息共享。传统金字塔式的层级结构被压缩成扁平型，组织层次减少了，组织幅度扩大了，从而使挑战集权式管理、实行分权式管理成为一种可能。

2. 自由。在社会管理实践中，网络时代的"自由"内涵也表现得特别突出。具体到群众工作的实际运行中，我们会发现，由于层级少、渠道宽，各基层单元、个人相对独立，因此具有超越组织层次传递信息的合法性，一旦某一个部位出现问题，坏消息会传得很快，而不会等一级一级汇报上去，到问题无法解决时才被决策者发现。这就要求决策层能够运用计算机"集群式"的方式，快速、准确、合理地发布指令，避免因逐级传递而出现失真现象。

3. 开放。网络时代的"开放"源自互联网世界信息流的无边无际。应当说，无论是手工工具时代还是机器时代，信息和知识都是社会进步的必要因素，不同之处在于：在网络时代，以互联网为核心的新技术范式，使信息本身成为资源，且是一种完全不同于自然物质的资源，它突破传统经济学的稀缺理论和边际效益递减理论，呈现出无限增长的趋势；它模糊了生产工具和劳动对象之间的界限，显示出一体化进程。同时，网络信息化在一定程度上模糊了国家的界线，导致国际政治对民族国家政治的影响和冲击日益加深，使民族国家政治的不安全性因素增加。因此，在进行社会管理时，不得不考虑国际政治的影响和主权安全的问题，不得不考虑不同的处理方式会在无限开放的网络上产生难以估量的影响。

4. 多元。开放必然带来多元，这一点除了表现在文化、观念等领域，可以说政治领域同样也不例外。互联网技术把国际政治和社会政治嵌入网络之中，快速传输给千百万人乃至整个世界，使参与和影响政治的力量多元化、人数空前增加,打破了国家政权的绝对控制,提高了政治的透明度,以至于有美国学者指出"过去受压抑的声音如今更易引人注意,过去纯属精英们的私人言说和实践如今已为众人所知……当被支配群体愤愤不平,在交流渠道中紧紧攥住信息时,精英阶层也就难以一手遮天、全盘控制信息了"。不过从今天的现实来看,网络时代的多元化是否已打破了"文化霸权"、"意识形态霸权",还是在某种程度上甚至强化了"文化霸权"、"意识形态霸权",目前还未可知。

5. 高技术。高技术主要体现在从硬件到软件的不断升级,新业务、新业态的不断出现上。虽然互联网在 20 世纪 90 年代就已经出现了,但从高不可攀到全面普及,从天价电脑到无处不在的智能手机,从只有娱乐、休闲的功能到广泛影响社会的方方面面,只用了短短的十年时间。尽管一直都有学者、业者对信息社会进行研究,但可以说很少有人能够清晰地勾勒出这个时代发展的脉络。为什么? 因为这些研究者未必就是高技术的掌握者,"一不留神"他们本身就会被新业务、新业态、新应用远远地抛在后面。

综上可知,网络时代的互联网已经展现的和可以预见的巨大潜力,绝不仅仅是媒介和资讯方面的,它的影响已经渗透到人类生活的各个方面,并从实践上催生着工业社会的全面变革和一系列充满生机的新兴行业。同样,对于我们党的群众工作来说,网络时代也带来了巨大的挑战和机遇。

二、群众工作面临的挑战和机遇

群众工作作为中国共产党的重要政治优势,其力量源泉就在于对社会各阶层的全覆盖;网络作为日益重要的社会媒介,其存在形态就是对社会生活的全覆盖。两个"全覆盖",决定了网络与群众工作之间具有高度的协同性,网络的进步对群众工作的变革与创新既是挑战又是机遇。面对的挑战主要表现在:

1. 舆论引导权遭遇挑战。传统媒体对信息具有选择性,网络时代则打破了信息准入的限制,信息发布不再是传统媒体的专利。网络舆论已成为社会舆论的重要组成部分,开辟了舆论引导的新领域,影响力也越来越大。微博、博客、个人网站等网络新应用的出现,使得信息源头更多、更广,人们很难再像过去那样对社会信息进行完全的管制,过去依靠组织权威进行意识形态灌输的优势受到极大挑战，舆论引导工作的难度越来越大。

2. 政府公信力频遭质疑。在涉及政府与群众关系的问题上，我国网民形成了传播学中的所谓"刻板印象"，即对公权力不信任，对社会公正缺乏信心，而且这类认知和情绪在一些突发事件上不断得到验证。与此相反，一个非常突出的问题是一些部门和领导干部没有公共危机的概念，当网络出现突发性公共事件时，一些部门和领导干部不是主动披露信息、引导舆论，而是漠视甚至轻视公众的知情权、判断力，忽略对群众的引导①。例如 2012 年 4 月 1 日，《新京报》发表了一篇文章，指出在广西贫困山区，学校存在补助被赚取差价的现象。无独有偶，3 月 30 日，"贵州织金 70 名小学生食用营养早餐疑似食物中毒"的新闻也引起网民关注。一石激起千层浪，贫困山区营养餐问题引发了网络的强烈关注。4 月 2 日，广西回应"营养餐被吃差价"事件，称 1 元系运费等支出；贵州相关部门则回应"该事件属个别学生胃肠道功能紊乱引起的群体性心因性反应事件"。这两个回应不仅没有"灭火"，反而使问题成为舆论的热点，不断升温。相对于网民的各种质疑，相关部门都只有一个危机应对动作，而且在回应方式中存在着明显的瑕疵。

3. "群体极化"效应严重。"群体极化"指群体中原已存在的倾向性通过相互作用而得到加强，使一种观点朝着极端的方向转移。网民由于匿名身份，加上"法不责众"的心理，更容易生产、传播不负责任的信息，而且由于网上网下互动剧烈，非常容易产生"群体极化"效应。当前，"群体极化"效应中最值得警惕的就是网络极端言论，即利用一些群众的不满情绪，随意裁剪夸大事实，以达到煽情的效果，激化现实矛盾。

例如，2012 年 2 月 19 日，有人在微博上发布信息称"保定 252 医院确认一例非典"，随后媒体介入报道，网友参与讨论。23 日，保定市 252 医院和市卫生局均否认出现非典，但并未作出更准确说明。于是，舆论不断升温，质疑当地政府和卫生部门的声音不断，甚至有人剪裁、拼接以往的一些事件，故意夸大问题的严重性，对政府的公信力提出挑战。

应该说，这还不算是一个特别严重的案例，其造成的社会危害和社会影响在近几年的公共事件中也不算大。但是，对这种情况我们要有清醒的认识。互联网上的极端言论在选材方面具有一定的社会心理基础，在内容和形

---

①　张瑾. 网络信息文化对群众工作提出的挑战及对策[J]. 理论与现代化,2012,(1):22-26.

式上尽其煽情、惑众之能事,在结论上则直接损害党和国家各项政策的贯彻落实,给新形势下做好群众工作增添了新的难度。

4. 网络舆论压力"爆炸"。与任何其他传统媒体相比,网络作为舆论传播的加速器,具有无与伦比的优势。近年来,网上曝光事件通常都以极快、极大的能力"炸开",这种短时间的剧烈爆炸往往让人猝不及防。另外,网上舆论已经形成一个有现实影响力的虚拟"压力集团",而"压力集团"又会带动新媒体、传统媒体之间的互动,激起舆论风暴,让"爆炸"接二连三地出现,甚至呈现出"没有处理结果就绝不罢手"的态势,对当事人特别是负有社会管理责任的公权力形成了巨大压力。

例如,2012 年 2 月 20 日,有网友发帖质疑湖南涟源市经济开发区的招聘,认为此次招聘是"萝卜招聘",使得"公务员招聘不公"话题再度升温。21日,招录领导小组负责人迅速作出回应,认为此帖是诽谤之举,但回应并没有带来很好的效果。重压之下,28 日,涟源市委组织部、市人社局又对此进行调查,认为招聘"程序合法"——直到这个阶段,舆论才算勉强告一段落,网友的关注度开始下降。但是峰回路转,仅仅 20 天以后,3 月 18 日,中央电视台的报道使涟源市官方再次陷入舆论困境……在这个事件中,媒体的互动、相关部门的回应、舆论的反复,都属于近几年来比较典型的一种现象。

不过应该看到,这种"舆论重压"是把双刃剑。一方面,它确实彰显了舆论监督的能量,加快了很多问题的解决;另一方面,当公众舆论被误导后,也有可能背离舆论监督的初衷,使网络监督变成"网络干预"、"网民审判",从而在"民意不可违"的舆论重压下,政府、司法等公权力也面临被其支配的危险。

5. 网络规范困难重重。互联网在向人们展现人类文明成果的同时,也呈现了诸如网络失范的问题:首先,有害信息屡禁不止。虚假、色情、暴力、封建迷信等信息大量存在,扰乱了人们的视线,弱化了人们的道德自律精神和社会责任感。其次,"网络暴力"冲击法律规范。"网络群众运动"肆意横行,严重突破监督的门槛,开始争夺网络执法权,直接侵犯当事人的隐私和权利。最后,"网络犯罪"愈演愈烈。网络活动的隐蔽性,使网民容易忘记自己的社会角色和社会责任,淡化法律意识,漠视法律规则,从而诱发各种犯罪。

在现行社会环境和话语体系下,建立网络规范可谓困难重重。2012 年上半年,媒体就防治网络谣言做了大量的报道,披露了近些年来许多典型的网络谣言案件,对于人们认清网络谣言的危害,抵制网络谣言起到了一定的作用。但这种效果距离维护网络秩序、健全网络规范的要求还差得很远。

尽管网络时代的群众工作遇到了很多挑战,但也应该看到,如果新技术应用得当、新环境适应主动、新挑战应对有序,那么群众工作同样也面临许多新机遇。这些新机遇主要表现在五个方面:

1. 为党的群众工作提供了新的方式。网络作为一种新型的传播技术和交流工具,快速便捷等特点为新时期新形势下党的群众工作提供了新的方式。当前,我国改革已进入攻坚时期,发展正处于关键阶段,利益关系更加复杂,社会矛盾日益突出,这对做好群众工作提出了新的更高的要求。这就决定了我们不仅要继承和发扬党的群众工作的优良传统,而且还要适应新形势的发展要求,不断变革和创新党的群众工作机制与方法。

2. 为党和政府了解社情民意提供了新的窗口。在网络日益普及的今天,党员干部通过网络了解社情民意有其必要性,也是必须掌握的一种工作方法。通过上网收集信息,了解网民诉求,是党员干部联系群众的重要渠道,也是了解群众意愿,实现民主决策、科学决策的重要手段。通过网络征求到的意见,远比其他传统渠道得到的意见更广泛、更直接,因而也更有参考价值。过去我们常常会觉得层层汇报,一些消息可能失真,在"扁平化"的网络时代,只要关注网络,这方面的困扰就会少得多。

3. 为群众表达意见、开展监督提供了新的通道。改革开放以来,群众利益诉求不断向多元化、多层次发展。不可否认,近年来,党和政府在政务公开、民主监督和人民意见表达及传递上已经有了明显进步,但在某些方面、某些地方仍不尽如人意。与传统媒体相比,网络在表达民意、开展监督方面具有独特的优势和强烈的时代特征。以网络为平台,实施党务、政务公开化,同群众进行对话交流,自觉接受监督,有利于各类矛盾的化解。

4. 为党的群众工作提供了新的空间。网络作为一种全新的社会生活方式,既有现代化的手段和技术,更有现代化的观念和内容,它具有巨大的创新发展空间,为网上群众工作的开展提供了前所未有的强大技术平台,对群众工作有着极大的推动和促进作用。在一些地方,利用网络空间、网络学堂、手机短信等平台开展群众工作,实现虚实空间的有机结合,取得了良好效果。

可以预见,未来网络技术的发展必将给群众工作的变革创新创造更加广阔的空间和渠道,使党的群众工作的覆盖面和影响力进一步扩展。

5. 为提高群众工作水平提供了新的渠道。群众工作的本质要求是实现党和政府决策与社情民意的上通下达,通过确保群众声音的传播能够有效互动、畅通无阻和快速及时,更有效地协调各种利益关系,从而达到事半功倍的效果。而互联网之互动、快捷、不受时空限制的特点,正与新形势下党的群众工作要求相契合。如果能熟悉网络的特性,并且有针对性地、主动地开展工作,善用信息网络渠道,那么必将有利于提高群众工作的水平和效果。

三、网络时代群众工作的新思路新办法

（一）以变化应对变化

前文已经指出,互联网给党的群众工作带来了巨大的冲击和挑战,它把所有人都带入了一个多维的信息化、网络化的空间。从更广阔的视野来看,变化不仅仅是网络带来的,而是当今时代的主题。回归到群众工作上,不难发现其环境、对象、主体都在变化,必须从更高、更广、更远的视角进行分析、理解,才能找到适应新变化、新要求的群众工作的新思路、新办法。

1. 群众工作环境的变化。胡锦涛同志在庆祝中国共产党成立 90 周年大会上的重要讲话中深刻指出,执政考验、改革开放考验、市场经济考验、外部环境考验是长期的、复杂的、严峻的,精神懈怠的危险、能力不足的危险、脱离群众的危险、消极腐败的危险更加尖锐地摆在全党面前,落实党要管党、从严治党的任务比以往任何时候都更为繁重、更为紧迫①。应该说,这不仅是对我们党所面对环境变化的深刻总结,而且也是对今天群众工作环境变化的深刻总结。

从国际环境来看,进入 21 世纪,国际局势继续发生着深刻的变化。这集中表现为世界政治格局多极化在曲折中发展,经济全球化不断加快,科技进步日新月异,各种思潮相互激荡。这样的国际环境,给我国整个社会和广大人民群众带来了深远影响,向执政的中国共产党和党的群众工作提出了一系列新课题、新挑战。

从国内环境来看,党的十一届三中全会以来,我国社会由传统社会向现

---

① 胡锦涛. 在庆祝中国共产党成立 90 周年大会上的讲话[N]. 人民日报,2011-07-02.

代社会的转型日益明显。进入新世纪，随着现代化进程的进一步加快，我国的社会转型更呈现出了丰富多彩的内容，同时也不可避免地存在着许多社会问题。所谓新形势下党的群众工作，一定意义上讲，也就是当代中国社会转型期的群众工作。当前，在我国改革开放不断深入、社会主义市场经济进一步发展的条件下，我国的社会转型主要表现为：在经济领域，社会资源配置方式、经济成分、分配方式发生了转变；在政治领域，社会政治生活发生了转变；在思想文化领域，社会价值观念和精神文化生活发生了转变；在社会领域，社会组织形式和就业方式、社会功能结构、阶级阶层结构发生了转变。毫无疑问，正确分析当代中国社会转型期的社会现实环境，积极应对党的群众工作面临的一系列新情况、新问题，是变革和创新党的群众工作的内在要求。

2. 群众工作对象的变化。党的群众工作对象，是指中国广大的人民群众。当前，在国内外社会环境深刻变革的情况下，广大人民群众在各方面都发生了深刻变化，而最为集中的表现就是"人民群众的主体意识在不断增强"。现实中，党的群众工作中存在的许多问题，大都是由于没有对人民群众的自身变化进行科学分析和深刻把握所引起的。新形势下，人民群众各方面的变化和所呈现出的新情况，是紧密联系在一起的，并互为因果，无法割裂。简单来说，这种变化主要表现在：阶级阶层出现分化；利益需求多样化；流动性加大；思想观念多元化；民主法制意识增强。这些变化，从党的群众工作角度来看，无疑都是不能忽视的新情况、新挑战。

3. 群众工作主体的变化。毫无疑问，党的群众工作的主体是党自身，不仅指作为整体的党，而且指构成我们党的各级党组织和广大党员。经过90多年的发展，中国共产党无论所处的地位和环境、所肩负的任务和使命，还是党员队伍状况，都发生了重大变化。这些变化，对新形势下的党群关系和党的群众工作产生了深刻影响，使党的群众工作主体的素质和能力面临更大的挑战和考验。

党情的变化，首先表现在党同人民群众的关系演变上。革命战争时期，在严酷的政治环境和艰苦的生活环境中，党和人民群众同处于被压迫的地位。为了取得革命胜利，为了革命队伍的生存和发展，广大党员和干部只有扎根于人民群众当中，紧紧依靠人民群众，时刻与人民群众保持血肉联系，从人民群众中获得支持和力量。执掌国家政权之后，从某种意义上讲，党与人民群众在客观上由过去的同等地位变成了管理者与被管理者的关系。一方面,这种状况及权力本身所固有的二重性容易导致骄傲情绪和官僚主义等不良作风的滋生和蔓延;另一方面,在社会生活中,管理者与被管理者本身就是一对矛盾,而随着人民群众的主体性不断增强,利益关系日益复杂多样,这对矛盾的范围、程度也极易扩大。在这种情况下,如何克服权力的负面效应、始终保持党的先进性,如何正确处理管理者与被管理者的关系、妥善协调两者之间的矛盾,就成为党的群众工作所面临的一项重大课题。

党情的变化,还表现在党员和党的干部队伍状况及其构成上。新党员的数量大幅度增加,干部队伍新老交替不断进行,一大批年轻干部走上领导岗位。这给党的发展带来了新活力,也提出了新挑战。搞清楚党员和党的干部队伍状况及其构成所发生的重大变化,不仅是研究如何加强党的建设的重要依据,也是研究如何巩固党的执政地位、如何变革和创新群众工作的重要依据。

党情的上述变化,加上网络技术带来的巨大挑战,就决定了我们做好新形势下的群众工作必须坚持"以变化应对变化",不断变革与创新群众工作的机制和方法。

(二)以"不变"应对变化

为了应对经济社会生活各方面的新变化新挑战,不断增创党的群众工作新优势,不断巩固党的群众基础和执政地位,我们在坚持"以变化应对变化",不断创新群众工作的机制和方法的同时,还必须坚持党的群众工作原则,把握党的群众工作方向,使党的群众工作始终运行在正确的轨道上。具体来说,党的群众工作变革与创新应当遵循以下原则:

1. 坚持马克思主义的群众观点和党的群众路线。马克思主义的群众观点,是马克思主义唯物史观的基本观点,也是无产阶级政党最基本的政治观点。党的群众路线,是中国共产党在长期革命、建设和改革实践中坚持和运用马克思主义群众观的理论结晶,是党的根本工作路线。党的群众工作是马克思主义群众观和党的群众路线的逻辑展开和生动体现,变革与创新党的群众工作必须始终遵循马克思主义群众观和党的群众路线,如有任何偏离都可能会导致群众工作的弱化或变质。

2. 坚持着眼于调动大多数人的积极性。人民群众是历史的创造者,是推动社会进步的决定力量。全面建设小康社会、推进中国特色社会主义是一项全新的伟大事业,需要广大人民群众的共同努力,单靠一部分人、少数人是不能完成的。作为执政党,着眼于调动绝大多数人的积极性,团结和带领最大多数人参与到伟大事业中来,是巩固执政地位、完成历史使命的根本要求,也是变革和创新群众工作必须遵循的基本原则。遵循这一原则,我们必须做到:坚持以人为本;坚持尊重劳动、尊重知识、尊重人才、尊重创造;充分发挥社会各阶级各阶层的作用。

3. 坚持实现好、维护好、发展好最广大人民群众的根本利益。利益是需要的满足和实现,人民群众对利益的追求是人类社会发展进步的根本动因。作为无产阶级政党的中国共产党要实现自己的历史使命,就必须始终把代表中国最广大人民的根本利益作为自己的立党之本和根本职责。这就决定了直接以广大人民群众为对象的党的群众工作,必须坚持人民的利益高于一切,把"群众利益无小事"的理念贯穿于党的各项工作之中;坚持发展是第一要务,坚持科学发展;坚持既要实现好维护好发展好工农基本群众的利益,又要兼顾其他社会阶层的利益。

4. 坚持依靠群众和教育引导群众相结合。尊重依靠群众,教育引导群众,充分发挥人民群众的智慧和力量,形成建设中国特色社会主义的强大合力,是新形势下党的群众工作的基本途径和基本任务。坚持依靠群众和教育引导群众相结合,既不搞命令主义又不搞尾巴主义,是变革和创新党的群众工作应当遵循的一项重要原则。

(三)若干具体对策

对大环境的深刻把握、对原则的坚持遵循是做好新形势下群众工作的根本,同时,在网络时代也应该积极探索和创新工作方法,寻找应对新情况、新挑战的思路和办法。从以上的分析中不难看出,只要我们善于把握和运用互联网的规律和特点,善于把我们党群众工作的优良传统与网络条件下的新情况新变化结合起来,那么,我们就一定能在与时俱进中探索群众工作的新规律,在开拓创新中找到服务群众需求、回应群众关切的群众工作新方法。

1. 打造一个平台,敞开两扇窗户。所谓打造一个平台、敞开两扇窗户,就是要创新群众工作的网络信息平台,敞开群众反映问题、反映诉求的窗户,敞开回应问题、解决诉求的窗户。网络的兴起带来了电子政务,这不仅有利于政府创新,也开辟了群众工作新渠道。2008 年 6 月以来,国家主席胡锦涛、国务院总理温家宝先后与网民在线交流,借助网络与网民交心谈心,回答网民提问,为各级领导干部起到了示范作用。从中央领导的示范中可以看出,提高网络化条件下做好群众工作的能力,首先,必须充分认识掌握信息技术的重要性。网络信息技术的发展是时代发展的潮流,各级领导干部务必树立开放意识、学习意识、创新意识。其次,必须苦练做好群众工作的内功。如调查研究能力、沟通协调能力、语言表达能力。最后,必须化被动为主动,化语言为行动。新形势下的群众工作已不再仅仅是上传下达,而了解民情、主动反应、提前准备、积极应对、督促检查、效果反馈都已成为至关重要的环节。网络信息平台中的群众工作,绝不能建而不管、管而不问、问而不答、答而不办,一定要快办、办好。

这里,笔者注意到很多地方已经出现了许多群众工作的新思路、新方法。比如四川的"文建明工作法",上海的"一二三四"群众工作法,最近还有广东揭阳的"听声"、"驻村"、"还民"、"网通"、"文融"五法等等。这些工作方法的核心都离不开听民声、解民困、答民疑、增民利。那么,这些工作是否在一定程度上也可以通过网络来进行呢?事实上,比如与网民在线交流、与网民面对面交流、让网民当面"拍砖"、开通留言板、开博客与微博、组织网民实地调研考察、开展网民论坛、充分集聚"网民意见领袖"的聪明才智等,都是被实践证明为行之有效的举措。很多地方、部门最近几年也有这方面的探索,有成功的也有失败的,为什么成功?应该就是做到了前面所总结的那些要素,而且确实在现实中做到了快办、办好。例如,2012 年 5 月 26 日凌晨,深圳滨海大道一辆高速行驶的跑车与两辆出租车相撞,致使三人死亡,深圳警方公布肇事者身份后遭遇"顶包"危机,但他们听取网络民意,本着信息公开透明的态度,先后召开三次新闻发布会积极回应网友质疑,并借助微博平台开展微访谈与网友平等对话,直接交流,以一种低姿态来处理此事,使舆论危机最终化解。

不过,任何好的办法都必须符合法治的要求,确保在法律规定的范围内运行,否则就可能适得其反。例如,2009 年云南发生"躲猫猫事件"以后,云南省委宣传部针对网民对看守所管理严格程度提出的质疑,曾邀请十多位网民到看守所了解事件真相,这一开放而大胆的举动却引起了轩然大波。因为在法律界人士看来,其做法是不符合法律程序的。可见,网络化条件下的群众工作一定不能违背法律规定的要求,群众的知情权、表达权、监督权必须依法行使,否则就会给群众工作造成负面影响。

因此,网络时代的群众工作机制,既要有定期、定点的交流、沟通、调研、反馈,又要有应对突发事件的预案,一旦出现问题能够立即启动相关程序,迅速作出回应,将各种事件的"杀伤力"降到最小。

2. 加强法治建设,构建和谐有序的虚拟世界。网络世界从无到有、从小到大、从弱到强,以其跨越式发展的强劲态势与我国网络法治建设的相对滞后形成了鲜明反差。主要表现在:(1)网络刑法体系不完备。近些年来,我国陆续出台了网络信息管理方面的"规定"、"办法",对于诸如网上诈骗、网上贩卖毒品等行为能根据普通刑法定罪量刑。2011年4月,最高人民法院、最高人民检察院联合发布了《关于办理诈骗刑事案件具体应用法律若干问题的解释》,对利用网络、手机发短信进行诈骗的犯罪行为作了具体规定。尽管如此,随着信息技术的高速发展,网络犯罪的形式不断翻新,如何有效惩治网络犯罪依然是一个紧迫的课题。(2)有关虚假信息的立法相对滞后。虚假信息大致有两种表现形式:一种是完全子虚乌有。网民出于好奇、搞笑的心态而编造能引起轰动效应的信息。另一种是事件的背景真实,但夸大了具体细节,最终导致群体事件的发生,影响人们正常的生产生活和社会秩序。

比较典型的一个案例是"郭美美事件"。2011年6月20日,湖南一名叫郭美玲的女子在网上公然炫耀其奢华生活,并称自己是中国红十字会商业总经理而在网络上引起轩然大波。尽管6月22日中国红十字会称"郭美美"与红十字会无关,新浪也对实名认证有误一事而致歉,但其已造成十分恶劣的影响。此后警方、联合调查组也都对此事进行调查,并发布公告进行澄清,但此事件对中国慈善事业的伤害已经既成事实,可能未来几年都难以消除。

还有一个比较典型的案例发生在2009年,当时河南省杞县利民辐照厂在生产运行中发生卡源故障,并因此导致辐照室内的物品于14日升温自燃,经消防及环保部门采取紧急措施,引燃物得到有效控制,周边环境亦未受到辐射污染。但由于官方没能及时公开有关信息,"卡源故障造成爆炸"等谣言在群众中逐渐传开。从7月17日开始,杞县部分群众离家外迁至周边县市以"躲避辐射"。后经有关方面发榜安民,说明真相,人们才陆续回家。事后,张某等五人被当地警方以"传播虚假信息罪"给予拘留或治安处罚。

类似的案例数不胜数,给人的感觉是似乎网络谣言特别有"生命力"。造成这种状况,根本的原因在于信任的缺失,一些不负责任的官员"透支"了群众的信任。但不可否认的是,法治的缺失或缺位也是造成这种状况的重要原因。因此,从长期而言,我们必须通过扎实有效的群众工作来逐步建立更加牢固的信任;从短期而言,我们必须尽快出台针对网络舆论的法律法规,并进行广泛的宣传,这样才能尽量减少因虚假信息而产生的不和谐因素。

3. 缩小网络建设的区域差别,提升全社会的网络素质。如同现实经济社会发展的区域差别一样,我国不同区域的网络建设同样存在明显的差距。互联网的虚拟世界是没有边界和差别的,而这种现实与虚拟社会之间的落差,往往会使我党的群众工作面临更为复杂的形势。《第 29 次中国互联网络发展状况统计报告》的数据显示,截至 2011 年 12 月,我国东部沿海地区互联网普及率较高,西南地区的许多省份及中部部分地区网络信息化水平相对滞后,如北京互联网普及率高达 70.3%、上海为 66.2%,而经济相对落后的贵州互联网普及率仅为 24.2%、江西为 24.4%;2012 年农村网民为 1.46 亿,占网民总数的 27.1%;从网民年龄结构上看,主要集中于 10—39 岁的人群,年轻化倾向非常明显;从网民学历结构上看,初高中生所占比例最高,其中初中生为 37.5%、高中生为 31.7%;从网民职业结构上看,占前三位的是学生、个体户及自由职业者、下岗失业人员,分别占 28.6%、17.2%、11.1%。

从上述结构中可以看出,利用互联网技术来做群众工作,必须从根本上重视缩小网络信息化建设的区域和城乡差别,促进形成科学合理的网民结构。同时,还必须通过加强教育引导,大力提高全社会的网络素质。

第一,加大对经济欠发达地区网络建设的扶持力度。可通过中央、地方以及个人共同集资来搭建网络信息平台,充分调动农村群众学习运用网络信息知识的积极性和主动性。发挥乡镇文化站(室)的培训职能,使网络信息知识为经济建设服务,为转变经济发展方式服务。

第二,全面开展媒体素养教育。随着经济社会特别是教育事业的跨越式发展,公民的文化素质在普遍提高,但不可否认的是,我们的社会还缺乏有效的公民意识教育和媒体素养教育,与社会进步的要求和"人人都有麦克风"的社会现实很不相称。公民意识教育的薄弱,使一些社会成员往往过多关注个人利益诉求，而在为社会尽义务、负责任方面则明显不足；媒体素养教育的缺失，使一些社会成员对网络信息缺乏起码的鉴别力、判断力，面对种种虚假甚至有害信息，常常是在不加任何思索的情况下就加以传播和放大。这就需要政府下大气力通过各种方式对公民进行教育，提升全社会的公民素质，为营造积极的网络舆论环境奠定坚实的基础。同时，还要积极推进文明办网、文明上网，通过各种教育引导方式，引导网民增强文明自律意识，以营造有利于社会和谐稳定的网络舆论环境。

第三，充分发挥"网民意见领袖"的传帮带作用，让群众"打好铁、拍好砖、盖好楼"。"网民意见领袖"是广大网民公认的权威，知名度和网民认可度较高、亲和力较强。政府主管网络信息部门应该与之建立长期的对话合作机制，形成切实可行的绩效考核、评估与奖励体系，真正使之成为虚拟世界的领头羊、人民群众的知心人、政府工作的好帮手。

4. 有效发挥网络优势，树立亲民爱民的政府形象。发挥互联网的全覆盖、全天候、超链接的传播特点，加强网络阵地建设，尤其要以开放、学习的态度面对新媒体，努力抢占群众工作的"新阵地"，树立网络传播信息源的权威性。发挥移动式互联网传播的便捷以及搜索引擎链接的聚合性特点，力求在第一时间发布权威准确信息，及时表明官方的立场态度和处置意见等，树立高效、有力的行政形象。发挥互联网多媒体技术和虚拟现实技术优势，通过文字、声音、图片、动画等多种符号形式，将宣传工作内容有机地融入网络文化和娱乐活动之中，使网民在轻松愉悦的互动参与过程中升华思想，从而增强正面舆论的吸引力，树立亲民的政府形象。发挥互联网对等传播技术所带来的交流互动性、平等性和直接性的特点，加强党政领导干部与网民、专家之间的对话与沟通，有效发挥"网民意见领袖"的作用，重视他们在网络论坛及社区等的"二级传播者"的地位，化解各种矛盾与冲突，树立尊重群众、以人为本的形象。

5. 妥善处理群体性事件，最大限度地消除不安定不和谐因素。群体性事件多发、易发，已经成为近年来影响社会和谐稳定的突出问题。透过各类群体性事件，尽管具体诱因各不相同，但有一点是共同的，即网络传播的因素越来越重要。

从2007年的厦门PX项目事件到2011年的大连PX项目事件，再到2012

年的什邡事件和现今的启东事件,因环保问题引发的群体事件呈现频发之势。从民众的情绪来看,最初厦门、大连民众理性、和平地"散步"以示抗议,慢慢地开始升级为什邡的"警民冲突"及启东的市民冲击市政大楼行为,网民凸显的力量越来越大、暴力情绪日益外溢。从网络意识形态角度看,此类事件的频频发生,一方面凸显了传统群众工作的局限性,另一方面也说明了变革与创新群众工作的紧迫性。(1)对群众的利益诉求缺乏预判。上述几起群体性事件,其目的都是一样的:迁出。所以,从舆情研判角度看,政府在作出与群体利益密切相关的重大决策时,必须开展充分的前期调研和后期沟通。如果仍陷于"GDP 崇拜"的思想窠臼,就会对必不可少的群众工作缺乏应有的耐心,从而对民众的利益诉求缺乏足够的敏锐。(2)群体性事件呈现出浓厚的网络特点。从乌坎事件起,群体性事件开始进入到一个暴力反抗、街头抗争的"2.0 时代","网民意见领袖"总结的"无组织、无领袖、无经验"正是这种互联网发起的群体性事件的显著特点。从舆情角度分析,面对此类舆情的群众工作应该意识到"对话阶层"的存在,积极寻求与民众的对话,防止暴力事件的扩大化和群体性事件的"失焦"。(3)传统应对方式陷入尴尬。相对于群体性事件的多样化和复杂化,传统的群众工作方式陷入了"群众上街即解决"的循环,因此,新形势下的群众工作急需建立一个理性的对话平台和全面的危机监测、预警机制,在涉及环境、环保等问题的重大项目立项前充分听取民意,在重大节点中完善舆情监测,在危机处理中引入科学规范的危机管理体系。

结合以上案例,以及网络时代群众工作面临的挑战,要发挥群众工作在应对群体性事件中的应有作用,必须注意把握以下两个问题。

第一,妥善协调利益关系。随着人民内部利益关系的日益多元化、复杂化,以及因利益而产生矛盾冲突的日益频繁,如何妥善协调各种利益关系、正确处理各种利益矛盾,保证各利益群体齐心协力推进社会主义现代化建设,已经成为新形势下党的群众工作的一项重要课题。各级党委和政府要在科学制定和严格执行充分体现社会公平和正义的政策基础上,切实发挥群众工作的优势和作用:教育和引导群众正确认识利益差别和利益矛盾;切实解决群众生产生活中存在的实际困难;在促进经济发展、效率提高的同时,更加注重社会公平的实现。

第二，正确处理群体事件。诱发群体性事件的原因是复杂的，其中既有国内因素，也有国际因素；既有经济因素，也有非经济因素；既有群众因素，也有干部因素；既有发展不够的因素，也有公平不够的因素。面对如此错综复杂的群体性事件，在开展群众工作时应当做到：

（1）理性分析。当群体性事件发生时，各级领导机关和领导干部不能简单地作为"闹事"来对待和处理，而应以理性的态度予以分析和把握。有人曾提出用"四句话"来思考网络群众工作，这些方法在处置解决网络群体性事件的初期阶段很有借鉴意义。"四句话"指的是政府机关的工作人员在与网民进行沟通时，要向其问出"四句话"："帖子是您发的吗？""帖子的内容属实吗？""您发帖的动机是什么？""您对我们的工作有什么意见和建议？"通过以上四句话的提问，基本上能够稳定住部分人的不良情绪。同时，也会促使网民对其网络行为进行深思，促使政府机关在一问一答间进行反省。

（2）教育疏导。群体性事件作为人民内部矛盾激化的外在表现，各级党委、政府及主管部门在处理过程中，要坚持教育疏导的原则，引导群众采用合法手段解决矛盾争端，避免事件的进一步扩大。群体行为的内动力和相互感染力很强，自制力较差，来自外部的任何微小刺激都可能引起群体情绪的进一步激动和行为的扩大、升级。因此，处理群体性事件时，应在弄清事件的起因、性质、动机、目的、指向目标、群体成员的来源及构成等情况的基础上，加强情绪疏导和思想引导工作，力争不让事态进一步扩大。应正确把握群众的心态和现场情况，遵循"可散不可聚，可顺不可激，可解不可结，可疏不可堵"的原则，认真听取群众提出的合理要求，把握时机，因势利导，注意方法，慎重决策，决不可简单粗暴、鲁莽行事，更不能随便动用警力。

（3）依法处置。群体性事件涉及方方面面的问题，处理过程中不能感情用事，不能做无原则的承诺，而必须以党和国家的方针、政策为依据，在法律范围内依法解决。如果单纯为了避免事态的扩大，而感情用事、无原则地承诺，甚至采取愚民政策，把事件暂时平息下去，事后无法兑现，反而会导致更大规模群体性事件的发生。处理过程中应树立牢固的法治观念，确保一言一行都符合法律的要求，对于确需移交司法机关处理的事件，司法机关应做到定性准确、量罚得当，决不能混淆是非、颠倒黑白，更不能侵犯公民民主权利和人身权利。

（4）及时果断。群体性事件发生的时间、规模、方式、后果难以预料，具有不确定性，这给处理工作增加了难度。为保证处理工作的圆满完成，必须及早介入，在群体性事件爆发初期使之得到控制或平息，缩小社会影响、降低危害程度。各级党政领导机关和领导干部，要保持高度的敏感性，广辟信息来源，广泛收集相关信息，及时了解具体情况，掌握各种社会动向和群情动态，迅速准确地判明事件的性质，及时制定处理措施。

（5）防患于未然。群体性事件从萌芽到爆发，一般都有一个逐渐演变的过程，只要及时察觉，把握动向，有针对性地做好预防工作，大都能够予以避免。要从根本上减少和避免群体性事件的发生，必须采取有效措施，做好防范工作，消除引发群体性事件的潜在因素。

6. 切实关注特殊群体，最大限度地激发和谐因素。随着体制转轨和社会转型的不断深入，社会成员利益分化和整合的速度不断加快，致使党的群众工作对象的构成日益复杂，比如困难群体、新社会阶层、信教群众等，都是传统群众工作的薄弱环节。为了使新形势下的群众工作发挥其应有的效果，必须对困难群体、新社会阶层、信教群众等社会特殊群体开展有针对性的工作，采取有的放矢的措施。因为这三个特殊群体的群众与前面分析的"网民"结构有很大程度的重合性，做好这部分群众的工作，往往会有事半功倍的效果。

（1）让困难群体得实惠。新形势下，要继续努力通过党的群众工作使困难群众得到应该得到的、看得见的物质利益，而且随着经济的发展，使之不断有所增加。为此，要重点做好以下工作：拓宽党联系困难群体的渠道，充分了解困难群体的利益要求；做好思想政治工作，引导困难群体全面发展地看问题，树立自强意识；做好服务工作，切实帮助困难群体解决实际问题。

（2）把关怀送到新社会阶层。为了有效扩大党的群众工作的覆盖面，应高度重视新社会阶层的群众工作，站在巩固党执政的社会基础、提高党的执政能力的高度，增强责任感和紧迫感，按照"先行组建、逐步提高、分类指导"的工作思路，进一步加大在新社会领域建立党组织的工作力度，加强和改进新领域党的群众工作，包括：加强和改进新经济组织党的群众工作；加强和改进新社会组织党的群众工作；加强和改进城市社区党的群众工作。

（3）格外关心信教群众。信教群众历来是党的群众工作的重要对象，在全面建设小康社会、构建社会主义和谐社会的过程中，如何正确对待信教群众并做好引导工作是一个重大的理论问题和实践问题。做好信教群众的工作，应包括：正确对待信教群众；引导好、教育好、服务好信教群众；帮助信教群众脱贫致富，引导信教群众走中国特色社会主义道路；抵御国外敌对势力的渗透，坚决反对邪教。

（原载《学习与探索》2012 年第 9 期）

更加重视转变经济增长方式

　　"十一五"规划《纲要》明确提出,要加快转变经济增长方式。这是一项艰巨的任务,我们要进一步增强贯彻落实科学发展观的自觉性和坚定性,大力发展循环经济,保护生态环境,促进经济发展与人口、资源、环境相协调,坚持节约发展、清洁发展、安全发展,实现可持续发展,切实走新型工业化道路。

经济社会发展新阶段的必然要求

　　无论从主观上看还是从客观上看,转变经济增长方式都是我国经济社会发展新阶段的必然要求。

　　第一,粗放型增长方式已难以为继。粗放型增长方式的表现之一是资金要素投入大。在粗放型增长方式的作用下,全社会固定资产投资占 GDP 的份额不断提高。国际经验表明,用大量投资支撑的增长,很容易造成需求不足、产能过剩。需求不足、产能过剩,会造成相关产品的价格下跌、库存上升,使企业经营陷入困境。而企业经营状况的恶化又会加大潜在的金融风险和社会就业压力。

　　粗放型增长方式的表现之二是能源消耗高。近年来,我国的能源消费弹性系数有大幅增长态势,单位产出的能耗和资源消耗明显高于国际先进水平。能源资源消耗增大,固然与我国已进入工业化中期阶段,能源资源需求旺盛密切相关,但也与装备和工艺以及管理水平落后密切相关。应该看到,一方面,我国是一个人均资源较少的国家,人均耕地、人均淡水资源和 45 种主要矿产资源的占有量都低于世界人均水平。另一方面,许多重要资源被少数发达国家和跨国公司所垄断,资源产品的进口要受到运输能力等多方面制约。

粗放型增长方式的表现之三是容易导致环境污染和生态恶化。发达国家在上百年工业化过程中分阶段出现的环境问题，目前已在一些地方开始甚至集中出现。由于不合理的开发建设活动，一些地方生态系统的整体功能下降，生态环境趋于恶化。

继续采用粗放型增长方式，不仅会导致许多自然资源的短缺甚至枯竭，还会产生严重的环境污染。可见，无论从资源、环境的角度看，还是从实现经济社会又快又好发展的角度看，转变增长方式十分迫切、必要。

第二，全面贯彻落实科学发展观必须转变经济增长方式。科学发展观是指导发展的世界观和方法论的集中体现，是我们推动经济社会发展、加快推进社会主义现代化必须长期坚持的重要指导思想。转变增长方式，不仅是解决现实经济问题的迫切要求，也是贯彻落实科学发展观，把经济社会发展切实转入全面协调可持续发展轨道的关键举措。

其一，只有转变增长方式，才能实现科学发展。当前，我国经济发展中出现的矛盾与问题，大都与增长方式密切相关。比如，资源环境问题和经济生活中存在的投资率偏高、投资结构不合理等问题，很大程度上是粗放型增长方式造成的。而投资率偏高、投资结构不合理，又容易造成第三产业发展滞后、农业投入不足。此外，科技自主创新能力不强、低水平重复建设严重、出口结构不合理等问题，都与粗放型增长方式密不可分。因此，只有转变增长方式，才能从根本上解决经济发展中出现的矛盾与问题，实现又快又好的发展。

其二，只有转变增长方式，才能满足人们日益增长的物质文化需求。集约型增长方式不仅有利于实现充分就业，而且有利于人们实现与经济增长相适应的收入增长，为人们生活质量的提高创造物质条件。可见，只有转变增长方式，实现增长方式由粗放型向集约型的转变，大力发展循环经济，积极建设资源节约型、环境友好型社会，坚定不移地走新型工业化道路，坚持节约发展、清洁发展、安全发展，才能不断改善生态状况，实现可持续发展，从而为人们提供适宜居住的生活环境，促进人的全面发展。

其三，转变增长方式是构建社会主义和谐社会的内在要求。构建社会主义和谐社会，就要实现人与人的和谐、人与社会的和谐、人与自然的和谐。我国人口众多,人均资源拥有量少,生态环境整体上比较脆弱。粗放型增长方式,使原本稀缺的资本、矿产资源、能源等要素变得更加稀缺;低水平重复建设造成产品过剩与雷同,加剧了市场竞争。因此,构建社会主义和谐社会,迫切要求更加重视转变增长方式,切实把经济增长方式由粗放型转向集约型的轨道。

以科学发展观指导经济增长方式转变

进一步增强贯彻落实科学发展观的自觉性和坚定性,从根本上消除制约增长方式转变的体制和机制,真正实现经济增长方式由粗放型向集约型的转变,应在实践中做到以下4个"结合":

第一,把转变增长方式与转变发展观念结合起来。首先,牢固树立节约资源、保护环境的观念。资源性产品供给不足与日益增长的社会需求之间的矛盾,是制约我国经济发展的一个比较突出的矛盾。在资源环境供给紧约束的条件下实现工业化和现代化,是我们必须面对的现实。因此,我们应该加快转变增长方式,走科技含量高、经济效益好、资源消耗低、环境污染少、人力资源优势得到充分发挥的新型工业化道路。其次,全面把握发展的内涵。科学发展观告诉我们,发展应该是全面的发展,应该是协调的发展,在坚持以经济建设为中心的同时,切实落实好"五个统筹";发展应该是可持续的发展,要切实尊重自然及其规律,尊重后代人的生存权利,实现人与自然的和谐。经济发展需要一定的增长速度,但经济增长并不必然意味着经济发展。符合科学发展观的增长方式,应是速度与结构、质量、效益相统一的增长方式。

第二,把转变增长方式与发挥比较优势结合起来。随着经济的发展,我国的劳动力成本比以往已有所提高,但综合来看,劳动力资源丰富、劳动力成本低依然是我国的比较优势。因此,要在着力发展高新技术产业的同时,也要推进劳动密集型产业的发展。发展劳动密集型产业,有利于增加就业岗位。当前,我们要推动劳动密集型产业逐渐向知识和技能密集、高附加值的方向提升,既解决就业"总量"问题,又解决增强经济竞争力的问题。

第三,把转变增长方式与转变政府职能结合起来。按照政企分开、政资分开、政事分开以及政府与市场中介组织分开的原则,合理界定政府职责范围,加强各级政府的社会管理和公共服务职能。进一步推进行政审批制度改革,减少和规范行政审批。深化政府机构改革,优化组织结构,减少行政层级,理顺职责分工,提高行政效率,降低行政成本,实现政府职责、机构和编制的科学化、规范化、法定化。加快推进事业单位分类改革。

第四,把转变增长方式与促进区域协调发展结合起来。首先,转变增长方式,对欠发达地区来讲,是一种机遇。因为,这将促进欠发达地区想办法培养、发挥自己的比较优势,放弃过度压低要素价格、牺牲环境的发展路子。否则,继续沿用粗放型增长方式,不仅是低效益的,而且是走不远的。特别是如果把环境成本和正常的要素价格都算进去,这种发展方式很可能是亏本的。当然,转变增长方式,并不是要求各地都套用一个模式,而是要求着眼于发挥比较优势。这就要求各地根据自己的要素禀赋、地理、市场条件,选择符合比较优势、易于形成产业集群、能够产生竞争优势的行业来发展,探索符合自身实际的转变增长方式的具体路径。比如对资源比较丰富的地区,应支持资源优势转化为产业优势,加强清洁能源、优势矿产资源开发及加工,支持发展先进制造业、高技术产业及其他有优势的产业;对于以农业生产为主的地区,应发展现代农业,推进农业的规模化、标准化、机械化和产业化经营,提高商品率和附加值等。其次,要充分认识欠发达地区加快发展的难度,通过统筹区域协调发展,帮助它们实现增长方式的转变。应健全区域协调互动机制,健全市场机制,打破行政区划的局限,促进生产要素在区域间自由流动,引导产业转移。健全合作机制,鼓励和支持各地区开展多种形式的区域经济协作和技术、人才合作,形成以东带西、东中西共同发展的格局。健全互助机制,发达地区要采取对口支援、社会捐助等方式帮扶欠发达地区。健全扶持机制,按照公共服务均等化原则,加大国家对欠发达地区的支持力度。应继续在经济政策、资金投入和产业发展等方面,加大对中西部地区的支持。

多管齐下推动经济增长方式转变

加快转变经济增长方式,是一项艰巨的任务,需要从多个方面努力。

第一,完善现代市场体系。首先,要健全统一开放市场。进一步打破行政性垄断和地区封锁,完善商品市场,健全资本、土地、技术和劳动力等要素市场。严格界定公益性用地和经营性用地,经营性基础设施用地实行有偿使用,完善经营性用地招标拍卖挂牌出让和非经营性用地公开供地制度。规范发展产权交易市场。积极发展技术市场。逐步建立城乡统一的劳动力市场。第二,要完善价格形成机制。积极稳妥地推进资源性产品价格改革。合理调整水利工程供水、城市供水和再生水价格。推进电价改革,逐步建立发电、售电价格由市场竞争形成,输电、配电价格由政府定价的机制。适时推进石油价格改革,建立与替代能源价格挂钩的天然气价格形成机制。扩大市场形成土地价格的范围。第三,要规范市场秩序。打击各种违法经营活动,规范市场主体行为和市场竞争秩序。清理整顿对企业的乱收费、乱罚款和各种摊派。加强价格监管,禁止价格欺诈、价格操纵等行为。以完善信贷、纳税、合同履约、产品质量的信用记录为重点,加快建设社会信用体系,健全失信惩戒制度。

第二,大力增强自主创新能力,以科技进步推动增长方式转变。要加强基础研究、前沿技术研究和社会公益性技术研究,在信息、生命、空间、海洋、纳米及新材料等领域超前部署,集中优势力量,加大投入力度,力争取得重要突破。要适应国家重大战略需求,启动一批重大科技专项,在能源、资源、环境、农业、信息、健康等领域加强关键技术攻关,实现核心技术集成创新与跨越。要建设科技支撑体系,建设国家重大科技基础设施,实施知识创新工程,整合研究实验体系,建设若干世界一流水平的科研机构和研究型大学,构筑高水平科学研究和人才培养基地。要加强科普能力建设,实施全民科学素质行动计划。要加快建立以企业为主体、市场为导向、产学研相结合的技术创新体系,形成自主创新的基本体制架构,建立企业自主创新的基础支撑平台。要加强公民知识产权意识,健全知识产权保护体系,建立知识产权预警机制,依法严厉打击侵犯知识产权行为。加强计量基础研究,完善国家标准体系,及时淘汰落后标准。优先采用具有自主知识产权的技术标准,积极参与制定国际标准。

第三,加快经济结构的调整与优化。调整和优化经济结构是转变增长方式的重要内容。从产业结构来看,工业化国家的产业结构演变路径一般都经历了从劳动密集到资本和资源密集,再到技术与知识密集的发展阶段。虽然我国处于工业化中期阶段,但现实国情和加速工业化进程的需要都决定了我们必须走一条新型的工业化道路。具体来说就是,按照走新型工业化道路要求,坚持以市场为导向、企业为主体,把增强自主创新能力作为中心环节,继续发挥劳动密集型产业的竞争优势,调整优化产品结构、企业组织结构和产业布局,提升整体技术水平和综合竞争力,促进工业由大变强。加快发展高技术产业,加快促进高技术产业从加工装配为主向自主研发制造延伸,推进自主创新成果产业化,引导形成一批具有核心竞争力的先导产业、一批集聚效应突出的产业基地、一批跨国高技术企业和一批具有自主知识产权的知名品牌。提升电子信息制造业,大力发展集成电路、软件和新型元器件等核心产业,重点培育光电通信、无线通信、高性能计算及网络设备等信息产业群,建设软件、微电子、光电子等产业基地,推动形成光电子产业链。培育生物产业,面向健康、农业、环保、能源和材料等领域的重大需求,重点发展生物医药、生物农业、生物能源、生物制造。实施生物产业专项工程,努力实现生物产业关键技术和重要产品研制的新突破。优化农业产业结构,在保证粮棉油稳定增产的同时,提高养殖业比重,加快发展畜牧业和奶业,保护天然草场,建设饲草料基地,改进畜禽饲养方式,提高规模化、集约化和标准化水平,因地制宜发展经济林和花卉产业。发展水产养殖和水产品加工,实施休渔、禁渔制度,控制捕捞强度。优化农业产品结构,发展高产、优质、高效、生态、安全农产品,重点发展优质专用粮食品种、经济效益高的经济作物、节粮型畜产品和名特优新水产品。优化农业区域布局。

(原载《经济日报》2006 年 9 月 4 日)

三、现代法治篇

论法治政府的标准

　　党的十八大报告指出,要"推进依法行政,切实做到严格规范公正文明执法",到 2020 年实现"依法治国基本方略全面落实,法治政府基本建成,司法公信力不断提高,人权得到切实尊重和保障"的目标。深入推进依法行政、加快建设法治政府,是全面推进依法治国的中心环节。改革开放以来,特别是 2002 年党的十六大提出"推进依法行政"任务、2004 年国务院《全面推进依法行政实施纲要》提出"建设法治政府"的目标以来,中国在推进依法行政、建设法治政府方面取得了重大成就,为全面推进依法治国、加快建设社会主义法治国家打下了坚实基础。但也应看到,当前依法行政的现状与经济社会发展、特别是全面建成小康社会的要求还不相适应,与人民群众的期待和愿望还不相适应,在一些地方和部门还存在着"形式化"、"口号化"、"碎片化"、"庸俗化"的倾向。究其根源,一个十分重要的原因就是人们对什么是法治政府、什么是衡量法治政府的标准存在着模糊甚至错误的认识,对推进依法行政、建设法治政府缺乏自觉的总体设计。因此,此时深入辨析法治政府的标准问题,具有重大的理论和实践意义。

　　法治政府是政府治理的一种形态,也是当今世界各国政府治理正在实践或者追求的目标。什么是法治政府? 衡量法治政府的标准是什么? 对此,人们总会因为观察的角度不同而作出不同的回答。笔者以为,要真正搞清楚法治政府的标准问题,就必须把它与政治现代化问题联系起来加以考察。这是因为:一方面,法治政府作为政治文明乃至政治现代化的重要表征,是现代化过程催生的产物;另一方面,法治政府的构建和运行对现代化的发展有着重要的作用,它与现代思想、技术和制度的普遍性或普世性紧密相连。

那么,什么又是政治现代化呢? 政治现代化作为现代化在政治层面或政治领域的具体体现,是指传统政治体系向现代政治体系转变的过程。美国学者布莱克认为,政治现代化主要表现为:(1)协调和控制的中央结构与构成社会的个人与群体的关系。(2)国家官僚政治发展水平。其衡量指标为官僚结构规模的大小和专门化程度,中央官僚机构的经费支出与地区和地方官僚机构经费支出的对比。(3)政治制度的运作效率。其具体表现为维持秩序,不用暴力而能持续统治和获得公民支持的能力。(4)个人参与政府决策的程度。它可以通过选举产生的地方、地区和全国的代议制机构等社会正式机构,通过政党和特殊利益集团等非正式的社会机构以及政治的、经济的、道德的和其他的社会利益集团对政治决策的影响来衡量。(5)政治思想意识状况,特别是当这些政治思想意识涉及公私部门的作用的时候[①]。以色列学者艾森斯塔德在《现代化:抗拒与变迁》一书中认为,政治现代化的衡量指标主要表现在:(1)国家主权的合法性来源。传统社会国家主权的合法性来自神授,而现代社会国家主权的合法性来自人民的世俗认可,并对公民负责。(2)政治权力分配的对象和范围。传统社会的政治权力只在少数特权阶级和阶层中分配,大多数社会成员不享有政治权力,而现代社会政治权力不断分布到广泛的社会群体、甚至最终分布到全体成年公民。政治权力把公民结合在一个大家同意的道德秩序中。(3)社会机构、特别是中央机构权力的强化。传统社会常常领土狭小,社会机构的权力范围限于一定的地理范围、甚至一小块领土上,而现代社会机构包括中央的、法律的、行政的和政治的机构的权力则随着领土范围的不断扩大而得到同步强化。(4)公民参与政治过程和公共政策制定的程度。传统社会的统治者不承认其子民作为对象、受惠者和使政策合法化的重要性,而现代社会的民主政府允许其公民在政治自由、福利和文化政策方面表达自己的意见和主张[②]。

基于对政治现代化的上述把握,笔者认为衡量法治政府的标准有四个方面:(1)权从法出是法治政府的根本;(2)依法行政是法治政府的核心;(3)服务、参与和诚信是法治政府的生命线;(4)行政救济是法治政府的要义。也就是说,如果不符合以上四项标准中的任何一条,那么,所谓的法治政府就不是

① 布莱克西. 比较现代化[M]. 杨豫,等,译. 上海:上海译文出版社,1996:9.
② 艾森斯塔德. 现代化:抗拒与变迁[M]. 张旅平,等. 译. 北京:中国人民大学出版社,1988:136.

真正的法治政府,不管你为它披上了多么漂亮的外衣。这里需要指出的是,本文所讲的法治政府的标准,是就其本质要求而言的,它不同于有的学者提出的"法治政府指标体系"①。

一、权从法出是法治政府的根本

（一）权从法出之界定

这里的权从法出,是指行政权从法而出。

政府有限是法治政府的主要特征之一,也是宪政的逻辑必然。有限政府的要求有四个方面:第一,政府权力来自人民的授权。人民授权的唯一合法方式是选举,包括直接选举与间接选举。第二,政府权力的实现须最终得到人民的同意,政府要直接或者间接地向人民负责。第三,政府权力的直接依据是宪法或者法律,因此,政府拥有权力的范围与实现权力的手段都须有宪法或者法律的明文规定,权力行使须遵循"越权无效"、"法律保留"等原则。第四,政府的任期有确定的期限与届数限制②。

依法治国、建设社会主义法治国家,是中国的基本治国方略。在这一基本治国方略中,依法治国是手段,建设社会主义法治国家是目的。而在依法治国中,政府依法行政又是最基本的要求,是依法治国的中心环节。特别是在体制转轨、社会转型的过程中,中国政府需要面对各种各样的经济、政治、文化、社会和生态问题,需要进行各种管理和服务,需要解决各种各样的矛盾,政府严格依照法律行使权力、履行职责、协调各种社会关系、处理各种社会问题显得尤为重要。因为只有政府严格依法办事,才能在面对复杂的社会问题时有章可循。而政府严格依照法律行使权力、履行职责的关键就是坚持权从法出。那么,权从法出之"法"的具体范围是什么呢? 一种观点认为,应包括法律、法规和规章。理由是,法律、法规和规章都是宪法和立法法规定的法律规范的范畴,都是行政机关依法行政的依据。另一种观点则主张,此处的法应限定在法律、法规两种形式上,认为权从法出应避免"法"之泛化。在中国,规章确实是行政政策(依法授权者除外)的表现,而且规章在数量上远远超过法律、法规,在质量上也普遍低于法律、法规。在这种情况下,如果"权

---

① 袁曙宏. 法治政府应有"尺"可量[N]. 人民日报,2006-09-20(13).

② 白钢,林广华. 宪政通论[M]. 北京:社会科学文献出版社,2005:9-10.

从法出"之"法"包括规章,则势必会对法律构成威胁。规章的泛滥必然导致法治的落空。所以,规章不宜纳入严格意义上的"法"的范围。如《立法法》第8条在确立"法律保留原则"时明确规定10种事项职能须由人大立法加以规定。《行政处罚法》第9条至第14条就行政处罚的设定权限明确作出了规范、限制与授权。但鉴于中国正处于体制转轨、社会转型时期,新情况、新问题大量涌现,许多现象还一时无法纳入法律、法规的调整范围,因而该论者又指出,我们并不一概地反对依规章行政。对规章我们可以采取一种比较务实的态度,作出有限的承认,即规章符合宪法、法律、法规的,则行政机关可以此为依据;反之,则不能依规章行政。因为规章本身还存在是否合法的问题,规章的创制作为一种行政行为,它本身必须依据法律、法规,否则就是无效的。

笔者认为,依法行政意义上的法,只能是权力机关制定的法律,舍法律并无其他。原因在于:其一,权从法出的基本要求就是职权法定。根据宪法和组织法的规定,有关行政机关的组织和职权的事项必须由国家权力机关制定的法律来规定,国务院的行政法规不可能自定权限,它只能在宪法和法律规定的权限范围内为实施法律和行使法律规定的职权而制定行政法规。地方行政机关受国务院的统一领导,地方性法规也无权授予地方行政机关超出宪法和法律所设定的权力范围的权力。其二,在各家学说对依法行政含义的表述中,一致认为应该是法治行政,而不是行政治法。难以想象以法治权可以由行政机关自己制定的法规、规章来达到,所以,必须由代表人民意志的法律来实现。

(二)权从法出之内容

法治原则在行政领域主要表现为依法行政或法治行政,其核心是政府权力的组织与运行要受法律的制约,政府的侵权行为受法律的追究。法律的规定是政府行政权力的依据和界限,行政机关的行为越权无效。法治不仅要求政府行为的存在必须有法律依据,而且还要求政府行为的实施必须符合法律。也就是说,只要有法律依据,政府就可以作出行政行为,但政府有权力作出的行为不等于可以不受条件、程序和方式的限制。因此,政府权力是既定的、受法律限制的、由法律调整的权力,而不是一种无限的权力。政府是受规则约束的、有限的宪政政府。

依法行政是依法治国对行政机关的要求。依法行政就是指行政机关行使行政权力、管理公共事务必须由法律授权并依据法律规定。法律是行政机关据以活动和人民对该活动进行评判的标准。权从法出是合法行政的要义，也是保证行政行为实体合法的首要条件。具体而言，权从法出的基本要素应该包含以下五个方面①。

第一，政府行政组织的职权根源于法。法治观念要服从于两个理念：其一是国家的一切权力必须根源于法，而且要依法行使；其二是法必须建筑在尊重人类人格的基础之上②。法治原则要求不仅需要一个有效的政府来维持法律秩序，借以保障人们具有充分的社会和经济生活条件，而且需要防范政府行政权力的滥用。因此，政府行政的职权根源于法是法治原则的生动体现。政府的行政职权根源于法在实践中有两个表现：首先，行政职权和行政权限法定，即政府行政组织所担负的公共管理职能权限范围及行使权力的方式由法律规定。这不仅涉及政府行政组织体系，更涉及市场经济的发展与市场主体的权利，表明的是政府与市场、企业、社会之间的良性互动关系。其次，在顺应社会发展需要的基础上，对政府应包括的职能如何进行分解，这些职能在各级各类行政机关中应怎样进行分配，应如何配置、变更或撤销行政机关，各级各类行政机关的性质、地位、任务是什么，它们分别拥有哪些职权、承担哪些责任、其活动遵循哪些基本原则，它们如何组成、编制怎样确定等等，都应由法律作出规定。职权是职能的体现，职权法定要求政府行政组织的设立不是因事而设，更不能因人而设，应该因职能而设。

第二，政府行政组织所属工作人员的职权根源于法。这意味着法是一切权力、权威的来源，法具有约束人的行为的至上力量。不论是权力的执掌者或是服从权力的人，其一举一动都必须受到法律的约束。具体表现为：每个人均有其固定的职位与职责，在他从事该职位所规定的职权行为时，他必须受到法律的约束，严格按照法律的规定来行使固定的职责；每个人应尽的责任和享有的权利都是由法律法规所明确的，人员被行政组织任用的条件、资格也都是由法律法规所明确的。在政府行政组织内，人与人之间的关系是对

---

① 孙笑侠教授指出，通过法律考察并表达关于权力来源的问题，其要点是体现"权力法定"，即第一，规定权力是义务；第二，必须履行职责，否则失职；第三，权力是法律给予的，不是任意的。参见孙笑侠《法律对行政的控制——现代行政法的法理解释》，山东人民出版社，1999年版，191页。

② 齐明山. 行政学导论[M]. 北京：大众文艺出版社，2001：27.

事的关系,是因所管理事务的相关性而连接起来的,表现为一种分工协作关系。因此,每个人所服从的是法律而不是某个人的意志。同时,仅在法律所规定的职权范围内,下级才有对上级服从的义务。当上级的指挥命令超越其自身的法定权限范围或超越下级的权限范围时,下级则不必服从。由此可见,在政府行政组织中,只有实行法治,才能抑制人治现象。

第三,政府行政组织的结构体制由法律加以确认。政府行政机关必须按照宪法和法律的规定而设立。未经宪法和法律的规定而设立的行政机关不享有行政职权,也不能成为行政主体。在政府行政组织结构中,最重要的是纵向、横向结构,这是政府行政组织系统中的基本框架①。这种基本框架只有由法律加以确认、用法律的形式固定下来,才不会为行政专横者留下制度上的漏洞,也才能有效地消除事权分散、扯皮推诿的现象。用法的形式把政府行政组织的结构固定下来,就表明在政府行政组织内部,凡是有直接或间接隶属关系的上下级行政机关之间、有授权关系的授权机关与被授权的机关之间、一般权限部门与专门权限部门之间,都不能有逾越法律确定职权的行为。任何越权行为都构成侵权。只有做到职责和权限分明,才能克服行政无序。

第四,政府的行政活动程序由法律规定。政府行政组织的活动程序是政府行政组织在行使职权的过程中应遵循的一系列前后衔接的步骤、顺序、时间、方式和制度的总称。在市场经济条件下,效率和权利是两大价值追求目标。而政府行政活动程序法定化,就是根据公开公正原则、参与原则、效率原则,将那些符合市场主体和社会公共利益的行政程序诸如行政复议制度、听证制度,以及行政活动程序诸如行政立法程序、行政许可程序、行政强制程序等上升为法律,以法律的形式固定下来,以避免行政权力的滥用和行政侵权的发生。以程序的规范化、标准化和统一化,使同一种政府活动或行为在不同的政府行政机关和不同的场合都按同一种法定程序进行,不因时间和空间的变化而在程序上任意改变,从而保证政府活动或行为的统一性和严肃性,这有助于效率的提高,有助于减少政府行政行为的"人治"因素、增强"法治"因素进而抑制政府非法地干预市场主体和社会公众的自由②。

---

① 顾建光.从公共行政走向公共管理[M].中国行政管理,2002,(1).
② 孙笑侠.法律对行政的控制——现代行政法的法理解释[M].济南:山东人民出版社,1999:229－234.

第五,政府行政组织的责任由法律加以明确。毫无疑问,法治政府同时必须是一个负责任的政府。权从法出在要求政府严格依法办事、依照法律规定的条件和程序行使权力的同时,也要求政府必须依照法律的规定对其行为承担相应的责任。所谓政府行政组织的责任由法律加以规定,就是在法律中明确、具体地规定政府行政组织不履行或非法履行其法定职责和义务时所应承担的责任,包括行政法律责任、行政政治责任(即行政领导责任)、行政违宪责任等①。所谓政府责任,是指法律对政府违反法定义务、超越法定职权范围或滥用职权的违法行为所作的法律上的否定性评价和谴责。法律通过对政府责任的认定、种类、追究等作出规定,从而补救受到政府不合法行政行为侵害的合法权益,恢复被破坏的法律关系和法律秩序。政府责任的本质和作用在于它是以对受侵害权利的补救来否定侵权行为、以对受到危害的利益的维护来限制政府行政组织的随意性、限制政府滥用行政权力的。

(三)权从法出是政府合法之根本

合法性是政府存在的根源。合法性缺失,政府必然不稳固、不长久。政府的合法性具体包括政府组织的合法性和政府活动的合法性。无论组织及活动的合法与否,归根结底还是政府权力的合法性问题。

1. 什么是合法性

合法性在英文中为"Legitimacy",是一个涉及多学科的、复杂的综合概念。追根溯源,合法性思想最初在古希腊政治思想中是与柏拉图、亚里士多德所阐述的义务和服从等概念相联系的,其意是指合乎法律的或法治的,与一般意义上的权力密切相关,但在当时并没有"合法性"这个概念。经过中世纪的自然法思想以及近代个人权利与大众同意思想的影响,其含义也发生了根本性的转变。人们普遍把合法性的基础与自然法中的"同意"结合起来,使大众同意成为了合法性的基础,它主要是指某一政治秩序是否和为什么应该得到其成员认可的问题。

在近代,第一个提出合法性概念的思想家是卢梭。他认为,社会公意才是合法性的基础。之后,德国著名政治社会学家马克斯·韦伯系统地论述了合法性理论。在韦伯看来,由命令和服从构成的每一个社会活动系统的存

① 刘熙瑞.服务型政府——经济全球化背景下中国政府改革的目标选择[J].中国行政管理,2002,(7).

在,都取决于它是否有能力建立和培养对其存在意义的普遍信念。所谓合法性,就是促使人们服从某种命令的动机,故任何群体服从统治者命令的可能性主要依据统治系统的合法化程度。韦伯从经验事实的视角出发,认为合法性不过是对既定政治体系的稳定性亦即人们对享有权威者地位的确认和对其命令的服从。韦伯认为,在现实政治中,任何成功的、稳定的统治,无论其以何种形式出现,都必然是合法的,而"不合法"的统治本身就没有存在的余地①。同时,马克斯·韦伯还从经验分析出发提出了三种类型的合法性基础理论:一是基于传统的合法性,即传统合法性;二是基于领袖人物超凡感召力的合法性,即个人魅力型的合法性;三是基于合理合法准则的合法性,即法理型合法性②。韦伯认为,在现代国家中,统治的合法性基础必然要求是法理型的,即通过法律程序实现合法化。

韦伯的合法性学说深深地影响了后来的研究者,著名政治社会学家帕森斯、利普塞特等对合法性的界定都承袭了韦伯的观点。合法性与政治是紧密相连的。政治合法性是指一个政治体系行使政治权力或者实施政治治理时获取社会公众认可的价值,它表现为政治权力主体和客体相互作用、相互影响的两个方面:其一是政治权力主体为强化政治统治或政治管理而采用合法化的手段;其二是社会民众对政治权力主体及其行为持有的一种认可和忠诚的态度。利普塞特认为:"任何政治系统,若具有能力形成并维护一种使其成员确信现行政治制度对于该社会最为适当的信念,即具有政治的合法性。"③罗思切尔德则认为:"政治系统统治的合法性,涉及系统成员的认知和信仰,即系统成员承认政治系统是正当的,相信系统的结构与体制在既定的范围内有权使用政治权威。"④阿尔蒙德也认为:"如果每一公民都愿意遵守当权者制定和实施的法规,而且还不仅仅是因为若不遵守就会受到惩处,而是因为他们确信遵守是应该的,那么,这种政治权威就是合法的⋯⋯正因为当公民和精英人物都相信权威的合法性时要使人们遵守法规就容易得多,所以事实

①　胡伟. 在经验与规范之间:合法性理论的二元取向及意义[J]. 学术月刊,1999,(12).

②　WEB. Economy and Society:Vol. 1[M]. University of California Press,1978:80.

③　LIPSET M. Some Social Requisites of Democracy:Economic Development and Political Legitimacy[J]. American Political Science Review,1959,(March):86.

④　ROTHSCHILD. Political Legitimacy in Contemporary Europe[C]//BENITCH B. Legitimation of Regimes. Beverly Hills:Sage Publications Inc,1979:38.

上所有的政府,甚至最野蛮、最专制的政府,都试图让公民相信,他们应当服从政治法规,而且当权者可以合法地运用强制手段来实施这些法规。"①这种把合法性等同于社会公众对政治系统的认同和忠诚的观念,代表了当代社会对于合法性概念的最一般、最普遍的认识。由此可见,政治制度的合法性评价标准就是公众对政治制度的认同与忠诚的程度。

"合法性意味着某种政治秩序被认可的价值。""只有政治秩序才拥有或丧失合法性,只有它们才需要合法化。"②合法性是一个政治体制得以存在和持续发展的基础。如果某一社会中的公民都愿意遵守当权者制定和实施的法律法规,而且不是因为不遵守就会受到惩处,而是因为他们确信遵守是应该的,那么这个政治体制的合法性程度就较强,该政治体制就能长期稳定地存在;相反,如果一个政治体制不能得到民众的认可和自愿的服从,就必然会导致政局的动荡甚至整个体制的被颠覆。政治秩序是伴随着政治共同体的出现而出现的。所谓政治共同体,就是指"运用于一定'领土'里,社会成员的行为都服从于秩序性统治这样的共同体"③。韦伯的解释告诉我们,政治共同体的存在是以统治与服从的伦理关系为核心的,而统治与服从的关系是政治有效性之关键所在,也是政治伦理的核心问题之一。

2. 何谓政府的合法性

如韦伯所言,现代国家的统治都是法理型合法性统治。这种合法性建立在对已制定的规则的合法性的信任以及对在其规则下颁布命令的权威的严肃权利信任(法律权威)上。在这一背景下,服从是由非人格因素秩序的法律性质的建立而来的,它来自对非人格秩序的服从。现代政府相对于国家来说是层次稍低的政治权力主体,它涉及政治权力在政权框架内的实际运作。作为政治权力主体的政府与国家不同,政府主要强调政治权力自身具体结构和作用于社会时的运行状况。一般来说,政府是代表国家来行使管理社会的权力的,因此,所谓政治合法性的核心就是政府的合法性问题。

现代民主政治理论表明,政府作为政治权力主体直接面对社会,体现出更多的社会性,因而作为政治权力主体的政府管理社会的权力是应当由权力

---

① 阿尔蒙德,等. 比较政治学:体系、过程和政策[M]. 上海:上海译文出版社,1987:35-36.
② 哈贝马斯. 交往与社会进化[M]. 张博树,译. 重庆:重庆出版社,1989:184.
③ 马克斯·韦伯. 论经济与社会中的法律[M]. 北京:中国大百科全书出版社,1998:340.

的受众授予的。在某种意义上可以说,政府的合法性问题始终与法治的发展相伴随。资产阶级革命胜利后,出现了国家权力的分立,议会成为基本民意的表达机构,法律成为议会表达民意的载体,公民遵守自己代表机关制定的法律成为责无旁贷的事情。与此同时,作为执行机关的政府也必须遵守法律,因为它是议会的执行机关,其存在的目的就是执行法律,遵守法律更是自不待言。如果政府不守法或者行政不合法,那么人民的意志将无法得到实施,进而国家的法治也就无从谈起。具体到政府的合法性来说,其含义至少包括三个方面:首先,法国大革命以来,"人民主权"作为一项不可颠覆的原则,使得政府的程序合法性——政治权力的获得必须经过被管理者的同意——成为民主政治的充分必要条件。规范选举活动的规则如宪法、选举法等成为政府必须严格遵循的规则。同时,政府产生后的具体政治运作也必须是遵循规则的。其次,政府能否被社会承认也在很大程度上取决于政府所取得的实际社会成就或绩效。如政府能否保障并改善和提高民众的物质文化生活水平、能否保障民众的政治权利得以行使、能否保障社会秩序的安定、能否有效地维护国家主权和本民族的利益等因素,都会在一定程度上影响政府的合法性。利普塞特将其称为"有效性",并认为"长期保持效率的政治制度可以得到合法性"①。最后,政府的合法性还来源于政府在意识形态上对于民众的一种说服与训导,如政府声明自身如何代表着公众的利益并在这方面取得了如何的成就,如何体现了民主、自由的价值等等。这种意识形态上的说服、训导在很大程度上可获得民众对于政府的认可,从而使政府自身取得合法性。如上所述,形式合法性因素与实质合法性因素构成了完整的政府合法性因素结构。

二、依法行政是法治政府的核心

(一)依"法"行政还是依"法律"行政

十七八世纪,随着资本主义商品经济的发展,资产阶级的力量日益壮大,他们不再满足于做君主的附庸而要求政治上的平等权利。一些资产阶级启蒙思想家提出了"分权与制衡"、"民主与法治"等一系列政治主张,英国的宪章运动、法国的资产阶级革命、1787 年美国宪法的颁布等,主要资本主义国家

① 利普塞特. 政治人[M]. 北京:商务印书馆,1993:53.

都逐渐走过了从权力支配法律到法律支配权力的转换过程。新的法律支配权力的格局是以资产阶级启蒙思想家的政治主张为基础、通过资产阶级革命来实现的,其核心就是人民主权,以代表民意的法律形式赋予权力并监督权力的行使,依法行政的观念由此产生并发展起来。

依法行政首先应当是一种观念,进而才逐渐形成一系列的具体运行制度。这种观念形成的历史现在没有一个定论,但笔者相信,它应当来源于法治的确立。在笔者的研究过程中,也曾努力通过寻找到一个标志性的历史事件或一个代表性的历史人物来作为依法行政产生的源头,其结果却是相当困难的,以至于笔者相信依法行政制度的形成历史可能是各种相关制度综合的结果。比如依法行政的发展历史与民主政治、法治观念、人民主权理论等都有相当密切的关系,笔者甚至于想到,这个结果可能是很偶然的因素。有鉴于此,笔者选择了这样的路径——通过对各主要西方发达国家依法行政制度的形成发展历史逐一进行考察,以期通过这种实证分析方法让读者从中得到一些有益的启示。再者,由于现代意义上的行政法是与依法行政同生同发展的,行政法的发展变化即是依法行政的发展变化,即依法行政与行政法在本质上具有同一性,是互动式前进的,所以,笔者对依法行政的历史考察主要从行政法发展轨迹的角度切入也是有其相当合理性的。世界各国对依法行政的称谓有较大差异,英国称为"法治"或"依法行政",美国将依法行政包括在"法治"原则之内,法国称为"行政法治",德国称为"依法行政",日本称为"依据法律行政"或"法治行政",我国称为"依法行政"。

"依法行政不仅是现代法治国家所普遍遵循的一项法治原则,而且是各国据此原则所建立的一整套行政法律制度;不仅是现代政府管理方式的一项重大变革,更是现代政府管理模式的一场深刻革命。"①作为原则的依法行政是指行政机关或者政府之行为必须依法而行,即"法无明文规定不得任意行政"或者"行政法定"②。

"最小的政府,最好的政府。"在警察国家时代,行政权仅为民众的"守夜人"。为了防止行政权力对民众权利的侵害,只有在有明确法律依据之下,行政方可有所作为,如无法律之明确规定,行政不得有所作为。随着社会的发

① 郑琦,王学辉.依法行政的历史考察[EB/OL].http://www.bywis.com/2005/6-30/22412.html.
② 周佑勇.行政法基本原则研究[M].武汉:武汉大学出版社,2005:166.

展、市场调节的失灵，社会对行政权的需求已从不加干涉转化为积极补充。于是，行政权急剧膨胀，其触角渗入社会生活的方方面面。与行政权快速膨胀相比，立法对复杂社会事务的反应却越来越显得缓慢和滞后。为缓解这一现实矛盾，授权立法以及依照一般法律原则行政的情况逐渐普遍化，正成为当下行政生活的主流之一。这一导向的凸显，意味着依"法律"行政的死亡，依"法"行政的苏醒。可见，"依法行政原则，指行政机关须以法律而行为，并于法律规定不明确或留有空间之时，则应以宪法之有关规定乃至有关价值为依归。"①

（二）依法行政是法治政府的逻辑必然

依法行政原则是法治国家、法治政府的基本要求。法治（Rule of law）要求政府在法律范围内活动，依法办事；政府和政府工作人员如果违反法律、超越法律活动，就要承担法律责任。法治的实质是人民高于政府，政府服从人民。因为法治的"法"所反映和体现的是人民的意志和利益。法治不等于"用法来治"（Rule by law）。"用法来治"是把"法"单纯作为工具和手段，政府运用"法"这一工具和手段来治理国家、治理老百姓。单纯"用法来治"的实质是政府高于人民、人民服从政府，因为政府以治者自居，人民被视为消极的被治者。

依法行政的基本含义是指政府的一切行政行为应依法而为，受法之约束。德国行政法学者认为依法行政原则包括三项内容：（1）法律创制。指法律对行政权的运作、产生具有绝对有效的拘束力，行政权不可逾越法律而行为。（2）法律优越。指法律位阶高于行政法规、行政规章和行政命令，一切行政法规、行政规章和行政命令皆不得与法律相抵触。（3）法律保留。指宪法关于人民基本权利限制等专属立法事项，必须由立法机关通过法律规定，行政机关不得代为规定，行政机关实施任何行政行为皆必须有法律授权，否则，其合法性将受到质疑②。日本学者认为，依法行政在具体制度形式上体现为三项要求：（1）建立议院内阁制、议会制的民主主义，通过国会对行政进行政治限制；（2）在这一前提下，行政立法、行政处分和行政程序中，存在着立法优

---

① 黄锦堂. 依法行政原则［C］//台湾行政法学会. 行政法争议问题研究：上. 台北：五南图书出版公司,2000.

② 奥托·迈耶. 德国行政法［M］. 刘飞,译. 北京：商务印书馆,2002:67.

先的要求或者立法的统制问题;(3)通过法院对行政进行司法方面的事后救济,而不限于行政监察之类的行政内部监督①。由此可见,依法行政作为法治政府的逻辑必然,其最基本的含义包括以下两个方面。

首先,依法行政的权力只能来自法律。也就是说,公民的授权政府不能自行创设权力,即便是由于行政需要创制行政规章,也必须通过《立法法》加以解决;有些事项的创设权只属于法律,法律和规章对同一事项都有规定的,执法机关应当适用法律而不是规章,要通过制定相应的法律规范,建立健全依法行政的制度体系,用以制约政府行为。目前中国的行政法律制度包括三个组成部分:一是行政组织法(包括行政机关组织法、行政编制法、公务员法等);二是行政行为法(包括行政处罚、行政许可、行政征收、行政强制、行政公开等规则);三是行政监督法(包括行政诉讼、行政复议等法律规定)。这些法律均为基本制度,但省、直辖市和自治区政府的行政法规尚未全面形成相应的制度体系,有待于通过地方行政立法程序逐步加以建立和健全。

其次,必须用权力来制约权力。所谓权力制约权力,并非指大(上)权制约小(下)权,而是指法律化的权力,依然必须依法行政。建设法治政府的目的在于将全能的无限政府改革成为有所为和有所不为的有限政府。法治政府与法制政府是合二为一的整体,即使一个法制高度完备的政府,如果仅仅依据法律治国(市),至多只是停留在法制政府阶段,还不能称为法治政府,因为决策者可以利用权力任意修改或变更法律,规避法律的约束。在一定条件下,法制政府与无限政府并无二致,有限政府则一定是法治政府,法治的功能在于防止和束缚不受制约的政治权力,改革无限政府,确立一个在权力、作用和规模上都受到法律严格制约的有限政府。

基于上述两个方面的内在要求,所谓法治政府就是指整个政府的设立、变更、运作必须依据法律,实现政府组织和行为的合法化、规范化及程序化。根据这一观念,法治政府就其质的规定性而言,至少包括以下四个基本要素。

1. 依法设立。公共行政组织的设立必须由宪法或法律予以规范,而不能由行政机关自行其是。这是法治原则对政府的最基本要求。依法规范公共行政组织的设立,对于行政权的滥用和自我膨胀、行政机关的争权和越权是最重要、最有效的制约。根据世界各国的经验和中国的实际情况,规范公共

---

① 杨建顺. 日本行政法通论[M]. 北京:中国法制出版社,1998:130.

行政组织的法律主要包括行政机关的组织法、行政机关编制法和公务员法。行政机关组织法是行政机关得以产生并行使职责的法律依据。一般地说，未经行政组织法规定，行政机关就无法成立，也无法行使职权。

目前，中国的行政机关组织法尚不健全，还存在许多问题，比如内容上不能与社会主义市场经济体制、民主法治体制和精简、统一、效能的行政管理体制相适应；法律条款过于简单、粗疏、不明确；体系不健全、不完备，没有形成一个相配套的行政组织法体系；中央政府没有部委办局的组织法，地方政府没有分级组织法，组织法中没有规定法律责任等。实践中，行政部门机构林立、层次过多、职责不清、人浮于事等现象依然存在，政府机构改革之所以一度走入"精简－膨胀－再精简－再膨胀"的怪圈，其中一个很重要的原因就是缺乏完善的行政机关组织法。正如魏礼群先生在谈到中国行政体制改革的状况时指出的，总的看，我国现行行政体制与经济社会发展变化还很不适应，必须通过深化行政体制改革，加快建立与发展社会主义市场经济和发展中国特色社会主义民主政治相适应的中国特色社会主义行政体制，使行政体制与经济体制、政治体制、文化体制、社会体制以及其他体制相协调，这是发展中国特色社会主义伟大事业的重要任务。

2. 职权法定[①]。在中国，行政机关的职权，主要是指中央政府及其所属部门和地方各级政府的职权。行政机关必须在法律规定的职权范围内活动。非经法律授权，不可能具有并行使某项职权。这与公民的权利不同。从法律的角度看，公民的权利是，凡法律没有禁止的，公民皆可为之，当然除法律之外还有道德等的约束；而行政机关的职权是，凡法律没有授予的，行政机关就不得为之。法律禁止的当然更不得为之，否则就是超越职权。在内部，超越职权就是行政机关横向超越了某一行政机关的职权，或纵向超越了上下级行政机关之间的职权；在外部，超越职权就会侵犯公民的合法权益。职权法定、越权无效，是依法行政的主要原则之一。行政机关的法定职权一般有两种形式：其一是由行政机关组织法规定，大都以概括之语言划定各机关的职责范围；其二是由单行的实体法规定某一具体事项由哪一行政机关管辖。

3. 依法行使行政权。依法行政就是行政机关行使行政权力、管理公共事务必须由法律授权并依据法律规定。法律是行政机关据以活动和人们对该

①　周佑勇.行政法基本原则研究[M].武汉：武汉大学出版社，2005：166-187.

活动进行评判的标准。从广义上说,上述"根据"原则也属于依据法律,但主要是指行政机关的抽象行政行为;此处所说依据法律和有法律依据主要是指行政机关的具体行政行为,尤其是影响公民基本权利和义务的具体行政行为必须有法律依据、必须依据法律规定作出。这是依法行政的主要内容。依法行政主要体现在对三项原则的遵循上:(1)法律保留原则。对于法律保留的事项,政府无权作出规定。比如立法法规定,只有法律才能作出限制公民人身自由的规定,各级政府部门对此作出的规定应当认定为超越职权。(2)法律优位原则。各级各类政府机关制定规范性文件必须符合上位法律的立法精神和立法目的,不能与上位法相悖,尤其不能违背宪法的精神和原则。与上位法相冲突的行政规范应当无效。(3)程序合法原则。各级政府部门制定法律应当符合法定程序,保证普通民众的民主参与。

4. 权力制约。法治政府是宪政制度所要求的权力制约的必然产物。美国法理学家博登海默曾说:"对权力统治在建立和操纵社会发展的特征的观察表明,权力在社会关系中代表着能动而易变的原则。在它未受到控制时,可将它比作自由流动、高涨的能量,其效果往往具有破坏性。权力的行使,常常以无情的不可忍受的约束为标志;在它自由统治的地方,它易于造成紧张、摩擦和突变。"①法治精神预设着文明运行权力的制度架构,以防止权力的专断与野蛮,特别是通过对权力的制约来保障公民权利,维护社会的公正秩序,保证社会的和谐有序发展。权力制约制度的产生与运行必然要求法治政府的存在。配置权力的法律是宪法,因而宪法确定的权力结构体系的合理性是加强对权力的制约和监督的关键。根据宪政设计和分权理论,政府履行着行政权,行政权是政府执行国家意志、管理公共事务的权力。其权力的运行既可能积极地促进社会的进步与发展、保障与增进人权实现,也可能在权力失控状态下消极地阻碍社会进步。行政基于自身稳定运行的需要,也必须具有内部监督制约的制度设计,这种制度对于权力的合法运行同样有着重要的作用。

从世界各国的发展来看,当今社会行政权呈现出了无限扩张的趋势。行政权力的扩张一方面是社会多样化发展对现代行政管理的客观要求,另一方面也增加了行政权滥用的机会。行政权的权力制约是法治政府的要义。因

---

① 博登海默 . 法理学法哲学及其方法[M]. 邓正来,姬敬武,译 . 北京:华夏出版社,1987:344.

此,建立完备有效的制约机制,以权力制约监督权力,保障政府不仅遵循法律的条文,更真心诚意地遵循法律的精神来运用行政权力,这在法治政府的实现中具有尤其重要的地位。

(三)依法行政是法治政府的"天条"

在中国,依法行政原则主要包括以下四项要求。

第一,依法行政的"法"包括宪法、法律、法规、规章。但在所有这些法的形式中,宪法的效力最高,法律的效力高于法规,法规的效力高于规章。在下位阶法的原则、内容与上位阶法发生冲突时,执法机关应适用上位阶法而不应适用与上位阶法相抵触的下位阶法。依法行政首先要求依宪法、法律行政,法规和规章只有符合宪法、法律的规定时,才能作为行政行为的依据。

第二,依法行政要求政府依法的明文规定行政。政府不严格按法律规定办事、不严格依法律规定行政,就不是法治政府。但是,依法行政不仅仅要求政府依法的明文规定行政,还要求政府依法的原理、原则行政。这是因为:其一,法律的具体规定是有限的,而法律调整的社会关系和社会事务是无限的。特别是在现代社会,需要法律调整的社会关系和社会事务越来越广泛、越来越复杂,法律不可能对每一项社会关系和社会事务都作出明确、具体的规定。因此,法律不能不给政府的行政留下大量的自由裁量空间。对于自由裁量行为,依法行政对政府的要求是依据和遵守法的原理、原则,如公开、公正、公平、诚信、信赖保护、考虑相关因素和不考虑不相关因素等。其二,法律规定是受法的原理、原则支配的。法的原理、原则不仅指导立法即指导法律的制定,而且也指导执法、司法,即指导法律的执行和法律争议的裁决。因此,政府实施行政行为包括实施行政立法、行政执法、行政司法都不仅要依据法的规定,而且要依据法的原理、原则。否则,如果行政只拘泥于法的文字、拘泥于法的具体规定机械依法,其行为就可能背离法的目的,产生负面的社会效果。其三,法律规定适用于社会事实是需要解释的。在很多情况下,具体法律规定的含义并不是十分明确和唯一的。在法律规定含义不十分明确、人们对之存在多种理解的情况下,执法者确定相应法律规定在具体情境中的含义就必须依据法的原理、原则。否则,政府如果可以脱离法的原理、原则而随心所欲地解释法律,那么其就不再是法治政府而是专制政府了。

第三,依法行政要求政府依法律规定行政,而依法律规定行政又首先要求依行政管理法的规定行政。政府不严格按照行政管理法规定的范围、条件、标准和限度办事,自然谈不上依法行政。但是,依法行政不仅仅要求政府依行政管理法的规定行政,还要求政府依行政组织法和行政程序法的规定行政。行政组织法规定政府的职责、职权,政府违反行政程序法的规定就意味着越位(即政府内部越权)、错位(即政府外部越权)、缺位(即政府不作为)。行政程序法规定政府行为的方式、过程、步骤,政府违反行政组织法的规定就会导致专断和滥用权力。可见,依法行政既要求政府依法定行为规则行政,又要求依法定职权和依法定程序行政①。

第四,依法行政要求政府对行政相对人依法实施管理。因为"行政"的基本含义就是管理,没有依法管理自然谈不上依法行政。但是,依法行政又不仅仅要求政府对行政相对人依法管理,还要求政府自身守法,要求政府依法提供服务和依法接受监督。政府守法是法治政府的基本要求,因为法治首先是依法治官、依法规范政府和政府公职人员的行为,而不是首先、更不是仅仅依法治民,只规范行政相对人的行为。至于政府依法提供服务和依法接受监督,乃是政府依法行政的题中应有之义。因为行政意味着管理,而管理在法治社会则意味着服务;依法行政意味着依人民的意志和利益执行公务,而依人民的意志和利益执行公务则意味着接受人民通过各种方式和途径实施的监督。政府脱离人民的监督,其权力就必然被滥用,人民的意志就必然被践踏,人民的利益就必然被侵犯。

三、服务、参与和诚信是法治政府的生命线

(一)服务行政是法治政府的归宿

服务行政是服务型政府的最基本属性,也是法治政府的最终归宿。服务型政府具有两个方面的含义:第一,服务型政府的目的是为了公民利益的实现,而不是自身利益的实现。也就是说,政府要将公民利益作为自己一切工作的出发点和归宿,体现公民本位的行政理念。第二,在政府向公民提供服务的过程中,处于基础性地位的是公民意志,而不是政府意志。也就是说,要由广大公民来决定要不要政府服务、服务多少以及服务什么,而不是政府想提供什么服务公民就接受什么服务。目前,学术界关于服务型政府概念的解

---

① 姜明安. 行政法与行政诉讼法[M]. 北京:北京大学出版社,高等教育出版社,1999:45.

释,主要有以下三种代表性观点。

第一种观点认为,服务型政府就是在公民本位、社会本位理念指导下,在整个社会民主秩序的框架下,通过法定程序,按照公民意志组建起来的、以为公民服务为宗旨并承担着服务责任的政府。也有的学者从政府模式的历史演进角度进行了探讨,认为政府从统治型向管理型再向服务型的转变是一个历史趋势,相应地行政模式也由"统治行政"向"管理行政"再向"服务行政"转变。这和前述定义是完全一致的。刘熙瑞教授持这种观点。

第二种观点认为,"所谓公共服务型政府,从经济层面上说,政府存在是为了纠正'市场失灵',主要为社会提供市场不能够有效提供的公共产品和公共服务,制定公平的规则,加强监管,确保市场竞争的有效性,确保市场在资源配置中的基础性作用;从政治层面上说,政府的权力是人民赋予的,政府要确保为社会各阶层,包括弱势群体提供一个安全、平等和民主的制度环境,全心全意为人民服务,实现有效的治理;从社会层面上说,政府要从社会长远发展出发,提供稳定的就业、义务教育和社会保障,调节贫富差距、打击违法犯罪等,确保社会健康发展。"①

第三种观点则认为,"服务型政府是民主政府、有限政府、法治政府、责任政府、绩效政府。这是服务型政府的形态,也是服务型政府的目标,更是成熟的市场经济体制发展的必然要求。"②具体来说,"服务型政府首先是民主政府,即人民当家作主的政府。人民是国家的主人,政府的权力来自人民的授予,政府的施政目标必须征得人民的同意,人民有权参与政府决策和执行的过程。人民的利益至高无上,政府为人民服务是天职,而且必须全心全意地为人民服务,以符合'人民政府'的神圣称号,并实现社会公共利益的最大化。其次,服务型政府是有限政府,即政府的权力是有限的,不是无限的。计划经济时代的政府是管制型政府,其权力是无限的,无孔不入,无限膨胀;而市场经济时代的政府应该就是服务型政府,为市场服务,为社会稳定和经济发展服务。政府服务的内容是提供维护性的公共服务与完成为数不多的管制任务,并提供社会性的公共服务与必要的公共设施。提供维护性公共服务和完成为数不多的管制任务,是服务型政府的基石;提供社会性公共服务与必要

---

① 陈群民. 构建服务型城市政府[J]. 上海综合经济,2002,(4).
② 谢庆奎. 服务型政府建设的基本途径:政府创新[J]. 北京大学学报:哲学社会科学版,2005,(1).

的公共设施,是服务型政府的主要体现。第三,服务型政府是责任政府,即政府必须对自己的行为负责,对自己所提供的服务负责,对人民的利益负责。对于政府的失职行为,人民有权对政府提出质询,追究责任,直至罢免政府官员。这与管制性政府的责任不清和责任心不强,以及人民的利益即使受到损害也无权并无法追究政府的责任形成鲜明的对照。第四,服务型政府是法治政府,即依法行政的政府。第五,服务型政府是绩效政府,即有效率和效益的政府。"①此外,还有人认为那些工作中注重服务理念、改进服务方法和服务态度、增加服务项目,设立"阳光大厅"、"一站式服务"、"审批中心"等的政府,就是服务型政府。

服务型政府还具有如下四个特征②。

1. 坚持"以民为本"的服务理念。在行政理念上,服务型政府改变了过去"公民义务本位、政府权力本位"的思想,树立了"公民权利本位、政府义务本位"的思想,完全从人民需要出发,以为人民谋福祉为宗旨。

2. 奉行"依法行政"的服务准则。政府的服务必须在法律职权范围内,依法定程序进行。政府应该提供哪些服务、怎样服务,这取决于宪法、法律的授权,绝不能超越职权、一厢情愿甚至是主观武断地强行服务。那种"违背被服务者意愿去推行'服务',往往会使服务变成强迫;不经过被服务者同意而承担服务,哪怕再'全心全意',也不免使服务渐成压制。"③

3. 实行"顾客导向"的服务模式。既然政府的宗旨是秉承人民意志,最大限度地满足人民的需求,保护人民的合法权利,那么政府服务必然是以人民诉求为导向,真正做到"思人民之所思,急人民之所急,办人民之所盼,做人民之所需"。也就是说,在政府与人民的关系中,人民是主体,享有对服务及服务者进行选择的权利,对服务内容、类别、服务机构与人员都有选择权。同时,也有拒绝强制服务的权利,对并非出自意愿的政府服务加以拒绝。

4. 履行"违法必究、有错必改"的服务责任。政府提供公共服务是法定权力,也是神圣的职责。人民不仅有享受政府服务的权利,还有监督行政、要

① 谢庆奎.服务型政府建设的基本途径:政府创新[J].北京大学学报:哲学社会科学版,2005,(1)

② 姜晓萍.转变政府职能,建设服务型政府[C]//中国行政管理学会2003年会论文集.

③ 刘洪波.服务拒绝强制[N].南方周末,2002-04-11(11).

求其承担责任的权利。对于政府服务得如何,是否达到人民的期望值,人民有权评判。对于政府违法服务、过失服务造成的后果,人民有权追究。

总之,服务行政作为一种全新的政府职能模式,是法治政府的最终归宿,是完善社会主义市场经济体制的必然选择。只有政府减少行政审批,降低行政成本,把更多公共资源投向促进社会发展和提供公共产品和公共服务上,并通过增强政府决策透明度和公众参与度,从根本上改进和完善政府的决策和执行机制,让市场主体参与对服务质量的评价,才能形成社会主义市场经济体制中政府、社会、企业三者良性互动的局面。

(二)参与行政是法治政府的行为方式

参与行政的宪政基础是公民的参政权。在议会民主向行政民主演进的过程中,这种参政权便具体化为参与行政的权利,公民不仅要参与行政立法,还要参与到行政执法、行政司法等各种行政行为之中。行政民主是当代政治民主的一个重要组成部分,是确保政治民主得以实现的重要途径和手段。行政机关通过诱导、协调、激励等方式,使民众在一个有序、有利的环境中参与公共事务管理,行使自己的行政参与权。以行政公开制度为例,仅仅公开显然是不够的。参与行政既然是机制、程序和制度,就必须强调和充分尊重私人的参与权利,把它作为私人的一项基本权利加以确认和保护,并赋予私人对有关信息的请求权、对有关过程的参加权以及对侵犯其相关权利的司法救济权。

参与过程是行政部门行使行政权与私人参与行政所形成的互动过程。这种互动过程意味着双方必定存在对峙、冲突与协商、对话,是通过协商和对话来解决公共利益与私人利益以及私人之间利益冲突的过程,既要强调坚持原则的必要性,又要考虑灵活、机动的有用性,重视妥协的价值,达成诚意的让步和双赢的共识,实现行政管理的稳定性和有效性,实现对私人利益的全面、合理的保护。在参与行政的架构下,公务员的首要职责是帮助公民清楚明白地表达并实现他们的共同的利益,而不是试图控制或者掌握社会,使公共服务建立在与公民对话的基础上。参与行政要求从我们能够提供或不能够提供某种服务转为"让我们一起判断下一步将要做什么,然后使它实现吧"。法律制度是参与行政机制能够正常运转的要素。以行政听证制度为例,有了公民的参与,有助于缓解立法过程与执行过程中的信息不对称问题,确保立法决策与行政决策的理性,从而有效遏制政府行为的盲目性与随意性,实现行政和民众的双赢。

在现代国家,民主行政或行政民主的理念集中地体现为公民直接参与行政管理,并逐渐发展成为公民与政府合作的互动共治模式。公共行政应该"有更广泛的界定、显示所有集体公共行政的形式或方向,应该以加强变迁、回应和公民参与的观点来管理公共组织与机关","公共行政的精神是建立在对所有公民善意的道德基础之上的"。在这种意义上,参与行政这种状态本身就应该是政风建设所追求的目标。在政风建设中,利用公民的参与,强化政府责任,规范行政行为方式,无疑更能增进对话沟通、协商与监督,进而从根本上确立政府与民众之间的信赖关系①。

进入 20 世纪 90 年代以来,信息技术、经济全球化使世界发生了巨大的变化。为确保政府管理能够跟上时代变迁的潮流,并发挥不可或缺的作用,西方各国普遍开展了"政府再造"或"重塑政府"运动。美国学者戴维·奥斯本和特德·盖布勒在他们 1992 年发表的《改革政府:企业精神如何改革着公共部门》一书中得出如下具有启迪性的结论:解决政府各种问题的唯一正确的价值选择,在于重新定位政府的职能,按照企业家精神重塑一个"企业化政府"。"企业化政府"的首要原则就是"质量只有由顾客来决定"。为了推行这一套制度,通过各种可能的途径允许公众参与行政,如顾客调查、顾客随访、社区调查、顾客委员会、专题小组等等。参与行政强调通过政府行政改革,将民众参与和转变政府职能相结合,提高公共政策和公共管理的品质,因而具有较强的适应性。正是从这个意义上,参与行政已越来越成为法治政府的普遍的行为方式。

(三)诚信行政是法治政府存续的必然

"人无信不立。"所谓诚信,即诚实守信。政府诚信是指政府管理机关对法定权力和职责的正确履行程度、政府管理部门在自身能力的限度内实际的践约状态,包括政府管理部门的科学民主程度、政府管理部门行政的依法程度、政府管理部门作为公共权力代表的公正程度、政府官员的公信力等。按照社会契约理论,公众与政府间的关系是基于行政权的运行而达成的政治委

①　关于服务行政的相关阐述,参见杨海坤,关保英. 行政法服务论的逻辑结构[M]. 北京:中国政法大学出版社,2002.

托代理关系。公众是行政权委托人，政府是行政权代理人。委托代理关系的成立基于公众对政府的信任，即公众自信其利益期待可通过政府对行政权的代理得到实现。委托代理关系的变更以政府代理行政权的实际表现即政府诚信为条件。

与一般的诚信体系相比，政府诚信有两个显著特点：（1）政府诚信是一种代理者诚信。与市场信用体系相比，它是一种非利润刺激诚信，所以容易存在诚信动力不足的问题。（2）政府诚信是一种建立在诚信方和信任方非对等基础上的特殊诚信。当诚信方即政府一旦发生失信行为，信任方即公众由于其权力支配上的明显劣势而显得孤立无助。然而，政府诚信是政府自身存在的根本，也是社会诚信的核心。一方面，政府诚信对整个社会诚信体系的良性运行具有主导责任，也是政府和社会秩序的主要原则。政府作为社会公共事务管理者的定位，决定了政府诚信是社会诚信体系的基石。另一方面，政府代理公共权力的诚信度，关系到公共责任和公共利益的实现程度。政府失信于民，本质上是对公共责任的破坏和对公共利益的损害，其结果是导致政府威望的丧失与政治危机甚至社会动乱的出现。

在法律上，诚信原则本属于私法领域，体现为法律的一般原则，后为公法所普遍引入。在行政法领域，诚信原则大多与信赖利益保护原则结合运用。《行政许可法》在中国首次以法律的形式确立了行政领域的诚实信用、信赖保护原则[1]。如该法第 8 条和第 69 条的规定，就是要求行政机关实施行政许可必须遵守诚实信用原则，不得擅自改变已经生效的行政许可行为[2]。《全面推进依法行政实施纲要》规定："行政机关公布的信息应当全面、准确、真实。非因法定事由并经法定程序，行政机关不得撤销、变更已经生效的行政决定；因国家利益、公共利益或者其他法定事由需要撤回或者变更行政决定的，应当依照法定权限和程序进行，并对行政相对人因此而受到的财产损失依法予以补偿。"补偿就是对已破坏的公平进行修补，体现了亚里士多德所谓的衡平正义。

按照现代公共服务行政理念，现代行政权已不再以单纯的干涉公民权利为实现之唯一形态，而步入以服务为主导、以其他行为方式为辅助的多元化

---

① 刘东生. 政府行政管理理念的创新[N]. 法制日报,2004-05-27(9).
② 周佑勇. 行政法基本原则研究[M]. 武汉:武汉大学出版社,2005:230.

行政。政府与民众之间的关系,早已告别对抗,成为一种合作和相互信任的关系。行政合同、行政指导与行政计划等"柔和"行政的出现,便是这一转变的最佳注释。

　　诚信既是信赖的基础,也是前提。只有政府言出必行、诚实可信,民众方能信任政府,才愿意参与行政建设,才愿意与政府沟通、交流与合作。如果政府朝令夕改,言不守、行不信,那民众自然不会拥戴政府,也不会与政府合作。如此一来,政府必然会丧失基础、甚至丧失实质的合法性,从而也就必然不再是法治政府,可能连政府也无法继续存在下去。

四、行政救济是法治政府的要义

（一）行政救济是法治政府的逻辑必然

　　"有权利,必有救济",这是法治的要义之一。所谓行政救济是指"公民、法人或者其他组织认为行政机关的行政行为造成自己合法权益的损害,请求有关国家机关给予补救的法律制度的总称,包括对违法或不当的行政行为加以纠正,以及对于因行政行为而遭受的财产损失给予弥补等多项内容"①。在中国现行法律框架下,行政救济体系主要包括信访、行政复议与行政诉讼等三大制度。

　　随着"行政国"的来临,行政权必然伴随人们从"摇篮"走向"坟墓"。行政权力活动的空间越大,范围越广,职能越多,因权力行使所导致的纷争亦必然增多。如何解决纷争、消弭冲突、补救损失正成为一个法治政府治理社会的题中应有之义。正如温家宝同志在国务院举办的第二次学习《中华人民共和国行政许可法》的讲话中谈到建设法治政府的基本理念时指出的:"有权必有责,用权受监督,侵权须赔偿。"这三句话中虽然都有一个"权"字,但其所指却不一样,各自针对着政府行为的不同逻辑阶段:"有权必有责"主要针对政府权力的获取;"用权受监督"主要针对政府权力的使用;"侵权须赔偿"主要针对政府行为的结果,而且这个"权"字更侧重于权利。"侵权须赔偿"就是这里所说的行政救济。

　　在宪政原则下,政府是法治的政府,不仅行政权限须有法律规定,而且行为方式与手段也须以法为据。也就是说,法治政府是法律框架下的有限政

---

　　①　林莉红.行政救济基本理论问题研究[J].中国法学,1999,(1).

府,其权力之行使以法律为限。一切权力都有被滥用的可能。一旦权力被滥用,势必给民众、给权利造成侵害。行政救济制度的设立,一方面是用其他权力监督与制约行政权,另一方面给受害者提供救济。如果说法律规定行政之有限是前提、是事前规范的话,那么,行政救济则是事后监督,是对法律规定的保障,是有限政府的最后落实。行政救济制度的缺乏必然使有限政府沦为口号、使众多法律规定成为一纸空文。

(二)监督行政是法治政府的内在要求

行政机关的权力是广泛而经常行使的,行政机关及其公务员的行为与公民的合法权益有着密切的关系。由于传统观念的影响和执法人员的素质及行政管理体制还不够完善等因素,行政权因为权力滥用而侵犯公民、法人和其他组织合法权益的可能性是存在的。监督行政的制度,就会使每个被管理的公民和其他相对人的合法权益得到落实和保障。对行政监督一般可以分为外部监督和内部监督。

行政外部监督主要包括:(1)执政党对行政的监督。中国共产党是中国的执政党,执政党对行政的监督实际就是中国共产党对行政的监督。在中国,执政党对行政的监督制度具体内容包括:监督各类行政机关的党组织及担任行政职务的党员执行党的路线、方针、政策情况;了解行政机关工作中存在的问题,将这些问题报告党的上级组织;对在行政机关中任职的违反党纪的党员进行党纪处分;对行政公务员中的党员和非党员进行思想、作风、法纪和道德方面的教育和监督。(2)政协、民主党派和其他社会组织对行政的监督。(3)舆论对行政的监督①。社会舆论对行政的监督是指通过报刊、广播电视、互联网等舆论工具公开报道,帮助公众了解政务,尤其是通过舆论造成强大压力促使行政机关纠正或避免行政违法行为,这种监督虽属于非国家机关的社会监督,但实践中亦对行政的监督起着重要作用。(4)人民群众对行政的监督。人民群众对行政的监督是指以公民为监督主体对国家行政机关及其公务员实施的监督。人民群众对行政的监督方式有,公民可直接向国家行政机关及其公务员提出批评建议;通过各类国家机关内部设立的信访机构提出对行政的监督、申诉、控告和检举;通过公民参加的社会座谈或向新闻舆

---

① 如何处理媒体监督与政府之间的关系,可参见《从"虐俘事件"的报道看西方媒体与政府的关系》,载 http://www.china.org.cn/chinese/zhuanti/ljnd/590725.htm.

论界反映行政机关及其公务员的违法违纪问题,寻求舆论的声援;通过举报的方式向有关国家机关检举揭发行政违法或行政公务员违法犯罪行为等。在我国,上述行政外部监督的结构是历史形成的,也是有效的,但还需要在实践中不断加以完善。正如党的十八大报告指出的:"推进权力运行公开化、规范化,完善党务公开、政务公开、司法公开和各领域办事公开制度,健全质询、问责、经济责任审计、引咎辞职、罢免等制度,加强党内监督、民主监督、法律监督、舆论监督,让人民监督权力,让权力在阳光下运行。"

　　行政内部的监督有两种方式:其一是行政机关内部的层级监督。行政机关内部层级监督是指行政系统内部上级国家行政机关对下级国家行政机关、各级人民政府对其所属工作部门所实施的监督;行政管理主管机关对其所属工作部门所实施的监督。行政机关内部所属层级监督是根据宪法规定的国家机构民主集中制的组织和活动原则而产生的。为了落实民主集中制原则,保证下级行政机关对上级行政机关的服从,在宪法以及地方组织法中,对这种层级监督的内容和程序作出了原则性或具体的规定。行政机关内部层级监督的方式是:领导和指导下级工作;改变和撤销下级作出的行政行为;依照法律规定任免、培训、考核和奖励公务员;上级行政机关对下级行政机关或所属工作部门的具体行政行为根据当事人的申请依法定的程序和权限进行行政复议;下级部门对上级主管部门也能提出合法意见或进行依法监督。其二是审计监督。审计监督是指国家审计机关依法对被审计机关或单位的会计记录和有关经济资料进行审核和稽查,从而对被审计机关或单位的财务收入状况、经济效益是否遵守财政法纪的情况进行客观公正的评价,并提出审计报告以加强经济管理的一种经济监察活动,特别是在我国,国务院设审计署、县级以上设审计局在本级政府和上级审计机关领导下工作。审计机关根据工作的需要可以在重点地区、部门设立派出机构,审计机关依法独立行使审计监督权。

　　行政救济体系之行政诉讼、行政复议与信访制度也可以起到监督行政的作用。"行政救济制度一定可以起到监督行政的作用,监督行政的制度不一定能起到行政救济制度的作用。"①由于行政救济制度由当事人发动、是一种经投诉的个案处理制度,通过这种常设的处理争议的机构对受到行政机关行

---

　　①　林莉红.中国行政救济理论与实务[M].武汉:武汉大学出版社,2000:13.

政行为侵害的公民、法人或者其他组织合法的个体权利进行法律救济,因而在监督行政方面具有良好的效果。

（原载《学习与探索》2013 年第 1 期）

论法治政府建设的价值取向

　　改革开放以来,我们党在领导中国人民建设富强、民主、文明、和谐的社会主义现代化国家的进程中,不仅确立了依法治国、建设社会主义法治国家的理念,而且确定了依法行政、建设法治政府①的方针,开始了"建设什么样的政府、怎样建设政府"的积极探索②。法治政府建设中的价值取向决定着政府的类型和功能,即不同的价值取向不仅会导致不同的政府结构和行政模式,而且会影响法治政府建设的成败,影响我国社会主义现代化建设的进程。根据当今世界的时代潮流和各国民主法治的正反经验,结合我国的特殊国情和发展阶段,我国在推进依法行政、建设法治政府的过程中,应当坚持有限行政、诚信行政、服务行政和责任行政的价值取向。

一、有限行政:法律无明确规定的权力,政府不得行使

　　早在 20 世纪初行政学诞生之际,美国学者古德诺就从政治与行政相分离的角度提出了政府是有限度的观点。他说:"如果希望国家所表达的意志得到执行,并从而成为一种实际行为规范的话,则这一功能必须置于政治的控制之下。"③有限行政是基于对国家经济社会发展效率最大化的自觉追求,具体体现为以下五个方面:

---

　　① 本文中的政府内涵不是广义上的"大政府",即包括立法机关、国家元首、行政机关、司法机关等要素的国家机构的总体,而是狭义上的"小政府",即行政机关。

　　② 2004 年 3 月,颁布《全面推进依法行政实施纲要》,第一次以国务院文件形式提出 10 年建设法治政府的目标;2008 年 5 月,发布《关于加强市县政府依法行政的决定》,全面启动法治政府建设;2010 年 11 月,提出《关于加强法治政府建设的意见》,明确当前和今后一个时期推进法治政府建设的重点任务。

　　③ [美]古德诺. 政治与行政[M]. 北京:华夏出版社,1987:41.

　　一是道德限度。尊重个人权利和社会公共利益，是政府必须遵守的一种"道德法则"，它是政府行为限度的"绝对命令"①。这是确定政府行为限度的内在约束力。其中包括：（1）需要限度。政府是基于公共利益的需要而产生的，因此政府的一切行为必须以满足人民的需要、维护公共利益为依归，不得以维护社会公共权力为借口，随意践踏公民个人权利。也就是说，与一定阶段的社会发展水平相适应，政府行为（社会公共权力）与公民个人权利之间应有特定的"边界"。（2）公正限度。"公正要人尽自己的义务"②，"正义以公共利益为依归"③。行政公正是行政民主程度的重要标志，应成为政府行为的自觉意识和自觉追求；行政公正更是社会、公民对政府的期待，是社会、公民判断政府行为方式合法与否的基本标准。从行政管理的角度看，政府与社会、公民是一种管理者与被管理者的关系。一般而言，被管理者处于被动和弱势的地位，管理者公平施政是被管理者维护自身权益不受侵犯的内在要求。

　　二是法律限度。这是确定政府行为限度的外在约束。政府权力来自人民的授予，而人民规定政府权力的最基本方式就是人民通过选出的代表组成国家机关进行立法，以法律明确规定政府的职权，使政府权力获得合法性。因此，"合法"是政府行为的必要界限——政府权力仅限于法律明确规定的范围（政府不得行使法律无明确规定的权力），而且政府权力的行使必须依照法律规定的程序和方法。孟德斯鸠从政治社会中公民政治自由的角度，为政府行为划定了边界："自由仅仅是：一个人能够做他应该做的事情，而不被强迫去做他不应该做的事情。"④如何保持这样的自由呢？只有当"国家的权力不被滥用的时候才可能"。政府不应强迫公民去做他不应该做的事，而应保护公民去做他应该做的事。正如弗里德曼所说的，无限政府不能推动文明的进步，"不管是建筑还是绘画，科学还是文学，工业还是农业，文明的巨大进展从未来自集权的政府。""为了保护我们的自由，政府是必要的；通过政府这一工具，我们可以也才能保护自己的自由；然而，由于权力集中在当权者的手中，

---

①　施雪华. 政府权能理论［M］. 杭州：浙江人民出版社，1998.
②　古希腊罗马哲学［M］. 北京：三联书店，1957：120.
③　［古希腊］亚里士多德. 政治学［M］. 北京：商务印书馆，1981：148.
④　［法］孟德斯鸠. 论法的精神：上册［M］. 北京：商务印书馆，1961：154.

它也是自由的威胁。"①

三是能力限度，即政府在技术上是否有能力满足社会需求。如果有能力，政府就有了满足特定需求的责任能力，就可以承担此项职责；如果没有能力，政府就没有满足特定需求的责任能力，就可能好心办坏事，这时政府最好不要贸然干预。

四是经济限度。如果政府在技术上有能力来满足社会需求，其他社会组织或市场也有能力满足这一需求，那么就有一个成本收益比较的问题。也就是说，如果政府能够以较低的成本满足特定需求，则可由政府承担这方面的责任；如果政府不能以较低的成本满足社会需求，那么政府就不应承担这方面的责任，而由能够以较低成本满足社会需求的社会组织或市场来承担这方面的责任。

五是生态平衡限度。现代行政系统及其外部环境已经构成一个生态系统。行政系统是一个处于外部诸多因素中的开放系统，是社会大系统中的一个子系统。由于社会的政治、经济、文化等因素不断变迁，环境对政府的要求和期望也不断发生变化，从而必然引起政府内部各分系统的变化。行政系统只有通过与外部环境的输入、输出而适应环境的重大变迁，才能达到与新环境之间的新平衡。因此，政府行为必须能够保持行政系统与社会系统之间的平衡，保证政府、市场与社会之间的协调运行，从而为政府行为提供准确方向和持续动力。如果政府行为不能维持系统的生态平衡，那么政府就不应承担这方面的责任。否则，超越了特定的界限，就会破坏系统的生态平衡，从而使社会系统陷入混乱之中。制约政府行为限度的外部环境主要是政治、经济、文化环境。人是政府系统的主体，同时又是一定文化环境的产物。所以，一定的文化背景、意识形态以及各种思想、观念、心理、理论等都会影响作为政府主体的人的思想和行为模式，进而影响到政府行为的限度。

按照宪政标准、法治原则和效率原则，有限行政首先体现为功能有限。政府应在社会主义市场经济条件下正确协调自身作为市场参与者和调节者双重角色的关系，自觉坚持有所为、有所不为的原则，坚决摒弃"政府万能论"。法律至上原则要求权力在法律授予的基础上依法行使，否则，便是对法

---

① ［美］弗里德曼. 资本主义与自由［M］. 北京：商务印书馆，1988：26.

律权威的莫大侵害,对公民权利、自由的莫大威胁①。

　　功能的实现依托于职能的设计。职能,即从政府对社会的功能中具体分化出来的下位阶范畴。功能的有限决定着职能的有限。政府的职能主要包括统治与社会公共管理两种职能。我国现行宪法对"一府两院"所作的制度设计本身就表明政府的职能是有限的,党对军队的绝对领导原则也是政府统治职能有限性的证明。至于社会公共管理职能的有限性,在《全面推进依法行政实施纲要》中有明确的要求:"依法界定和规范经济调节、市场监管、社会管理和公共服务的职能。推进政企分开、政事分开,实行政府公共管理职能与政府履行出资人职能分开,充分发挥市场在资源配置中的基础性作用。凡是公民、法人和其他组织能够自主解决的,市场竞争机制能够调节的,行业组织或中介机构通过自律能够解决的事项,除法律另有规定的外,行政机关不要通过行政管理去解决。"②现代法治的制度设计特别强调,政府虽然还是专门的公共管理机构,但却不是唯一的机构,在政府之外,还应当有一些准自治的、半自治的和自治的机构去承担公共管理的职能③。正如党的十六届四中全会指出的,加强和创新社会管理,必须"建立健全党委领导、政府负责、社会协同、公众参与的社会管理格局"。《全面推进依法行政实施纲要》还指出:"要加强对行业组织或者中介机构的引导和规范。"④而这些行业组织或者中介机构,就属于承担着一定公共管理职能的机构,就有社会协同、公众参与的功能。

　　职能的实现离不开职权。职权是依照宪法、法律的明文规定对符合条件的主体授予的公共权力。有限的职能决定有限的职权。职能的主体是政府或政府的某一部门,但职权只属于某一部门或是具体的行政职位。职权有限是行政法越权无效原则的鲜明体现。越权无效原则的基本含义是:行政机关必须在法定权限范围内行为,一切超越法定权限的行为不具有公定力、确定力、约束力和执行力⑤。因此,《全面推进依法行政实施纲要》明确规定:"行政执法由行政机关在其法定职权范围内实施,非行政机关的组织未经法律、

① 王人博,等.法治论[M].济南:山东人民出版社,2001.
② 全面推进依法行政实施纲要[Z].北京:中国法制出版社,2004.
③ 张康之.论"新公共管理"[J].新华文摘,2000,(10).
④ 全面推进依法行政实施纲要[Z].北京:中国法制出版社,2004.
⑤ 姜明安.行政法与行政诉讼法[M].北京:北京大学出版社,高等教育出版社,1999:64-71.

法规授权或者行政机关的合法委托,不得行使行政执法权;要清理、确认并向社会公告行政执法主体;实行行政执法人员资格制度,没有取得执法资格的不得从事行政执法工作。"①

在功能、结构、职能、职权均有限时,职责的承担才是具体和现实的,因而也是有限的。职责的有限指的是法律规定的对象范围有限和主体范围有限。对象范围有限即对什么事负责,主体范围有限即什么人对这件事负责。这里的主体是指行政机关及其工作人员。从严格的学理上讲,政府的职责包括决策、执法、执法过错责任追究和政府投资责任追究等。《全面推进依法行政实施纲要》的"权责统一"、"有权必有责"中的"责"指的也是职责:"行政机关依法履行经济、社会和文化事务管理职责,要由法律、法规赋予其相应的执法手段。行政机关违法或者不当行使职权,应当依法承担法律责任,实现权力和责任的统一。依法做到执法有保障、有权必有责、用权受监督、违法受追究、侵权须赔偿。"②

有限行政意味着政府在以法律为核心的制度规制下逐渐淡出市场角逐,使市场价值得以回归,效率原则得到强调。而当效率原则得以实现时,有限政府才真正成为有效政府。因此,有效政府是有限政府逻辑演进的结果。此外,有限行政的概念涵盖了制度约束和规制政府的整个过程。以制度特别是宪政标准和效率目标来规制政府,既克服了无限政府的诸多积弊与不足,又在不断地挤压政府的存在空间,以至"有限政府在处理自身与市场的关系时,必须遵守市场优先③的原则"④。正如《全面推进依法行政实施纲要》指出:"行政机关应当根据经济发展的需要,主要运用经济和法律手段管理经济,依法履行市场监管职能,保证市场监管的公正性和有效性,打破部门保护、地区封锁和行业垄断,建设统一、开放、竞争、有序的现代市场体系。要进一步转变经济调节和市场监管的方式,切实把政府经济管理职能转到主要为市场主体服务和创造良好发展环境上来。"⑤政府要内在地唤起自我约束的"道德

①　全面推进依法行政实施纲要[Z]. 北京:中国法制出版社,2004.
②　全面推进依法行政实施纲要[Z]. 北京:中国法制出版社,2004.
③　市场优先,即市场先于政府是有限政府的基础,作为扩展秩序的市场延伸到哪里,政府的范围就应该收缩到哪里。
④　毛寿龙,李梅. 有限政府的经济分析[M]. 上海:上海三联书店,2000:101.
⑤　全面推进依法行政实施纲要[Z]. 北京:中国法制出版社,2004.

律"，由此，政府开始从外在包裹中得以"破壳"，自我意识得以崛起，诚信政府得以孵化。

二、诚信行政：挣脱外在束缚，寻求自立自觉

诚信是一项基本的道德原则，也是一项基本的法律原则。该原则最初是民法领域的"帝王条款"，后来被移植到了公法领域。在德国，法律已非常明确地将诚信原则作为其行政法的基本原则。我国现阶段社会信用体系不健全，政府信用的危机更是在其中起到了推波助澜的作用，因而在建设法治政府的过程中确立诚信行政的价值取向，不仅十分必要，而且至为迫切。

诚信行政是法治政府内在维度的思维具象，它不同于外在维度的有限行政。康德有言："就这些自由法则仅仅涉及外在的行为和这些行为的合法性而说，它们被称为法律的法则。可是，如果它们作为法则，还要求它们本身成为决定我们行为的原则，那么，它们又被称为伦理的法则。如果一种行为与法律的法则一致就是它的合法性，如果一种行为与伦理的法则一致就是道德性。前一种法则所说的自由，仅仅是外在实践的自由；后一种法则所说的自由，指的是内在的自由，它和意志活动的外部运用一样，都是为理性的法则所决定的。"①可见，有限行政遵守的是法律的法则，即要求政府符合一定的宪政标准和效率目标，它所追求的是政府外在实践的自由；诚信行政须符合伦理的法则，秉持道德性，实现内在的自由。有限行政是受动的，而诚信行政是主动的。诚信行政的主动性表现为政府怀抱"无信不立"的信念，努力挣脱外在束缚，寻求自立自觉的主动出场。

诚信行政是基于对政府功能的自我意识，主要表现为政府意识到自己本质上是社会公意，代表的是社会公益。随着执政理念的转变，政府在权力分配与使用的过程中树立了正确的权力观，即政府应该树立遵宪守法观念，为社会做出诚信的表率。诚信行政要求我国政府对内做遵宪守法之表率，对外保持"重友谊、负责任、讲信义"的传统，加强与世界各国的互信与合作，积极参与维护世界和平、促进人类共同发展的行动。

诚信行政的自我意识需要通过自我塑成来加以固化。这里的自我塑成指的是政府在权力运行过程中以主动的姿态、宽容的意识和公平的理念建构

---

① ［德］康德. 法的形而上学原理——权利的科学［M］. 北京：商务印书馆，1991：14.

一系列自我约束机制——科学民主的立法决策机制、政务公开制度、行政救济的程序正当制度。政府必须实行依法、科学、民主的立法决策;建立健全公众参与、专家论证和政府决定相结合的行政决策机制;改进政府立法工作方法,扩大政府立法工作的公民参与度。参与原则是平等自由原则被运用到由宪法所规定的政治程序的具体体现,所有公民都应有平等的权利来参与制定公民将要服从的法律的制定过程并决定其结果①。政治正义层面的参与原则无疑适用于行政立法决策领域。政府鼓励和保障公民参与的意义在于:可以显现政府开放、宽容与务实的姿态;可以提高公民政治参与的积极性,培育公民的政治美德;能够从不同的侧面听取同一决策事件的不同意见,扩大民主和顾及少数人的权利;能够使不断运用的政治平衡艺术日益成熟。总之,诚实守信是诚信行政自我塑成的一项基本原则。这一原则不仅在行政执法活动中具有指导性和适用性,而且在行政立法和行政司法领域乃至司法机关裁判行政行为是否合法的行政救济领域,同样具有适用性和约束力。其基本要求如下:

一是政府行为具有真实性、公益性和稳定性。政府行为的真实性体现为政府行为真实可靠,政府提供的信息全面、准确、真实。政府行为的公益性体现为政府行为既合法又合理,一切以社会利益和公众利益为依归。政府行为的稳定性体现为政府作出的决定和行为具有科学性,能够保持相对稳定,而要做到这一点,就要求政府依法行政所依之"法"具有稳定性。这一特征要求政府的行政行为一经做出,即具有确定性;同时,政府要遵守信赖保护原则。政府遵守信赖保护原则是政府获得信赖的前提和基础。否则,政府将失去公众的信赖。

二是政府必须是透明的,因为透明是政府取得民众信赖的条件,也是预防政府腐败的重要手段和制度安排。诚信行政也必须是"透明行政"和"阳光行政"。首先,它要求实行政务公开——行政机关公开信息必须及时、全面、准确和真实,而公民有权查阅政府公开的所有信息。其最为根本的是推行政府信息公开制度。这有助于保障公民知情权,使公众熟悉政府的办事程序,防止政府腐败,增强公众对政府的信任,也有助于公众更方便地与政府打交道,降低公众的办事成本,更有助于实现公平、公正,促进社会的和谐稳定。

———————————

① [美]罗尔斯. 正义论[M]. 何怀宏,等,译. 北京:中国社会科学出版社,1988:211.

其次,它还要求政府做到"言而有信",维护行政权的确定力,保护行政相对人的信赖利益。行政权的确定力是指已生效的行政行为对行政主体和行政相对人具有不受任意改变的法律效力,即非因法定事由并经法定程序后不得撤销、变更。行政权的确定力是行政信赖保护原则的内在要求。所谓行政信赖保护原则,是指当个人对行政机关作出的行政处分已产生信赖利益,并且这种信赖利益因其具有正当性而应得到保护时,行政机关不得撤销这种信赖利益,或者如果撤销就必须补偿其信赖损失①。《行政许可法》在我国首次以法律形式确立了行政领域的诚实信用、信赖保护原则。《全面推进依法行政实施纲要》也体现了这种精神:"行政机关公布的信息应当全面、准确、真实。非因法定事由并经法定程序,行政机关不得撤销、变更已经生效的行政决定;因国家利益、公共利益或者其他法定事由需要撤回或者变更行政决定的,应当依照法定权限和程序进行,并对行政相对人因此而受到的财产损失依法予以补偿。"②这种补偿就是"'有权利,必有救济'原则"在行政救济中的具体体现,是对已破坏的公平的修补。

可见,行政救济③是保护行政相对人权益和公众利益的一条重要途径。在推进诚信行政的过程中,对行政救济的一条根本性要求就是救济程序正当。程序正当是程序公开的逻辑使然,也是参与原则价值深化和升华的必然。程序正当包括两层含义:一是任何人不应该成为自己案件的法官;二是在受到惩罚或其他不利处分前,应为行政相对人提供公正的听证或其他听取意见的机会。也就是说,坚持行政救济的程序正当,就是为了确保案件公正无私地得到处理,受制裁人在惩罚降临之前有为自己充分辩护或请求他人为自己辩护的机会。因此,《全面推进依法行政实施纲要》申明,要按程序正当的基本要求依法保障行政管理相对人、利害关系人的救济权。

诚信行政的自我塑成只有辅之以自我评价才能稳固。从本质上说,评价是一种主观活动,不同的评价主体往往有不同的评价标准,但主观评价活动

---

① 费丽芳. 依法行政过程中政府诚信缺失问题探析[J]. 行政与法,2003,(9).
② 全面推进依法行政实施纲要[Z]. 北京:中国法制出版社,2004.
③ "行政救济是公民、法人或者其他组织认为行政机关的行政行为造成自己合法权益的损害,请求有关国家机关给予补救的法律制度的总称,包括对违法或不当的行政行为加以纠正,以及对于因行政行为而遭受的财产损失给予弥补等多项内容。"参见林莉红《中国行政救济理论与实务》,武汉大学出版社2000年6月版,第7页。

总需要以一定的事实为基础,因而评价标准必然内含许多客观因素。这些因素正是评价标准的科学性和特定人有一定利益与公共理性的特征表现,其评价标准更是评价主体的价值标准与外部客观现实之间具体的、历史的统一。这种统一,主要表现为政府总是倾向于以行政规范的现实化和行政价值目标的实现来评判政府行为,因而政府的自我评价包含规范评价和价值评价两个层面。规范评价是政府自身以内部监督或者考核制度等方式,运用行政规范对政府自我塑成阶段的诸种行为所产生的客观的事实状态进行评价。它要求政府行为合法——遵循法律的规定;若没有法律规定,政府不得作出影响行政相对人或增加其义务的决定。价值评价是根据公平正义和以人为本的科学发展观的价值标准对自我塑成阶段的政府行为作合理性审查。它要求政府行为合理——遵循公平、公正的原则;政府要平等对待行政相对人,不偏私,不歧视,所运用的管理方式必须满足必要、适当的要求,避免采用损害当事人权益的方式并符合行政行为的目的。合理行政要求政府行为,尤其是行使自由裁量权的行为不仅在形式上要合法,而且在实质上要合理,这才是诚信行政对行政机关活动的最终要求。它强调:一是遵循公平、公正的原则,平等地对待相对人,同类情形同样处理,不同情形区别对待,不夹带个人的成见、爱好,在内心无歧视不偏私的状态下作出决定;二是行政机关运用自由裁量权时,不得违背法律的目的,不应受不相关因素的影响,或基于不相关的考虑作出决定;三是遵循比例原则,做到所采取的措施和手段与法定目的成比例,所采取的措施和手段本身应当必要、适当,在不妨碍实现行政目的的前提下应当采用对当事人权益损害最小的方式。

　　诚信行政是对有限行政的反思。诚信行政的动力支撑是公开、公平和公正原则。在这个阶段,政府由受动转向主动,由外在进入内在,由他律转为自律,由效率优先兼顾公平通向追求效率与公平的均衡。法治政府的终极意义则是寻求有限行政与诚信行政之间具体的高度统一,进而要求法治政府更须坚持责任行政。

三、责任行政:实现公平与效率、秩序与正义、公民权利与国家权力以及法治国家与法治社会的统一

　　责任行政是有限行政、诚信行政的逻辑必然,又是有限行政、诚信行政建设的归宿。在有限行政阶段,对政府的"瘦身"实际上是缩小政府的责任范围,更有利于责任的落实。"欲使责任有效,责任必须是明确且有限度的,而无论从情感上讲还是从智识上讲,它也必须与人的能力所及者相适应。"①诚信行政则是培养这种情感和增进相应智识的重要途径。责任行政的普遍目的是由参加组成政府的人民所赋予的,政府正是基于这种普遍目的而承担责任。责任行政是基于对法治目的的自我觉醒。它不仅把实现公平与效率的统一、秩序与正义的统一、公民权利与国家权力的统一以及法治国家与法治社会的统一作为自己的应有内涵,而且还要求行政机关依法做到执法有保障、有权必有责、用权受监督、违法受追究、侵权须赔偿,从而实现权力和责任的统一。

公平与效率的统一,是人类社会发展的永恒话题,更是作为法治理性统合之灵魂的责任政府建设的价值目标。人们对公平、效率的理解可谓仁者见仁、智者见智②,但通过对公平、效率的考察,至少可以得出这样六点共识:第一,公平、效率都是关系范畴,存在于一定的社会关系之中,其背后都表现为一定的物质利益。第二,公平、效率都是历史的、发展的,总是与一定的经济社会发展相联系。第三,公平、效率都具有一定的客观性。它们都与特定的社会经济结构、文化结构相适应,归根结底都是由一定的社会生产方式决定的,并且为一定的社会生产方式服务。第四,公平、效率都具有广泛性。任何社会都需要一系列的制度、规范或规则,而任何制度、规范或规则又都无不从一定程度上决定着社会的公平与否、效率高低。第五,公平、效率都以自身为参照系,因而都体现出"没有最好,只有更好"的一面。第六,公平、效率的终极价值目标都是人的自由全面发展。实现人的自由全面发展是人类社会进步的终极目标,但这一终极目标的实现,既需要依托效率的不断提高,又需要

---

①　[英]哈耶克.自由秩序原理[M].邓正来,译.北京:生活·读书·新知三联书店,1997:99.
②　时下人们对于公平有五种观点:(1)公平是指社会制度及规则的公正、平等。(2)公平是指收入分配规则的公平。(3)公平包括三个层级:第一级是制度规则的公平、平等;第二级是收入分配制度的公平,即个人向市场提供的生产要素的多少要与获得的报酬相适应;第三级是收入补偿制度的公正,即政府要对个人收入进行合理的补偿。这三级内涵是相互联系的。(4)公平属于道德范畴。(5)公平是一种主观感觉、心理平衡,由每一个人作主观评价。而对于效率,目前人们主要有三种理解:(1)投入产出效率,指资源投入与生产产出之间的比率;(2)帕累托效率,即资源配置效率,指社会资源的配置已达到这样一种境界,任意一种资源的重新配置都不可能使一个人的福利增加而不使另一个人的福利减少;(3)社会整体效率,指社会生产对提高社会全体成员生活质量、促进社会发展的能力。

依赖社会公平目标的不断实现。总之,公平与效率是由现实生产关系决定的、不可分离的两个方面,科学认识现实生产关系与生产力的状况,不断更新和调整现实生产关系及其结构和布局,使之有利于生产力的发展,才是正确解决公平与效率矛盾的基础和出发点。

　　虽然公平与效率都统一于同一生产关系之中,但二者毕竟体现着不同的价值取向。"从公平的价值形态上看,公平所反映的是人与人之间的关系,它以规范和原则的形式规定了人们活动的范围、方式,使其与相应的责任和义务联系起来,保持某种'应然'的秩序。公平……注意利益和机会上的平均。机会上的均等使同一区域、范围的人们都享有同等的权利来使用有限的资源。"①"从效率的价值形态上看,效率所反映的是人与物之间的关系,它所追求的在于结果的时效性,即单位时间内的劳动投入能产生出多大的效益。……活动主体更多地关注行为的结果,寻求以较小的投入而获得较大成果的最佳活动方式。""由于效率的这种特殊的对物的关注,有可能使效率造成对公平的伤害。"②"公平与效率相互制约意义的扩大会造成两者之间某种程度的不可通约性,即当行为主体高扬其中一种价值要求时,就会造成另一种价值的必然丧失。"③二者间的不可通约性,决定了公平与效率的矛盾具有必然性、普遍性、阶段性、相对性和长期性。如果我们将价值的视野扩大到社会发展的观念中来,在发展的目标中确立公平与效率的价值取向,就会实现公平与效率价值视界的融合。因为"发展作为一种整体性的价值目标,是公平与效率的统一。在价值的本体论意义上,公平要求的是社会发展的目标,发展的综合性旨在建立一种稳定有序的秩序,并使每个人获得充分自由发展的权利。在价值的工具意义上,效率是实现社会发展目标的基础。发展的内在性就是力图使现有的社会人、财、物得到充分、合理的利用,以建立起高效的生产效率机制……然而,公平与效率……两者互相包含、互为目的与手段,其地位与作用体现在社会发展的整体功能中,因为社会是由不同利益主体和不同文化群体构成的有机整体,它们都有不同的利益要求和价值观念,这就形成了社会复杂的价值目标系统,如政治的、伦理的、经济的目标价值,其间

---

① 万光侠.效率与公平——法律价值的人学分析[M].北京:人民出版社,2000:135.
② 万光侠.效率与公平——法律价值的人学分析[M].北京:人民出版社,2000:135.
③ 万光侠.效率与公平——法律价值的人学分析[M].北京:人民出版社,2000:136.

既有公平要求,也包含效率内容"①。"从发展的整合性功能上看,发展既规定着公平要求的现实性和理想意义,又是对效率实现方式及其内容的价值规范,它以人类社会整体的价值要求为出发点,具有最广泛的价值意义,其公平和效率涉及的范围也是最大的,即社会整体公平与社会整体效率。发展对公平与效率的规定性表明,在公平与效率的相互关系上,不可偏废任何一方,二者同等重要,都是社会发展的内在要求。而当发生公平与效率的相互关系不可调和的矛盾时,应在发展的轨道上确立其价值选择的目标,即如果发展的要求倾向于社会公平,应当牺牲局部效率来获得社会整体的公平;如果发展的要求倾向于效率,则应牺牲局部的公平来换取社会整体的效率。"②正是公平与效率在发展作为一种整体性价值目标意义上的统一性,决定了公平与效率不仅是社会主义市场经济活动所追求的两大价值目标,而且是判断社会主义制度是否优越的两大根本尺度,从而也是责任行政务必加以平衡的两大支点。新中国成立60多年来,我国的收入分配实践及其制度发展大体走过了三个阶段,即:计划经济时期的30年是平均主义的分配时期;以党的十一届三中全会为标志的近30年转型经济时期是确立效率为主兼顾公平的分配时期;以党的十六届六中全会和十七大为标志,我国步入了谋求效率与公平均衡的分配时期。2006年召开的中共十六届六中全会在《关于构建社会主义和谐社会若干重大问题的决定》中,第一次提出到2020年要基本形成"合理有序"的收入分配格局,第一次提出要"更加注重社会公平"并提出发展慈善事业,第一次将收入分配制度改革超越经济体制改革范畴,作为构建社会主义和谐社会的重要任务之一。党的十七大又进一步对收入分配制度改革提出了四大突破性要求,即:第一次提出提高劳动报酬在初次分配中的比重;第一次提出逐步提高居民收入在国民收入分配中的比重;第一次提出在一次分配领域也要处理好效率与公平的关系,再分配要更加注重公平;第一次提出要创造条件让更多群众拥有财产性收入。可见,以党的十六届六中全会和十七大为标志,我国收入分配制度改革实现了由效率为主兼顾公平到效率与公平相均衡的阶段性转变。这种转变,顺应了当今及未来一个时期我国经济社会发展的大势,顺应了我国经济转型进程及由"国家本位"向"社会本位"转变

①　万光侠. 效率与公平——法律价值的人学分析[M]. 北京:人民出版社,2000:136—137.
②　万光侠. 效率与公平——法律价值的人学分析[M]. 北京:人民出版社,2000:137.

的需要,顺应了民众收入从 20 世纪 80 年代起主要是流量和增量增长到今后主要是个人财富存量增长的发展要求,顺应了让私人、一般社会成员、普通百姓更多分享改革发展成果和占有社会财富,从而构建和谐社会的我党执政新理念的内在要求。毫无疑问,这是一条符合中国国情和社会主义市场经济发展规律的科学而合理的价值原则。

在平衡公平与效率这两种不同价值取向的过程中,责任行政承担着两种鲜明的责任:第一,包括分配制度、分配政策在内的各项制度和规范要以促进生产力发展和经济社会效率的提高为首要目标。这是坚持效率与公平均衡原则的内在要求。面对人民日益增长的物质文化需要同落后的社会生产之间的矛盾这个我国社会的主要矛盾,面对正处于并将长期处于社会主义初级阶段这个我国的最大国情,只有通过效率的提高和经济的发展做大蛋糕,才能为公平提供物质基础,才能在经济发展的基础上使公平达到新的层次和水平。第二,为了避免个人收入差距过于悬殊,导致两极分化,必须更加注重公平,依法合理分配社会财富,实现共同富裕。当然,"更加注重公平"中的公平不等于平均主义,因为公平不仅包括结果上的平等,而且还包括起点上的平等(或者说是条件上的平等)和机会上的平等(或者说是规则上的平等)。只有满足了起点条件上的平等和过程规则的平等,才能实现结果上的平等。需要指出的是,公平并不抑制效率,真正抑制效率的是绝对平等,是脱离市场竞争环境和抑制人们积极性的绝对平等。当代中国现代化建设事业的艰巨性、复杂性,决定了我们必须处理好公平与效率这对矛盾,这是当代中国政府的一项重大责任。而这两项责任是有限行政、诚信行政寻求它们内在目的时赋予责任行政的,具有直接性和外显性。责任行政由于是对受动与主动、外在与内在、自律与他律的高度理性整合,因而具有更高的规定性和现实性,表现为对法治价值的更为透彻的把握。

法治价值不仅在于实现公平与效率的统一,更要维护秩序与正义的统一。在一个健全的法律制度中,秩序与正义这两个价值通常不会发生冲突,相反,它们往往会在一个较高的层面上紧密相连、融洽一致。如果一个法律制度不能满足正义的要求,那么从长远的角度来看,它就无力为政治实体提供秩序与和平,但在另一方面,如果没有一个有序的执法制度来确保相同情况获得相同的待遇,那么正义也就不可能实现。因此,秩序的维护在某种程度上是以存在着一个合理的健全的法律制度为条件的,而正义则需要秩序的帮助才能发挥它的一些基本作用。这两个价值的综合体,即法律旨在创设一种正义的社会秩序①。因此,责任行政要立足于这个较高的层面,实现秩序与正义的统一。它要求政府一方面给社会经济、政治、文化的发展创造一个和谐的秩序环境,另一方面要在社会倡导正义,使人们能够正直生活,不害他人,各尽其事,各尽所能,各得其所。

秩序与正义是法治在价值层面上的目的,具体到国家权力的运作上,则在于实现公民权利与国家权力的统一。维护国家权力和公民权利的统一,是政府责任对时代命题的积极诠释。从这个意义上说,法治政府的第一要义在于规范和限制政府的权力,保障人民的权利。在有限行政层面,主张市场经济和公民社会的充分发展,承认和保障公民的权利。促进公民权利是目的,约束国家权力是手段。在诚信行政层面,则重视对国家权力的限制与约束,特别是国家权力行使的自我塑成和自我评价得到了史无前例的强调。责任行政就应该对上述两种倾向提供平衡的处理方式。在黑格尔看来,法律和权力这些实体性的规定,对个人说来是一些义务,并拘束着他的意志,但同时"如果把国家同市民社会混淆起来,而把它的使命规定为保证和保护所有权和个人自由,那么单个人本身的利益就成为这些人结合的最后目的"②。国家权力对公民权利是一种拘束,但是公民权利反过来又成为国家权力运行的目的,公民权利与国家权力统一于人们结合的目的。

法治国家内在地包含着国家与社会的统一,因此责任行政还要实现法治国家与法治社会的统一。正如恩格斯指出,为了使这些对立面,这些经济利益互相冲突的阶级,不致在无谓的斗争中把自己和社会消灭,就需要一种表面上凌驾于社会之上的力量,这种力量应当缓和冲突,把冲突保持在"秩序"的范围以内;这种从社会中产生但又自居于社会之上并且日益同社会相异化的力量,就是国家③。恩格斯的这一思想,实际上包含了国家与社会本质统一的隐喻。当法治作为自我治理的恒定方式时,法治国家与法治社会的统一就

① [美]博登海默. 法理学　法律哲学与法律方法[M]. 邓正来,译. 北京:中国政法大学出版社,1999:318.

② [德]黑格尔. 法哲学原理[M]. 范扬,张企泰,译. 北京:商务印书馆,1961:253.

③ 马克思恩格斯选集:第4卷[M]. 北京:人民出版社,2008.

成了人类的理想。在当代,国家与社会一体化的局面已经逐渐被打破,同时出现了社会多元化与经济全球化的新趋势,国家权力不再是统治社会的唯一权力了,人类社会出现了权力多元化和社会化的趋向。权力多元化是政治民主化的必然要求,权力社会化则是权力人民性的进步和人类社会发展的必然归宿。这就要求人类不仅应具有权力的国家意识,还要有权力的社会意识和世界意识,进而为建立实质意义上的法治国家,促成民主的法治社会而努力,最终实现"大同法治世界"①。建立法治国家要以法治社会为基础,法治社会的形成,则需要以法治国家为主导。而当下所要研讨的主要问题是,在建设法治国家的过程中,如何重视并同时促使法治社会的形成;在逐步削减国家权力对社会的过度干预,给社会自主自治权力让出适度空间的同时,为积极的社会组织和社会权力创造合适的政治与法治环境②。这实际上要求政府承担这种责任,特别是在我国"行政中心主义"的法律运作模式下,立法和司法尚未进入法律实际制度运行的中心而处于边缘③,政府对法治国家和法治社会统一的促成当属责无旁贷。因此,《全面推进依法行政实施纲要》指明了其制定的目的:实现依法治国、建设社会主义法治国家的治国方略和宪法原则,全面推进依法行政、建设法治政府。可见,法治政府的目的在于实现法治国家和法治社会的统一。

需要指出的是,坚持责任行政的价值取向,还要求行政机关实现权力和责任的统一。《全面推进依法行政实施纲要》对"权责统一"作出了明确规定:"行政机关依法履行经济、社会和文化事务管理职责,要由法律、法规赋予其相应的执法手段。行政机关违法或者不当行使职权,应当依法承担法律责任,实现权力和责任的统一。依法做到执法有保障、有权必有责、用权受监督、违法受追究、侵权须赔偿。"④实现权责统一,是贯彻落实责任行政价值取向的应有之义,也是加快推进法治政府建设的有力杠杆。

四、服务行政:思人民之所思,急人民之所急,办人民之所盼,做人民之所需

法治是一个从形式法治迈向实质法治的过程。伴随这一过程,国家从

①　郭道晖.权力的多元化与社会化[J].法学研究,2001,(1).
②　郭道晖.论社会权力与法治社会[J].中外法学,2002,(2).
③　吴志攀.《证券法》适用范围的反思与展望[J].法商研究,2003,(6).
④　全面推进依法行政实施纲要[Z].北京:中国法制出版社,2004.

"警察国"演变成了"行政国",政府也完成了从"守夜人"政府向"保姆"型政府的转换。于是,服务行政就当然地成为法治政府的要义。在汉语中,服务是指勉力去"服事(侍)"他人,后泛指为集体或为他人工作。在西方,服务的意思是"为他人做有益的事"。而从服务的过程看,所有的服务,起码需要有两个人进入角色:一个是服务的消费者,他提出需要,支配"他人"为满足自己的要求而活动;另一个是服务的提供者,他根据"他人"的要求,即在"他人"的支配下进行恰当的活动,以达到"他人"的目的。所以,服务总是处于被支配的地位。由此可见,服务行政是基于对以人为本理念的深刻把握,它不仅要求政府须将公民利益作为自己一切工作的出发点和归宿,体现公民本位的行政理念,而且要求将公民意志置于基础的、本原的地位,由广大公民来决定要不要政府服务、服务什么以及服务多少,而不是政府想提供什么,公民就接受什么。

服务行政需要由服务型政府来提供。目前,人们关于服务型政府概念的解释主要有三种。其一,服务型政府就是在公民本位、社会本位理念指导下,通过法定程序,按照公民意志组建起来的以为公民服务为宗旨并承担着服务责任的政府。其二,服务型政府往往具有三个层面:经济层面上,政府存在主要是为社会提供市场不能有效提供的公共产品和公共服务,制定公平的规则,加强监管,确保市场竞争的有效性,确保市场在资源配置中的基础性作用;政治层面上,政府的权力是人民赋予的,政府要确保为社会各阶层,包括弱势群体提供一个安全、平等和民主的制度环境,实现有效的治理;社会层面上,政府要从社会长远发展出发,提供稳定的就业、义务教育和社会保障,调节贫富差距、打击违法犯罪等,确保社会健康发展[1]。其三,"服务型政府是民主政府、有限政府、法治政府、责任政府、绩效政府。这是服务型政府的形态,也是服务型政府的目标,更是成熟的市场经济体制发展的必然要求。"[2]此外,还有人认为那些工作中注重服务理念、改进服务方法和服务态度、增加服务项目,设立"阳光大厅"、"一站式服务"、"审批中心"等,就是服务型政府的具体措施。

① 陈群民.构建服务型城市政府[J].上海综合经济,2002,(4).
② 谢庆奎.服务型政府建设的基本途径:政府创新[J].北京大学学报:哲学社会科学版,2005,(1).

服务行政具有如下四个特征①：

一是坚持"民为邦本"的服务理念。在行政理念上，服务行政改变了过去"公民义务本位、政府权力本位"的思想，树立了"公民权利本位、政府义务本位"的思想，完全从人民需要出发，以为人民谋福利为宗旨。

二是奉行"依法行政"的服务准则。政府的服务必须在法律职权范围内，依法定程序进行。政府应该提供哪些服务、怎样服务，这取决于宪法、法律的授权，绝不能超越职权，一厢情愿甚至是主观武断地强行服务。"违背被服务者意愿去推行'服务'，往往会使服务变成强迫；不经过被服务者同意而承担服务，哪怕再'全心全意'，也不免使服务渐成压制。"②

三是实行"顾客导向"的服务模式。既然政府的宗旨是秉承人民意志，最大限度地满足人民的需求，保护人民的合法权利，那么政府服务必然是以人民诉求为导向，真正做到"思人民之所思，急人民之所急，办人民之所盼，做人民之所需"。也就是说，人民是主体，享有对服务及服务者进行选择的权利，对服务内容、类别、服务机构与人员都有选择权。同时，人民也有拒绝强制服务的权利，对并非出自意愿的政府服务加以拒绝。

四是履行"违法必究、有错必改"的服务责任。政府提供公共服务是法定权力，也是神圣的职责。人民有享受政府服务的权利，也有监督行政，要求其承担责任的权利。对于政府服务得如何，是否达到人民的期望值，人民有权评判。对于政府违法服务、过失服务造成的后果，人民有权追究。

党的十六届三中全会通过的《中共中央关于完善社会主义市场经济体制若干问题的决定》指出："深化行政审批制度改革，切实把政府经济管理职能转到主要为市场主体服务和创造良好发展环境上来。"这一论断为增强政府服务职能、推动政府职能从"管理型"转向"服务型"指明了方向。这与全会作出的关于完善社会主义市场经济体制的一系列部署③相呼应，是政府管理经济方式上的重大配套改革。完善社会主义市场经济体制，要求政府转变角色，确立服务型政府的新定位。

---

① 姜晓萍．转变政府职能，建设服务型政府［C］．中国行政管理学会，2003年会（成都）论文．

② 刘洪波．服务拒绝强制［N］．南方周末，2002-04-11（11）．

③ 诸如："积极推行公有制的多种有效实现形式，加快调整国有经济布局和结构"，"放宽市场准入，允许非公有资本进入法律法规未禁入的基础设施、公用事业及其他行业和领域"，建立健全"归属清晰、权责明确、保护严格、流转顺畅的现代产权制度"等。

　　实践服务行政的价值取向,构建服务型政府,需要实现以下三个转变:

　　第一,告别全能行政。提供公共服务是服务型政府的重要职责。政府职责的基本领域,是在维护国家机器正常运转的前提下,满足通过市场机制满足不了或满足不好的社会公共需要。提供公共服务作为服务型政府的重要职责,包括为各种市场主体提供良好的发展环境与平等竞争的条件,为社会提供安全和公共产品,为劳动者提供就业机会和社会保障服务等方面。全能型政府的职能模式是我国经济体制改革的主要对象。在计划经济条件下,政府通过指令性计划和行政手段管理经济和社会,扮演了生产者、监督者、控制者的角色,为社会和民众提供公共服务的职能和角色被淡化。社会主义市场经济体制的建立和完善,要求政府把微观主体的经济活动交给市场调节。政府由原来对微观主体的指令性管理转换到为市场主体服务上来,转换到为企业生产经营创造良好发展环境上来。这一重大转变是完善社会主义市场经济体制必须啃掉的"硬骨头"。事实证明,把经济决策权归还给市场主体,同时提供各类市场主体自由竞争、公平交易的市场环境,让市场主体分散决策并独立承担经济后果和社会影响,政府专注于市场环境和市场秩序维护的有限理性思维,更有利于社会主义市场经济的健康发展。

　　第二,告别审批行政。在市场经济条件下,政府有必要通过规制市场行为和规范市场秩序,维护市场竞争活动的公平、公正,降低市场经济活动的运行成本,增进市场效率。但政府规制不应成为维持政府部门利益的手段。政府设置过多过繁的审批或检查项目,有的甚至是乱收费、乱罚款,大大增加微观主体的市场运行成本和制度成本,同深化市场改革的要求背道而驰。传统体制下的行政审批还通过设置所有制门槛,对非公有制经济进入领域加以限制。这与社会主义市场经济条件下国家对大力发展非公有制经济的思路相左,与"非禁即入"的自由竞争理念也格格不入。因此,应当进一步大幅度削减行政审批,减少行政干预中的随意性,促进生产要素的流动,使各种生产要素在市场竞争中优胜劣汰,优化组合。《行政许可法》的出台对转变政府职能,改变我国"审批"过多过滥、冗长复杂的现象将产生积极的影响,是我国行政体制改革的一个重要突破口。政府只有切实把行政审批的范围减下来,实现审批行为的规范化,才谈得上向服务型模式的转变。

　　第三,告别高价行政。逐步降低政府行政成本,实现高效便民,是服务型政府的内在要求,也是落实服务行政价值取向的具体体现。由于政府运作的高成本与政府服务的低效率是如影随形的两大弊端,因而《全面推进依法行政实施纲要》指出:"行政机关实施行政管理,应当遵守法定时限,积极履行法定职责,提高办事效率,方便公民、法人和其他组织。"[①]"高效便民"中的高效包含对办事质量和办事速度两方面的要求。没有优质服务谈不上高效,而速度快的同时必须保障质量,否则速度快可能会变成快速地制造麻烦。办事质量和办事速度都与便民有直接的关系,在方便公民、法人和其他组织的过程中求得高效,这种高效才可能是真正的高效。贯彻高效便民原则,应当注意三个方面:一是任何行政活动都须遵守法定时限,即使没有法定时限的也要在合理的时限内办结,防止拖延,以迅速地实现目标;二是任何行政机关都须积极地履行法定职责,坚决防止怠于履行法定职责的行为;三是任何行政活动都须着眼于提高办事效率、提供优质服务、方便相对人。

除了贯彻"高效便民"的原则外,通过行政管理体制改革,合理划分中央和地方经济社会事务的管理责权,明确中央和地方的管理责权,有利于降低管理成本,从而提高工作效率,建设廉价政府。正如《中共中央关于完善社会主义市场经济体制若干问题的决定》所指出的:"按照中央统一领导、充分发挥地方主动性积极性的原则,明确中央和地方对经济调节、市场监管、社会管理、公共服务方面的管理责权。属于全国性和跨省(自治区、直辖市)的事务,由中央管理,以保证国家法制统一、政令统一和市场统一。属于面向本行政区域的地方性事务,由地方管理,以提高工作效率、降低管理成本、增强行政活力。属于中央和地方共同管理的事务,要区别不同情况,明确各自的管理范围,分清主次责任。"还有,社会中介服务组织也是促进政府职能转变、降低市场交易成本特别是信息成本的有效途径。积极发展独立公正、规范运作的专业化市场中介服务机构,按市场化原则规范和发展各类行业协会、商会等自律性组织,减少政府规制范围,也有利于降低行政成本。

在逐步降低政府成本的基础上,增强政府回应性是提高政府服务效率的又一重要环节。政府的回应性是衡量政府服务质量的重要指标。公共管理人员和机构应当定期地、主动地向公民、企业征询意见,解释政策和回答问题,对公众提出的问题和要求及时作出处置和负责任的反应。回应性服务型

---

① 全面推进依法行政实施纲要[Z].北京:中国法制出版社,2004.

政府模式,能够导致政府在权力结构中角色的变化:政府由原来的公共权力统治者,变为市场秩序的监管者和公共服务的提供者。

现代信息技术的发展,为实现服务化管理、扁平化管理创造了条件,扩大了政府对服务对象信息的及时获取与掌握,这有利于政府实现从自上而下的、单向度的管理与决策机制向政府与企业共同参与、双向互动的管理与决策机制的转变,从而使政府的决策与服务活动更加符合为市场主体服务的新理念。在政府职能科学定位的同时,推进政府决策的科学化、民主化、规范化,通过公共政策的运用,扩大政府服务的公益性影响,是提高政府服务质量和效率的制度保证。

总之,服务行政是一种全新的行政模式,是完善社会主义市场经济体制的必然选择。只有政府减少行政审批,降低行政成本,把更多公共资源投向促进社会发展和提供公共产品和公共服务之中,并通过增强政府决策透明度和公众参与度,从根本上改进和完善政府的决策和执行机制,让市场主体参与对服务质量的评价,才能形成社会主义市场经济体制中政府、社会、企业三者良性互动的局面。

(原载《哈尔滨工业大学学报(社会科学版)》2012年第2期)

我们应该建设一个什么样的政府

　　近代以来,实现民族独立、国家富强、人民幸福一直是无数中华儿女的共同理想。肩负着领导中国人民实现中华民族伟大复兴使命的中国共产党人,经过近 90 年的不懈努力,成功地开辟了一条通向现代化的中国特色社会主义道路。为了把中国建设成为富强、民主、文明、和谐的社会主义现代化国家,以毛泽东、邓小平、江泽民、胡锦涛同志为代表的中国共产党人,在长期的探索实践中,先后提出并回答了什么是新民主主义革命、怎样进行新民主主义革命,什么是社会主义、怎样建设社会主义,建设什么样的党、怎样建设党和实现什么样的发展、怎样实现发展等四个重大战略课题。我们党正是通过对这些重大战略课题的科学回答,不仅使中国革命、建设和改革取得了一个又一个胜利,而且使人类历史上最艰巨、最复杂、最雄伟、最壮观的现代化大厦正在中华大地上逐渐矗立起来。但是,随着现代化进程的不断深化,特别是现代化建设的任务越来越艰巨,以及现代化建设所面临的环境越来越复杂,建设什么样的政府、怎样建设政府的问题正在成为中国共产党人必须面对并给予科学回答的重大战略课题。从某种意义上可以说,这个课题的提出是前面四大课题的逻辑必然,对这个课题的回答将直接影响着前面四大课题的最终结果。如果我们不能科学回答这个课题,不仅前面四大课题所给出的科学答案无法最终落实,而且中国现代化的进程也有可能半途而废甚至前功尽弃。

一、应该建设一个什么样的政府

　　按照人、婚姻、家庭、民族、国家的各自规定性及其相互关系原理,笔者认为卢梭的《社会契约论》是最能解释人类社会为何必然组建政府的理由的。卢梭在《社会契约论》中写道："人是生而自由的,但却无往不在枷锁之中。自以为是其他一切的主人的人,反而比其他一切更是奴隶。"①那么,人们如何才能避免生活在枷锁之中,享有平等、享有自由呢？卢梭认为,人类要寻找出一种结合的方式,使它能以全部共同的力量来维护和保障每个人的人身和自由,并且这种结合使每个人又只不过是在服从他本人。这一理想的结合方式是什么呢？是组建政府。那么,应该组建什么样的政府呢？这里先对历史与现实中存在的不同类型的政府作简要的分析,从而明晰什么样的政府是我们所需要的。

我们不需要专制政府,因为专制政府一般是君主独裁或者少数人专横的政府,它的一个重要特征就是"非法",既表现为不需要法律,也表现为有了法律也无视法律,法律的取舍完全由统治者决断。所谓"朕即国家"、"君命即法"就是最生动的表述,人民不过是君主的臣民而已。古代封建社会的政府是专制政府,现代社会中也有专制政府。实践已经证明,专制政府是不可能给人民带来平等、自由与尊严的,也不可能领导自己的国家实现现代化。

我们也不需要人治政府。在人治政府那里,谁拥有国家权力或者公权力,谁就主宰这个国家和那些没有权力的民众,一切人都必须服从于掌握权力的人,服从于掌握权力的人的意志。在人治政府里,人与人的关系要么是统治,要么就是服从,根本没有自由和平等而言。柏拉图认为最好的统治是"哲学王统治",但"哲学王"到哪里去找呢？"哲学王"不但很难找到,即使找到了,在王位上的时间长了也很可能会演变成"暴君"。所以,靠着把一己之私凌驾于国家和人民之上的人治政府,同样是不可能给人民带来人权、自由与幸福的,也是不可能领导国家走上现代化道路的。

我们需要的是法治政府。人类发展的历史证明,只有法治政府,才能实现人的权利,维护人的尊严,保障人的财产。法治政府是人类政治文明进步的结果,是社会文明的标志。法治政府一般具有四个方面的功能:其一,法治政府有利于实现民主。真正的法治都是以民主为核心的,而人治则都是以专制为核心的。人治之下即使存在某种听取意见和建议的"民主",那也不是一种真正的民主,充其量是一种假民主,因为这种意见或者建议是否被尊重或

---

①　卢梭.社会契约论[M].何光武,译.北京:商务印书馆,2003:4.

者被采纳,没有任何制度的约束,而完全取决于统治者的喜好。其二,法治政府有利于保障自由。在法治政府的治理下,人们按照既定的良好法律作出自己的社会行为,享有法律赋予的任何自由。其三,法治政府有利于维护平等。在法治政府之下,法律面前人人平等,任何人都必须遵守法律,任何人都没有违法不受追究的特权。而在专制政府之下,"刑不上大夫,礼不下庶人"这种不平等的制度安排,被奉为天经地义的规则。其四,法治政府有利于实现社会稳定。社会稳定是人民安居乐业的前提,也是实现现代化的前提和保障。但社会稳定需要有稳定的规则作前提,只有在统一的社会规则之下,人们的行为才有一个基本的准则,人们相互之间才能在发生冲突时共同服从于规则的裁决。如果缺乏全社会统一遵循的规则,完全听凭某人的命令、要求,社会就会随时陷入动荡之中,社会稳定也就无从谈起。

　　那么,什么样的政府是法治政府呢?简单地说,法治政府就是法律统治下的政府,是受宪法、法律规范和约束的政府。古希腊思想家亚里士多德认为,法治应包括两重意义:已成立的法律获得普遍的服从,而大家所服从的法律又应该本身是制定得良好的法律。这一被普遍接受的经典表述告诉我们,法治政府至少具有两个最基本的特征:一是法律获得普遍的遵守;二是大家遵守的法律本身必须是良好的法律。只有同时具备这两个特征的政府,才是真正的法治政府。而什么是良好的法律呢?良好的法律应该符合三条标准:一是价值标准。价值标准是良法的首要标准,集中体现为正义、秩序和效率。二是形式标准。法律必须具有形式的合理性和法律体系的完备性。三是程序标准。法律必须是通过正当程序制定出来的。现代法治精神所倡导的共同价值,即公平、正义、民主、自由、人权等,不仅是评价法律是否为"良法"的重要尺度,也是制定良法所必须遵循的价值追求,更是实现法治的伦理导向。法律为什么要得到普遍的遵守呢?孟德斯鸠说,自由是做法律所许可的一切事情的权利;如果一个公民能够做法律所禁止的事情,他就不再有自由了,因为其他的人也同样会有这个权利。"①一个国家制定出来的良好法律,只有得到大家普遍的认同和遵守,法律的效力才能得到发挥,法律的权威才能得以树立,从而这个国家良好的社会秩序才能建立。

　　那么,我们所要建设的法治政府到底是什么样的呢?概括地说,法治政

―――――――――――

　　①　孟德斯鸠.论法的精神:上册[M].张雁深,译.北京:商务印书馆,1961:154.

府就是代表人民利益的政府，是由人民产生、受人民控制、为人民服务、对人民负责的政府。具体来说，法治政府必须具备以下五个方面的特征：

1. 人民主权。法治政府是现代民主政治的产物，是人民根据自己的意愿组织起来的政府。在政府与人民的关系中，人民是主人，政府及其工作人员只是受托人。因此，法治政府的人民主权性就主要体现在两个方面：一方面，政府的权力来源于人民；另一方面，政府权力的行使必须为了人民。正如中国宪法第 2 条、第 3 条所规定的："中华人民共和国的一切权力属于人民。人民行使国家权力的机关是全国人民代表大会和地方各级人民代表大会。""全国人民代表大会和地方各级人民代表大会都由民主选举产生，对人民负责，受人民监督。国家行政机关、审判机关、检察机关都由人民代表大会产生，对它负责，受它监督。"只有认识到政府是主权者公意运用的产物，政府的权力源于人民授予而非政府本身，才能明确政府在整个政治结构中的地位和职责；只有认识到政府是人民的代言人，政府行使权力的出发点和落脚点都是为了人民的利益，才能明确政府一旦侵犯了民权，则人民废除旧约而订立新约并根据自己集体的意愿来改组和撤换政府就是正当的。这就是说，政府的权力并不是至高无上的。

政府产生的唯一正当理由就是为了有效地保护公民的自由和权利。因此，保障公民的自由和权利，就是政府的义务和责任。正如洛克在《政府论》中所说，人们联合成为国家并置身于政府之下的重大的和主要的目的，就是保护他们的财产。为什么说只有法治政府才能保障公民的自由和权利呢？因为法治政府是依据良法治理的政府，良法本身以人权为终极价值，良法的实施必然使公民权利得到保障；政府掌握着强大的行政权力，只有法治才能够防止行政权力滥用，使行政权力始终在保障公民自由和权利的轨道上运行。

2. 权力有限。政府的权力是人民赋予的，并以国家法律的形式确定下来。政府在行使公权力的过程中，必须遵从人民的意志和意愿，必须遵循法律的规范和约束。因此，各级政府都只能是"有限政府"，行政权力也只能是"有限权力"。正如西方的一句谚语所说："在专制政府中，国王便是法律，同样的，在自由的国家中，法律便应该成为国王。"美国学者沃塞曼认为，权力有限意味着政府的权力要受被管理者的权利和自由所限制。这一原则基于立宪政府的根本思想：人民把宪法列举的权力和职责授予政府，同时把其余权力留给自己。这项政治协定意味着政府的行动必须依据法律规定，而法律是得到被管理者的同意（虽然是间接的）而批准的。政府权力有限原则体现了法治国家"法律高于行政"的基本理念，它要求政府只能在法律的授权范围内实施行政行为，法无授权即违法。当前，法治政府建设面对的问题就是权力膨胀，没有得到有效约束。这种状况带来的直接后果就是政府及其工作人员的特权思想膨胀，霸权行为普遍。

3. 公开透明。公开透明，让权力在阳光下运行，是法治政府的重要特征。在封建专制制度下，政府活动从来都是由一小部分人参与的、封闭的、神秘的。而法治政府则完全相反，它要求政务公开，遵循相关的程序，允许公众广泛地参与政府决策。西方法治国家为了防止权力错位，把政务公开、程序合法和公众参与确立为一项根本性措施，如美国1946年制定的《美国联邦行政程序法》、1976年制定的《阳光下的政府法》，丹麦1970年制定的《行政文书公开法》，法国1979年制定的《行政行为说明理由和改善行政机关和公民关系法》，等等。政务公开为公众广泛参政、议政提供了必要的前提，而公众的广泛参政又极大地促进了政府的公开程度，特别是电子政务建设更为政务公开和公众广泛参与提供了机遇与平台。随着新媒体的发展，社会舆论监督的作用越来越明显，这种监督往往会使政府更为关注自己的行为和公民的需要。

4. 服务至上。正如前面所说，在法治国家里，政府产生的唯一正当理由就是保护公民的自由和权利，政府也只有通过提供充分优质的公共服务，才能证明自己的存在价值，才能获得持续存在的合法性。1887年，美国学者威尔逊在《行政学研究》中指出："在任何情况下，我们都必须有一支受过充分训练的官员以良好的态度为我们服务。"作为法治政府的一个重要特征，所谓的服务政府就是为人民服务的政府，用政治学的语言表述就是为社会服务，用专业的行政学语言表述就是为公众服务，它完全不同于传统的统治型政府和近代的管理型政府。

5. 责任政府。责任政府是与"主权在民"思想和代议民主制密切联系的。代议制的出现，使得人民可以通过代议机构将管理国家的权力委托给政府，在人民和政府之间形成委托代理关系。在这种关系中，人民是委托人，政府是受托人，人民赋予了政府管理国家的权力，政府要履行受托人之义务，切实对人民负责。因此，责任政府也可称之为责任政治。

责任政治作为现代民主政治的一个基本特征，广义上指人民能够控制公共权力的行使者，使其对公共权力的行使符合人民的意志和利益、直接或间接地对人民负责的政治形式。责任就形式而言又包括法律责任和政治责任。法律责任是指责任主体因违法而承担相应的法律后果；政治责任则指只要责任主体在工作中违反了道德或政治上的约定均可构成，主要体现在官员在政府工作中应负的责任。一个政府成为责任政府的一个重要标志，就是必须时刻做到迅速、有效地回应社会和民众的基本要求，并积极采取行动加以满足。在行使职责过程之前，要有所交代，向公众解释这么做的理由；在完成职责后，如出现差错或损失，应承担道义上的、政治上的、法律上的、行政上的责任，做到罚当其责。

二、为什么必须建设一个法治政府

法治作为一种治国理政的方式，它在控制公共权力、保护公民权利、保障社会正义等方面的优越性已经被普遍认同。正由于此，起源于古希腊、古罗马时代，发展于文艺复兴后特别是近代资产阶级民主革命时期的法治政府的思想与实践，已经早就从西方国家走向了全世界，为越来越多的国家所吸收和借鉴。在中国，建设法治政府如同推进法治国家建设一样，不仅是时代的呼唤，更是现实的要求，是实现现代化和民族复兴伟业的必然选择。

1. 建设法治政府是发展市场经济的必然要求。纵观人类社会的经济形态，不外乎自然经济、计划经济和商品经济，市场经济是发达的商品经济，是商品经济的高级形式。在自然经济条件下，人们的生产和生活关系主要依靠法律以外的手段来调整，如宗法、道德、习惯、宗教等，即便有法律，也仅仅是用来维护专制统治的一种手段。在计划经济条件下，社会化的程度虽然很高，但经济和政治一体化，经济作为政治的附庸而存在，因而经济主体没有独立性，政府依靠行政权力管理经济、配置社会资源。这时的法律仅仅是行政权力的延伸，是实现行政权力的一种工具。只有市场经济既为实现法治政府奠定了经济基础，同时也内在地、必然地要求建设法治政府。

在市场经济条件下，经济水平的提高和经济规模的扩大，使经济关系超出了宗法、血亲和权力的处理范围,客观上需要专门的国家权威机构来制定和实施法律;新的行业的出现和新的交换市场的形成,又进一步推动了法治的完善。市场经济的发展,要求以权利为核心,经济和政治相分离,需要具有极大权威和独立运行的法律机制来保障经济运行、限制行政权力,从而就构成了法治政府孕育和发展的经济动因。一方面,市场经济是自由经济。市场经济要求每一个市场主体都具有足够的活力,市场要素在自由流通中实现自己的内在价值。这就决定了市场经济主体都需要有人身自由、财产自由和契约自由,缺少其中任何一项都不能称其为市场经济。但市场经济中的自由,是无法自我保护的,它会受到来自多个方面的破坏,要制约其中任何一个因素,都离不开法治政府。因为在法治政府的社会里,法律不是限制自由的手段,而是保障自由的法宝,是实现自由的路径。另一方面,市场经济是平等经济。马克思曾经说过,商品是天生的平等派①。商品交易是市场经济中最为常见、最为核心的行为,交易的前提条件就是双方平等。能满足市场经济平等要求的是一视同仁的法律规则,但仅有记录或确认这些规则的法律制度是不够的,它还要求法律制度在运行中实现平等,而这同样也离不开法治政府作用的发挥。更为重要的是,市场经济时刻要求权利明确。在市场经济条件下,法律并不需要对经济活动做过多的干预,但需要它切实保障人的基本权利,为市场主体的经济活动提供最基本的条件和最可靠的保障。正是这一需求,决定了市场经济既是法治政府的需求者,也是法治政府的奠基者。也正是因为这样,中国既然选择社会主义市场经济作为实现现代化和民族复兴大业的经济体制,那么也就必须选择法治政府这一治国理政的治理模式。

2. 建设法治政府是发展政治文明的客观要求。由专制走向民主,人类政治已经经历了几千年的历史。人类的政治发展史表明,最不利于人类发展进步的是专制政治,最有利于人类发展进步的是民主政治。从专制集权走向民主政治,是政治现代化的内在要求,也是政治文明进步的根本标志。在人类漫长的历史上,政治在很长的历史时期都是由专制者把持的,专制者对于国家公权力的滥用,导致了人类数不胜数的社会灾难。专制的政治必然是灾难的政治,人民在专制之下,没有自由,没有平等,甚至没有最基本的人权。只有由多数人掌握的民主政治才有利于人类进步,才会使社会得到发展。在民

---

① 马克思恩格斯全集:第23卷[M]. 北京:人民出版社,1972:103.

主政治下,多数人也可能会犯这样或那样的错误,但多数人犯错误的概率总比少数人要小,即使出现了错误也相对容易发现并得到纠正。

实行民主政治,不仅被载入了中国宪法,而且也写进了中国共产党的章程。因此,当前已经不是要不要民主的问题,而是如何发展得更好更快的问题。实行民主政治,最根本的就是人民当家做主,人民真正成为国家和社会的主人,享有管理国家、社会事务的权利。而人民当家做主,最重要的就是人民享有知情权、参与权、表达权和监督权。这些权利的实现,不仅需要法治通过对权利实现的方式、途径和程序作出明确规定来提供有力的保障,而且需要建设一个法治治理下的政府。因为法治政府全面体现了现代政治文明的理念,是迄今为止人类所发现的最为理想、最为优越的政府治理模式。人类政治的历史也表明,没有法治政府,就不可能有真正的政治文明,不可能有真正的政治民主。可见,在中国,建设法治政府是发展社会主义政治文明的题中应有之义。

3. 建设法治政府是适应全球化挑战的唯一选择。肇始于经济贸易的全球化,如今已经远远超出经济领域,它在促进全球经济一体化的同时,也使各国的政治、文化相互交流与融合,使整个世界成为既相互竞争又相互依存的不可分割的整体。在全球化的进程中,不仅经济贸易需要共同的规则秩序,而且政治往来也需要共通的政治语言,文化交流则需要和谐共融的社会文明。因此,作为一个意识形态上有着自己核心价值观、社会制度上不同于西方世界的发展中大国,要想走进世界舞台的中央并发挥自己应有的作用,就必须彻底变革传统的政府治理模式,建设一个名副其实的法治政府。

中国对经济全球化的积极应对,始于漫长的加入世贸组织的谈判过程。加入世贸组织(WTO),虽然是中国政府面对全球化作出的主动选择,但不容否认,受世贸组织规则冲击最大的也是中国政府。这是因为,从形式上看,世贸组织是以政府为主体组成的国际组织,政府是入世协议的缔结者,也是世贸组织权利义务的承受者;但从实质上,世贸组织是由一整套规则体系构成的,并且几乎所有规则都是针对政府的,都是用来规范政府行为的。正如中国政府在加入世贸组织的协议书中明确承诺的:中国将修改现行法律和制定新的法律,全面履行世贸组织协定的义务。有关现行法律的修改和新法律的制定,对政府的行为来说,就意味着更为全面、更为严格的约束,意味着行政权力的运行不仅要严格依照实体法的授权,还要严格遵循程序法的规定,从而使行政权力由一种专断的、任意的、压迫的力量转变为一种民主的、规范的、合作的力量。事实上,加入世贸组织对中国的最深刻影响也正在于它把中国政府纳入到了全球一体化的进程之中,促使中国政府更快更全面地走向法治化,包括政府职能、管理体制的法定化,也包括行政审批、行政处罚的法定化,还包括政府监督、执法责任的法定化。

可见,加入世贸组织对处于从计划经济向市场经济过渡和初步建立社会主义市场经济的中国政府来说,签署的虽然仅仅是一纸协议,但它引发的却是一场深刻的自我变革。这场变革的对象就是与计划经济体制相适应的行政体制、政府职能、管理方式、行政理念,就是习惯于用行政命令、内部文件和权力分配资源的传统理政模式,就是习惯于对经济社会事务和公民个人生活进行具体干预的传统行政理念,而其变革的目标就是构建与市场经济相适应、与民主政治相协调的法治政府。

4. 建设法治政府是实现科学发展的内在要求。从理论形态上看,现代化理论实质上就是一种发展的理论。20 世纪以来,随着工业化进程的加快,特别是第二次世界大战后在世界各国致力于战后重建的大背景下,人类在创造前所未有的经济增长奇迹的同时,也引发了生态恶化、能源短缺、失业剧增、两极分化、社会动乱等一系列严峻问题。与世界其他许多国家特别是广大发展中国家一样,由于缺乏经验,中国在推进工业化的进程中也不可避免地走了一些弯路。围绕如何促进经济社会和人的全面发展,中国共产党提出了以人为本,全面、协调、可持续发展的科学发展观。科学发展观契合了现代化进程的本质要求,具有丰富而深刻的内涵:发展必须是全面的;发展必须是协调的;发展必须是可持续的;发展必须是和平的;发展必须是以人为本的。科学发展观的深刻内容涉及生产力和生产关系、经济基础和上层建筑的各个环节,涵盖经济、政治、文化、社会发展的各个领域,贯通改革开放和现代化建设的各个方面。要贯彻落实科学发展观,就须进一步深化对中国特色社会主义发展道路、发展模式、发展战略、发展动力和发展目的的认识,并对作为整个现代化建设事业的组织者、领导者和管理者的各级政府进行全面的改革。就是说,要使各级政府真正成为以人为本理念的自觉实践者,从而能够始终代表最广大人民的利益,为人民着想,以人民的福祉为行政的目的和目标;真正成为民主科学的践行者,通过民主科学的制度安排确保始终保持对人民的真正关注,避免腐败和低效;真正成为对人民事业的高度负责者,通过不断提高执政能力和执政水平,确保对中国现代化进程中所面对的各种问题作出有效的调控和应对。

三、怎样建设一个法治政府

1997 年中共十五大报告和 1999 年宪法修正案正式将"依法治国,建设社会主义法治国家"确立为中国的基本治国方略。为适应推进依法治国的要求,2004 年 3 月,国务院颁布《全面推进依法行政实施纲要》,明确提出了建设法治政府的目标。虽然建设法治政府现已成为中国各级政府的奋斗目标,但就目前的形势和发展来看,实现这一目标还将是一个长期、艰苦的过程。当前建设法治政府应该着重从以下六个方面进行努力:

1. 理顺党政关系。在中国,中国共产党是居于执政地位的党。党的领导首先是指党对国家的领导,也包括对社会各个阶层、各个领域的领导。由于党在国家中居于执政地位,党对全社会的领导主要是通过执政活动即以国家政权的名义依法对各种社会关系进行规范和调控来实现的,因而构建法治政府首要的就是理顺党和政府的关系,依法规范和处理政府机构与党组织的关系。而理顺党和政府关系的依据就是党章和宪法法律的规定。中国共产党党章规定:"党必须在宪法和法律的范围内活动。"宪法第 5 条规定:"一切国家机关和武装力量、各政党和各社会团体、各企业事业组织都必须遵守宪法和法律。一切违反宪法和法律的行为,必须予以追究。任何组织或者个人都不得有超越宪法和法律的特权。"可见,党领导人民制定宪法和法律,就必须带头遵守宪法和法律,如果党组织自己不带头遵守宪法和法律,那么国家的宪法和法律就不可能拥有真正的权威。党带头遵守宪法和法律,维护宪法和法律的权威,实际上就是维护自己的执政权威,增强自身的执政合法性。

中国共产党的党章规定:"党必须保证国家的立法、司法、行政机关,经济、文化组织和人民团体积极主动地、独立负责地、协调一致地工作。"党的领导主要是政治、思想、组织领导,不能干预政府的具体事务,必须保证政府工作的独立性。法治政府作为责任政府,独立负责地开展工作是其内在要求。如果不能理顺党和政府的关系,不能保证政府独立负责地开展工作,建设法治政府就无从谈起。

2. 坚持良法善治。立法是法治的基础,立法的质量决定着法治的质量。过去,我们重视和强调有法可依,现在法制已基本完备,中国特色社会主义法律体系已基本形成,我们更应该强调"良法善治"。良法是善治的前提,只有制定出良好的法律,才会得到普遍的遵守,否则,就会陷入谚语所说的"法律不被信仰,将会形同虚设"的境地。在过去的立法中,我们曾长期把政府管理放在首位,把公民权利放在一边。今天我们制定良法,必须坚持公平、正义、理性这些基本价值,必须坚持以人为本,把保障公民权利、自由和幸福放在首要地位。

善治就是通过依法行政,把已经制定的良法付诸实施,公正、合理、及时、有效地适用于全体公民,以实现良法的价值追求。但现实生活中,有些领导干部还有特权思想,执法时也存在不公的现象。所以实现良法善治,最根本的就是必须克服特权思想,铲除特权行为的土壤。

3. 公开透明用权。"阳光是最好的防腐剂。"长期以来,中国行政行为的一大弊端就是实行封闭式管理,缺乏透明度,审批实行"暗箱操作",执法采取"突然袭击",决策常常"内部敲定"。结果,许多决策失误、腐败案件就是在种种"暗箱操作"之下发生的。

2007 年国务院发布《政府信息公开条例》,要求所有政府信息除了受法律保护的国家秘密、商业秘密和个人隐私外,都要向社会公开,强调公开是原则,不公开是例外。近年来,中国行政复议案件的数量一直呈下降趋势,但是关于政府信息公开方面的行政复议却不降反升。这一方面说明了群众权利意识日益提高,但另一方面也说明了政府信息公开与群众要求之间还存在着差距。事实上,一个《政府信息公开条例》确实并不一定就能带来权力运行的公开透明。公开透明用权远比我们想象的要复杂得多、艰巨得多。正因为如此,无论遇到什么困难,我们都要把公开透明用权作为推进法治政府建设的重要问题抓手,紧紧抓住不放。

4. 完善制约机制。"权力容易导致腐败,绝对的权力导致绝对的腐败。"这是英国政治学家阿克顿勋爵的名言。如何才能防止权力腐败呢?那就是要完善监督制约机制。

历史已经反复证明,一旦权力遭到滥用,权力支配法律便不可避免,实现法治便化为泡影。中国权力监督制约机制目前存在的主要问题是,作为权力机构的全国人民代表大会却没有足够的权力行使监督职能;司法部门缺乏其应有的独立性,财权物权上的依附性使其根本无力制约行政权力;舆论监督、社会监督的作用也还发挥得不够。因此,当务之急是建立健全权力分工、监督、制约体制,创造有利于权力监督、制约的社会环境和氛围。这是建设法治政府亟须解决的根本问题。

5. 严格公正执法。行政执法是政府大量的、日常性的行政活动,与人民直接面对,与群众利益息息相关。行政执法不仅涉及行政权力行使的质量,也关系到政府的形象和公信力。英国思想家培根在《论司法》中曾经说过,一次不公正的裁判,其恶果甚至超过十次违法犯罪,因为违法犯罪仅仅是无视法律,好比污染水流,而不公正的裁判则毁坏了水源。执法不公损害的不仅是执法者的形象和信誉,而且破坏法治根基,破坏公民对法律的信仰。因此,建设现代法治政府,必须坚持严格公正执法,严防行政机关的不执法、乱执法现象。行政权力不能放弃,否则就是渎职;不能滥用,否则就是越权;不能选择性执法,否则就是不公。

6. 建设高素质的公务员队伍。公务员是中国推进依法行政、建设法治政府的主体。增强公务员的法治观念,提高他们的依法行政能力,是建设法治政府的内在要求。公务员特别是领导干部依法行政的意识和能力,往往决定着一个部门、一个地区甚至整个国家的依法行政水平。因此,我们必须把普及法律知识、增强法治观念放在重要位置。不仅如此,而且还应让越来越多知法懂法的人加入到公务员队伍中,把其中的优秀者选拔到领导岗位上来,让他们在建设法治政府的过程中发挥越来越大的作用。

（原载《学习与探索》2011 年第 1 期）

论法治政府模式的选择

　　近代以来,实现民族独立、国家富强、人民幸福一直是无数中华儿女的共同理想。肩负着领导中国人民实现中华民族伟大复兴使命的中国共产党人,经过 90 年的不懈奋斗,成功开辟了把积贫积弱的中国引向富强民主文明和谐的中国特色社会主义道路。随着现代化进程的不断深化,特别是现代化建设面临的问题越来越艰巨、面临的环境越来越复杂,建设什么样的政府、怎样建设政府正在成为当代中国共产党人必须面对并给予科学回答的一个重大课题。欣喜的是,我们党在领导中国人民奔向现代化的征途中,不仅已确立了实行依法治国、建设社会主义法治国家的理念,而且已确定了推进依法行政、建设法治政府的方针,开始了"建设什么样的政府、怎样建设政府"的积极探索①。

　　建设法治政府应该选择什么样的模式? 这是我们党在探索"建设什么样的政府、怎样建设政府"过程中无法回避的问题。因为法治政府作为现代政治文明的重要载体,既具有国际相关性,又具有国情特殊性,法治政府的模式决定着政府的类型和功能,不同的模式不仅会导致不同的政府结构和行政价值,而且影响法治政府建设的成效以及我国社会主义现代化建设的进程。那么,各国的法治政府主要有哪些模式,其特点和趋势何在? 我国法治政府建设应该选择什么样的模式? 本文拟就这些问题作一简要的分析和讨论。

一、两种典型的法治模式

　　17—18 世纪的各国资产阶级革命具有基本相同的政治哲学基础,基于共

---

　　① 　参阅国务院. 全面推进依法行政实施纲要[M]. 北京:中国法制出版社,2004.

同的利益相继建立了近代法治国家。但是这些国家的法治在确立、发展并走向现代法治过程中所表现出来的模式却并不相同,主要以英国为代表的"法的统治"与以德国为代表的"法治国"这两种法治模式最为典型。

1. 英国的社会优位型法治模式:"法的统治"

封建贵族、教会、市民与王权之间的多元对抗和妥协,是中世纪中后期的欧洲社会的普遍特征。与大陆国家有所不同的是,在英国,没有一种旧的因素彻底消亡,也没有一种新的因素彻底胜利,或者某一种原则取得了独霸的优势,而是各种力量总是在同时发展,多种利益和要求总是在折中调和。这种更为复杂、更为活跃的社会政治机制,推动了英国议会的成长及其职能的强化①,而且为近代市民社会的成长和扩张提供了极为有利的条件和机会,并创造了宽容和自由的社会精神,形成了英国反抗王权、维护权利的自由主义传统。以新兴资产阶级为代表的市民社会力量,通过议会形式与王权进行长期斗争,并在哈林顿、洛克等人的法治思想鼓舞下,形成并发展了"英国人受法律的统治而且只受法律的统治"的法治模式,它包含着这样一种观念,即"除了代议制立法机构的权力之外,所有的政府权力都应当由适当明确的法律来分配和限定"②。这样,作为市民社会代表的议会,就获得了至上的主权地位,并通过"法律的统治"把国家公共权力框定在法律规则之下,以制约国家权力来保护个人的自由和权利,使国家权力服从服务于市民社会的权利和利益,从而形成"自由民主"的社会优位型法治模式,并继而在美国的法治构造中获得了进一步发展。

对于英国社会优位型法治模式的最大特点,英国宪法宗师艾尔伯特·维纳·戴雪曾以"法律主治"四个字来概括。他认为,法律主治不仅是英国宪法中最出色的大义,而且确立了英国宪政的实质,是英国制度的要素。在他看来,英国社会优位型法治模式有三个特点:一是法律的至尊应与武断权力相抵触,凡一切独裁、特权,以至于宽泛的自由裁量权均应予以摒弃。也就是说不存在超越法律的个人权利和国家武断权力,人民只受制于法律而不受制于人情好恶。二是法律面前人人平等。国内一切阶级均平等地隶属于普通法院的管辖并遵守普通法。任何人没有站在法律之上或法律之外的特权,特别

①　金观涛,唐若昕. 西方社会结构的演变[M]. 成都:四川人民出版社,1985:194.
②　同上,第34页.

是所有在职官吏,倘若违法,一律与庶民同罪。三是宪法不是个人权利的渊源。也就是说,个人权利缘于普通法院的司法判决,而不是来源于宪章。这是英国法治模式的"专有德性"。一方面,在英国宪法中没有各种权利的定义和宣言,只有法院判决之下确立的准则。另一方面,既然英国个人权利是司法判决的成果,那么,个人权利都建筑于普通法律之上。从而,个人权利与普通法律相始相终。

2. 德国的国家优位型法治模式:"法治国"

与英国不同,德国从 9 世纪起一直处于分裂状态,长达千年之久,虽然城市十分发达,但因王权十分弱小,教会力量强大和封建势力顽固而无法统一起来,政府未能占据社会主导地位。1848 年德意志革命与英法革命相比有一个重大的不同,就是前者要实现统一德国和推翻专制两大目标,但最终由容克领导了德意志的统一,新兴资产阶级与容克相妥协而建立了宪政体制,并实行了"自上而下的结构改造"。然而,德国宪法并非是阶级及统治关系革命性转变的结果,而是"一方面是出于保障发展资本主义所必需的各种秩序,同时在另一方面往往会尽其可能使旧体制得以温存",因而是"外表性立宪主义型的市民宪法"①。直到 19 世纪才创立独立的行政法院,"法治国家"才被赋予了新的内涵而有所改观。由此可以看出,德国的市民社会没能像英国那样发达到足以对抗国家并使国家服从于自己的程度,而在外来压力下进行资本主义改造和引进法治原则的背景下,必然会产生偏重于国家的"法治国"理论并付诸实施,从而构造了德国国家优位型的"法治国家"。日本近代化进程与德国有诸多相似之处。

二、两种法治模式之间的融合

社会优位型的"法的统治"和国家优位型的"法治国",从 19 世纪末 20 世纪初开始出现相互接近的倾向。在英国,管理私人生活和公民财产的行政权力机构呈现快速增长之势,且新的社会和经济立法赋予这些机构以不断增加的处置权。在美国也有几乎同样的发展,因而出现了"法治国"的某些因素和倾向。在德国,自 19 世纪 60 至 70 年代以后,创设行政法院来监控行政权力,以防止行政权力威胁个人自由和权利,从而开始为"法治国"注入了新的实质

---

① [日]杉原泰雄. 宪法的历史[M]. 吕昶,等,译. 北京:社会科学文献出版社,2000:42.

内容。日本在二战后则采取行政权力的"法律保留"等形式予以转化,这就出现了"法的统治"的某些因素和倾向。此时,"法的统治"与"法治国"理论和精神也在基本概念、重视基本人权、重视行政权和用征税完成社会福利等方面发生了趋同,并且共同面临着时代的挑战。二战后科学技术日新月异、经济全球化进程加快、经济和社会生活复杂多变,使得西方世界的政治、经济和文化都发生了重大变化。其市民社会与国家的关系也产生了重大变异,即一方面是福利国家对市民社会的更多干预和公司国家的官僚化倾向,另一方面是社群主义、法团主义的市民社会对国家生活的积极参与和权力分享,加之经济全球化和信息化趋势对国家和社会生活的冲击,使得"政府和公民现在越来越明显地生活在一个一体化的信息环境中",政府和市民社会也"并不存在永久的界限"①。

三、我国法治政府模式的选择

我国政府的法治化进程启动时间较短,在模式的选择上必须根据我国的历史文化背景、经济社会发展状况以及民主政治的发展目标来确定。我国社会主义市场经济体制还在不断健全和完善之中,工业化和城镇化的目标还没有完全实现,还没有形成拥有一定财产、具有充分政治意识的中产阶层,还没有形成理性、有序的所谓市民社会,因而社会还不具有与国家进行理性博弈的能力。同时,在中国的文化传统中也缺乏自由主义和理性主义的因子,脱离了国家的必要控制,社会必然处于一盘散沙的状态。另外,我国的经济发展还需要国家在整体上进行管理,利用宏观手段进行调控,个别领域的发展还需要利用行政手段进行必要的协调。因此,社会优位型法治模式并不适合我国的国情。而国家优位型"法治国"模式在德国也曾经出现严重问题,导致了法西斯统治的盛行,这值得我们警惕。我国经济领域的改革已经激发各种利益群体争取利益的潜能,社会主义的人民主权原则已使得公民权利的实施和保障成为法律的首要目的。因此,"法治国"模式也不适合我国经济社会发展的客观现实。

在这样的背景下,我国应当以公民权利保护为基础建构现代法治政府,同时保证政府的效率。《全面推进依法行政实施纲要》所规定的"依法行政的

---

① [英]安东尼·吉登斯.第三条道路[M].郑戈,译.北京:北京大学出版社,2000:77、83.

基本原则和基本要求",就集中反映了我国法治政府建设在模式选择上的基本取向。关于"依法行政的基本原则"有七项:"依法行政必须坚持党的领导、人民当家作主和依法治国三者的有机统一;必须把维护最广大人民的根本利益作为政府工作的出发点;必须维护宪法权威,确保法制统一和政令畅通;必须把发展作为执政兴国的第一要务,坚持以人为本和全面、协调、可持续的发展观,促进经济社会和人的全面发展;必须把依法治国和以德治国有机结合起来,大力推进社会主义政治文明、精神文明建设;必须把推进与深化行政管理体制改革、转变政府职能有机结合起来,坚持开拓创新与循序渐进的统一,既要体现改革和创新的精神,又要有计划、有步骤地分类推进;必须把坚持依法行政与提高行政效率统一起来,做到既严格依法办事,又积极履行职责。"

关于"依法行政的基本要求",有六方面内容:一是合法行政。行政机关实施行政管理,应当依照法律、法规、规章的规定进行;没有法律、法规、规章的规定,行政机关不得作出影响公民、法人和其他组织合法权益或者增加公民、法人和其他组织义务的决定。二是合理行政。行政机关实施行政管理,应当遵循公平、公正的原则。要平等对待行政管理相对人,不偏私、不歧视。行使自由裁量权应当符合法律目的,排除不相关因素的干扰;所采取的措施和手段应当必要、适当;行政机关实施行政管理可以采用多种方式实现行政目的,应当避免采用损害当事人权益的方式。三是程序正当。行政机关实施行政管理,除涉及国家秘密和依法受到保护的商业秘密、个人隐私的外,应当公开,注意听取公民、法人和其他组织的意见;要严格遵循法定程序,依法保障行政管理相对人、利害关系人的知情权、参与权和救济权。行政机关工作人员履行职责,与行政管理相对人存在利害关系时,应当回避。四是高效便民。行政机关实施行政管理,应当遵守法定时限,积极履行法定职责,提高办事效率,提供优质服务,方便公民、法人和其他组织。五是诚实守信。行政机关公布的信息应当全面、准确、真实。非因法定事由并经法定程序,行政机关不得撤销、变更已经生效的行政决定;因国家利益、公共利益或者其他法定事由需要撤回或者变更行政决定的,应当依照法定权限和程序进行,并对行政管理相对人因此而受到的财产损失依法予以补偿。六是权责统一。行政机关依法履行经济、社会和文化事务管理职责,要由法律、法规赋予其相应的执法手段。行政机关违法或者不当行使职权,应当依法承担法律责任,实现权力和责任的统一。依法做到执法有保障、有权必有责、用权受监督、违法受追究、侵权须赔偿。

由上可见，这种模式既吸收了其他国家的有益经验，又符合本国的基本国情，体现了有限行政、诚信行政、服务行政和责任行政的价值取向。一是坚持有限行政的价值取向。有限行政是基于对国家经济社会发展效率最大化的自觉追求，不仅体现为道德限度、法律限度、能力限度、经济限度和生态平衡限度等，而且还表现在功能、结构、职能、职权的有限上。二是坚持诚信行政的价值取向。诚信行政是基于对政府功能的自我意识，主要表现为政府的执政理念发生了根本转变，即政府意识到自己本质上是社会公意，代表的是社会公益。诚信行政作为"透明行政"和"阳光行政"，不仅要求实行政务公开，还要求做到"言而有信"，维护行政权的确定力，保护行政相对人的信赖利益。三是坚持责任行政的价值取向。责任行政是基于对法治目的的自我觉醒，它不仅把实现公平与效率的统一、秩序与正义的统一、公民权利与国家权力的统一以及法治国家与法治社会的统一作为自己的应有内涵，而且还要求行政机关依法做到执法有保障、有权必有责、用权受监督、违法受追究、侵权须赔偿，实现权力和责任的统一。四是坚持服务行政的价值取向。服务行政是基于对"以人为本"理念的深刻把握，它不仅要求政府须将公民利益作为自己一切工作的出发点和归宿，体现公民本位的行政理念，而且要求将公民意志置于基础的、本原的地位，由广大公民来决定要不要政府服务、服务多少以及服务什么，而不是政府想提供什么，公民就接受什么。

（原载《中国党政干部论坛》2012 年第 1 期）

论法治政府与现代化

法治政府属于政治现代化的范畴。政治现代化所要探究的乃是社会发展与政治进步之间的互动关联结构,它所要建构的正是包括政府变迁在内的政治发展的一般模型。在政治发展论视野中,法治政府理论所关注的重点,就是从前现代政府系统向现代政府系统的转变及其机制。从最为根本的意义上说,法治政府是一个变革的概念,是指传统政府向现代政府的历史性变迁,其实质乃是从人治型的价值-规范体系向法治型的价值-规范体系的转变。纵观进入近代以来的全球历史进程,在不同的区域或国家,尽管政府变革的过程、特点和目标有所差异,但作为一种模式或形态,法治政府却几乎成为这一历史过程政治发展的基本表现。时下正在历史性展开的中国政府变革,实际上就是要完成从传统政府向现代政府的历史转型;这一历史转型的基本目标,就是坚持和实行依法行政,建设法治政府。因之,要揭示和阐述当代中国法治政府的历史演进过程及其规律,就必须从一般的理论逻辑出发,深入研究现代化这一传统社会向现代文明社会转变的世界性历史进程对政治发展、政府演进所提出的种种问题。

一、现代化是传统社会向现代文明社会转变的世界性历史进程

（一）现代化是一场具有世界性意义的巨大社会变迁

大约在十几年前,一位美籍华人学者在谈到中国人的现代化观念时就曾这样说过:什么是现代化? 如果是指彩电、冰箱、洗衣机,那么你们已经有了,但这不是现代化,现代化比这要多得多。今天人们重新回想起这段话,发现其中确实有很深刻的含义。因为现在比起那位美籍华人学者说这句话的时候,我们不仅有彩电、冰箱、洗衣机,还有自动化办公系统、私人小汽车等等。然而,中国是否可以说已实现了现代化? 没有。也许有人可以说:中国还有很多落后地区,城乡的差距还很大,与发达国家相比,中国的经济还很落后,因此中国要进一步实现现代化。但假设这些问题都解决了,中国是否就现代化了呢? 对这个问题的回答同样是未必,因为即使这些都成了现实,中国也不见得就已经实现了现代化。就连德国这样一个人们公认的发达国家,到了1999年2月其国内舆论在评价刚刚上台执政一百天的施罗德政府之政绩时,《明星》周刊的评论说,施罗德政府的"中心错误在于没有提出一个使德国走上现代化之路的方案","没有一个向前看的、迈向下一个世纪的战略"①。这话听起来似乎令人费解,其实并不然。因为这里涉及到了一个根本性的问题——现代化不仅仅看其经济发展的程度,除此还含有更为丰富的内容;衡量现代化的标准并不是固定不变的,它要随着现代化过程的进展而扩展,随着现代化实践的深化而深化。

　　"现代化"作为用来概括人类社会近期发展进程中急剧转型的总的过程的新术语,是近数十年来才出现在社会科学论著之中的,尽管它所概括的那个过程已持续了三百多年,并且早就为人们所熟知。那么,"现代化"究竟指的是什么呢? 笔者认为,要真正弄清"现代化"的内在含义,首先应当明确"现代化"是一个动态性概念。任何想使之获得绝对确定性的企图都是不可能获得成功的,因为它是一个过程,是一种连续,是当代世界正在持续着的变革过程,从全球意义上来说,这一变革过程还远未有穷期。其次,应当明确"现代化"同时又是一个具有相对静态性的概念。"现代化"概念的演变史表明,不管其含义如何随着历史和时代的变化而变化,但自从人们明确提出这个概念之日起,它就被赋予了某种相对确定的内容,成为一种具有明确目标取向的术语而被人们反复地使用着,如把"现代化"视同于西方化或工业化等,实际上就是人们以西方发达资本主义国家的模式为原型而现代化成为可以衡量的目标这一努力的反映。我们在探讨"现代化"概念的含义时,一定要同时注意到"现代化"这一概念的动态性和静态性。任何只注意到"现代化"概念的某一特性而来探究其内在含义的努力,最终都难免重蹈前人的覆辙。因此,我们在对"现代化"概念的探讨中,既要揭示出现代化是一个过程,又要弄清

① 施罗德政府一百天[N]. 人民日报,1999-02-12(6).

楚它是一个什么样的过程,明确从传统社会到现代社会的转变中会有哪些变化,不同的传统社会在向现代社会的转变中会有些什么样的特点,现代化过程中的价值取向如何等问题,从而把对现代化过程的描述和为现代化所制定的具有不同内容的标准有机地结合起来,构成对现代化道路的科学论证。

在关于现代化究竟应该是一个什么样的进程问题上,美国学者亨廷顿在其《从变化到变化》一文中所概括的现代化进程之九大特征是得到大部分学者公认的,它几乎同时在现代化是个普遍的过程和现代化的实现有赖于社会一些关键方面发生根本性变化这两个重要问题上作出了回答。亨廷顿认为,现代化进程具有如下特征:(1)现代化是一种革命进程。这一特点集中表现在现代社会与传统社会相比,前者明显地包含着人们生活方式的一个急速并且是总体上的变化。(2)现代化是一种复杂进程。它所包含的变化包括人们思想与行为的一切方面,而不是某一因素或某一方面的变化。(3)现代化是一种系统进程。它表现为某一因素的变化往往总会相继引起其他另外一些因素的变化,而不是某一因素的孤立变化。(4)现代化是一种全球进程。它始于15—16世纪的欧洲,进而逐渐发展成为一种世界范围的普遍现象。(5)现代化是一种长期进程。它所引起的社会变革在程度上是革命性的,但产生这些变革所需要的时间是长期的,这些变革的结果是在时间的流逝中逐渐得到实现的。(6)现代化是一种阶段进程。它作为一种长期性的变革过程,是可以相应分成若干个具有不同发展水平的不同阶段的,因而使得人们区分每个国家和社会的现代化之不同阶段成为可能。(7)现代化是一种匀质进程。这一匀质进程是由现代化包含着的双重运动,即一方面是各种有组织的政治社会朝向相互依赖的运动,另一方面是所有的社会朝向一个终极融合的运动所引起的,它将使各个社会变得匀质,以至最终达到能够建立一个世界国家的地步。(8)现代化是一种不可逆进程。它作为一种长期发展的趋势具有历史必然性,在不同社会尽管因某些原因而可能使现代化进程暂时中断,但这种中断不会使现代化进程发生逆转,而是会在某些因素发生变化后使现代化进程得以重新启动或继续。(9)现代化是一种进步进程。尽管现代化给社会所带来的创伤是多方面和深远的,但从长期或根本的趋势看,它所引起的变化却是一种进步性变革,促进了社会的发展或进步。除了亨廷顿所总结的这九大特征外,其他学者还提出了另外某些特征。例如,有的学者认为,现代化是一种超历史进程,它存在于人类社会发展的整个过程之中;还有的学者认为,现代化是从古希腊罗马就开始出现的一种漫无止境的进程;但也有的学者认为现代化进程是有止境的,并创造出了诸如"后现代"或"后工业"等术语来命名那些已经实现了现代化的社会。不论这些概括是否正确,也不论不同学者之间的观点分歧有多大,了解这一切,对于人们正确把握现代化到底是一个什么样的进程,终究是有益而无害的。

要真正弄清"现代化"概念的科学含义,还必须明确什么是"现代"。因为现代化与"现代"密不可分,可以说"现代化"一词就是由"现代"演化而来的;而"现代"本身又是一个相当笼统而宽泛的名词,它作为一个时间概念,即使在历史学家中也有各种不同的理解,更不用说普通人日常生活中对它的不同认识与理解了。有人认为,今日之现代终不免变为将来之古代,这样,"现代"一词就成为无限延伸的概念。很显然,对"现代"的这种理解,实际是取"现代"一词的本来意义——即现在的时代或我们现处的时代来应用的。但是,如果真的从"现代即现时代"这一本来意义上来界定"现代化"的话,那么,"现代化"也就成了毫无意义的概念。因此,这里必须明确,作为"现代化"一词之来源的"现代",它虽属于时间范畴,但它又不是一个纯粹的自然时间概念,而是一种社会历史的时间概念,它不是外在于社会和人的实际活动而均匀流动的东西,不是无内容的或与内容无关的框架,而是一种历史活动的延绵,是社会变化的概括性区划①。如果说,相对论的出现改变了绝对时间的观念,那么,在考察时代时就更应结合历史活动、社会变化的实际内容。因此,人们对时代的规定和划分,就不能遵从单一的时代划分法,而应采取以重大历史事件为标志,以社会变化为内容的划分法。

既然现代就是指以现代工业生产方式为标志的一个特定历史时代,那么它就必然意味着作为其主体的已不再是某个民族或国家,而是整体的人类。因为以某个民族、国家为主体而划分的时代与以人类为主体而划分的历史时代是不同的,如中国近代史以 1840 年为始,而世界近代史则以 1640 年为始。也就是说,从规定现代化这个目的出发,显然不能以一个民族或国家为主体来规定现时代,而必须以人类为主体,从整个世界的历史演化,以及人类文明

①　肖前,陈志良,杨耕. 关于中国社会主义现代化的哲学反思[M]. 北京:中国人民大学出版社,1994:44.

发展的宏观角度来规定现时代。因为"只有从整个世界的历史和人类文明发展的角度,从世界各民族发展程度的差异对比这个角度看,才有所谓的现代化问题,才有一个跨入现代化国家行列的问题"①。因此,所谓现时代就是指以人类为主体,以整个世界的历史发展为内容,以工业革命为起点,以工业文明代替农业文明为基本特征的时代。这个新时代的曙光,最早可上溯到16世纪,当时现代生产方式表现为资本主义生产方式,到20世纪又新出现社会主义生产方式。这个以现代工业生产方式为标志的特定历史时代,只是人类社会发展的一个阶段,这个阶段需要经历多长时间,谁也无法预言,但大体包括人类历史分期中的近代和现代。

综上所述,现代化是指以工业革命为起点,以工业文明以至知识文明代替农业文明为核心的包括社会政治经济文化生活等各个方面的整体性变革与进步过程,是人类历史上一场具有世界性意义的巨大社会变迁。对现代化这一目标性与过程性兼具、历史性与世界性统一的概念作上述理解,主要是基于以下几个理由:

现代化作为人类文明的一次重大嬗变过程,它并不是随着时间的推移而自然生成的,而是在工业革命这一人类生产力发展史上的新飞跃直接推动下才得以生存和展开的。工业革命作为人类生产力发展史上一个新飞跃的开端,它不仅标志着崭新的工业生产方式由此趋于成熟,现代工业发展的新机制趋于完备,而且同时还标志着由新生产方式带动的社会变革也由此开始全面加速。"从发展理论的角度来看,它标志着社会发展方式的四大变化:(1)现代工业生产方式的确立使以国民财富持续增长为标志的发展开始显著加速,这种发展不是平稳的,而是跳跃的、波浪式的推进。这是人类以前任何历史时代都没有出现过的。(2)世界在真正意义上联成一个不可分割的发展整体,而且现代工业生产方式和工业化生活方式因强力向外扩张而普遍化,把世界最边远、孤立的民族都卷入'发展旋涡'。在此以前,世界各地区各民族是在相对孤立条件下独立发展的,任何外来的力量都很难改变一个社会的内部的稳固结构。(3)现代生产力的发展——主要是非生物能源的广泛使用,机器生产体系的形成,科学技术的革新等等,日益成为直接支配发展的决定

① 肖前,陈志良,杨耕.关于中国社会主义现代化的哲学反思[M].北京:中国人民大学出版社,1994:45.

性因素,从而使人类从对自然界的直接依附下解放出来,转而确立对自然力的统治。在此以前,自然力主要是通过超自然的神力、现实的政治权力和社会权力等等,在更大程度上支配着社会生产。(4)工业革命创立的新发展机制还使西方先进国的发展速度与发展水平决定性地超出于世界其他地区之上,使西方凌驾东方,从而也确立了现代发展的世界新格局。以上四端,说明现代工业社会的发展环境、发展机制、发展速度、发展方向等都不同于历史上的任何时代,这是人类历史的一场真正全球性的社会大变革过程。"①正是因为这一点,决定了现代化过程必然而且也必须是以工业革命为起点;舍此,现代化过程就如同无源之水。

现代化作为人类文明的一个重大转轨,它固然是由工业革命所引起的以工业文明以至知识文明代替农业文明的过程,但这决不意味着现代化就是单纯的"技术革命"、"工业革命"或"文化革命"、"知识革命",而是一种"社会革命",是一种包括社会政治经济生活等各个方面之全面变革的"社会革命",是"比任何其他一种革命都更广泛、更深刻的社会革命"②,是"市民社会中的全面变革"③。这种"全面变革"涉及的内容有很多,主要表现在:一是在经济方面,伴随着工业革命的发展,农业文明逐步为工业文明以至知识文明所取代,即工业化的实现。二是在政治方面,伴随着经济现代化的逐步推进,政治上要求不断加快民主化、法治化步伐。三是在文化方面,表现为开放性、多元化的趋势。四是在社会方面,表现为社会生活形态的城市化、社会组织结构的功能专门化,以及社会成员关系的自由流动性。五是在人的发展方面,现代化过程要求人的发展呈现出知识化、世俗化和理性化的趋势,以适应现代工业生产方式变革以至迎接知识经济的需要。正是现代化所涉及的社会政治经济文化生活等各个方面的重大变革与进步过程,构成了一种崭新文明的诞生;这种崭新的文明形态不仅以强大的扩张力辐射到世界各地,而且以巨大的渗透力影响到社会生活的方方面面,以致整个社会生活、整个世界发生了翻天覆地的变化,将人类带入到一个新的文明世界。正是从这一意义上可以说,现代化的发展过程,实际上就是用现代文明改造传统文明,从而推动社会

---

① 罗荣渠.建立马克思主义的现代化理论的初步探索[J].中国社会科学,1988,(1).
② 《马克思恩格斯全集》第1卷,第656页。
③ 《马克思恩格斯全集》第2卷,第281页。

进步的过程。

　　现代化不仅是社会政治经济文化生活的整体性变革与进步,而且还是一种具有世界性意义的巨大社会变迁,是指现代化作为社会变迁过程具有一种超越各个国家和民族的特点而融为全球性潮流的性质。这种潮流的形成,最根本的原因在于工业生产方式的出现,因为现代工业生产方式以及工业化生活方式因强力向外扩张而普遍化,把世界上一切国家与民族都吸纳到了现代化的潮流之中,以致所有的国家与民族都再也难以关起门来沿袭数千年来的封闭发展。当然,现代化的世界进程并不是让世界上所有的国家与民族在同一时刻同一地点齐步跨入现代化行列的,而是以一批批、一片片的形式、不同国家和民族在不同的时间不同的地点逐步相继进入现代化行列的。所谓一批批,就是指各个国家、民族并不是同时揭开现代化序幕,而是有先有后。如前所述,虽然就世界整体而言,自 16 世纪以来已经进入了一个特定的历史时代——“现时代”,但当时真正开始现代化进程的国家并不多,只是在后来的发展中才使越来越多的国家像滚雪球一样地逐渐融入世界现代化的洪流之中。因此,现代化过程实际上是一种扩散型的发展过程。这种扩散的过程主要是通过现代化的三次浪潮来实现的①。经过这种以“一批批”的形式出现的现代化之世界进程,到 20 世纪 90 年代,几乎世界上的所有国家都已坐落在不同阶段的现代化坐标上。所谓一片片,是指现代化的世界进程按梯级逐渐推进的,不同的国家和民族正是根据其所处的不同地理位置及其他有关条件,陆续进入现代化行列的。这种以一片片的形式梯级推移的世界现代化进程,与上述以“一批批”的形式出现的三次现代化浪潮,几乎是完全吻合的。现代化的世界进程之所以会以“一片片”的形式按梯级逐渐推移,还与国际环境和国际秩序的存在和作用是分不开的。因为国际环境和国际秩序犹如一张大网,任何国家和民族进行现代化的过程,或适应,或依附,或利用,都逃离不了它的制约和影响。

　　(二)中国的现代化道路

　　现代化作为一场具有世界性意义的巨大社会变迁,它是突破原有社会形态的固有架构而在社会、经济、政治和文化诸领域所显示出来的革命性的巨变,而不是某些民族国家的特殊现象,更不是一个社区性的个别现象。“工业

_____

①　罗荣渠.现代化新论[M].北京:北京大学出版社,1993:131—142.

革命以来的几个世纪里,整个世界也确实被完全地拖进了这样一个过程之中。"不管各个民族国家的发展道路如何,它们都要被纳入一个新的社会发展秩序轨道之中,或者被迫接受现代化的自我改造①。目前,世界上绝大多数国家处于现代化的进程之中,在这些国家中,有些国家已经经过了第一次现代化发展,进入了"后现代化"或者说是"第二次现代化"的阶段。有些国家还在第一次现代化的阶段,正在努力追赶发达国家。中国属于现代化的后发国家,传统的农业国家和君主专制在中国体现了超乎寻常的自稳功能,一直绵延两千年并成功遏制了现代化发展的内因,将自由经济的发展扼杀于萌芽状态。至西方的炮火打开闭关锁国的大门,中国逐渐沦为半殖民地半封建社会,彻底丧失了自我发展的能力。之后的中国被卷入无休止的战争之中,根本无暇顾及经济的发展。

新中国成立后,百废待兴,国家将发展的重心转移至国民经济的恢复,当国家具备了一定的经济实力后,党和政府提出了现代化发展的目标②。但在中国走上现代化的发展道路之初,由于党和政府在对现代化的认识上还处于自觉不自觉的状态,因而现代化的发展进程呈现出了反反复复、曲折前行的过程。"所谓自觉,是指痛感落后就要挨打,在国际上就没有地位,决心要把国家搞强大,在这一点上是自觉的,也是较坚定一致的;不自觉,是说在对现代化的理解上,未能从工业文明代替农业文明,用商品经济代替自然经济,用法治代替人治的整体高度来认识现代化,未能合理地科学地把握社会主义与现代化的内在联系,也不理解现代化有其内在的规律和节奏。"③"中国共产党第十一届三中全会是中国社会主义现代化建设的真正开端,也是中国人民自觉地认识现代化,积极地探索有中国特色的社会主义现代化道路的真正开端。"④从党的十一届三中全会开始,经过20多年的探索,我们党在对现代化的本质问题上,破除了把现代化简单地等同于富国强兵的肤浅认识,自觉地

---

① 参见钱乘旦,陈意新.走向现代国家之路[M].成都:四川人民出版社,1987:340.
② 在1954年召开的第一届全国人民代表大会上,毛泽东就号召全国人民:"将我们现在这样一个经济上文化上落后的国家,建设成为一个工业化的具有高度现代文化程度的伟大的国家。"(见《毛泽东著作选读》下册,人民出版社1986年版,第715页)
③ 肖前,陈志良,杨耕.关于中国社会主义现代化的哲学反思[M].北京:中国人民大学出版社,1994:61.
④ 肖前,陈志良,杨耕.关于中国社会主义现代化的哲学反思[M].北京:中国人民大学出版社,1994:63.

从人类文明转轨的高度把握现代化,把现代化理解为一场全面而深刻的历史性变革。在这场变革中,生产力的发展、生产的社会化无疑是中心环节,但它同时也是整个社会包括政治、文化、生活方式、行为方式和价值观念的一次巨大变革,也是包括社会主义物质文明、政治文明、精神文明建设和社会主义和谐社会建设在内的一个全面发展过程。也就是说,中国的现代化是中国特色的社会主义现代化,是以人为本,全面、协调、可持续的现代化。党的十六大在制定全面建设小康社会的奋斗目标时指出:"我们要在本世纪头二十年,集中力量,全面建设惠及十几亿人口的更高水平的小康社会,使经济更加发展、民主更加健全、科教更加进步、文化更加繁荣、社会更加和谐、人民生活更加殷实。这是实现现代化建设第三步战略目标必经的承上启下的发展阶段,也是完善社会主义市场经济体制和扩大对外开放的关键阶段。经过这个阶段的建设,再继续奋斗几十年,到本世纪中叶基本实现现代化,把我国建成富强民主文明的社会主义国家。"①这段论述虽然文字不多,但它所描述的全面建设小康社会的目标是中国特色社会主义经济、政治、文化全面发展的目标,是与加快推进现代化相统一的目标,符合我国国情和现代化建设的实际,符合人民的愿望,符合时代的潮流,符合社会发展的规律。这表明中国共产党和中国人民对现代化的认识已进入了新的层次、新的水平、新的境界,表明"中国特色的社会主义现代化"这个命题的深刻内涵已经随着现代化的推进而全面展开。

　　而今,在发达国家已经进入第二次现代化的发展进程之时,中国的现代化任务要比世界发达国家在他们已经经历过的现代化进程更加艰巨、更加复杂。21世纪中国所追求的现代化目标,已经不是工业化时代的传统现代化目标,即不能只用工业化水平和城市化水平,以及与此相匹配的教育程度、生活质量、预期寿命等去加以度量,而应当不失时机地加上信息化水平指数、生态化水平指数、全球化水平指数、竞争力水平指数、集约化水平指数、公平化水平指数等,作为从工业化时代向信息化时代过渡的基本衡量指标。中国必须在实现工业化时代目标的同时,启动和叠加信息化时代的目标,以完成工业时代目标和信息时代目标的双重任务。同时,我们还面临着人口、能源、生态

① 中共中央文献研究室. 中共十三届四中全会以来历次全国代表大会中央全会重要文献选编[M]. 北京:中央文献出版社,2002:665.

环境、贫富差距、城市化水平和信息化水平远远不够等几大难题。当前,中国已经经过了20多年的现代化发展,中国各地区的现代化发展体现了不平衡的态势。如何利用后发优势,实现跨越式发展,是中国现代化发展所面临的一个重大难题。

中国要充分发挥后发优势,就必须充分发挥政府的关键性作用。后发国家在相当长的时间内都处于"追赶"先发展国家的状态。要追赶,就要有领导、有组织,不能全凭企业自己的自发发展。因此,政府在发展中国家的现代化过程中必须起主导作用。同时,政府的积极参与也是使民族经济在国际上有效竞争的保证。如果没有政府的支持和组织,靠企业单独在国际上去竞争,发展中国家经济是很难打入国际市场的。此外,发展中国家一般面临着市场不发育的困难,市场机制长期处于无效运作的状态,资源难以得到有效配置。不能等待市场自发地发展起来,政府必须运用产业政策等手段使有限的资源得到合理配置,并大力培育发展市场体系。罗森斯坦·罗丹在其"大推进"模型中指出,欠发达国家的经济发展不应听凭市场力量,而必须通过政府计划实现各部门的均衡发展。格申克龙认为,经济落后的程度与国家推进工业化的强度之间存在着正相关关系,工业化启动越晚,政府的作用越突出。罗斯托认为经济起飞最重要的前提通常是政治方面的,政府在经济发展的基本作用就是动员社会先行资本。世界银行《1991年世界发展报告》认为,东亚的经济发展主要受益于促进市场效率和发展的政府行为。青木昌彦等经济学家提出了政府的"市场增进论",认为政府政策的职能在于促进和补充民间部门的功能。斯蒂格利茨指出,发展中国家的政府应具有特殊的职能,如创造市场、替代企业家等。同期,我国国内学者有关后发国家政府角色的研究主要有"政府第一推动力"假说。该假说认为,后发国家发展初期政府发挥第一推动力的作用以启动经济,但政府推动的效率和利益是递减的,一旦经济起飞,政府应逐步退出和还原。

总之,政府作为伴随着国家的产生而产生的历史存在,在现代化这场具有世界性意义的巨大社会变迁面前,同样也在经历着一场空前的历史性变革。它不仅在现代化的进程中担负着神圣的使命,而且其本身就是现代化这场深刻变革的变革对象,它需要在现代化的进程中进行自我价值重构与功能定位。

二 法治政府是民族国家在现代化进程中的价值重构与功能定位

(一)民族国家和现代化

民族国家不是人类社会最初的组织形式,它是在人类社会发展的特定历史阶段出现的,发轫于欧洲的中世纪。所谓民族国家,是指"拥有对一块领土的主权统治为特征的、在调控能力上胜过传统政治形式(如古老的帝国或城市国家)的国家"①。其典型的特征是确定的领土范围和独立的国家主权。民族国家的出现,填补了传统社会解体之后所形成的权力真空,它借助于暴力统一和民族文化的认同,实现了分裂社会的重新整合。西方学者使用"民族国家"这一概念,不仅便于现代国家和历史上其他国家形式间的对照和比较,更强调了现代国家中国家权力和民族性相结合的这一基本特征。

民族国家是在现代化的过程中产生的。作为现代化产物的民族国家,与现代化之间这种异常密切的关系,又往往是和现代性的问题纠结在一起的。现代性起源于近代意义上的"启蒙",文艺复兴则是启蒙的前奏。文艺复兴时代高举起了"人的发现"的大旗,其世俗化取向的学理根据是人文主义信念。商品经济以及市场逻辑无疑是人的理性能力与理性精神产生的世俗基础,以这种市场经济为基础建构起的市民社会所孕育的契约精神和法制传统,既为理性精神提供了文化土壤,又进一步确证和表现着人的理性精神。所有这些,都为民族国家的产生提供着内在的动力。

在民族国家产生之前的欧洲,在政治上是一种等级政治,这种等级制以人身依附为特征。在这一等级制中,国王处于最高的等级,他作为上帝在尘世间的代表,拥有对土地的所有权,享有对下属等级的最高权威。国王将土地分封给不同等级的封建主,处于最低等级的是农民,在经济上呈现出一种自给自足的自然经济状态。这种等级森严和诸侯割据的政治格局,不利于统一市场的形成。因此,随着资本主义的发展,资产阶级日甚一日地消灭生产资料、财产和人口的分散状态,最后形成政治的集中即中央集权的民族国家。民族国家是民族利益的代表者,它的基本特征是国家的发育和以全体国民为基础的民族因素的形成基本处于统一的过程。中世纪的欧洲社会还有另一特征:在文化和社会形态上表现为教会权威式的文化占据统治地位。在那时的欧洲,宗教承担了对社会秩序进行整合的所有功能,支撑着社会伦理和政

---

① [德]乌·贝克,哈贝马斯. 全球化与政治[M]. 王学东,柴方国,等,译. 中央编译出版社,2000:78.

治信仰,进而决定了对社会的控制。人们只能无条件地相信和服从宗教的权力与权威,任何对其合法性的怀疑都被视为不合法理。在这种传统的国家中,国家并不能真正以一个统一的主权政治单位来行使自己的权力,所以也就不能对所属机构中的社会成员进行现代意义上的政治整合。具有现代性的宗教改革瓦解了传统社会中的权威与权力集中于宗教一身的现象,使世俗的国家理念取代了神权国家理性,现代的法律制度取代了教会的等级制度。正是这一过程,推动了现代民族国家的兴起。

当人们把目光从神学的统治下走出来,用理性的眼光来审视国家这一共同体的时候,国家内部的文化、民族、语言、习俗等差异一下子显现出来。理性告诉人们必须接受与承认这种差异,于是他们就在理性的基础上形成一种新的民族认同,并在此基础上形成新的族类意识和民族情感。他们把民族的生存、独立、发展以及基本体制的维护与国家利益联系起来,将对国家的忠诚置于对家庭、村落、社区、等级、阶级、宗教的忠诚之上,并使其成为国家政权建设和国家对外政治活动的基础。这样,国家就把民族利益作为自己行为的确定目标,以此来获得民族的认同,取得政治上的合法性。启蒙主义理性与国家之间这种密切的联系,使它为民族国家形成提供了观念上的支持。

历史地看,民族国家的发生形态大致可以分为三类:第一,原生形态的欧洲民族国家。这种形态的民族国家通过反抗外来压迫势力,争取民族独立,消除封建割据,实行宗教改革、纳教于国的长期斗争,建立了西欧历史上第一批初具近代色彩的主权国家,如西班牙、英国、法兰西等。第二,衍生形态的主要由欧洲移民组成的民族国家,如美国、加拿大、澳大利亚等国。这类国家的移民经历了资本主义文明的洗礼,他们从欧洲大陆来到了美洲(或澳洲)这块神奇的土地上,给这片新大陆带来了资本主义的先进的生产关系。在这里,他们由于拥有先进的生产关系,因此,他们一旦切断与母国的附属关系而获得政治上的独立,民族国家就会很快建立。这种类型的民族国家目前多为政治发展程度较高的发达的民族国家。第三,传统社会根基深厚,在摆脱殖民统治后建立起的民族国家,主要是亚非拉各国。这类国家由于资本主义没有得到发展,因此这些国家普遍存在着较为深厚的封建主义的根基,再往后,这些国家又都不同程度地经历了西方国家的殖民统治。因此,当他们获得国家独立以后,自然就面临十分繁重的民族国家的建设任务①。

(二)民族国家的建构和法治政府

所谓民族国家的建构,主要包括两个方面内容:一是国家共同体的建立;二是国家制度的建立。颠覆了传统的君权和神权,民族国家需要重新建立能够凝聚社会的权威,这种权威必须不妨碍国家内部的文化、民族、语言、习俗等差异的存在,并能够形成一种对国家的新的认同。这种认同能够形成新的族类意识和民族情感,将民族的生存、独立、发展以及基本体制的维护与国家利益联系起来,将对国家的忠诚置于对家庭、村落、社区、等级、阶级、宗教的忠诚之上,并使其成为国家政权建设和国家对外政治活动的基础。这个权威只能是——理性;而能够体现这种理性并作为国家建构依据,并得到普遍遵守的自然便是——法律。

可以说,民族国家产生于现代化的过程中,民族国家为政治现代化提供了语境,而政治现代化又是民族国家现代化发展的保证。"由传统政治向现代政治的转化",也就是一个抛弃专制制度、建立一种新的民主政治秩序的过程。在国家的建构过程中,民族国家首先考虑的是国家的合法性问题。从实质上讲,这种合法性来自组成国家的成员的民族认同。从形式上,合法性的问题便转化为组成国家的个体的这种认同的法律表达。这就是对现代社会产生了重要影响的宪政运动。民众通过刚刚获得的自由权利和政治参与的权利制定宪法,用宪法的形式构建了真正属于广大民众的民族国家。在这种民族国家中,法律首先确认了公民的自由,其次构建了受到控制的用来给公众谋取共同福利的权力机关。这种承认并保证自由的政治制度,这种有限的政治权力,又为民族国家的进一步现代化提供了制度上的保障。也就是说,在民族国家里,人们可以通过法律来统一以民族为基础的社会文化认同,整合不断变动中的国家与社会之间的关系;而民族认同则要求不断地对国家实行政治诉求,以此来推动国家的现代化。"我们很难想象,无需一个统一的、独立的权力结构的支撑,一个社会可以通过'自由放任'就可以自动地实现政府权力的限制和公民权利的扩展从而推进现代化展开。因此,立宪意味着必须维护一个统一且独立的民族国家政权的合法性,为解决公民在新的制度空

---

① 参见高旺.商品经济、民族国家构建与政治发展[J].河北经贸大学学报,1998,(3).

间中生活所面临的认同危机。"①

　　综观全球现代化的发展进程,现代化作为深刻的社会变迁,它包含两种不同的方式:一种是创新性变迁,另一种是传导性变迁。创新性变迁所带来的现代化过程是一种原生的现代化,它主要是由社会自身力量导致的内部创新与发展的过程。传导性变迁所带来的现代化是一种后发的现代化,它主要是社会受外部冲击而产生的发展过程。从这个意义上说,作为人类社会现代化进程的一个环节,西方国家法治政府的生成属于内部的创新过程,这是一个在整体上看属于自然、连续的生长过程;而后发国家法治政府的生成则属于外诱变迁过程,因为"在这些社会的这种共同特征中,最重要的是它们有一个外国人的中心强加在他们头上。这个中心无论在何种程度上都是与这些社会的其他部分相隔离的,而在它产生各种行政体系的同时也剥夺了这些社会集体认同的合法中心"②。因此,后发国家法治政府的生成必然是一个民族主义与民主主义结合在一起的过程,正是这个特点决定了后发国家的立宪过程总是处于民族主义与民主主义的紧张关系之中。由于任何一个国家无论如何都不会再退回到它与现代化相遇之前的状态中去,因此建立法治政府作为现代化的制度变革的方向是任何一个国家走向现代化所无法回避的过程。正如马克斯·韦伯所指出:"一切经验表明,没有任何一种统治自愿地满足于仅仅以物质的动机或者仅仅以情绪的动机,或者仅仅以价值合乎理性的动机,作为其继续存在的机会。毋宁说,任何统治都企图唤起并维持对它的'合法性'的信仰。"③可见,只有通过立宪途径建立的法治政府才能真正实现民众的政治诉求,进而才能成为现代化发展的调控器。法治政府体现了民族国家在现代化进程中的价值重构和功能定位。

三、现代化是当代中国推进法治政府建设的现实动因

（一）经济现代化对政府的要求

　　现代化的正常路径是经济的自由发展促使社会结构的分化,进而要求对

---

① 潘伟杰. 宪法的理念与制度[M]. 上海:上海人民出版社,2004:177—178.

② [以]S. N. 埃森斯塔特. 殖民地和传统政治制度对后传统社会和政治秩序发展的影响,载[美]西里尔. E. 布莱克:《比较现代化》,杨豫、陈祖洲,译. 上海译文出版社,1996:209.

③ [德]马克斯·韦伯,[德]约翰内斯·温克尔曼. 经济与社会(上卷),林荣远,译. 商务印书馆,1997:239.

社会进行必要的整合和调整,以构建具有现代性的社会。在这个过程中,传统社会自然被解构。与这一正常的路径不同,中国的现代化不是内生的现代化,而是一种后发的现代化。在中国,自由经济的因素在还没有发展成社会发展的动力之时即被遏制。有鉴于此,我们党和政府在改革之初就深刻地指出,要实现经济的现代化,就必须实现生产的工业化、社会化和商品化。为了彻底改变自然经济和计划经济模式占主体地位的状况,自党的十一届三中全会以来,中国政府就以现代化的推进者的角色发动了一场以建立社会主义市场经济体制为目标的体制革命。在这场体制革命中,中国政府不仅冲破了把计划经济与商品经济对立起来的观念,而且冲破了"计划经济是社会主义的基本经济特征"和"市场经济等于资本主义"的观念,不仅要防止因为对经济的干预而走回计划经济体制的老路,而且要防止出现西方国家经济自由发展所造成的巨大危机。"我们建立的社会主义市场经济体制,就是要使市场在社会主义国家宏观调控下对资源配置起基础性作用,使经济活动遵循价值规律的要求,适应供求关系的变化;通过价格杠杆和竞争机制的功能,把资源配置到效益较好的环节中去,并给企业以压力和动力,实现优胜劣汰;运用市场对各种经济信号反应比较灵敏的优点,促进生产和需求的及时协调。同时也要看到市场有其自身的弱点和消极方面,必须加强和改善国家对经济的宏观调控。我们要大力发展全国的统一市场,进一步扩大市场的作用,并依据客观规律的要求,运用好经济政策、经济法规、计划指导和必要的行政管理,引导市场健康发展。"①"为了实现这个目标,必须坚持以公有制为主体、多种经济成分共同发展的方针,进一步转换国有企业经营机制,建立适应市场经济要求,产权清晰、权责明确、政企分开、管理科学的现代企业制度;建立全国统一开放的市场体系,实现城乡市场紧密结合,国内市场与国际市场相互衔接,促进资源的优化配置;转变政府管理经济的职能,建立以间接手段为主的完善的宏观调控体系,保证国民经济的健康运行;建立以按劳分配为主体,效率优先、兼顾公平的收入分配制度,鼓励一部分地区一部分人先富起来,走共同富裕的道路;建立多层次的社会保障制度,为城乡居民提供同我国国情相适应的社会保障,促进经济发展和社会稳定。这些主要环节是相互联系和相互

---

①　中共中央文献研究室.中共十三届四中全会以来历次全国代表大会中央全会重要文献选编[M].北京:中央文献出版社,2002:157.

制约的有机整体,构成社会主义市场经济体制的基本框架。"①

正如"宪法产生于近代市场经济"一样②,在我国,建立和健全社会主义市场经济体制,必然要求加快法治政府的建设。这是因为市场并不是万能的,发展社会主义市场经济,并不意味着可以减少政府的责任和作用。我国是发展中的大国,又处在经济体制转轨、产业结构调整和经济快速发展的时期,尤其需要政府担当起应负的责任,切实把职能真正转变到促进宏观经济稳定增长、推动区域经济均衡发展、加速以技术为基础的经济发展、动态实施经济管制与控制、提供直接和高效的服务、提供各种援助和补助、实施环境保护等方面上来。正是这种职能,决定了发展社会主义市场经济必然要求推进法治政府建设,使政府真正成为科学的政府、服务的政府、负责的政府、有效的政府。

（二）政治现代化对政府的要求

现代化是社会全方位的现代化过程,其中包括政治的现代化。政治现代化是人类建立政治文明的根本途径。在中国,发展社会主义民主政治,建设社会主义政治文明,是社会主义现代化建设的重要目标。所谓政治文明,是指人类社会政治生活中相对于政治蒙昧、政治落后甚至政治反动而表现出的一种政治的发展、变化和进步状态,是人类社会文明进步的集中体现,也是政治理性化、有序化和和谐化的重要标志,是现代性的重要方面。政治文明反映了特定社会物质文明和精神文明制度化、规范化和法律化的水平,它包括政治意识形态、政治法律制度和政治实践行为等内容。毫无疑问,法治是政治文明的核心内容、基本标志和根本保障。法治反映了人类管理自身的深刻进步。美国法学家庞德从文明发展的角度阐释了法律超越其他社会规范的历史过程。他认为,社会控制的主要手段是道德、宗教和法律。在法律发展的早期阶段,这些东西是没有什么区别的,都同等发挥作用。近代以来,法律逐步与道德、宗教相分离,成为社会控制的主要手段,所有其他社会控制手段只能行使从属于法律并在法律确定范围内的权力。在现代社会,法律的地位和作用是道德、政策、宗教等其他社会规范所不能替代的。法治全面地体现

① 中共中央文献研究室编,中共十三届四中全会以来历次全国代表大会中央全会重要文献选编[M].北京:中央文献出版社,2002:280—281.

② 李龙.宪法基础理论[M].武汉:武汉大学出版社,1999:65.

了现代政治文明的理念，因而是迄今为止人类所发现的最为理想、最为优越的政治。人类政治史表明，没有法治，就不可能有政治文明，不可能有政治的现代化。

当前，中国法治的关键在什么地方，不同的学者也许有不同的看法。有人认为中国法治的关键在司法，但也有人认为中国法治的关键在于政治的法治化。法治政府是法治对政府的要求，是法治国家的重要组成部分。法治的真谛是政府必须守法。对此，梁治平先生作了透彻的阐述。他说：对于实行法治，它固然要求每个人都服从法律，但它首先要求的，却是"政府守法"。这当然不是因为个人的守法不重要，而是因为政府的守法对于实现法治更为关键。法治原本是要消除不受限制的权力，造成法律支配权力的格局，自然就把注意力放在政府权力的合法性问题上。政府即便总是心怀善意，最后也无法杜绝必然会大量出现的越权或滥用权力现象。在这种情形下，公民要想保护自己的权利，还是要求诸有效的法律机制。而法治的最终实现，也不能不先有政府的守法。这就难怪，无论哪一种文字写成的宪法，总少不了"政府守法"的条款。

在我国，政府守法意义更加重大。因为在计划经济时期，依靠的就是政府的作用；改革开放以后发展市场经济，借助的也是政府的力量。从发展逻辑上看，我国的法治建设必须从政府的法治化入手，而且必须从建设狭义的法治政府（国家权力系统中的行政分支）入手，这是当前我国社会主义民主建设和社会主义市场经济建设的一个关键问题，更是法治建设的重中之重。同时，建立一个具有高度差异和功能专门化的一体化的政府组织体制也是现代化的需求。这样的政府采用理性化和世俗化的程序制定政治决策，人民怀有广泛的兴趣积极参与政治活动，各种条例的制定主要以法律为基础。也就是说，现代化为政府发展设定了目标，而加快法治政府的建设就是现代化发展的应有之义。同时，行政权的性质也决定了法治政府在现代化建设中的重要地位。行政权的行使方式主要是面对社会执行法律、法规和政策。它与社会是面对面的关系，对社会生活的变迁较为敏感，因此它具有随着社会事务的变化而发生变化的潜能。随着现代社会的变迁，人与人、人与自然的关系日趋复杂化，行政权所要解决的社会问题呈急剧上升状态，再加上行政权具有扩张的潜能，所以在国家权力的系列中对它的制约也就变得更为困难。在现实的政治运作中行政权也很容易造成异化,脱离公共性的本质。人们所深恶痛绝的政府腐败就是一个表现。建立法律规制约束之下的政府显得更为紧要。

(三)全球化对政府的要求

与任何一种历史现象一样,全球化也是实践与理念的结合。作为实践,全球化是人类交往行为在克服时间和空间限制基础上的扩展与深入,相互依存的不断加深是这个实践过程的核心。作为理念,全球化则是交往主体自我意识在参照系增加和拉近过程中的重构。全球化包含着四种变化:跨越了政治边界、区域和大陆的社会、政治和经济活动;不断发展的网络和贸易、投资、金融、文化等的流动;运输和通信体系支持的全球交往和联系;事件的全球效应。

全球化和现代化具有紧密的联系。全球化开始于近代,吉登斯认为,全球化开始于18世纪出现的现代性,因为现代性的制度在本质上都是全球化扩张的。现代化是时间维度上的,按照时序划分了传统与现代两个历史阶段,设想了垂直的发展路径,具有明确的目标指向和价值取向;全球化主要是空间意义上的,同时由于交往手段的发展,实现了即时性沟通,因此也是时间意义上的。全球化描绘的不是替代性的发展,而是交往范围的水平扩展,不是明确的历史阶段,而是模糊的历史状态。另外,现代化带有强烈的制度建构图式和民族国家中心论色彩。无论是自由主义的制度图式还是社会主义的制度图式,都没有摆脱对民族国家的依靠。这些制度既可以在一个国家建立起来,也可以从一个国家复制到另一个国家。而全球化是依靠现代制度的推动而发展起来的,其需要制度支撑,但不是已经存在的现代制度结构,而应该是新的、适应全球交往扩大和活动主体增多的制度。

全球化得益于现代技术,尤其是信息技术的高度发展,技术的高度发展不仅大大压缩了时间和空间,将相距遥远的国家之间的瞬间沟通成为可能,地球上人和人、组织和组织、国家和国家的紧密程度可以同传统的村庄相比;全球化的发展是发达国家寻求全球化市场、充分利用资源作为其内因的,从这个意义上可以说发达国家的现代化进程不仅在过去,并且在将来,都和世界各国有着紧密的联系。后发国家已经不能抗拒全球化的现实,明智的政府开始发现全球化带来的经济发展的契机,充分发挥后发优势,加快本国的现代化步伐。没有一个国家能够置身于全球化之外,也没有一个国家再愿意这么做,因为各国都清醒地认识到全球化是一个难得的发展契机,错过了全球化的发展,这个国家必然就被抛弃在现代化的发展之后。闭关锁国在中国有着惨痛的教训,因此,我国积极主动,努力加入全球化的发展浪潮。

　　和现代化一样,全球化对世界的影响也是全方位的,全球化在促进经济一体化的同时,也带来政治上的趋同化。作为全球经济一体化的组织,WTO首先意识到了政府对贸易自由化的严重影响。在达成 WTO 各项协议的过程中,各个成员体经过比对、分析,对通过让渡部分主权换取贸易自由化达成了协议。这意味着:政府在经济全球化的过程中必须彻底改变传统的外贸管制方式,由制定具体的外贸政策,转而对外贸进行宏观调控,通过积极参与世界性条约的谈判,实现对国内利益的调整和保护。同时,政府还要致力于建立应对全球化浪潮的国家安全战略,为全球化发展中的国家经济安全保驾护航。此外,在 WTO 的诸多条款中,对政府行为提出了明确的要求,比如政府信息的公开和透明,政府行为的司法审查等等。"世界贸易组织的诞生是世界经济市场化和全球化的产物,WTO 的种种规则最终都是为了建立一个全球范围的自由市场,都以实现全球资源自由交流为根本追求。WTO 是国际贸易组织,但 WTO 规则的冲击波并非单单只局限于企业和市场领域,政府不但不是 WTO 规则的禁区,而且 WTO 规则恰恰是针对政府而来的。仔细研读 WTO规则,我们会发现,大多数 WTO 规则是针对政府而立的,也只有政府才能执行和遵守;政府是 WTO 规则的首要冲击对象。"①WTO 严厉的制裁措施使得成员体必须高度重视 WTO 的各项要求,否则就有可能遭致来自其他成员的贸易制裁。这极大地促进了世界范围内政治的趋同化。

　　党的十一届三中全会以来的改革开放历程,是我国经济体制从传统计划经济体制向现代市场经济体制转变的过程,是我国经济逐渐融入世界经济全球化的过程。如果没有经济体制的深刻变革,我国就不可能有加入 WTO 的内在要求,不可能有围绕加入 WTO 的 15 年艰苦努力,也不可能有最终加入WTO 这一十分不易的客观结果。但全球化对中国特别是政府的深刻影响,可以说是在加入 WTO 之后才真正开始。"审视今天,放眼未来,我们发现,在这个重要的历史时点,我们的政府被 WTO 带来的冲击波推到了改革大潮的风

---

① 李文良,等.中国政府职能转变问题报告[M].北京:中国发展出版社,2003:1.

口浪尖上。中国入世首先意味着中国政府入世,中国加入 WTO 的第一步是中国政府加入 WTO,因为 WTO 新规则带来的冲击首先是针对政府的,面对着世界经济市场化和经济全球化的大潮,我们的政府首当其冲。"①面对全球化所带来的世界规则特别是 WTO 新规则提出的挑战,中国政府无论是行政理念还是政府体制,无论是政府职能还是行为方式,都需要作出一系列的变革和调整。而这些变革和调整,归结起来就是建设和打造具有中国特色的法治政府。

(四)科学发展观对政府的要求

从理论形态上说,现代化理论实质上是发展的理论,是一种发展观的理论概括。所谓发展观,就是关于发展的本质、目的、内涵和要求的总体看法和基本观点。有什么样的发展观,就有什么样的发展道路、发展模式、发展战略和发展结果。20 世纪以来随着工业化进程的加快,特别是第二次世界大战后在世界各国致力于战后重建的大背景下,人类在创造了前所未有的经济增长奇迹的同时,也引发了生态恶化、能源短缺、失业人口剧增、两极分化严重、社会动乱频仍等一系列严峻问题。这些问题是经济发展的必然产物还是可以避免的现象? 面对这一世界性课题,人们先后形成了把发展等同于经济增长的发展观、把发展等同于经济增长+社会变革的发展观、把发展等同于合理+可持续的发展观、把发展等同于以人为中心+社会综合发展的发展观等多种发展观。这 50 多年来发展观演变的轨迹表明,随着现代化进程的发展和深化,人类对发展观的认识也越来越深化,越来越把经济发展、社会发展、人的发展以及人与自然的和谐统一起来考虑。但是,由于受不合理的国际政治经济秩序的制约,由于受各国发展阶段和发展水平的影响,由于受各国经济社会体制的局限,许多国家特别是广大发展中国家在发展问题上不可避免地存在着种种缺陷。据 2003 年联合国《人类发展报告》显示,20 世纪 90 年代全球有 54 个国家人均收入下降,有 21 个国家的人类发展指标下跌。

与世界许多国家特别是广大发展中国家一样,新中国成立后,由于缺乏经验,在推进工业化的进程中也曾经走过一些弯路。改革开放以来,随着我国经济建设的突飞猛进,随着现代化事业的蓬勃发展,我们党越来越重视发展的科学化、合理化、协调化问题,邓小平、江泽民同志都结合中国实际提出

---

① 李文良,等. 中国政府职能转变问题报告[M]. 北京:中国发展出版社,2003:1.

过不少重要的观点。党的十六大以后,面对经济全球化趋势的深化,面对我国经济社会发展中出现的一系列新问题、新挑战,围绕如何实现又快又好的发展,以胡锦涛同志为总书记的新一届党中央进行了深入的思考。也就是说,我们不仅要坚持发展这个硬道理和第一要务,而且要实现又快又好的发展。正是在这样的基础上,党的十六届三中全会以邓小平理论和"三个代表"重要思想为指导,明确提出了科学发展观,即"坚持以人为本,树立全面、协调、可持续的发展观,促进经济社会和人的全面发展"。科学发展观契合了现代化进程的本质要求,具有丰富而深刻的内涵:一是发展必须是全面的;二是发展必须是协调的;三是发展必须是可持续的;四是发展必须是和平的;五是发展必须坚持以人为本。

科学发展观内容丰富,涉及生产力和生产关系、经济基础和上层建筑各个环节,涵盖经济、政治、文化、社会发展各个领域,贯通改革开放和现代化建设各个方面,用一系列富有鲜明时代特点的新思想、新观点,进一步深化了对中国特色社会主义发展道路、发展模式、发展战略、发展动力和发展目的的认识,是我们党执政兴国理念的新飞跃。科学发展观作为我们党执政兴国理念的新飞跃,作为马克思主义中国化的最新理论成果,是全面建设小康社会的根本指针,也是建设中国特色社会主义必须长期坚持的指导思想,它必将成为统领我国经济社会发展全局的总方针。各级政府作为全面建设小康社会以至整个现代化建设事业的组织者、领导者和管理者,贯彻落实科学发展观无疑就成为各级政府的神圣使命。因此,如同加入 WTO 意味着政府需要进行一场自我革命一样,贯彻落实科学发展观同样会对政府提出全面的挑战。而建设和打造具有中国特色的法治政府,就是应对挑战的一个正确选择。它要求政府必须是民意的真正表达,能够始终代表最广大人民的利益,为人民着想,以人民的福祉为终极目标;要求政府必须是民主的政府,具有民主科学的制度,能从制度上保证对人民的真正关注,避免腐败和低效;要求政府必须是高度负责的政府,有能力对中国现代化过程中面对的各种问题进行有效的调控。

(原载《求索》2006 年第 8 期)

论中国现代化与法治政府

　　法治政府属于政治现代化的范畴,政治现代化建构的是包括政府变迁在内的政治发展的一般模型。因此,从根本的意义上讲,法治政府是指传统政府向现代政府的历史性变迁,其实质乃是从人治型的价值-规范体系向法治型的价值-规范体系的转变。纵观近代以来的全球历史进程,可以看出,在不同的区域或国家,尽管政府变革的过程、特点和目标有所差异,但作为一种模式或形态,法治政府几乎成为这一历史过程政治发展的基本表现。时下的中国政府变革,实际上就是要完成从传统政府向现代政府的历史转型。这一历史转型的基本目标,就是坚持和实行依法行政,建设社会主义法治政府。要揭示和阐述当代中国法治政府的历史演进过程及其规律,就必须从一般的理论逻辑出发,深入研究中国现代化与中国政治发展特别是政府之间的辩证关系。

一、当代中国的国情分析

（一）中国是传统国家存续时期最为悠长的国家

　　随着人类文明的进步,在不同的历史阶段,出现过不同的国家形态,而近代民族国家的兴起是国家历史形态发展的分水岭。据此,可以将国家分为传统国家和现代国家。传统国家又可以分为"城邦国家"、"权威国家"、"封建国家"和"专制国家"等四种形态①。中国长达两千余年的封建社会属于典型的专制国家形态。这种国家形态有其独特的经济、政治、社会和文化特征,这里仅择其要概述之。

---

　　①　孙关宏,等.政治学概论[M].上海:复旦大学出版社,2003:88-95.

1. 经济特征:国家最高所有权支配下的土地私有制度。在中国奴隶社会,国家的全部土地都属于国家的最高统治者。进入封建社会以后,确立了土地私有制度,允许"民得买卖"土地,但国家仍对土地拥有最高所有权,这不仅表现在人们的思想观念中,更主要地表现为历代国家最高统治者拥有的对国家地籍册上的每一亩土地的最后处分权和户籍册上的每一个人口的直接课税权。这种建立在国家最高所有权支配下的土地私有制度上的小农经济与西欧封建社会领主制的庄园经济和农奴制有很大不同。它是中国封建社会经济结构的根本特征,也是全部封建社会的政治、文化等上层建筑赖以建立和长期存在的坚实基础。

2. 政治特征:以专制王权为核心的庞大官僚系统。小农经济本身缺乏社会的凝聚力,要靠外在的行政力量来加以统摄。因此,与小农经济相适应的政治结构只能是君主制度,而国家对土地享有的最高所有权则为君主专制提供了根据,同时它又使国家的兵力来源和财政收入直接来自农民,因而也就使对农民的管理成为国家一项重要的内容。这与西欧封建社会王权微弱、缺乏全国行政系统的状况很不同。以专制王权为核心的庞大官僚系统的长期存在对中国传统政治文化有着重要的影响。

3. 社会特征:以血缘关系为纽带的宗法关系社会。中国奴隶社会一开始就建立在血缘关系的基础之上。到西周时,奴隶主阶级还根据以血缘关系为纽带的族制系统把人分为不同等级,确立了分封制与等级制。进入封建社会以后,虽然中央集权的专制制度代替了分封的君主制,政治权力集中于君主一人手中,除王室外,取消了家族的世袭权力,但宗法关系不仅得到继承、巩固和发扬,而且被以纲常伦理原则赋予"天理"、"神意"的权威,并受到"国法"、"家规"的保护。从此,这种根据族制来区别人们等级地位和决定财产与权力继承的宗法关系就成为维系社会的纽带和政治生活的核心。

4. 文化特征:缺乏自由与民主精神的政治文化。在中国专制主义国家形态下,国家的各种设计和"尊尊""亲亲"等价值理念都是从家族的模式中推演出来的,对有利于封建统治的礼教的维护是至高的政治信条。在国家管理中,君主和民众是"天下之衣食父母"和"子民"的关系。这种社会结构诱使人民相信君主对天下、对自己的照顾,进而尊重和服从之。正是因为这种体制对个体存在价值的淹没,所以,中国的传统文化中不具有现代化政治哲学基础——对抗权威的自由主义——的因子,缺乏来自社会内部的现代化的主推动力。非但如此,中国在传统国家形态中反而有着公共权力覆盖整个私人社会的传统。行政机关的设置体现高度集权化的特征——皇帝高高在上,宰相则在"一人之下,万人之上",官员仅受到上级官员代替君主执行的监督和自身社会责任感的约束,民众的意见很难影响其荣辱升迁。在行政权运作的空间中,没有民主可言。这种观念在封建制度消亡一百年左右的今天,仍然影响着我们的社会生活,并阻碍着政治体制改革(包括政府职能的转变)。

总之,以国家最高所有权支配下的小农经济为基础,外靠以专制王权为核心的行政力量,内靠以血缘关系为纽带的宗法关系,这三者构成了中国封建社会经济、政治和社会结构的基本特点,也是我们认识中国传统政治文化的基础。

(二)中国是世界现代化中的后发展大国

与已经持续了三四百年的世界现代化进程相比,中国无疑是现代化进程的后来者。中国的现代化进程具有被动、后发、自上而下的特点。

1. 被动发起。中国的现代化探索起步于清末。在遭受了西方"利器"的重创之后,一方面,西方资本主义国家利用其先进的器物敲开了大清帝国的大门,清政府被迫"对外开放";另一方面,西方科学技术的发展深深地吸引了国内的有识之士,他们开始探求富国强兵之路。但是,这种探索的取向因为触犯了封建势力和西方资产阶级的利益,故而理所当然地遭到他们的反对和压制。正是在这种强力的反对和压制下,中国现代化的探索几乎在开始之初就告停滞。之后的中国处于连年的征战之中,错过了第一次现代化发展的良机。新中国建立后,中国参照苏联的经验选择了计划经济的道路,这在当时的环境下,有利于全面快速恢复经济建设,维护社会的稳定。但在国家刚刚恢复一些元气、有了向市场经济转向的苗头时,全国上下又被卷入无休止的政治运动中。"文化大革命"十年,国民经济几近崩溃,人们一穷二白。拨乱反正后,人民渴望平静富裕的生活,而国家根本无力支持。为了改变这种状况,经济发展成为全国的头等大事,现代化的问题再次受到党和政府的高度关注。因此,新时期中国的现代化发生于执政党的自觉,不是自发内生的。社会文化、民主政治、政府管理等各个方面都还很不成熟,不能给现代化发展提供有力的保障。其过程或发展是非平衡与非系统化的,由此造成的文化脱序、政府失衡遂成为转型社会的一个普遍现象。

2. 在后发起。当中国全力推进现代化发展时，发达国家已经克服了经济领域出现的问题，完成了第一次现代化的过程，实现了经济领域的工业化、政治领域的民主化以及社会领域的福利化，社会和政府之间形成了良性的互动关系，甚至已经进入了以信息技术为特征的第二次现代化时代。同时，发达国家在现代化建设中也为后发展国家提供了大量的可资借鉴的经验与教训。中国是一个后发展大国，面临着建立市场经济体制和从事现代化建设的双重任务。建立市场经济体制，要求中国必须有一整套严密、有效的规则，以顺利完成由计划经济向市场经济的转型，合理配置生产要素，实现产品的平等交换，并与国际市场接轨；而从事现代化建设，又要求中国社会必须有完整的运作规则，以便及时消除社会机体紊乱的隐患，缓解众多的社会矛盾，保持社会的稳定局面。所以，要实现现代化目标，追赶发达国家，建设真正强大的国家，中国就不能再按照先发展国家走过的道路来逐次进行现代化建设，而需要同时完成双重的发展任务：工业化和信息化。

3. 自上而下。西方先发展国家"自下而上"的现代化模式为后发展国家提供了一条重要经验，即任何一个国家或民族的现代化要最终取得成功，就必须在制度、组织、阶层和观念、意识、信念方面经过充分的社会发育过程。政府只是用"有形之手"不断培育、扶持社会内部各种现代化要素的加速成长，而不是越俎代庖，因此，这些国家现代化的自我组织、自我调节、自我发展能力比较强。相反，后发展国家大都采取了"自上而下"的现代化模式。这种模式在20世纪50至70年代曾发挥过巨大的优势，例如，属于这种类型的苏联、东欧及中国等社会主义国家的工业生产年均增幅曾达到较高水平，人民生活水平也有较大的改善，苏联还一度成为与美国并驾齐驱的世界超级大国。但到了80年代，这一现代化模式特别是苏东现代化模式出现了发展性危机；东亚、拉美等后发现代化国家由于经济上难于摆脱对西方的依赖，政治上不够稳定，现代化进程也出现了挫折和反复。研究发现，后发展国家"自上而下"现代化模式的最大弊端就是政治现代化与经济发展相脱节。在"自上而下"的模式中，政府作为现代化的主导性力量包办了一切，却没有注意培育社会的生机和活力，没有及时调整现代化发展的主动力，以致发展进程的夭折或停滞不前。中国属于后发展国家，由于社会内部缺少现代化成长的历史和社会条件，因此，中国现代化的启动和开始阶段的运行必须依靠外部力量的推动，中国政府也由此担当了现代化推动力的角色。但后发展国家的现代化仍然需要充分的社会发育过程、需要成熟的内部原动力。如果仅仅满足于政府推进型的眼前效果，甚至将政府推进作为现代化进程的唯一动力永远利用下去，那么结果将走向一个危险的境地。其实，现阶段中国政府在现代化推进中面临的一些问题已经严重影响了民众对政府的信任，阻碍了政府自身目的的实现。这些都足以警示我们：必须按照现代化发展的内在规律对政府进行彻底的变革。

（三）中国仍处于社会主义初级阶段

社会主义作为一种先进的社会制度，从俄国十月革命胜利建立了世界上第一个社会主义国家至今也不过 90 年的历史。东欧剧变、苏联解体后，中国成为世界资本主义国家包围中最大的社会主义国家。中国社会主义能不能成功，不但关系到中国的前途命运，也直接关系到世界社会主义的前途。而要把中国的社会主义建设好，首先就必须正确分析国情。

党的十一届三中全会以来，我们党做出了我国还处于社会主义初级阶段的科学论断。什么是社会主义初级阶段？邓小平同志曾有一个简明的概括。他说："社会主义本身是共产主义的初级阶段，而我们中国又处在社会主义的初级阶段，就是不发达的阶段。"①在我们这样一个半殖民地半封建的东方大国，经过反帝反封建反官僚资本主义的新民主主义革命，经过从新民主主义到社会主义的过渡，建立起社会主义基本制度。但是，我国进入社会主义的时候，就生产力发展水平来说，还远远落后于发达国家。这就决定了我国必须在社会主义条件下经历一个相当长的初级阶段，以实现工业化和经济的社会化、市场化、现代化，建立和发展社会主义应有的发达生产力和雄厚综合国力的基础。在我国经济文化落后的条件下，建设社会主义现代化，这是一个不可逾越的历史阶段。中国从 1956 年基本完成生产资料的社会主义改造、进入社会主义初级阶段算起，到现在已经有 50 多年的历史了。经过 50 多年特别是改革开放以来 20 余年的发展，中国胜利实现了现代化建设"三步走"战略的第一步、第二步目标，人民生活总体上达到小康水平。但是，"现在达到的小康还是低水平的、不全面的、发展很不平衡的小康，人民日益增长的物

---

①　邓小平文选：第 3 卷［M］. 北京：人民出版社，1993：252.

质文化需要同落后的社会生产之间的矛盾仍然是我国社会的主要矛盾。我国生产力和科技、教育还比较落后,实现工业化和现代化还有很长的路要走;城乡二元经济结构还没有改变,地区差距扩大的趋势尚未扭转,贫困人口还为数不少;人口总量继续增加,老龄人口比重上升,就业和社会保障压力增大;生态环境、自然资源和经济社会发展的矛盾日益突出;我们仍然面临发达国家在经济科技等方面占优势的压力;经济体制和其他方面的管理体制还不完善;民主法制建设和思想道德建设等方面还存在一些不容忽视的问题。巩固和提高目前达到的小康水平,还需要进行长期的艰苦奋斗。"①

二、中国现代化的目标定位

（一）中国现代化是世界现代化的重要部分

在 20 世纪上半期,整体世界虽然已经形成,但仍然属于自发阶段,人们还没有自觉地认识到它的存在及其重要性,更没有采取顺应整体世界形成的措施。两次世界大战和 30 年代大危机的发生,在一定程度上是违背整体世界发展规律所造成的恶果。第二次世界大战后,人们通过对 20 世纪上半期震荡的深刻反思,越来越认识到维护世界政治经济秩序稳定的重要性,进而创立了一系列国际组织,整体世界开始制度化。在第三次科技革命的推动下,世界各国的相互联系和依赖日益紧密。进入 80 年代以后,信息技术和生物技术的发展全面改变了我们的时空观,整体世界的发展更加迅猛,全球化日益成为人们关注的焦点。在全球化的冲击下,几乎没有一个国家(包括中国)可以独立于世界之外而求得发展。改革开放以来,中国在引进外资、引进外国先进技术和设备、学习资本主义发达国家的管理知识和文明成果上,取得了过去几十年所没有取得的巨大成就。加入世贸组织标志着中国对外开放进入了一个新的阶段。同时,中国是后发展大国,拥有世界五分之一的人口,作为世界现代化进程的重要组成部分,中国的现代化也影响着整体世界的发展水平,是有利于世界经济发展的和平因素。发达国家基本上是以高新产业为主体的,而中国则仍然以传统劳动密集型产业为支柱,中国与发达国家之间存在着经济的互补性;另外,由于中国市场需求的升高,2002 年许多东盟国家与地

① 中共十三届四中全会以来历次全国人民代表大会中央全会重要文献选编[G]. 北京:中国文献出版社,2002:664-665.

区对中国的出口激增,中国经济发展对周边国家的带动作用非常明显。

(二)中国现代化是社会主义现代化

现代化具有鲜明的时代特征和时代内涵。今天的现代化显然不同于工业化时代以工业化和城市化为特征的传统现代化,而是信息时代以知识经济为驱动力的现代化。如果说在 20 世纪中叶以前,现代化的主要实现方式是西方化,那么,进入 21 世纪以后,人类社会文明发展的可能性大大增加,加上资本主义现代化及其后果所显现的种种危机,人们对现代化的理解必然发生变化,各国都将根据其经济、政治和文化的背景来确立不同的现代化实现方式。与其他现代化实现方式相比,中国社会主义现代化的方式具有四个基本特点:(1)它以共同富裕为目的。资本主义现代化导致尖锐的贫富两极分化和激烈的社会冲突。"社会主义的本质,是解放生产力,发展生产力,消灭剥削,消除两极分化,最终达到共同富裕。"①(2)它是有规划有设计的。社会主义可以综合西方现代化国家的优点和缺点,吸取他们现代化进程中的经验和教训,事先统筹规划自身发展的目标、道路和步骤,避免西方国家在现代化过程中的各种不利后果。(3)它可以发挥"集中力量办大事"的优势,这是由社会主义的本质所决定的。这种现代化依靠一个强有力的中央集权政府,可以开辟各种途径来有效地利用资源,以便为社会全体成员谋取更大的利益。(4)它能建立一种更加平等、更具集体导向和更加公正的社会,从而减少在其他地方可以发现的那种社会分裂的源泉。无论从现实必然性还是从基本特点来看,社会主义都是现代化的重要实现方式。"对中国这样的落后国家来说,社会主义的意义不仅在于它是一种美好的理想和目标,还在于它也是一种使国家摆脱落后达到独立自强的手段,是一种能更好地实现现代化的手段或途径。"②

(三)中国现代化的目标:富强、民主、文明、和谐

中国现代化目标是由多指标有机构成的综合体,社会主义是其根本制度指标,富强是其经济指标,民主是其政治指标,文明是其文化指标,和谐是其社会指标。只有这几项指标都协调发展、共同进步,才是中国所追求的现代

---

① 邓小平文选:第 3 卷[M]. 北京:人民出版社,1993:373.

② 肖前,陈志良,杨耕. 关于中国社会主义现代化的哲学反思[M]. 北京:中国人民大学出版社,1994:59.

化。这一发展目标的确定是对现代化认知程度不断加深的结果。

1. 从"四个现代化"到富强、民主、文明三大目标。新中国建立以后,中国共产党确立了工业化的现代化目标,但很快发现:如果农业、科技、国防仍然很落后,工业化就不可能实现,也缺乏保障。因此,中国共产党将现代化的目标从工业化发展为"四个现代化"。其实,"四个现代化"目标仍然偏重于经济和科技,还是一种传统现代化的概念。因此,从党的十一届三中全会开始,社会主义民主和精神文明建设的问题逐步被提了出来。邓小平在《解放思想,实事求是,团结一致向前看》的讲话中突出强调了民主建设的问题;1979 年 9 月,党的十一届四中全会通过的叶剑英在庆祝新中国成立 30 周年大会上的讲话正式提出了社会主义精神文明建设的问题。在此基础上,十一届六中全会通过的《关于建国以来党的若干历史问题的决议》提出,逐步建设高度民主的社会主义政治制度和高度的社会主义精神文明。胡耀邦在中共十二大报告中也明确提出社会主义精神文明是社会主义的重要特征和社会主义制度优越性的重要表现。党的十三大号召全党全国人民为把中国建设成为富强、民主、文明的社会主义现代化国家而奋斗①。这样,中国现代化的目标就正式由"四个现代化"变成富强、民主、文明"三位一体"的现代化。

2. 从"四个现代化"到两个"新四化"。中国共产党在提出富强、民主、文明目标的同时和以后,还提出了两个新"四化"目标,这就是十三大提出的"工业化和生产的商品化、社会化、现代化"②,十五大提出的"工业化和经济的社会化、市场化、现代化"③。十五大"新四化"的目标是对十三大"新四化"目标的进一步发展和深化。从"生产"变成"经济",也就是说,不但要实现生产的社会化、市场化、现代化,还要实现整个经济的社会化、市场化、现代化;将"商品化"变成"市场化",也就是说,不但要发展商品经济,而且要发展市场经济。这次转变体现了我们党对市场经济的认识摆脱了姓"资"姓"社"的干扰,将社会主义和市场经济结合起来,不仅发展了社会主义理论,对现代化的认识也大大深化。

3. 从"三位一体"到"四位一体"。党的十六大报告把"社会更加和谐"作

---

① 十三大以来重要文献选编:上册[G]. 北京:人民出版社,1991:15.
② 十三大以来重要文献选编:上册[G]. 北京:人民出版社,1991:10.
③ 十五大报告辅导读本[M]. 北京:人民出版社,1997:15.

为我们党要为之奋斗的一个重要目标明确提出来,这在我们党历次代表大会的报告中是第一次。党的十六届四中全会进一步提出了构建社会主义和谐社会的任务,强调形成全体人民各尽其能、各得其所而又和谐相处的社会是巩固党执政的社会基础、实现党执政的历史任务的必然要求,要适应中国社会的深刻变化,把和谐社会建设摆在重要位置,并明确提出了构建社会主义和谐社会的主要内容。这表明,随着我国经济社会的不断发展,中国特色社会主义事业的总体布局由社会主义经济、政治、文化"三位一体"建设发展为社会主义经济、政治、文化、社会"四位一体"建设。也就是说,随着现代化进程的不断发展,中国的现代化目标明确地由富强、民主、文明"三位一体"发展为富强、民主、文明、和谐"四位一体"。

从社会学角度理解,社会和谐意味着社会成员、社会群体之间的友好相处与和平共处,它的基础就是公平与公正——文化公平、经济公平、政治平等和社会公正。我们所要建设的社会主义和谐社会,应该具有六个基本特征,即民主法治、公平正义、诚信友爱、充满活力、安定有序、人与自然和谐相处。这六个基本特征,紧密联系、相互贯通,共同揭示了社会主义和谐社会的本质内涵,揭示了法治政府在社会主义现代化建设中的重要地位。社会主义和谐社会的构建,要求处理好人与人之间、人与社会之间、人与自然之间的关系,而这一切都离不开充分体现对人的尊重、充满人文价值取向,体现经济、社会和价值体系之内在统一的法治政府的依法行政。

三、法治政府建设是中国现代化的重要内容

（一）构建法治政府:中国现代化的重要目标

在新中国成立后的现代化进程中,曾一度忽视经济发展的基本规律,将社会生活政治化推向极端,结果严重影响了国家的正常发展;在国家走上现代化的发展道路之后,又曾一度片面强调经济发展,因而带来了短期效益,导致了贫富差距、地区不平衡、犯罪率升高、环境污染、腐败等各种问题的产生。实践证明,全面的现代化必然要求政治文明的高度发展。单纯地强调政治或者经济都会出现问题,都不利于现代化的发展,特别是政治领域的问题,会直接关系现代化的得失成败。因此,邓小平同志在中共十一届三中全会之前的中央工作会议上所作的题为《解放思想,实事求是,团结一致向前看》的重要

讲话中提出民主制度化、法律化问题。于是,政治的民主化和法制化正式成为我们现代化建设的目标。

法治是政治文明的基本标志和根本保障,它全面地体现了现代政治文明的理念——理性、有序与和谐,因而是迄今为止人类所发现的最为理想、最为优越的文明政治。首先,法治是理性的政治。古希腊思想家亚里士多德明确地提出“法治应当优于一人之治”。因为,法律是没有感情的,而人类的本性(灵魂)难免有感情,因此,不凭感情因素治事的统治者总比感情用事的人们较为优良。其次,法治是驯服的政治。法治是对政治的驯化,它通过对权力的规制,使权力的运行彻底摆脱了野蛮、任性的状态。而在非法治状态下,法律只不过是权力的附庸和奴婢,统治者完全凭一己的意志和反复无常的性情进行统治。再次,法治是有序的政治。法治通过规定权利和义务的方式,为人们提供了一个人人都须遵从的非人格的法律体系。这个体系在形式上表现为一套逻辑清晰、首尾一贯、普遍有效的抽象规则。它要求所有的人,无论普通民众抑或领袖、官员,都须忠实于法律,受法律的制约。任何人违反法律,都将受到法律的制裁。最后,法治是和谐的政治。法治的基础是多样性的,它坚持这一理念:培育国家的酵母和营养品是差异而不是划一。法治把政治纳入法律程序,主张以合法性论成败。法治为对立阶级的和平对话提供了一条制度化的渠道,统治者不用担心失去权力会威胁到自己的身家性命和财产利益,被统治者参加政治也不用冒着生命的风险。在法治体制下,治者和被治者并非势不两立,而是和平共处、公平竞争,处于一种和谐、友好的状态。

政府建设是政治文明建设中的核心内容,依据法治的要求对中国政府进行改革是中国政治现代化的重要目标。这是因为,在中国的国家政治体系中,政府是最主要的内容,它承担着执行人民决议和管理经济、社会、文化、科技、卫生等重要功能,拥有广泛的职能和权力,涉及公民生活的方方面面。因此,政治文明建设的关键在于法治政府的构建。

(二)建立法治政府:中国现代化的必由之路

中国的现代化是在人口多、底子薄,发展极不平衡的情况下开始起步的,因而要保障现代化进程的顺利进行,就必须使政府集中起必要的权力,强化政府的权威。换言之,强有力的政府行为是中国现代化进程赖以顺利推进的保证性条件。具体来说,在中国的现代化进程中,政府的重要作用至少表现在三个方面:(1)协调资源的配置。在社会转型时期,由于现代化建设所需资源的匮乏,区域之间、社会各阶层之间以及行业之间势必会在资源配置方面出现摩擦以及不公平争夺的情形,这就需要有一个相对超脱的协调者,否则整个社会就很有可能出现一种混乱无序的状态。而这个协调者只能由作为社会控制中心的政府来担任。(2)组织社会动员。社会发展的动力来自经济因素的拉动和非经济因素拉动这样两个方面。其中,在非经济因素拉动方面,社会动员占据着十分重要的位置。迄今为止,凡是现代化建设比较成功的国家和地区,无不充分地运用社会动员这一推动力量。社会动员并非自发形成,而必须由政府出面给予组织和协调。(3)直接推动市场经济体制的建立。中国的市场经济可以说是从无到有。由于中国市场经济体制的建立是在社会缺乏足够的基础性条件下进行的,因而政府的直接倡导与干预就尤为重要。对于推动社会主义市场经济体制的建立来说,政府所承担的责任主要是指帮助培育市场行为主体、确立市场规则、弥补市场失效的部分等等。

中国政府目前的状况显然不能适应现代化建设的需要。社会中个体还处于分散状态,缺乏相应的利益集团代表相关人群表达利益,政府利益分配的方式和手段不能和社会需求相符合;政府和市场的界限还没有划清,政府管理经济的手段还过于直接,计划经济体制的惯性影响仍然存在,政府还没有建立起科学的决策机制;长官意志导致的简单决策经常以维护公共利益的面目出现,损害了人民政府的形象;政府职能不清,责任不明,无法建立科学的监督机制;制度缺乏或者不完善,导致制度性腐败大量存在;公务员队伍只进不出,不能实现社会和政府的互动,也不能给公务员以足够的工作压力和动力;机构臃肿、人浮于事的现象严重;"官本位"思想严重,服务意识不强。因此,推进政府依法行政、建立法治政府,是促进政府发展、提高政府效能的必经之路,对于维持政府在社会中的权威、为社会主义现代化建设提供保障具有重要的意义。

(三)建设法治政府与实现现代化是一个双向互动的历史过程

法治政府和现代化发展是相辅相成、不可分割的。现代化的发展带来政府法治化的变革,法治政府既能适应现代化的发展,又能推进现代化建设。

先发展国家的政府都是高度法治化的政府,利用法治的方式解决公民与政府、政府与市场、政府与社会之间的关系问题,所有的这些权利和权力都在一个理性的法治轨道内运转。法治政府保证了政权更迭的稳定性,为现代化发展提供了稳定的社会环境;法治政府具有充分的民意基础,和民众有充分的沟通,能够使政府所代表的公共利益真正成为符合法律又符合民众要求的利益;法治政府尊重公民的权利和自由,不干涉公民的自治空间,易于为民众接受和支持;法治政府依法行使权力,行为具有预见性和可信赖性,便于合理分析;法治政府的权力处于民众和其他机关的监督之中,具有履行职责的压力。法治政府的建立为先发展国家理性决策、高效管理经济和社会,快速积累财富,过渡到第二次现代化起到了促进作用。这些政府还具有内部再生的能力,能够根据经济社会发展的实际情况自我调整,针对经济自发运行的弊端,强化政府干涉,控制社会的稳定快速发展。目前,这些国家正以人的幸福为目标,关注能源、环境等根本性问题,并通过政策的引导,将对社会的终极关注落实到各个领域。

同时,现代化的发展也推动了政府民主化发展和政府的法治建设。先发展国家现代法治政府的建立都是现代化发展的结果,并且伴随着现代化的发展,政府体制也日趋成熟,成为现代化的助推器。政府性质、模式、职能、运行直接影响着各国现代化发展的速度,政府形态、目的和权力的渗透性更是现代化成功与否的决定性因素。作为后发展中国家,政府是现代化发展的外部启动力量,但这种外部启动的力量不能替代经济发展的内在因子,在现代化建设启动后,必须及时根据现代化发展的内在规律对政府进行适应性的改造,借助现代化产生的民主因素和自由因素,完善政府。如果国家不主动改革政府,经济的发展很可能会导致与其不适应的政府的动荡,给社会发展带来致命的危害,"拉美现象"应该成为我们的前车之鉴。随着现代化的发展,具有充分民主意识、掌握一定社会财富的阶层人数增多,城市化的步伐加快,社会利益多元化,对物质文化产品的需要也日益增长,公共领域逐渐扩大;同时经济领域的自由竞争和垄断这一矛盾也越来越突出,这一切不仅对政府的改革提出了要求,更为政府改革提供了条件。因此,推进依法行政、建立法治政府和中国的现代化进程紧密相连。

（原载《学习与探索》2006 年第 5 期）

论和谐社会建设与政府职能转变

　　构建社会主义和谐社会,是党中央提出的一项重大战略任务,反映了建设富强民主文明和谐的社会主义现代化国家的内在要求,体现了全党全国各族人民的共同愿望。社会的和谐包含十分丰富的内容,和谐社会的构建需要从多方面着手。其中,积极转变政府职能是构建社会主义和谐社会的题中应有之义;而社会主义和谐社会的构建,又在一定程度上取决于政府职能的转变,取决于政府自身建设和管理创新的推进。因此,在构建社会主义和谐社会的过程中,一项十分重要的任务就是必须加快政府职能转变,积极推进政府的自身建设和管理创新。

一、从社会主义和谐社会建设看转变政府职能的必要性和紧迫性

　　我们要构建的社会主义和谐社会,是民主法治、公平正义、诚信友爱、充满活力、安定有序、人与自然和谐相处的社会。建设这样一种和谐社会,转变政府职能、推进政府自身建设和管理创新,是一个必不可少、至关重要的环节。所谓政府职能,就是指政府依法对社会生活诸领域进行管理和服务的职责和功能。在今天,我们讲转变政府职能,就是使政府从计划经济条件下的宏观微观都管、大事小事都抓,转变到主要履行经济调节、市场监管、社会管理和公共服务职能上来。党的十六届六中全会《决定》指出:"按照转变职能、权责一致、强化服务、改进管理、提高效能的要求,深化行政管理体制改革,优化机构设置,更加注重履行社会管理和公共服务职能。"①从构建社会主义和谐社会的角度看,转变政府职能的必要性和紧迫性主要表现在:

---

　　①　中共中央关于构建社会主义和谐社会若干重大问题的决定[Z].北京:人民出版社,2006:25.

　　第一,只有转变政府职能,才能保持经济持续快速协调健康发展,为社会主义和谐社会建设提供必要的物质基础。但从经济运行的角度来看,当前我国经济运行中存在着一些制约经济又快又好增长的矛盾和问题,比如投资与消费的比例失衡问题、经济增长方式粗放问题、收入差距拉大问题、城乡区域发展不平衡问题、地区封锁与市场分割问题等等。这些矛盾和问题的存在无疑与政府改革滞后,职能转变不到位,存在"越位"、"缺位"、"错位"现象有着很大的关系。长期以来,地方政府不同程度地充当了市场竞争主体的角色,热衷于拉投资、上项目,一切工作围着 GDP 转,把大量精力花在管理许多不该管、管不了也管不好的事上,而一些该管甚至必须管好的事没有管或者没管好。政府职能转变不到位,特别是市场监管、社会管理、公共服务职能弱化,已经成为化解经济运行深层次矛盾的一大障碍。从经济体制的角度来看,社会主义市场经济体制的完善是经济持续快速协调健康发展的制度基础。完善社会主义市场经济体制,迫切需要加强与改善宏观调控,深化金融、投资、价格体制改革,建立现代企业制度,健全就业、收入分配和社会保障制度,以公共服务均等化为要求逐步打破城乡二元经济结构,建立统一开放、竞争有序的现代市场体系。落实这方方面面的举措,均需要以政府职能转变、推进政府自身建设和管理创新为前提与基础。

　　第二,只有转变政府职能,才能增强全社会的创造活力,为社会主义和谐社会建设提供强大的动力支持。人民是创造历史的主体,也是推动历史前进的动力。构建社会主义和谐社会,必须把以人为本作为根本价值取向,最广泛、最充分地调动一切积极因素,发挥各方面的创造活力,不断推动经济社会发展。我们应当清楚地看到,随着社会主义市场经济的蓬勃发展和社会结构的深刻变革,不同地区和部门、不同群体和个人享受经济社会发展成果的多少有所不同,物质文化生活的改善程度也有差异,就业、收入分配、社会保障、看病、子女上学、生态环境保护、安全生产、社会治安等方面的问题成为广大人民群众关注的热点问题[①]。还要看到,在市场经济条件下,社会是一个结构、价值、利益等多样化的社会,整个社会是一个多元的社会系统。多元利益主体之间在根本利益一致的基础上也存在着具体利益的差别甚至冲突,因此如何协调好各方面的社会利益关系就成为重要的时代课题。这个课题如果

---

　　①　中共中央宣传部理论局.科学发展观学习读本[M].北京:学习出版社,2006:26.

得不到及时有效的解决,就不利于最大限度地激发和调动广大人民群众和各方面的积极性、主动性、创造性,就会影响经济社会发展,影响安定团结的大局。这就迫切要求政府全面履行政府职能,把更多的力量放在发展社会事业和解决人民生活问题上,进一步营造平等竞争、共谋发展的法治环境、政策环境和市场环境,营造鼓励人们干事业、支持人们干成事业的社会氛围,保证人民群众既享受发展带来的物质成果,又充分享有民主权利。

第三,只有转变政府职能,才能适应新形势的要求,把社会建设和管理提高到一个新水平,为社会主义和谐社会建设提供重要的制度保障。加强社会建设和管理,是构建社会主义和谐社会的内在要求。随着改革开放的深入和社会主义市场经济的发展,我国经济社会生活正在发生复杂而深刻的变化,不仅经济结构、城乡结构、产业结构、阶层结构发生了重大变化,而且社会经济成分、组织形式、就业方式、利益关系和分配方式日趋多样化,迫切要求我们在构建和谐社会过程中不断创新社会管理体制和方法,把加强和改进社会管理置于更加突出的位置。从一定意义上说,完善政府的社会管理和公共服务职能是切实加强社会建设和管理的关键。这是因为:一是社会建设和管理水平的提高有赖于政府对公共需求的满足能力。政府的公共服务职能是有效化解社会矛盾、提高社会管理水平的基础和前提。所谓公共服务,就是提供公共产品和服务满足公共需求,它包括加强城乡公共设施建设,发展社会就业、社会保障服务和教育、科技、文化、卫生、体育等公共事业,发布公共信息等,为社会公众生活和参与社会经济、政治、文化活动提供保障和创造条件①。国际经验表明,一国的人均 GDP 在从 1000 美元向 3000 美元的过渡时期,社会消费结构将发生重大变化,这也是该国公共需求快速扩张的时期。这一时期人们迫切需要政府为社会成员提供基本而有保障的公共产品和公共服务。正因为如此,建设公共服务型政府已经成为当今世界很多国家政府建设的目标。二是社会建设和管理水平的提高有赖于政府依法行政的能力。民主是和谐之源,法治是和谐的保障。法治是构建和谐社会最重要的机制,也是构建和谐社会最重要的途径。构建和谐社会,各级政府必须坚持依法行政,把法律作为规范政府行为的前提和基础。只有以法律手段来治国理政,

---

① 温家宝. 提高认识统一思想牢固树立和认真落实科学发展观——在省部级主要领导干部"树立和落实科学发展观"专题研讨班结业式上的讲话[N]. 人民日报,2004-03-01.

使国家权力的行使和社会成员的活动处于严格依法办事的状态,经济、政治、文化发展与社会全面进步才能有基本的秩序保障,整个社会才能成为一个和谐的社会。三是社会建设和管理水平的提高有赖于政府的制度供给能力。从某种意义上说,构建和谐社会需要对社会结构、社会组织和社会关系进行调整、重构和规范,这就对政府的制度供给职能提出了迫切要求。一方面,"四个多样化"趋势的出现和发展,使得社会利益关系日益复杂,利益矛盾日益凸显,由利益矛盾引发的群体性事件日益增多,进而迫切需要政府通过构建实现社会主义和谐社会的制度体系来建设利益均衡与协调机制;另一方面,政府工作中存在的执行力弱、政令不畅、有令难行的现象,甚至个别公务人员还有滥用公共权力的行为,既影响着政策的执行效果,又对经济社会造成了浪费与损失,因而迫切需要政府通过制度创新来加强科学民主决策、廉政监督等制度供给。提高政府的制度供给能力,就像基础设施建设一样,同样需要足够的投入;否则,就会要么流于形式,要么产生制度建设上的"豆腐渣工程"。

第四,只有转变政府职能,才能有效化解矛盾,为社会主义和谐社会建设增加和谐因素。构建社会主义和谐社会这一重大战略任务的提出,一个主要着眼点就在于妥善协调各方面的利益关系,有效化解各种社会矛盾。构建和谐社会的过程,就是在妥善处理各种矛盾中不断前进的过程,就是不断消除不和谐因素、增加和谐因素,进而不断向更高层次的和谐迈进的过程。只有在矛盾的化解和运动中,社会主义和谐社会的水平才能不断提高。随着改革发展进入关键时期,我国社会存在的一些人民内部矛盾出现了多种多样的状况。在现阶段,人民内部矛盾集中表现为利益矛盾。只有转变政府职能,建立健全社会矛盾和纠纷的调处机制,才能妥善处理新形势下的人民内部矛盾,预防矛盾的产生或激化,实现全体人民各尽其能、各得其所而又和谐相处的社会局面。

二、转变政府职能必须始终坚持以科学发展观为指导

转变政府职能,是行政管理体制改革的中心环节,也是经济体制改革和政治体制改革的重要内容。党中央、国务院历来十分重视政府职能转变问题,并采取了一系列措施,取得了明显成效。但是,目前在转变政府职能方面存在的问题还很多,主要表现在:"政府及其部门仍然管了许多不该管、管不了也管不好的事,行政许可和审批事项仍然过多,政企不分的问题比较突出,一些地方政府和部门还在直接干预企业的微观经济活动,甚至包办代替企业的招商引资和投资决策,经济管理方式方法亟待改变;一些政府部门权责脱节、有权无责,出了问题无人负责,有的部门之间职责不清、推诿扯皮,办事效率不高;一些该由政府管的事没有管或者没有管好,市场监管和社会管理体系不健全,公共服务比较薄弱。"①"这些问题影响了市场配置资源基础性作用的充分发挥,也影响了政府职能的正常发挥。"②为此,只有始终坚持以科学发展观为指导,按照发展社会主义市场经济和构建社会主义和谐社会的要求,进一步推进政府职能转变,才能使政府正确履行职责,切实推进经济社会全面协调可持续发展。这是因为,一方面,科学发展观是统领我国经济社会发展全局的重大战略思想和指导方针。全面贯彻落实科学发展观,离不开通过转变政府职能、推进政府自身建设和管理创新,为促进经济社会全面协调可持续发展创造良好的体制环境。另一方面,构建社会主义和谐社会是全面贯彻落实科学发展观的逻辑展开。构建社会主义和谐社会,离不开各级政府按照科学发展观的要求,通过转变政府职能、推进政府自身建设和管理创新进行深刻的自我再造,为形成全体人民共同建设、共同享有的和谐社会提供有力的制度保障。

第一,坚持以人为本,树立正确的权力观、政绩观。有什么样的权力观、政绩观,就会有什么样的行政管理方式和行为模式。只有坚持以人为本,树立正确的权力观和政绩观,才能保证政府职能转变的合理到位。以人为本是科学发展观的本质和核心,它既吸收了我国古代民本思想和西方人本主义思想的有益内容,又与它们有着本质的区别。科学发展观强调的以人为本的"人",是指中国最广大的人民群众;以人为本的"本",是指中国最广大人民的根本利益。当前,一些领导干部对以人为本的内涵及其实质理解还模糊不清,在履行职能时难免出现一些这样那样的认识误区,比如在不同利益主体

---

① 温家宝. 提高认识统一思想牢固树立和认真落实科学发展观——在省部级主要领导干部"树立和落实科学发展观"专题研讨班结业式上的讲话[N]. 人民日报,2004-03-01.

② 温家宝. 提高认识统一思想牢固树立和认真落实科学发展观——在省部级主要领导干部"树立和落实科学发展观"专题研讨班结业式上的讲话[N]. 人民日报,2004-03-01.

的利益之间发生冲突时,会陷入该以哪个或哪些人的利益为本的思想误区;当全局利益与局部利益、近期发展与长远发展之间发生冲突时,不知道如何正确处理它们相互之间的关系;还有的把以经济建设为中心理解为只发展经济,在发展中重物轻人,而没有认识到经济发展、社会发展与人的全面发展之间的内在联系。这些认识误区的存在导致了一些违规行政行为的发生,如某地为缴税大户子女的中考成绩加分①,一些地方乱占耕地、野蛮拆迁等,影响了政府在人民群众心目中的形象。因此,转变政府职能,首要的是坚持以人为本,树立正确的权力观和符合科学发展观要求的政绩观。以人为本,是以最广大人民的根本利益为本。它包含三层含义:发展为了人民;发展依靠人民;发展成果由人民共享。具体到政府工作中,就是要使一切工作和方针政策充分体现广大人民群众的根本利益,严格依据宪法和法律的规定办事,切实把人民群众的利益实现好、维护好、发展好,切实把他们的积极性引导好、保护好、发挥好。我们的权力是人民赋予的,必须全心全意为人民服务,真正做到权为民所用、情为民所系、利为民所谋;人的全面发展和经济社会发展是相互协调、相互促进的,创造政绩是为了实现科学发展,归根到底是为了造福人民。总之,只有把以人为本的指导思想和原则落到实处,才能真正转变政府职能,推进科学发展。

第二,着眼于全面协调可持续发展,准确定位政府职能。全面协调可持续发展是科学发展观的基本要求,也是建设社会主义和谐社会的基本要求。科学发展观强调的全面发展,绝不是撇开发展谈全面、偏离经济建设中心求发展,而是要求克服过去在某些方面存在的重经济指标、轻社会进步,重物质财富、轻精神财富,重当前利益、轻长远利益的偏差,改变经济社会发展"一条腿长、一条腿短"的状况;强调的协调发展,就是要求经济、政治、文化和社会建设的各个环节、各个方面,要统筹兼顾、相互促进,而不能彼此分割、各行其是;强调的可持续发展,就是要求注重发展进程的持久性、连续性,保证一代接一代地永续发展,而绝不能吃祖宗饭、断子孙路。全面发展、协调发展、可持续发展,三者是一个相互联系的整体,体现为城乡之间、区域之间、经济社会与人的发展之间的协调共进,经济社会与人口、资源、环境的协调平衡,生

①　赵鹏.民营企业家纳税300万元　子女参加中考可加20分——漳州"加分令"引争议[N].人民日报,2006-08-07.

产力和生产关系、经济基础和上层建筑的协调适应。适应于全面发展、协调发展和可持续发展的要求，准确定位政府职能须注意把握以下几个方面：一是以建设公共服务型政府为基本定位。为人民服务是各级政府的神圣职责和全体公务员的基本准则。从一定意义上说，现代政府的本质特征是公共性，无论是经济调节、市场监管，还是社会管理，其本质都是公共服务①，因此建设公共服务型政府，为全体人民提供更多更好的公共产品和服务，应成为政府的基本定位。建设公共服务型政府，实现全面协调可持续发展，需要政府在更好地履行经济调节和市场监管职能的同时，切实加强社会管理和公共服务职能。应创新经济管理制度和方式，更多地运用经济手段和法律手段调节经济活动。强化市场监管，反对不正当竞争，严厉打击侵犯知识产权、制假售假等扰乱市场秩序的违法行为，深入整顿规范市场秩序。按照建设服务政府的要求，创新公共服务体制，改进公共服务方式。以发展社会事业和解决民生问题为重点，注重发挥政府在促进就业、调节分配、完善社会保障、实现社会公平、协调城乡和区域发展、保护生态环境、保持经济平稳运行中的作用，着力解决就业、就学、就医、社会保障、社会治安、安全生产、环境保护等人民群众最关心的利益问题，优化公共资源配置，加强公共设施建设，完善社会管理制度，提高社会管理水平②。二是推进政企分开、政资分开、政事分开以及政府与市场中介组织分开。推进这几项分开的实质，是为了处理好政府和企业、市场、社会的关系。在社会主义市场经济条件下，市场应当在配置资源中发挥基础性作用，政府则应致力于为各类市场主体服务和创造良好发展环境，提供市场无法提供的公共产品和服务，而不能直接干预企事业单位和市场中介组织的经营活动与具体业务。国内外的无数实践表明，转变政府职能，必须旗帜鲜明地坚持四个"凡是"，即凡是企业的事情，要交给企业去决策；凡是市场能够解决的问题，要让市场去解决；凡是基层能处理的问题，要依靠基层去处理；凡是应该由政府办的事情，政府必须切实负起责任，不折不扣地去办好③。只有把与政府性质及职能不相符的事务交给企事业单位和市场中介组织，政府才能够集中精力做好该做的事情，弥补市场失灵，建立适应

①　高尚全．关于建设公共服务型政府的思考[N]．人民日报，2005-10-07．
②　温家宝．加强政府建设　推进管理创新[N]．人民日报，2006-09-08．
③　华建敏．贯彻落实科学发展观　深化行政管理体制改革[J]．国家行政学院学报，2006，(3)．

社会主义市场经济要求的政府与社会的合作互补关系。三是理顺中央和地方之间、政府内部各部门之间的职能关系。合理划定各级政府之间、政府各部门之间的职能边界，就是要求明确各级政府、政府各部门的职责范围，避免因分工不当、责任不明导致政出多门、交叉错位。当前，特别要重视理顺中央政府与地方政府、上级政府与下级政府的关系，避免政令不畅，有令难行，甚至有令不行。地方各级政府应自觉按照科学发展观的要求，正确认识和处理全局利益与局部利益、短期利益与长远利益的关系，牢固树立"全国一盘棋"的观念，认真贯彻中央的方针政策，从本地实际出发，创造性地开展工作。中央在作出重大部署、制定方针政策时，也应统筹考虑全局利益和局部利益，区别不同情况，实行分类指导，增强政策的针对性。财权与事权不符是基层政府在履行行政职能时普遍遇到的问题。为此，应合理划分中央和地方各级政府在经济调节、市场监管、社会管理和公共服务方面的权责，完善财税体制，使各级政府的事权和财权相匹配。中央政府应通过财政转移支付等方式支持、促进欠发达地区发展，促进基本公共服务均等化和地区间的平衡与发展。

第三，坚持科学民主决策和依法行政，提高政府执行力和公信力。决策是政府管理的基本活动之一，正确决策是做好各项工作的重要前提。改革开放的实践表明，哪里的政府行为规范、决策科学，办事效率高、服务环境好，哪里的活力就足、发展就快，人民群众的满意程度就高，政府的执行力和公信力就强。贯彻落实科学发展观，对政府的科学民主决策和依法行政提出了更高的要求。应把坚持科学民主决策作为政府工作中的一项基本制度，进一步完善公众参与、专家论证和政府决策相结合的决策机制，具体包括建立健全重大决策调查研究制度、重大事项集体决策制度、重大决策事项听证和公示制度，以及重大决策事项专家咨询评估制度、重大决策责任制和责任追究制度等。要通过建立和完善有效的制度，保证各项决策的民主性、科学性和公开性，确保各项决策真正符合经济社会发展的实际。政府有没有执行力和公信力，最重要的取决于能不能做到有法必依、执法必严、违法必究。当前，人民群众对政府工作的意见，大部分集中在行政行为不规范上，特别是一些政府机关和工作人员不能依法行政，损害人民群众的合法利益。因此，必须以建设全面依法行政并受法律严格制约监督的法治政府为目标，通过建立健全相关法律法规，规范政府行为，强化对政府行为的法律约束。应该明确，政府的行政行为是由法律界定的,每项行政权力都必须有法律依据,行政机关及其工作人员必须认真贯彻《行政许可法》,把取消、调整和保留的行政许可项目和非行政许可审批项目落实到位,严格依照法定权限和程序行使权力、履行职责、接受监督。应按照《全面推进依法行政实施纲要》的要求,进一步加强依法行政的制度建设,加快建立和完善权责明确、行为规范的行政执法体制。进一步加强行政监督,要在逐步推行行政问责制的基础上建立健全政府责任体系,严格规范行政问责的内容、方式和程序,做到行政权力延伸到哪里,行政问责就落实到哪里,确保政府及其工作人员依法行政、规范行政、勤勉行政。进一步加强行政效能监察,逐步建立一套符合科学发展观要求、具有中国特色而又行之有效的政府绩效评估体系。大力推行政务公开制度,坚持以公开为原则、不公开为例外,规范政务公开的范围、内容和形式,强化政务公开监督机制,使政务公开真正成为各级政府施政的一项基本制度。进一步推进电子政务建设,并把它与转变政府职能、推进政府管理方式创新有机结合起来,重点开展网上互动式办公,努力探索运用当代信息技术手段对政府行政行为实施实时和全过程的监控,提高政府工作透明度,从而既方便群众办事,又方便群众监督。进一步完善行政复议、行政赔偿和补偿等制度,切实将政府管理经济社会的行为纳入依法运转的轨道。

第四,坚持选好人、用好人,不断提高干部队伍的素质和水平。转变政府职能,加强政府自身建设,关键在人。因此,必须把建设一支对人民群众有深厚感情、善于治国理政的高素质的干部队伍,与推进政府职能转变、加强政府自身建设紧密结合起来。各级政府应以贯彻实施《公务员法》为契机,以思想政治建设为基础、能力建设为重点、公务员精神培育为主线,切实加大公务员队伍建设的力度。一是坚持任人唯贤的干部路线,全面贯彻干部队伍革命化、年轻化、知识化、专业化的"四化"方针和德才兼备原则。选人用人必须充分考虑职位需求和干部自身情况,尽量做到人适其位、位尽其才、才尽其用。二是完善考核与绩效评估,引导领导干部树立正确的政绩观,重实干、办实事、求实效,多出人民满意、经得起实践检验的政绩;激励普通公职人员爱岗敬业、尽职尽责,规范服务、热诚服务,确保德才兼备、务实肯干、亲民爱民、群众公认的人才能脱颖而出,为他们干事创业提供更大的舞台。三是加强干部队伍的思想建设和业务培训。抓好政府工作人员的政治、理论、文化学习和业务培训,把培育"热爱祖国、忠于人民,恪尽职守、廉洁奉公,求真务实、开拓创新,顾全大局、团结协作"的公务员精神贯穿于公务员队伍建设的始终,切实增强他们的思想政治素质和对人民群众的感情,不断提高他们为人民服务的素质和本领。四是畅通"出口"。积极推行辞职、辞退制度,保证能上能下、能进能出,始终保持公务员队伍的纯洁与活力。

三、推进政府职能转变必须以协调推进各项改革为根本途径

转变政府职能是一项复杂的系统工程。其复杂性在于,政府职能转变牵扯到多方面利益关系的调整,直接关系到和谐社会建设的进程;政府职能转变又受制于多方面改革的实际进展,与深化行政管理体制改革、经济体制改革等互为前提和基础。因此,推进政府职能转变,必须以深化改革为有力杠杆,以协调推进各项改革为根本途径。

第一,以行政管理体制改革推进政府职能转变。党的十六大要求深化行政管理体制改革,通过进一步转变政府职能,改进管理方式,推行电子政务,提高行政效率,降低行政成本,形成行为规范、运转协调、公正透明、廉洁高效的行政管理体制。据此,国务院《全面推进依法行政实施纲要》在行政体制方面确定了如下目标:中央政府和地方政府之间、政府各部门之间的职能和权限比较明确;行为规范、运转协调、公正透明、廉洁高效的行政管理体制基本形成;权责明确、行为规范、监督有效、保障有力的行政执法体制基本建立。毫无疑问,这一目标的实现离不开以行政管理体制改革来推进政府职能的转变。一是通过行政审批制度的改革来推进政企分开。政企分开是政府职能转变的关键。只有推进行政审批制度改革,才能彻底改变政府调节经济的方式,实现政企分开。近几年来,行政审批制度改革取得了明显成效,但目前行政审批项目仍然过多,审批权行使不够规范。应深入贯彻《行政许可法》,进一步缩小行政审批的范围,把审批限制在关系经济安全、影响环境资源、涉及整体布局的重大项目和政府投资类项目及限制类项目方面,其他项目由审批制改为备案制,由投资主体自行决策①。同时,完善行政审批的方式,规范行政审批的程序,使之简单快捷、公开透明、科学严谨,使行政审批走向制度化、规范化和法制化。减少行政审批绝不是撒手不管,而是要创新管理制度和方

---

① 范恒山.推进经济体制改革:近期重点与思路[N].人民日报,2006-06-05.

式,建立健全有效的全社会投资引导调控体系,特别是要依法规范政府和国有企业的投资行为。实现政企分开,还要求推进投资体制改革,确立企业的投资主体地位,逐步缩小政府对投资项目的核准范围,真正实行"谁投资、谁决策、谁收益、谁承担风险",并建立和完善投资调控体系;深化国有资产管理体制改革,健全国有资产监管制度,推动国有资本向关系国家安全和国民经济命脉的重要行业和关键领域集中;加快现代企业制度建设,实现投资主体和产权多元化,形成有效的公司法人治理结构,增强企业活力及其对宏观调控的灵敏反应能力。二是积极推进事业单位分类改革,发展和完善市场中介组织,促进政事分开、政府与市场中介组织分开。实践表明,各种具有社会功能的社会组织不仅可以帮助其成员分散或分担社会风险,还可以帮助政府落实社会政策,减轻社会负担。因此,在建设和谐社会的过程中,我们既要积极鼓励社会组织的发展,以增加分散社会风险的组织资源,又要使社会组织具有独立性,赋予其相应的社会管理权力。从推进政府职能转变的角度看,积极推进事业单位的分类改革是我们面临的当务之急。因为事业单位不改革或者改革不到位,政府职能转变就难以真正到位。要按照市场化的要求和"政事分开、分类指导、梯度推进"的原则,通过"脱钩、转企、改制"等多种措施,彻底解决由于政事不分造成的行政权力事业化、事业权力利益化等现象[①];对社会中介组织的主体资格、活动范围、责任与义务、违法违纪的处理等作出明确规定,引导其规范化发展,解决其总体数量不足、结构分布不合理和管理体制、组织形式、运作方式行政色彩浓厚的问题,充分发挥其在联系政府、服务企业、协调企业间关系、矫正企业不良行为中的作用。通过政府与事业单位、市场中介组织分开,构建以政府为主导、各种社会主体共同参与的公共服务新格局。三是进一步深化政府机构改革。庞大臃肿、重叠交叉的政府机构必然导致宽泛繁杂、无所不包的政府职能,必然造成政府对企事业单位运营活动的直接的和盲目的干预,必然造成政府部门间的相互摩擦和掣肘,必然造成政府运行的低效率和高成本。科学合理地设置政府机构,应按照精简、统一、效能的原则和决策、执行、监督相协调的要求,优化组织结构,减少行政层级,理顺职责分工,提高行政效率,降低行政成本,严格控制编制,实现

---

①   徐文光. 转变政府职能   提高行政能力——对加快建设现代公共服务型政府的思考[N]. 光明日报,2004-11-24.

政府职责、机构和编制的科学化、规范化、法定化①。加快推进乡镇机构改革,
重点是合理界定乡镇机构职能,精简机构和减少财政供养人员。同时,还要
切实解决层次过多、职能交叉、机构臃肿、权责脱节和多重多头执法等问题。
四是进一步完善科学民主决策机制。改革和完善决策机制,提高决策水平,
推进决策的科学化、民主化,是转变政府职能的内在要求。要完善重大事项
集体决策、专家咨询、社会公示和社会听证、决策评估以及决策责任追究制
度。所有重大决策,都要在深入调查研究、广泛听取意见、进行充分论证的基
础上,由集体讨论决定。凡是与人民群众利益密切相关的重大事项,必须实
行社会公示或听证。改变不计成本、不顾长远的做法,注重政策的实际效果,
各项决策都要符合实际情况、符合群众的意愿,并具有可操作性。建立健全
决策反馈纠偏机制和决策责任追究制度。公开政务政情,提高政府工作透明
度,做到事项公开、规则公开、过程公开、结果公开,给群众以充分的知情权、
表达权、参与权、监督权。五是进一步完善领导干部政绩评估制度和问责制
度。建立和完善竞争择优的选拔机制与社会评价机制,确保选人用人的质
量。按照奖优、治庸、罚懒的原则,制定体现科学发展观和正确政绩观要求的
干部实绩考核评价标准和奖惩制度,在领导干部政绩评价方面更多地使用反
映人民切身利益状况和经济社会协调发展的指标体系,实行政府内部考核与
公众评议、专家评价相结合的评估办法。完善和健全行政监督机制,改进监
督方式,创新监督手段,拓宽监督渠道,加强监督审计等专门监督、行政系统
层级监督、新闻舆论监督和人民群众监督。按照权责统一、依法有序、民主公
开、客观公正的原则,加快建立以行政首长为重点的行政问责制度,有责必
问、有错必究,努力建设责任政府。

　　第二,以经济体制改革推进政府职能转变。经济体制的状况与政府职能
的转变有着不可分割的内在联系。一方面,政府职能的转变直接关系着经济
体制改革的深化;另一方面,经济体制的不完善直接制约了政府经济调节、市
场监管等职能的发挥。对于推进政府职能转变来说,当前除了加快产权制度
改革、建立现代企业制度外,还必须积极推进以下几项改革:一是财税体制改
革。建设服务型政府,要求优化公共资源配置,注重向农村、基层、欠发达地

---

①　中华人民共和国国民经济和社会发展第十一个五年规划纲要[N].人民日报,2006-03-17.

区倾斜,逐步形成惠及全民的基本公共服务体系①。建立公共财政体制是建设公共服务型政府的客观要求。应加快财政体系建设,明确界定各级政府的财政支出责任,合理调整政府间财政收入划分,确保财权、事权相匹配,使各级政府都能通过公共财政满足其履行的公共服务职能的需要。完善中央和省级政府的财政转移支付制度,逐步推进基本公共服务均等化。调整优化财政支出结构,逐步降低经济建设的支出比重,增加公共服务领域的投入,解决生态环境、公共卫生、社会保障等公共事业发展投入不足的问题。继续深化部门预算、国库集中收付、政府采购和收支两条线管理制度改革,建立健全财政国库管理法律法规体系,规范财政行为,促进政资分开。与公共财政体制和政府履行公共服务职能相适应,积极推进增值税、企业所得税、资源税、物业税等改革,在全国范围内实现增值税由生产型转为消费型。二是价格体制改革。减少政府对价格的行政干预是转变政府职能的一项基本任务。应逐步减少政府对生产要素和资源产品价格的管制,使市场在资源配置中更大程度地发挥基础性作用,建立反映市场供求状况和资源稀缺程度的价格形成机制。积极稳妥地推进资源性产品价格改革,理顺水、电、煤、石油、天然气等的价格,扩大市场形成土地价格的范围。对不能或不能完全由市场决定价格的某些垄断性、基础性资源产品,政府的价格管制要形成反映各方相关者的利益、能及时灵活调整、透明度高的机制,以尽可能反映资源稀缺程度,防止或减少资源价格扭曲②。合理调整教育、卫生、文化及城市污水、垃圾处理等公共服务和产品的价格,保持农产品价格的合理水平③。三是金融体制改革。金融体制改革既有利于促进政资分开,又有利于增强货币政策的调控效果。应以形成能动、自律、治理结构完善、内控机制健全、财务状况良好、充满活力,而且对货币政策反应灵敏的微观金融基础为目标,加快推进国有商业银行综合改革和其他商业银行、邮政储蓄机构等金融机构改革,稳步发展多种所有制金融企业。积极发展股票、债券等资本市场,稳步发展期货市场,改变企业融资主要靠银行贷款、而银行贷款中很大一部分是政府行为的现状。合理确定政策性银行职能定位,健全自我约束机制、风险调控机制和风险补偿

---

① 中共中央关于构建社会主义和谐社会若干重大问题的决定[Z].北京:人民出版社,2006.

② 刘世锦.全面贯彻落实科学发展观[N].人民日报,2006-02-24.

③ 范恒山.推进经济体制改革:近期重点与思路[N].人民日报,2006-06-05.

机制。完善金融调控体系,建立健全货币市场、资本市场、保险市场有机结合、协调发展的机制,稳步发展货币市场,推进利率市场化改革,理顺货币政策传导机制,增强货币政策的调控效果。

第三,以社会体制改革推进政府职能转变。和谐社会的建设有赖于政府职能的转变,而政府职能的转变又有赖于社会体制的完善与配套。在现阶段,我国社会的主要矛盾(人民日益增长的物质文化需要同落后的社会生产之间的矛盾)表现出一些新的形式和特点,其中人民群众日益增长的公共产品、公共服务需求同公共产品、公共服务供给不足之间的矛盾日益突出。这就要求政府在继续抓好经济调节、市场监管的同时,必须更加注重履行社会管理和公共服务职能,把人力、物力、财力等公共资源更多地向社会管理和公共服务倾斜,把工作着力点更多地放在解决社会矛盾和社会问题上。政府的社会管理与行政管理不同。行政管理遵循的是上下级之间的支配与服从的关系定律,强调上下级之间的一致性;而社会管理所遵循的则应是服务-需求关系定律,强调主体的自主性。如果政府用行政方式管理社会,就会出现利用行政手段构建行政化的社会运行过程的问题,进而使社会不能自主发展,社会内部缺乏有序运行的机制。因此,各级政府必须按照建设公共服务型政府的要求,转变管理观念,创新体制机制,不断健全和完善社会管理体制机制。一是通过加强社会管理体制的建设和创新,完善社会管理体系和政策法规,整合社会管理资源,建立健全党委领导、政府负责、社会协同、公众参与的社会管理格局。二是重塑社会组织,激发社会组织的活力,充分发挥基层党组织和共产党员服务群众、凝聚人心的作用,发挥城乡基层自治组织协调利益、化解矛盾、排忧解难的作用,发挥社团、行业组织和社会中介组织提供服务、反映诉求、规范行为的作用,推动建立政府调控机制同社会协调机制互联、政府行政功能同社会自治功能互补、政府力量同社会调节力量互动的社会管理网络和服务网络。三是以服务群众为主题,提高社会服务水平,积极开展面向特殊群体的社会救助、社会福利和优抚保障服务,面向群众的便民利民服务,面向下岗失业人员的再就业服务和社会保障服务,并建立科学有效的体制机制,加强和改善对公共信息、公共资源、公共物品的管理和应用①,

---

① 胡锦涛. 在省部级主要领导干部提高构建社会主义和谐社会能力专题研讨班上的讲话[M]. 北京:人民出版社,2005:24.

促进形成与社会主义经济、政治、文化体制相适应的安定和谐、充满活力的社会体制。

　　需要特别强调的是,我们在不断健全和完善社会管理体制机制的同时,还必须在社会事业的重点领域深化改革,着力打造促进社会事业发展和公共服务均等化的社会体制基础。一是深化劳动就业体制改革。为一切有劳动能力的人提供就业机会,是经济发展和社会进步的重要前提,也是各国政府的重要职责。应把扩大就业放在经济社会发展更加突出的位置,实施积极的就业政策,努力改善创业和就业环境。坚持劳动者自主择业、市场调节就业和政府促进就业的方针。统筹城乡就业,加快建设城乡统一的劳动力市场,取消各种对农村劳动力就业的歧视性规定,进一步改革户籍管理制度,促进农村富余劳动力合理有序转移。健全就业服务体系,加快建立政府扶助、社会参与的职业技能培训机制,完善对困难群众的就业援助制度,支持并规范发展就业中介服务。规范企业用工行为,全面实行劳动合同制度,加强劳动力市场监管、劳动保护和劳动执法监察,切实维护劳动者合法权益。二是推进收入分配制度改革。完善按劳分配为主体、多种分配方式并存的分配制度,坚持各种生产要素按贡献参与分配。整顿和规范分配秩序,加大收入分配调节力度,努力缓解收入差距扩大的趋势。更加注重社会公平,依法逐步建立以权利公平、机会公平、规则公平、分配公平为主要内容的社会公平保障体系。严格执行最低工资制度。以共同富裕为目标,着力提高低收入者收入水平,逐步扩大中等收入者比重,有效调节过高收入,取缔非法收入。加强对垄断行业收入分配的监管,建立规范的公务员工资制度,完善国有企事业单位收入分配规则和监管机制。三是加快建设与经济发展水平相适应的社会保障体系。完善企业职工养老保险的统账结合制度,逐步做实个人账户。推进机关事业单位养老保险制度改革,改革方案应有利于企事业单位人员的自由流动。进一步完善养老、失业、医疗、工伤等社会保险制度,依法扩大养老、失业、医疗、工伤等社会保险覆盖面,完善灵活就业人员的参保办法,解决进城务工人员的社会保障问题。鼓励有条件的企业建立补充保险。建立失业保险与促进就业联动机制,完善失业保险制度,实现国有企业下岗职工基本生活保障向失业保险并轨。加快提高社保基金的统筹层次,探索社保基金保值增值的途径。完善社会救助制度,完善城市居民最低生活保障制度,逐步提高保障标准。建立城乡医疗救助制度,完善五保户的财政供给制度。有条件的地区可探索建立农村居民最低生活保障制度,并逐步促进五保户制度与农村最低生活保障制度并轨。鼓励开展社会慈善、社会捐赠、群众互助等社会扶助活动,支持志愿服务活动并实现制度化。四是深化公共卫生体制改革。一方面,要强化政府公共卫生管理职能,加强公共卫生设施建设,充分利用、整合现有资源,建立健全疾病信息网络体系、疾病预防控制体系和医疗救治体系,提高公共服务水平和突发性公共卫生事件应急能力。大力提高农村、中西部地区和基层公共卫生资源的比重。另一方面,要加快城乡医疗卫生体制改革。按照政事分开、管办分开、医药分开、营利性与非营利性分开的方向,坚持政府主导、社会参与、转换机制、加强监管的原则,建立符合国情的医疗卫生体制。改善乡村卫生医疗条件,积极建立新型农村合作医疗制度。完善公立医疗机构运行机制、激励机制和补偿政策,建立各级政府间规范的公共卫生和基本医疗责任分担与资金投入机制,逐步建立投资主体多元化、投资方式多样化的办医体制。加强对医疗卫生服务行为、服务质量和药品市场的监管,降低药品虚高价格,控制医疗费用过快上涨。五是深化教育体制改革。推进教育创新,优化教育结构,改革培养模式,提高教育质量,形成同经济社会发展要求相适应的教育体制。明确各级政府提供公共教育职责,巩固和完善以县级政府管理为主的农村义务教育管理体制和以政府投入为主的经费保障机制,形成公办学校和民办学校共同发展的办学格局。坚持义务教育由政府负全责、高中阶段教育以政府投入为主、职业教育和高等教育实行政府投入与社会投入相互补充。形成适应素质教育要求的教学体制和权责明确的教育管理体制,进一步深化高等教育管理体制改革。完善国家和社会资助家庭经济困难学生的制度,为各类社会成员公平享受接受教育的权利提供物质基础。

（原载《学习与探索》2007年第1期）